방송문화진흥총서 139

MEDIA
AND
DEMOCRACY

제임스 커런의

미디어와
민주주의

제임스 커런 지음
이봉현 옮김

한울
아카데미

이 도서의 국립중앙도서관 출판시도서목록(CIP)은 서지정보유통지원시스템 홈페이지(http://seoji.nl.go.kr) 와 국가자료공동목록시스템(http://www.nl.go.kr/kolisnet)에서 이용하실 수 있습니다.(CIP제어번호: CIP 2014005207)

MEDIA AND DEMOCRACY

James Curran

Routledge
Taylor & Francis Group
LONDON AND NEW YORK

Media and Democracy
by James Curran

Copyright ⓒ 2011 James Curran
Korean Translation Copyright ⓒ 2014 Hanul Publishing Group

제임스 커런의 미디어와 민주주의

『제임스 커런의 미디어와 민주주의^{Media and Democracy}』는 민주주의 이론, 미디어와 기술, 미디어 비교 연구, 미디어와 역사, 그리고 미디어 연구의 변천에 대한 주요 관심사들과 주제를 다루고 있다. 예를 들어

- 한 사회가 민주적인 삶을 영위하는 데 텔레비전의 오락 프로그램이 어떻게 기여하는가?
- 왜 미국인은 유럽인들보다 정치나 국제 문제를 잘 모르는가?
- 새로운 커뮤니케이션 기술과 세계화가 미디어의 민주적 기능에 대한 우리의 생각을 어떻게 바꾸는가?
- 국제적인 웹 잡지의 성장은 인터넷의 어떤 한계를 보여주고 있나?
- 저널리즘의 미래는 무엇인가?
- 광고는 미디어에 영향을 끼치나?
- 미국 미디어가 정부로부터 독립적이라는 것은 신화인가?
- 미디어는 근대사회의 발전에 어떤 영향을 끼쳤나?

이런 질문들에 대한 커런의 대답은 각국에서 미디어를 전공하는 학부생들에게는 명확한 지침을 제공할 뿐 아니라 이 분야의 앞선 연구자가 제시하는 혁신적인 분석이기도 하다.

차례

6

표 차 례

한국어판 서문

　한국어판 서문을 쓰려니 한국과 우연히 조우하면서 내가 누린 기쁨이 되살아나는 느낌이다. 지난 몇 년간 나는 학부생, 대학원생 그리고 박사과정에 있는 여러 한국 학생을 지도했고, 각각은 내게 좋은 기회가 되었다. 한국 언론학자 박명진 교수(서울대학교)와는 책 —『세계화와 미디어 연구De-Westernising Media Studies』— 을 함께 기획했다. 박 교수는 이 책의 아이디어를 냈고, 일이 완료될 수 있게 주도적으로 노력했다. 이 책이 성공해 필자는 좋았지만 그에게 약간 미안한 마음이 드는 것도 사실이다. 한국 하면 음식 얘기를 빼놓을 수 없는데, 세상에서 가장 훌륭한 음식 중 하나가 한국 음식이라 생각한다. 한국의 도자기도 마찬가지다. 내가 도공의 아들이라서 그런지 모르나, 나는 언제나 한국 도자기의 형태, 문양, 색깔, 그리고 수세기에 걸쳐 간단없이 창의력이 이어져 온 사실에 매혹되었다. 이런 점들 때문에 제자인 이봉현 박사가 이 책을 한국에 소개한다고 했을 때 기쁜 마음을 감출 수 없었다.

　하지만 이 모든 것은 이 책이 한국 독자에게 의미 있는 것이 되길 바라는 내 바람에 비춰보면 부차적인 얘기다. 이 책을 한국과 어떻게 연결시킬지 자신이 없다. 그래서 대안으로 이 책의 핵심 주제 가운데 한국인이 관심 있어 할 만한 것을 강조하려 한다.

이 책의 주제 중 하나는 미국의 언론 실험을 평가해보는 것이다. 미국은 초강대국이기에 이 주제는 세계 여러 나라의 사람들이 관심을 가질 만하다. 특히나 한국이나 영국은 미국의 가까운 우방인 데다, 미국 군대가 자국 내에 주둔하고 있다는 공통점도 있다.

미국 언론의 실험은 시장 자유주의와 문화적 조정의 합성이라 할 수 있다. 미국 미디어는 국가로부터 독립적이기 위해 자유 시장 방식으로 조직되어 있다는 주장이 있다. 하지만 미국의 언론인이 주주나 자신의 경제적 이익이 아니라 공익에 기여하기를 바라기도 하기에, 미국 언론사 조직 안에는 공익의 문화가 녹아들어 있기도 하다. 이는 원을 사각형으로 만드는 것이 가능하다는 얘기와도 같다. 두 가지 다 가능하다는 것인데, 정부로부터 자유로우면서 국민에게만 충성하는 그런 언론을 만들 수 있다는 것이다.

이는 강력하면서도 흐리는 주장이다. 모든 설득력 있는 신화처럼, 이 역시 부분적인 사실을 포함한다. 이는 충분히 인정할 만한데, 필자가 이 책의 첫 장에서 미국의 탐사 언론인이 대통령, 정치인 그리고 기업의 권력 남용을 폭로한 과거 사례에 경의를 표한 것도 이 때문이다. 시장의 독립성과 전문직 가치는 위대한 저널리즘을 만들어낼 수 있다.

하지만 두 번째 장은 미국적 실험의 다른 측면을 드러낸다. 자세히 들여다보면 미국 언론은 우리가 생각하는 만큼 정부로부터 독립적이지 않다. 무엇보다 외교 영역에서 이런 점이 두드러진다. 미국 언론은 여야의 초당적 지원이 있는 경우 정부가 하자는 대로 따르는 경향이 있다. 이는 텔레비전 허가를 갱신해주지 않는다든지 (언론인을) 투옥한다든지 하는 규제나 위협의 결과가 아니다. 오히려 미국의 언론은 국가의 통제에서 상당한 자유를 누린다. 미국 언론이 정부의 방침을 따르는 것은 국가나 엘리트 뉴스원에 대한 의존, 그리고 외교 문제에 관해 전반적으로 보수적인 문화의 영향이다.

국내 문제에 관한 한 미국 언론은 대외 정책의 경우보다 좀 더 독립적이다.

그렇지만 다른 나라와 달리 방송 광고 규제가 거의 없다 보니 미국의 정치가 돈 많이 드는 방송 광고에 발이 묶이게 되었다. 선거에서 이기려면 텔레비전 광고에 엄청나게 많은 돈을 쏟아부어야 하고, 후보들은 특정한 이해 집단과 부유층에 의존해 선거 자금을 조달하지 않을 수 없게 되었다.

그래서 이 책의 논점 중 하나는 여러 장점에도 불구하고 미국의 언론은 정부로부터 완전히 독립적이지 않으며, 미국의 민주주의를 금권정치에 물들게 하는 장본인이란 것이다. 사실 언론인이 직업적인 독립성을 유지하는 전략이 있는데 이는 공영방송이다. 공영방송은 정부 소유가 아니라 정부로부터 독립해 공적으로 소유되고 규제되는 방송을 말한다. 제3장은 미국의 상업방송 시스템이 사회에 어떤 영향을 주는지를 핀란드와 덴마크의 강력한 공영방송 시스템과 (또 영국의 병렬 시스템과) 비교하는 방식으로 드러낸다. 미국은 방송이 국제 뉴스나 진지한 뉴스를 적게 다루고, 다루더라도 황금시간대 이외의 시간에 방영하기 때문에 미국 시민은 핀란드나 덴마크 시민에 비해 공적 사안에 대해 충분한 정보를 얻지 못한다(그리고 영국은 그 중간 어딘가에 있다). 다른 말로 하면, 공영방송은 상업방송에 비해 더 높은 수준의 공적 정보를 제공한다.

이 책의 두 번째 논점은 언론과 민주주의의 관계를 재검토해보는 것이다. 우리에게 시각 교정을 요구하는 두 개의 역사적인 변화가 있는 것 같다. 첫째는 미디어 시스템 안에서 오락 콘텐츠가 증가하는 것이다. 오락은 사람들이 미디어를 통해서 소비하는 것의 대부분을 차지하는데, 미디어의 민주적인 역할과 관련해서도 분명한 함의가 있다. 제4장은 영화와 텔레비전 드라마가 민주주의의 작동에 영향을 주는 네 가지 방식을 제시한다. 비록 논의가 서양의 사례에 국한해서 진행되지만 비슷한 원리가 한국에는 적용되지 않는다면 오히려 놀라운 일일 것이다.

두 번째 역사적 변화는 선거 민주주의의 퇴조다. 지구화된 현대 자본주의를 규제하기 힘들어짐에 따라 경제를 관리하는 국가의 권능이 약화되었다(이는 1997~1998년 한국의 외환 위기 때도 여실히 드러났다). 이에 대한 한 가지 대응은 대륙별로, 아니면 국제적 수준에서 다층적인 협치의 체제를(늘 불완전하지만) 발전시켜가는 것이다. 하지만 미디어 시스템에서는 이에 상응하는 변용이 일어나지 않았다. 언론은 여전히 일국적 또는 지역적으로 작동한다. 언론은 국가를 초월한 기구들을 제대로 감시하지 못하고, 지구화 시대에 시민의 권능이 발휘되는 세계 시민사회를 제대로 지원하지 못하고 있다.

인터넷이 국제적인 매체로 성장하는 것이 일국에 한정된 미디어 시스템의 약점을 보완할 수 있을까? 제5장에서 살펴보는 ≪오픈데모크라시^{openDemocracy}≫의 사례연구는 인터넷이 국제적인 대화를 촉진하는 데 다양한 요소들이 끼어들고 왜곡이 발생하는 것을 보여준다. 많은 수용자를 가진 국제적인 언론이 나와야 하는 필요성은 명백하다. 하지만 이를 어떻게 만들어갈지는 불확실한 상황이다.

이와 관련해 이 책의 세 번째 논점을 제시한다. 즉 기술이 어떻게 미디어를 바꾸는가 하는 것이다. 먼저 사람들이 새로운 통신 기술에 대해 말하는 것이 실재 세계에서는 어떤 결과로 이어졌는지를 영국의 사례를 통해 점검하는 것에서 시작한다(제6장). 예언들 중에서 실제 이루어진 것은 거의 없었다. 따라서 왜 이런 엉터리 같은 예언이 그럴듯하게 확산되는가 하는 의문이 들지 않을 수 없다. 대답은 이런 예측이 주로 믿을 만한 사람들에게서 나오고, 진보라는 근대적 내러티브^{narrative}와 신자유주의에 맞아 떨어지기 때문이다.

이런 회의懷疑적 시선으로 보면 우리는 인터넷이 저널리즘^{journalism}에 미친 영향에 대해서도 마찬가지 생각을 하게 된다. 인터넷이 등장하면서 전통적 저널리즘이 타격을 받았다. 더 적은 인원으로 더 많은 내용을 채우도록 압력이 높아졌고, 일부 언론사는 문을 닫았다. 그렇지만 인터넷은 온라인 저널리즘의 부흥으로 이어지지 않았다. 여기에는 두 가지 이유가 있는데 먼저 기존 언론사가 여전히 온라인 저널리즘에서도 강자로 군림하고, 독립적인 온라인 신생 매체는 제대로 된 수익 모델을 찾기 어렵기 때문이다.

다만 이런 논의들이 서양의 경험을 기반으로 한 것이란 단서를 달 필요가 있다. 한국의 사례는 서양 사례에 기반을 둔 일반화를 거부한다. 재벌 언론과 족벌 언론이란 상황 때문에 한국인들은 특히 대안적인 온라인 매체에 관심을 많이 기울이는 것 같다. 한국은 아시아에서 인터넷 인프라가 가장 잘 구축된 나라이다. 세대 간 문화적 에너지와 현 체제에 대한 반대파의 운동은 2000년대 초 ≪오마이뉴스≫를 궤도에 올려놓았다. 이 매체는 프로와 아마추어가 함께 만드는 매체로는 세계에서 가장 성공적이었고, 일정 기간 한국에서 정치적인 영향력을 발휘했다. ≪오마이뉴스≫의 성공은 사정이 다른 곳에서는 결과도 다르다는 것을 다시 일깨워줬다.

이 책의 네 번째 논점은 미디어 역사이다. 비록 영국에 대한 이야기이지만 영국 역사에 조금이라도 관심이 있는 사람에게는 광범위한 흥미를 끌 수 있는 주제이다. 제8장은 사학자들이 영국 사회의 변천 과정에서 미디어가 행한 역할을 어떻게 바라보고 있는지를 점검했다. 서로 해석은 다르지만 이들을 종합하면 어떤 논리가 만들어진다. 영국의 미디어는 민주화를 지원했고, 연방의 결속을 이끌어냈으며, 종교나 도덕적 속박에서 자유를 증진시켰고, 과거와 달리 여권의 신장을 억누르지 않았으며, 변화해가는 권력 구조와 복합적인 관계를 맺어왔다는 것이 그간의 주장이었다.

역사 서술의 또 다른 측면은 시장이 수요와 공급을 조화시키는 중립적인 메커니즘이라는 통념에 도전한다. 사실 시장은 높은 발행 비용, 소유의 집중 그리고 광고 의존 등을 통해 배제가 일어나는 감시의 체제라는 점을 이 글에서 주장한다. 하지만 이런 시장의 감시적 본성은 계속해서 변화해왔다. 이런 주장은 영국도 마찬가지지만 규제가 별로 없는 시장에 기반을 둔 모든 언론 시스템에 적용된다.

이 책의 마지막 관심사는 문화이다. 이 책은 사례연구에서 한 나라의 문화적 가치, 사회적 관계, 그리고 공동의 교육 배경이 서평 담당 편집자의 결정을 좌우하는 것을 보여준다. 이 글은 문화적 영향력의 중요성에 초점을 맞춤으로써 정치경제적 접근의 과도한 환원주의에 반대한다. 아울러 이는 언론인의 자율성을 과도하게 강조하는 일련의 '수문장론'에도 회의적인 시선을 던진다. 사실 인터뷰에 응한 언론인들은 그들의 행동을 패턴화하는 근저에 깔린 영향력에 대해 전반적으로 잘 모르고 있었다.

문화적 영향은 영국의 언론과 문화 연구를 무엇이 결정해왔는지를 점검하는 방식으로 탐구했다. 초기의 좌파적 문제의식은 신자유주의가 부상하면서 많이 무뎌졌다. 처음부터 미국 커뮤니케이션 연구의 영향을 강하게 받은 한국의 언론학은 영국과는 다른 궤적을 그려왔을 것이다. 하지만 영국뿐 아니라 한국에서도 아마 이 책은 지적인 유행의 흐름에 역류할지도 모르겠다.

2014. 2
제임스 커런

이 책은 사례연구를 모은 것인데 미디어*와 권력의 다양한 측면을 다룬
문헌을 재평가했던 지난번 개론서(『미디어 파워Media and Power』— 옮긴이)의 후
속작으로 기획되었다.[1] 이 개론서는 여러 번 재판을 찍었고 다섯 개 언어로 번
역되었다. 이런 성공에 고무되어 이 책을 기획할 수 있었다. 이 책을 위해 논
문 8편(제1~8장)을 새로 썼는데 나머지는 예전에 출간된 에세이에서 선택해
야 하는 고민에 빠졌다. 좀 더 명확한 선택지(책 네 권에 수록된 것과 200편 이상
의 논문에 인용된 것)에 가려 거의 알려지지 않고 읽히지 않은 논문 2편이 최종
선별 작업에서 살아남았다. 필자는 이 두 논문에 다시 한 번 기회를 주기로
했다.[2]

처음부터 끝까지 읽기보다는 중간부터 읽는 독자가 많을 것이므로 내용을
간략히 소개하면서 전체를 관통하는 주제를 밝히는 것이 도움이 될 듯하다.
언론학에서 미디어와 민주주의의 관계는 상당히 많은 연구가 이뤄져 우수한
책이 많이 나와 있다[3] 그래서 같은 얘기를 다시 하거나 연구를 종합할 필요는

---

* 미디어는 '언론', '매체' 등으로 번역되지만 뉴스 매체를 넘어서는 의미로 자주 쓰이고 한
  국에서 미디어라는 용어가 일반화된 점에서 미디어라고 그대로 썼다. 다만 뉴스 매체에
  한정된 의미로 쓰인 것은 언론이라고 번역했다 — 옮긴이.

없을 것 같다. 이런 작업은 지난 10여 년간 주요 학자들이 미디어 민주주의 이론에 대해 소상히 정리해놓은 것을 포함해 여러 차례 이루어졌다.[4]

하지만 미디어와 민주주의의 관계를 다룬 책 대부분은 이론적이거나 한 나라의 경험에 바탕을 두고 있다. 따라서 이 책의 출발점은 서로 다른 맥락에서 미디어의 민주적 기능이 무엇인지 미국에서 출발해, 구체적으로 살펴보는 것이었다. 미국의 미디어 시스템은 두 가지 전제 위에 설계되었다. 미디어가 정부로부터 독립적이려면 이는 국가 시스템이 아니라 시장 시스템에 편입되어야 한다는 것이다. 아울러 미디어가 민주주의에 봉사하려면 그 종사자는 정확하고 불편부당하며 유익함을 추구하는 전문직이어야 한다는 것이다. 첫 장에서 미국 저널리즘의 이상과 성취를 다른 나라 저널리즘의 한계와 대조함으로써 미국 시스템의 매력, 세계를 매혹시키는 연성 권력soft power을 부각했다. 다른 나라 저널리즘의 한계란 여러 권위주의 국가의 겁먹은 저널리즘, 이탈리아에서 나타난 미디어와 정치권력의 융합, 영국 타블로이드tabloid• 저널리즘의 무책임성 같은 것이다.

이어지는 장에서는 미국의 뉴스 미디어를 좀 더 자세히 들여다본다. 언덕 위의 눈부신 도시는 안에서 보면 덜 밝은 것으로 판명된다. 미국의 뉴스 보도는 어떤 측면에서 볼 때 정부로부터 부분적으로만 독립되어 있다는 설득력 있는 증거가 있다. 매우 불평등한 사회의 산물로서, 미국의 언론은 특히 빈곤을 다룰 때 불평등을 정당화하는 경향이 있다. 매우 비싸고 거의 규제를 받지 않는 정치 광고의 기본 매체인 텔레비전은 돈이 주도하는 미국 정치를 지탱하는 핵심이다. 미국 미디어와 정치 사이의 연계는 미디어 시스템을 비교하는 전형

• 영국에서 타블로이드 판형으로 제작되는 신문은 주로 대중적이고 통속적인 신문이다. 루퍼트 머독Rupert Murdock 소유의 ≪선The Sun≫이 대표적이다. 따라서 타블로이드를 '대중지'라 번역하기도 하지만 전공 서적인 이 책을 읽는 독자가 타블로이드란 말에 익숙해 있다고 판단해 이를 그대로 사용했다 — 옮긴이.

적인 연구에서는 거의 나타나지 않아 그 타당성에 의문을 던지고 있다.

따라서 처음의 두 장은 미국 저널리즘을 상찬하기도 하고 비판하기도 한다. 이는 미국, 영국, 덴마크, 핀란드의 언론이 수행하는 민주적인 역할을 비교하는 세 번째 장으로 이어진다(샨토 아이엔거Shanto Iyengar, 앵커 브린크 룬드Anker Brink Lund, 잉카 살로바라-모링Inka Salovaara-Moring 공저). 스칸디나비아 반도 국가들의 텔레비전은 미국 텔레비전보다 정치 뉴스와 국제 뉴스에 좀 더 관심을 기울인다. 이는 스칸디나비아 반도에 있는 나라 국민들이 미국인보다 이들 주제에 대해 좀 더 많은 내용을 알고 있는 이유이다(영국은 둘 사이의 중간쯤 된다). 덴마크와 핀란드(이들보다는 적지만 영국도)의 텔레비전은 미국보다 황금시간대에 뉴스를 더 많이 내보낸다. 이 때문에 우연히 뉴스를 보는 일이 많아서 취약 계층과 유복한 계층 사이에 지식의 격차가 비교적 적다. 요컨대 유럽인은 공영방송 시스템이 정치나 국제 분야를 좀 더 잘 다뤄주기 때문에 소비자 지향적인 텔레비전 시스템을 가진 미국인보다 이들 분야를 더 잘 안다(비록 좀 더 중요한 다른 사회적 요인이 있긴 하지만).

'경성 뉴스'가 정치적 지식을 뒷받침한다는 상식에 기대고 있다는 점에서 제3장의 분석은 비판받을 여지가 있다. '개인적인 것이 정치적인 것'이란 점을 일단 인정할 때 연성 뉴스도 정치적 특성을 확실히 갖고 있지 않을까? 좀 더 일반적으로는, 제3장에서 다룬 핵심 논제 — 시장 지향적인 미디어에서 경성 뉴스가 오락에 밀려났다 — 가 연예·오락에 정치적 의미가 삽입되어 있다는, 문화나 영화 연구자라면 당연시할 사실을 외면하는 것처럼 보인다.

제4장은 미디어가 제공하는 오락은 민주적인 사회생활과 연관되어 있다는 논점을 충실히 수용한다. 이 장은 영화와 텔레비전 드라마가 어떻게 정치의 토대가 되는 사회적 가치에 대한 토의를 촉진하는지를 탐구한다. 이를테면 (정치의 핵심인 개별적·집단적 이해에 대한 인식과 밀접히 연관된) 사회적 정체성을 탐색할 수 있게 하고, 사회에 대해 서로 상반된 해석을 제공하며, 일반적인

사회적 과정의 규범적 논의 — 그것이 어떠하고, 어떠해야 하는지 — 를 제공하는 것이다. 즉 미국의 텔레비전 시리즈 〈24〉는 '국가의 고문이 용인되어야 하는 가'라는 토론을 촉발했고, 〈섹스 앤드 더 시티Sex and the City〉는 성적인 관계가 빠르게 변하는 시대에 여성의 역할과 기대에 대한 공동체의 토론을 촉진했다. 하지만 연예 프로그램이 민주적인 논의를 추동한다고 해도 허구와 저널리즘 은 분별할 필요가 있다. 이는 정부가 벌인 중요하고 실재적인 행동을 — 특히 이것이 다른 나라에 가서 살인을 하는 일에 대한 것이라면 — 시민이 알 필요가 있 기 때문이다. 2006년 미국인의 3분의 1 이상이 이라크가 대량살상무기를 갖 고 있거나, 2003년 침공 당시 대량살상무기를 개발할 주요한 프로그램을 보 유했다고 믿었다. 또 미국인 중 거의 절반은 이라크가 9·11 공격에 깊숙이 연 루되어 있다고 믿었다. 이런 사실은 연예·오락이란 음식에만 의존하다 정치 정보 결핍에 걸려버린 사회에 대한 고발장이다. 민주주의가 자율적으로 작동 하기 위해서는 제대로 된 정보가 제공되어야 한다.

미디어 민주주의 이론이 갈수록 커지는 대중 연예·오락을 고려해야 한다 면 시각을 교정해야 할 또 다른 분야는 속도를 더해가는 세계화에 대한 것이 다. 국제화된 경제 세력 때문에 국민국가는 예전에 비해 힘이 떨어지게 되었 고 민주주의의 권능 역시 차츰 약해졌다. 이는 국민국가를 넘어서는 다층적인 협치協治 시스템을 구축함으로써 지구화 시대에 맞게 민주주의를 복원하려는 시도로 이어졌다. 뉴스 미디어는 여전히 국민 국가 중심이고 이런 전환에 뒤 처져 있어 민주주의를 수리하는 일을 한층 어렵게 하고 있다.

미디어의 민주적 역할에 대한 많은 이론이 전적으로 개별적인 유권자의 필 요에 부응하는지의 관점에서 전적으로 접근한다. 하지만 민주주의는 정부와 시민만으로 이루어지는 것이 아니고 정당에서 공익단체에 이르기까지 많은 중간 조직들이 개입한다. 언론 시스템이 이런 민주주의의 하부구조를 어떻게 잘 지원할 것인지 관심을 기울여야 한다. 논리적으로 이는 민주주의가 잘 돌아가도록 하는 여러 가지 일들에 서로 다른 종류의 저널리즘 ─ 미국 저널리즘 스쿨Journalism School에서 받드는 불편부당하고 객관적이며 사실에 충실한 저널리즘 모델만이 아니라 ─ 이 유용한 기여를 할 수 있다는 주장으로 이어진다.

미디어와 기술은 이 책의 두 번째 마디이다. 사람들은 인터넷이 '국제 공론장'을 가능하게 해 세계 시민들에게 힘을 줄 것이라는 희망을 걸었다. 타마라 비트스흐Tamara Witschge와 함께 쓴 제5장은 9·11 공격 이후 국제적으로 많은 독자를 확보한 유명한 웹진webzine ≪오픈데모크라시openDemocracy≫를 통해 이 주제를 탐색한다. 이 웹진의 성장은 인터넷이 어떻게 저널리즘의 혁신을 촉진하는지를 잘 보여준다. 하지만 이는 인터넷이 환경이나 시대의 한계에 갇히게 되는 것도 보여준다. ≪오픈데모크라시≫의 기고자들은 같은 언어를 써야 했기에 그들의 지역 분포는 세계의 일부에 국한되었다. 또한 남녀의 정치 참여가 불균형한 문화적인 현실이 반영되어 기고자는 압도적으로 남성이 많았다. 기고자는 또 대부분 엘리트들이었는데 이는 이 웹진의 편집 방침에 의해 두드러지기도 했지만 세상에는 지식이나 글솜씨 그리고 시간이 공평하게 나뉘어 있지 않았기 때문이다. 아울러 상당한 수의 독자를 확보했음에도(전성기 때 월 방문자 수가 50만 명에 육박했다) 이 웹진은 의미 있는 수익을 창출하는 데 실패했다. 광고나 구독료에서 제대로 된 수익을 만들어내지 못하다 보니 인터넷에 기반을 둔 독립적인 국제 저널리즘을 발전시키기 어려웠고, (어떤 형태로든 기부금이 없다면) 명실상부하게 국제적인 의사소통 망을 만들어내는 데도 한계가 있었다.

제6장은 영국에서 케이블 텔레비전, 쌍방향 디지털 텔레비전, 지역사회 텔레비전 그리고 닷컴 붐dot-com boom과 관련해서 어떤 예언이 나왔고 실제 무슨 일이 일어났는지 알아본다. 예측은 여러 번 크게 빗나갔다. 대부분 이런 예언들은 새로운 기술을 적용한 제품을 홍보하려는 업계에서 출발했고, 비중 있는 정치인과 신기술에 반한 전문가가 결탁했으며, 쉽게 믿는 언론에 의해 확산되

었다. 아울러 이런 예언들이 진짜처럼 받아들여진 것은 이들이 경제학이나 사회학적 근거는 약하지만 널리 퍼져 있는 기술 중심적 관점에 부합했기 때문이다.

과거의 예언을 점검한 뒤 제7장에서는 최근 나오는 예언을 점검해본다. 저널리즘의 미래에 대해 네 개 – 그런데 대부분 일관되지 않은 – 의 예상이 나온다. 전환 과정에 잘 대처하고 있으므로 ① 기본은 변하는 것이 없을 것이란 예상, ② 저널리즘의 위기가 민주주의를 위협할 것이란 예상, ③ 슘페터Joseph Alois Schumpeter적 해방과 쇄신, ④ 저널리즘의 재창조를 통한 르네상스의 도래를 예상하는 것 등이다. 이들 각각은 그 나름의 이유로 설득력이 떨어진다. 대신 일어날 법한 시나리오는 인터넷이 올드미디어old media 저널리즘의 쇠락과 획일화를 초래하리란 것이다. 새롭게 생겨나는 온라인 매체가 올드미디어의 쇠락을 보완하지 못하는데 이런 매체들은 대부분 자립을 할 만큼 충분한 수익을 내지 못하기 때문이다. 근본 문제는 모든 저널리즘이 – 온라인이든 오프라인이든 – 광고 수익과 부분적으로 분리되고 있다는 것이다.

이 책의 세 번째 마디는 미디어 역사를 다룬다. 미디어 역사는 미디어 연구의 학제 간 영역에서 기대한 만큼의 파급력을 보여주지 못했다. 이는 미디어 역사 연구자들이 자신들의 연구 분야(미디어 역사)만 다루고, 부분적으로는 매체와 시기를 기준으로 미디어 역사를 구분하는 데에서 기인한다. 그래서 미디어 발달과 사회변동 사이의 폭넓은 연관성의 본질을 조명하는 미디어 역사 연구의 잠재력이 사라지곤 했다. 그래서 필자는 일찍이 현재를 이해하는 데 역사가 어떤 도움을 주는지 보여주기 위해 근대 영국 사회(다른 선진국과 분명히 다른)를 만들어내는 데 미디어가 한 역할에 관한 대안적인 해석들을 요약했다.[5] 제8장에서는 최근의 연구를 검토하며 이 문제를 다시 짚어본다. 정치체제의 민주화와 관련해, 언론 자유의 확대와 힘세진 국민을 찬양하던 자유주의적 관점은 급진적 비판론을 만나 입장을 수정하기 시작했다. 미디어의 발달

과정이 여성을 희생해 남성에게 권력을 부여하는 과정이라고 주장했던 여성주의 관점은 미디어가 여성의 지위 향상에 맞춰 변해왔다고 역설하는 내부 수정주의자들의 도전을 받고 있다. 그리고 미디어의 발달을 노동계급의 진출을 봉쇄하고 엘리트 지배를 공고히 하는 과정이었다고 보는 급진적 학설은 개혁주의자들의 성공을 고려해야 한다는 압박을 받고 있다. 국가 형성에서 미디어가 행한 역할에 중점을 두던 인류학적인 관점은 이제 '하위 국가적sub-national' 인식을 공고히 하는 데 미디어가 하는 역할로 눈을 돌린다. 탈脫그리스도교라는 맥락 속에서 벌어진 도덕적 전통주의자와 자유주의자 사이의 문화 전쟁을 연구하는 자유주의적 관점은 영국의 자유주의자가 승리를 거두어왔음을 지적한다 (다른 나라에서의 결과는 분명히 다르지만). 소비주의가 확대되는 것을 환영하고, 점증하는 미디어의 상업성을 문화 엘리트로부터 해방되는 신호로 받아들이는 대중주의적 관점은 예전만큼은 아니라 해도 여전히 영향력을 발휘한다. 이와는 대조적으로 일련의 뉴미디어new media가 문화적·사회적 관계와 시대정신을 변화시킨다고 보는 기술 결정론은 최근의 인터넷 연구 붐을 타고 크게 약진했다.[6]

　이어지는 두 개의 장은 미디어 역사 가운데 널리 공감을 얻은 특별한 측면에 초점을 맞추었다. 일반적인 해석은, 영국 신문이 19세기 중반 징벌적 과세에서 벗어났을 때 자유로워졌다고 주장하며 이를 주도한 정치인들을 자유의 전사(물론 기득권도 가진)로 추앙한다. 제9장은 이 '자유의 전사'가 그 당시 무슨 말을 했는지를 검토함으로써 이런 일반론에 도전한다. 이들의 주된 관심은 신문의 가격을 인하하고 신문을 보급해 하층민을 교화indoctrinate하는 것이었음을 보여준다. 그들은 자신들이 가진 계몽의 비전이 승리할 것이며 기업인이 경영하고 광고주가 좋아해 돈 걱정 없는 신문이 온건한 주장에 힘을 실어주리라 믿었다. 더욱이 그들이 옳았다고도 할 수 있는데 부분적으로는 신문이 수공업에서 비용이 많이 드는 산업적 생산으로 전환하고, 광고에 더 의존하게 되면서 급진적인 저널리즘이 더 어려워졌기 때문이다.

다음 장은 20세기 첫 3분의 2에 해당하는 기간에 광고가 신문에 미친 영향을 검토한다. 이 장은 광고 회사라는 중개 기관이 나타나고 광고할 매체를 효과에 근거해서 선정하는 데다, 노동자의 수입이 증대해 광고 가치가 커진 덕분에 20세기 전반부에 급진적 저널리즘이 약진하기 유리했다는 주장을 전개한다. 이는 신문에 대한 광고 집행이 신문용지 배급기의 잠깐을 빼고는 매우 불균등했음을 밝힌다. 왜냐하면 어떤 독자는 다른 독자보다 돈이 많아 광고 효과가 크고 신문사가 독자로 끌어들일 가치가 더 크기 때문이다. 이는 신문의 구조와 편집 전략을 좌익에 불리한 쪽으로 비틀었다. 하지만 이런 것들은 정치적 차별 때문이라기보다는 결과적으로 그렇게 된 것이고 경제 그 자체의 논리로 빚어진 것이었다.

이런 논의를 전개하는 데 국가에 대한 도구적인 해석과 구조적 해석이 대립하던 당시 비판정치이론의 영향을 받았지만 광고가 신문에 미친 영향과 관련해서는 사실상 구조주의적 해석을 펼쳤다. 하지만 이 글을 써가는 동안 다양한 배경을 가진 일군의 명석한 사람들이 시장조사와 매체계획이란 사업 규율을 발전시킨 과정에 관심을 갖게 되었다. 그들은 시장의 작동 방식을 새롭게 해석해내며 변화시켰고 이를 통해 신문의 발전에 영향을 주었다. 20세기 후반 미국이 전문 TV 채널을 육성하면서 시청자를 개념화하고 측정하며 시장을 획정하는 새로운 방식을 만들어낼 때도 기본적으로 이런 과정이 되풀이 되었다.[7] 이런 주장은 시장이 문화적으로 구성된 것이란, 경제사회학에서 발전해온 새로운 관점과 부합하는 것이다.[8]

이 책의 마지막 마디는 미디어와 문화의 관계를 다루었다. 제11장은 영국 전국지의 서평란이 소설, 역사, 전기, 문학 이론 그리고 정치학에 치중한 것을 보여준다. 대중적인 베스트셀러나 중요한 책 (특히 과학이나 사회과학과 관련해서)은 배제된다. 이런 특이한 책 선정은 명문 대학에서 역사와 영어를 전공한 서평란 편집자의 교육 배경과 관련이 있다. 그들의 편애는 편집의 전통, 편향된 서평팀 그리고 그들의 사회적 연고 때문에 한층 공고해진다. 출판사 중역들 대부분은 이에 도전하기보다는 서평 편집자의 기호에 기꺼이 부응하려 한다. 그래서 신문은 인문학이 공적·문화적 삶을 지배하는 것을 수호하는 문화 전통의 관리인인양 여겨진다. 반면 다른 분야는 강등되어 '학식 있는' 시민이 알아야 하는 핵심 이수 과정에서 제외된다.[9] 이 연구가 끝난 뒤에도 별 변화는 없다. 가벼운 책이 좀 더 많이 리뷰review 대상에 올랐지만 과학의 경시는 한층 뚜렷해졌다.

마지막 장은 지난 25년간의 영국 미디어·문화 연구의 발전을 점검했다. 연구자들끼리 이 분야를 논하는 통상적인 방법은 연구의 빈틈이 드러나고 새로운 통찰이 이루어져, 일련의 깨달음이 좀 더 새롭고 나은 이해로 '전환turns'되는 내적 논리를 밝히는 것이다. 이는 넓은 맥락에서의 사회적 변화가 연구의 진전에 영향을 주는 것을 고려하지 않는 것이다. 비록 일부 상황적인 영향들이 분명히 있었지만 신자유주의의 확산으로 한때 급진적이었던 이 분야는 덜 비판적이 되었다. 이제 2008년 위기 이후 신자유주의가 도전을 받고 있으므로 이것도 변할지 모르겠다.

과거에 펴낸 모든 에세이는 이 책을 위해 다시 썼다. 내 목적은 이 글들이 학부 1학년에게 적합하게 만드는 것이다. 두 개의 장(제9장과 제10장)은 출판사의 분량 기준에 맞추느라 3분의 1쯤 잘려나갔다.

매클라치McClatchy 방문 교수로 초빙해준 스탠퍼드 대학교, 애넌버그Annenberg 기금 방문 교수 자리를 준 펜실베이니아 대학교, 그리고 나를 회원으로 받아준 애넌버그 신문 위원회(아울러 미국 미디어에 대한 조사 기록을 제공해주었다)에 감사를 드린다.[10]

이 기회에 미국 언론에 대해 좀 더 배웠고 비교 연구에 착수해 이 책의 전반부 세 개 장에 반영할 수 있었다.

또한 나와 동료의 뉴미디어 연구에 125만 파운드를 지원한 레버훔^{Leverhulme}
재단에 감사드린다. 초기 성과는 이 책의 중반부에 수록되어 있다. 이와 관련
해서 치열한 경쟁을 뚫고 레버훔 장학금을 받아 제2장, 제6장, 제7장을 연구
하는 데 도움을 준 조안나 레든^{Joanna Redden}에게 감사를 드린다. 아울러 미주
를 꼼꼼히 작성해준 저스틴 슐로베르크^{Justin Schloberg}에게 고마움을 표시한다.
다른 모든 감사의 말은 각 장의 서두에 표시해두었다.

제1부 미디어 비교 연구

01

언덕 위의 휘황찬란한 도시

Shining city on a hill

미국에서 한 가지 대단한 미디어 실험이 시작되어 여러 나라로 퍼져 갔다. 그 출발점은 미디어가 자유 시장 시스템의 일부로서 제도화되어야 한다는 것이었는데, 이는 어떤 형태의 공적 소유나 (필요한 최소한도를 넘어서는) 법적 규제도 언론 자유에 위협을 줄 수 있다는 데 근거를 둔 것이었다. 하지만 자유 시장 역시 미디어에 해로운 영향을 끼칠 수 있음을 인정하는 점에서 이는 신자유주의와는 결이 다른 것이었다. 자유 시장에 기반을 두면서도 그 역효과를 국가에 의지하지 않고 해소해야 한다는 딜레마double bind의 해결책으로 발달해 온 것이 언론인 전문직주의였다. 이를 통해 미디어는 공적 책무를 이행하면서 자유를 누릴 수 있었다.

이런 일반론은 허친스 위원회Hutchins Commission 보고서에 잘 나타나 있는데 이는 아마도 영어로 출간된 미디어 정책 보고서 가운데 가장 설득력 있고 기품 있는 보고서일 것이다.[1] 이 보고서는 공공 미디어 정책의 목표가 정부의 통제로부터 미디어의 자유를 확보하는 데 그쳐서는 안 된다고 주장함으로써 수

정헌법^{First Amendment}의 근본주의에 정면으로 도전했다. 이 보고서는 미디어가 공공선^{public good}을 위해 봉사할 책무가 있으며 이는 시장의 자유로운 작동을 통해 자동적으로 충족되는 것은 아니라고 주장했다. 왜냐하면 더 많은 독자의 관심을 끌려는 시도는 정확성의 약화를 부르고 대표적인 것보다는 예외적인 것, 중요한 것보다는 선정적인 것에 집착하도록 부추길 우려가 있기 때문이다. 시장은 또 자본 권력의 신문 지배와 계열화된 소유 집중으로 이어져 이들이 권한을 남용할 가능성을 높인다.

그럼에도 허친스 보고서는 '더 많은 규제와 정부의 대응'[2]을 요구하는 견해와는 거리를 두었는데 이렇게 하면 언론의 자유를 위협하리라는 판단한 때문이었다. 그럼 무엇을 할 것인가? 보고서의 대답은 언론 사주와 종사자들이 공공선에 절대적으로 헌신하도록 고무하고, 언론 '전문직 규범과 태도'[3]를 고양하며 '자긍심, 독립성 및 유능함'[4]의 전통을 키우자는 것이다. 한마디로, 언론이 제 역할을 하려면 규제가 아니라 지도력과 종사자 사이에 확고부동하게 자리 잡은 공익 문화가 중요하다는 것이다.

미국의 대표적인 지성들에 의해 작성된 허친스 보고서는 1947년에 발표되었다. 이 보고서는 개혁 운동의 산물이었는데 대중의 지지를 받았을 뿐 아니라 아마도 더 중요하게는 주요 언론 사주들,[5] 주요 언론인과 저널리즘 교육자들[6]의 지지를 받았다. 이런 운동은 19세기로 거슬러 올라가는 오랜 역사를 갖고 있다. 아울러 언론의 자율성, 규범 그리고 공공 서비스를 옹호하는 이런 운동은 '객관주의' 보도의 규칙과 절차를 준수하는 데 뿌리를 내리고 있었다. 이 운동은 '공평, 불편부당, 역피라미드형 기사 작성, 사실과 균형의 숭상'을 요구했다.[7]

이런 개혁주의 전통은 미국 언론의 과점적인 구조로부터 자양분을 얻었다. 개혁주의의 '황금기'라는 20세기 후반의 첫 25년 동안 지상파 네트워크 세 개가 텔레비전 시장을 지배했고, 전국지가 발달하지 않은 시장에서 시사 잡지 두 개가 몸집을 키웠다. 또 대부분의 도시 일간지는 그 지역에서 독점적 지위를 누렸다. 경쟁이 제한적이고, 광고 시장이 커져 수익성이 보장될 때는 고결하게 살기가 용이했다.

전문직 언론 개혁주의의 전성기는 허버트 간스Herbert Gans가 1960년대와 1970년대의 상업방송 세 개와 주요 잡지 두 개를 대상으로 실시한 고전적인 민속지학 연구에 담겨져 기념되고 있다. 간스는 언론이 거대 복합기업화하면서 주주의 힘이 관리자에게 이전되었고 관리자는 상당한 결정권을 기자에게 부여했다고 지적했다. 간스에 따르면 이는 부분적으로는 운영상의 필요, 즉 언론사 조직 내부의 기능 분화에 따른 것이었지만 한편으로는 기자의 전문성 인식이 상당히 고양된 데 따른 반응이기도 했다. 허버트 간스는 '권한의 위임'은 '언론사가 개인의 자율성을 옹호하는 전문직으로 구성되어 있기 때문에 일어나기도 한다'고 서술했다.[8] 따라서 큰 기업이 주요 언론사의 '명목적인 관리자'이긴 했지만 종사자들이 사실상 운영권을 갖고 있었고 모기업의 이익에 어긋나는 뉴스를 내보내는 것을 두려워하지 않았다.[9] 이윤을 내야 한다는 경영상의 압력은 전문성을 지키려는 기자 정신에 의해 상쇄되었다. 이는 특히 기자들이 시청자나 독자가 '지금 받아 본 뉴스에 별다른 관심이 없다'고 의심될 때 의도적으로 독자의 선호 정보를 무시하는 결과를 낳기도 한다.[10] 따라서 간스의 전체적인 결론은 미국을 대표하는 언론은 종사자들이 가진 전문성과 독립성에 대한 열망에 의해 강한 영향을 받았다는 것이다. 간스의 글은 과거에 미국 최고의 언론사는 이랬다는 식의 만가輓歌처럼 들린다.

책임 있는 미디어 자본주의

이 영향력 있는 설명은 뉴스 미디어가 사회의 기본적인 신념 체제의 영향을 받는다는 것을 인정하며 기자의 자율성이 사실 미묘한 방식으로 제한된다는 점을 포착한다. 책은 적지 않게 비판적이다. 그럼에도 이 책은 미국 사회의 근본적인 보수주의가 미국 저널리즘의 틀거지에 흔적을 남기고 있다는 것을 충분히 설명해내지 못한다. 이 부분은 다음 장에서 다시 다룰 것이다.

미국의 우상 파괴자들은 전문직 개혁주의 전통의 한계 또한 지적한다. 즉 일부 미디어 역사학자들은 ① 객관성에 충실한 규범의 발달은 좀 더 다양한 정치적 의견을 가진 독자에 어필하려는 마케팅적인 고려가 있음을 은폐하고 있으며 ② 사실을 점점 더 강조하는 것은 골수 근대적high modernism 경험주의의 순진함을 반영한 것이고 ③ 이런 개혁주의 전통의 고상함은 아마도 어느 정도는 권력과의 타협을 숨기고 있는 것이라고 주장한다.[11] 마찬가지로 일군의 미디어 사회학자들은 '객관주의 보도 과정'은 뉴스 취재원을 선택하고 뉴스를 틀framing 잡는 데 권력 있는 집단을 우대하는 결과를 낳는다고 주장한다. 또한 당국이 사실이라고 주장하는 것에 대해 반대 의견을 찾아 균형을 잡는 것은 (기자 자신이 해야 하는 — 옮긴이) 사실 규명을 위한 노력을 슬그머니 대체하는 것이라는 얘기다. 이런 한계는 마감 시간에 대한 압박, 해당 분야에 대한 전문성 부족, 그리고 때로는 당국과 시도 때도 없이 맞서고 싶지 않은 기자들의 심정을 반영한 것이라는 주장이다.[12]

비록 이 모든 비판이 어느 정도의 정당성이 있지만 미국의 실험이 이룩한 대단한 성과를 가리는 것이어서는 안 된다. 특히 미국 저널리즘이 기득권자가 불러주는 뉴스를 재생산하고 있다는 좌파의 일반적인 주장은 그렇지 않은 다양한 조건들을 담아내지 못한다.[13] 힘을 가진 자가 합의된 규범을 넘어섰을 때, 엘리트 집단이 첨예한 이견을 보일 때, 또는 대중적인 저항이 효과적으로 조직되었을 때(민권운동에서처럼) 미국 언론은 기성 권력에 대해 강력한 비판을 전개했다.

이에 대한 고전적인 사례가 1972~1974년 사이에 일어난 워터게이트watergate 사건이다.[14] 자주 듣게 되는 영웅담에서 닉슨Richard Milhous Nixon의 재선거에 관런된 한 무리의 사람이 워터게이트 빌딩에 입주한 민주당 전국위원회 본부에 불법적으로 침입했다 붙잡힌다. 이어진 조사에서 고위층이 사건에 연루된 것이 드러나고 닉슨 대통령과 핵심 참모들은 이를 은폐하려 했음이 드러난다. ≪워싱턴 포스트The Washington Post≫를 위시한 주요 언론은 이것을 밝혀내는 데 중요한 역할을 했다. 연이은 폭로는 닉슨이 1974년 사임하게 되는 압력으로 작용했고 적지 않은 그의 고위 보좌관이 기소되어 수감되는 길을 열었다.

물론 신문의 폭로는 진공 상태에서 일어났던 일은 아니다. 즉 흘려주기, 보도자료 배포, 공식적인 조사와 다양한 부류의 강력한 집단 ― 대표적으로는 법관, FBI의 부국장, 연방 검사들, 강력한 상원 위원회, 검찰 총장과 차장 등 ― 의 폭넓은 저항이 있었기에 가능했던 일이다. 미국 주류 집단의 정치적 내부자들도 1972년 재선에서 닉슨이 압도적으로 성공한 직후 워터게이트 사건을 정부의 권한을 체계적으로 남용한, 중요한 일의 하나로 만드는 데 큰 역할을 했다. 이 당시 언론들은 워터게이트를 (선거에 지고 나서) 민주당이 부리는 오기라고 평가절하하려 했다. 하지만 이런 것들이 전문성을 갖춘 기자가 끈질기게 추적하고 워터게이트의 진실을 공개해, 결국 가장 힘센 사람의 굴복을 세상에 이끌어낸 기록을 폄훼하는 것이어서는 안 된다.

미국의 지역 텔레비전도 이 개혁적 전문직 시대에 모범적인 탐사 보도investigative reporting를 선보일 수 있었다. 주목할 만한 예로는 1983년에 시카고 지역의 NBC 계열사인 채널5에서 '구타하는 정의Beating Justice'란 이름으로 내보낸 시리즈 보도가 있다.[15] 첫 출발은 새로 합류한 피터 카를Peter Karl 기자와 그 지역 변호사의 대화였는데 변호사는 경찰이 가축에 쓰는 전기봉을 그가 변호하는 피의자의 목에 밀어 넣고 성기에 댔다고 분통을 터뜨렸다. 충격을 받은 그 기자는 이를 동료와 합세해(그리고 결정적으로 이 일에 관심이 있는 변호사와 병원 직원과 함께) 더 알아봤고 동일한 경찰관들이 주로 흑인을 대상으로 한 구타 사건에 연관되어 있음을 발견했다. 시리즈는 21세의 건강한 청년이 경찰의 왜건^{wagon}에 잠시 올라갔다 온 뒤 사지 마비에 이른 것을 포함해 극심한 폭력이 행해지고 있음을 보도했다. 이 시리즈는 시카고 시가 지난 5년 동안 경찰의 폭행에 대한 민원을 처리하기 위해(입막음하거나) 500만 달러나 썼음에도 통제 불능 상태인 소속 경찰관을 제대로 관리, 감독하는 데 실패했음을 밝혔다. 아마도 이 시리즈와 관련해 가장 경이로운 사실은 지역 TV가 탐사 보도 시리즈를 위해 그 당시 그렇게 많은 투자를 할 의향이 있었다는 점이다. 방송사는 경찰의 폭행을 취재하기 위해 프로듀서와 보조 프로듀서, 기자(다른 아이템을 취재하기도 하면서) 그리고 인턴 세 명(사람은 바뀌기도 함)을 6개월 동안 투입했다. 연방과 지역 법정의 기록, 심지어 체포 일지를 일일이 연결함으로써 폭행에 반복적으로 연루된 경찰관 및 목격자의 이름이 확보되었다. 취재비는 넉넉해서 카메라맨이 위장된 승합차에서 '생생한' 폭행 장면을 촬영하기 위해 15일 이상이나 별 소득 없이 잠복하기도 했다.

시카고의 채널5는 또 회사의 가장 귀중한 자원인 방송 시간을 이 탐사 보도에 할애했다. 방송사는 밤 10시 지역 뉴스에서 '구타하는 정의' 시리즈를 5일 연속 방영했으며, 다음날 늦은 오후 지역 뉴스와 화제 시간에는 전날 보도의 심층취재 버전을 방송했다. 이를 통해 경찰의 비행과 관련한 증거들을 상세하면서도 충분한 문서에 기반을 두고 방영할 수 있었다. 이 탁월한 시리즈는 정가^{政街}에도 영향을 미쳤다. 하원의원인 해럴드 워싱턴^{Harold Washington}은 1983년 시장 선거에서 이 시리즈의 영향을 활용했다. 그는 경찰에게 구타당한 희생자 50명의 사례를 제시하는 충격적인 기자회견을 갖고 경찰 개혁을 약속했다. 워싱턴은 시카고의 첫 흑인 시장이 되었다. 그의 짧은 재임 기간에 (그가 일찍 사망했기 때문) 경찰 본부장인 리처드 브제첵^{Richard Brzeczek}은 사임해야 했고, 경찰의 내부 관리·감독이 엄격해졌다. 하지만 악명 높은 '야간반'의 지휘자는 1993년까지도 해고되지 않았다.[16]

비록 앞으로 알아볼 이유로 인해 전문직 기자 정신의 위력이 약해졌지만 인상적인 유산은 여전히 살아 있다. 전문직 문화가 만들어져 능력 있는 사람들이 언론인으로 채용되었고, 전성기에 미국 언론은 엄청난 인력과 예산을 갖고 있었다. 이로 인해 비록 주목을 받지는 못했으나 2005년 《뉴욕 타임스The New York Times》에 나온 시리즈와 같은 주목할 만한 저널리즘을 여전히 생산해 내고 있다. 여러 상을 휩쓴 '구타하는 정의' 시리즈나 유명한 영화로 오래도록 남은 워터게이트 폭로[17]와 달리 이 시리즈는 별다른 갈채를 받지 못했다. 그렇지만 이 시리즈는 비록 줄어들고는 있으나 자원이 잘 갖춰진 미국 저널리즘의 산업·지성·공익성을 잘 보여준다.

2005년 2월부터 3월 사이 《뉴욕 타임스》는 "가혹한 건강Harsh Health"이란 큰 제목 아래 폴 본 지엘바우어Paul von Zielbauer 기자의 기사 세 개를 내보냈다.[18] 첫 기사는 살릴 수 있는 사람이 죽어나가는 뉴욕 주 교도소의 열악한 의료 실태를 연대기식으로 다뤘다. 두 번째 기사는 정신 질환을 가진 수감자를 방치해 자살에 이르게 만드는 실태를 조명했고, 마지막은 소년원의 부실한 운영을 다루었다.

이 기사가 주목할 만한 것은 드라마틱한 인생사를 소개한다는 점이다. 브라이언 테트롤트Brian Tetrault라는 수감자는 감옥에 온 뒤부터 투약 처방을 거의 받지 못했다. 수감 이후 열흘 간 그는 땀과 오줌에 전 채 혼수상태로 보냈다. 그는 꾀병 취급을 받은 지 열흘 만에 (한 교도소 간호사는 테트롤트가 '계속 아픈 척 하고 있다'고 쓰기도 했다) 숨졌다. 그의 의료 기록은 그가 숨지기 전에 감옥에서 풀려난 것처럼 꾸며졌다.

또 13세 이후 정신 질환을 앓고 자살 시도를 하기도 한 카리나 몬테스Carina Montes라는 수감자의 기록은 사라졌고, 감옥에 있는 5개월 동안 아동정신 의학자를 만나보지 못했다. 몇 가지 명확한 징후가 있었지만 무시되었고 결국 그녀는 목을 매 자살했다.

14세의 티파니Tiffany는 문제가 된 또 다른 수감자이다. 그녀는 3세 때 마약 중독된 부모로부터 격리되었으며 그녀의 언니가 오빠에게 성추행을 당한 뒤 다시 옮겨졌다. 오래전부터 자살 위험이 있었고 정신장애에 시달려온 그녀는 병원에서 집중적인 투약 처방을 받고 있었다. 그녀가 경미한 범죄로 보호소에 수감되자 의사는 이 투약을 중지하고 대신 과잉행동 치료제를 투약했다. 청소년 센터 19곳을 책임지는 이 의사는 비싼 약 대신 병에 딱 맞지도 않은 싸구려 약을 처방했다고 많은 비난을 받았다. 티파니의 병세는 급격히 악화되어 환각을 보고, 침울해져서 이상행동을 하기 시작했다. 이때 가정법원 판사인 폴라 헤프너Paula Hepner가 단호하게 개입해 티파니가 적절한 치료를 받도록 명령했다.

이 세 건의 기사는 문제의 중심에 20억 달러에 이르는 감옥 의료산업을 주무르고 있는 '감옥 의료 서비스prison hospital service'가 있다고 지적했다. 이 회사는 최근 일어난 23건의 사망 사건에 연루되어 있음이 공식 확인되었다. 전업 정신과 의사의 3분의 1은 공석이었다. 의사 14명은 연방 또는 주 정부의 징계를 받은 기록이 있었다. 이 회사는 뉴욕 시에서만 논란에 휘말린 것이 아니라 다른 주에서도 잘못된 대응으로 거듭 비난을 받아왔다.

하지만 이 시리즈 기사는 악당이 나쁜 짓을 하는 것을 드러내는 탐사 보도의 전형(악은 응징해야 한다는 소박한 메시지를 가진)을 뛰어넘었다. 비록 이 기사는 '감옥 의료 서비스'와 일부 직원에게 비판의 화살을 겨누고 있지만 지성적이고 맥락이 있는 설명을 제시한다. 감옥 의료는 늘 어려운 분야인데 적지 않은 수감자가 정신 질환이나 중독으로 취약한 상태에 있기 때문이다. 또 품위 유지가 힘든 감옥 의료는 좋은 의료진을 확보하는 데 어려움이 있다. 무엇보다 이 시리즈가 강조한 것은 감옥에 대한 재정 지출을 줄이려는 계속된 압박이 있었다는 것이다. 미국에서 감옥 의료의 40퍼센트는 정부와 계약을 맺은 민간 기업이 제공한다. 계약을 따내기 위한 저가 입찰은 비용 절감 노력과 최소한의 고용을 낳게 되고, 이는 잘못된 대응이나 태만의 원인이 된다는 것이다. 감옥 내 건강관리에 대해 공개적으로 알려진 것이 거의 없고 일반인들이 걱정하는 문제도 아니다. 이런 상황에서 '가장 수상한 실적을 가진 업체가 살아남고 활개를 칠 수 있다'. 하지만 이 기사는 궁극적인 책임은 돈을 절감하길 원하는 공동체 전체에 있다고 지적한다. 이런 불편한 결론은 '문제의 근원은 교도소 의료 시스템이 예산 부족에 허덕이도록 암묵적으로 결정한 나라에 있다'는 내용의 사설로 한 번 더 분명히 확인되었다.[19]

이 시리즈는 ≪뉴욕 타임스≫ 지역 데스크에서 교도소와 구치소를 담당하는 전문기자 폴 본 지엘바우어가 한 교도소에서 6개월 동안 여섯 명이 자살한 사건을 목격하고 교도소 의료를 책임진 '감옥 의료 서비스'에 대해 조사해보기로 결심하면서 시작되었다.[20] 그는 이 회사가 담당하는 뉴욕 주 안의 구치소 내에서 일어난 모든 죽음에 대해 정보공개를 신청해 이 회사가 여러 차례 물의를 일으켰음을 확인했다. 폴 기자는 이어서 1년여에 걸쳐 조사를 벌였는데 사법 당국과 감독 당국의 여러 기록을 점검하고 이 회사의 전·현직 직원 30명을 인터뷰했으며, 다른 주에서 이 회사가 어떻게 했는지도 샅샅이 뒤졌다.

폴 기자의 탁월한 능력(그는 이어서 사담 후세인이 권좌에서 제거된 뒤 이라크에서 벌어진 권력 남용에 대해 주목할 만한 기사를 썼다)과는 별개로 이 시리즈가 우수한 것은 세 가지였다. 첫째, ≪뉴욕 타임스≫가 이 시리즈에 상당한 자원을 투입한 것이다. 이 신문사는 폴 기자가 예정된 기한을 넘겨 이 일에 매달릴 수 있도록 해줬을 뿐 아니라 조사와 기사 작성을 돕도록 요세프 플람벡Joseph Plambeck을 붙여줬다. 이 신문은 시리즈를 특별히 우대했는데 예를 들어 첫 기사는 어제 일어난 뉴스를 보도하는 것이 아님에도 1면의 머리기사로 나왔다. 두 번째로 이 시리즈의 가치를 높인 것은 조사에서 민주적인 주 정부의 작업을 묶어낸 것이다. 시리즈의 핵심 정보원은 뉴욕 주 당국 내부와 외부에서 만든 매우 비판적인 보고서이거나 재판 기록이었다. 이 문서화된 기록은 개혁이 필요한 열악한 상황을 설득력 있게 제시하도록 도와줬다. 그 시리즈를 인상

깊게 만든 세 번째 요인은 균형을 잡기 위해 긴장의 끈을 놓지 않은 것이다. '감옥 의료 서비스'에 스스로 방어할 기회를 제공했고, 기록을 값싼 분노를 위해 활용하기보다는 그 맥락을 비판적으로 이해하려 노력했다.

이 시리즈가 비록 모범이 되는 기사이긴 해도 미국 고급 저널리즘의 특징적인 단점도 갖고 있다. 가장 큰 약점은 세 개의 기사가 각각 8,624자, 6,510자, 3,020자에 이를 정도로 지나치게 길다는 것이었다. 또 이 기사는 중간 제목도 별로 없고 그저 그런 사진과 함께 소박하게 편집되었다. 특히 세 번째 기사는 "뉴욕 청소년 보호시설의 얼룩진 의료 기록"이란 한심한 제목을 달고 있었다. 하지만 기사 자체는 아주 솜씨 있게 쓰인 것이었다. 기사는 인간적인 흥미를 주는 드라마틱한 이야기와 분석을 오갔다. 기자는 독자가 무엇이 잘못되었는지를 좀 더 알아보도록 개인들의 비극이 주는 전율을 불러일으켰다. 그 시리즈는 또한 독자의 저항을 면밀히 계산해서 동정심을 불러일으키는 수감자뿐 아니라 ≪뉴욕 타임스≫에 회의적인 독자가 신경을 쓸 것 같은 경미한 범죄에 연루된 수감자에게도 주의를 집중했다.

따라서 비록 단점이 없지는 않지만 이 세 개의 기사는 미국 저널리즘의 잘 규율된 도덕적 열정과 노력, 그리고 지성의 상징이라 할 수 있다. 이는 세계에서 가장 풍족한 지역에 사는 부유한 독자가 끌어들인 광고를 바탕으로 신문사가 기사에 투자를 함으로써 가능했던 일이었다.[21] 이 모든 자산은 보편적인 의료보장 서비스가 없는 미국에서 교도소에 수감된 가장 비참한 하층민 그룹을 보호하기 위해 활용되었다.[22] 세계가 미국의 책임 있는 미디어 자본주의 모델에 찬사를 보내는 이유는 이런 저널리즘이 있기 때문이다.

언덕 위의 휘황찬란한 도시

지금까지 예시한 미국 저널리즘의 세 가지 사례는 모두 대통령, 경찰 그리고 교정 당국과 같은 공적 권력이 남용되는 것을 폭로한 것이다. 저널리즘의 이런 강한 독립성은 세계 곳곳에서 여전히 미디어가 노골적으로 통제되는 것과 대조를 이룬다. 통제가 행해지는 대표적인 방법은 억압적인 법률을 통해서이다. 예를 들어 로버트 무가베Robert Gabriel Mugabe가 통치하는 짐바브웨에서는 '공중에게 공포감, 경각심 또는 낙담'을 불러일으킬 만한 (이른바) '부정확한' 보도를 한 경우 최대 7년간 수감될 수 있다.[23] 사우디아라비아의 법규는 한층 억압적인데 이 때문에 살레 알-해리스Saleh Al-harith라는 기자는 오랜 기간 구금되어야 했다. 그는 2000년 니란Nijran에서 경찰과 이슬람 소수파 간에 벌어진 충돌을 알자지라Aljazeera TV에 전화로 리포팅한 것이 문제가 되었다.[24] 언론 규제법은 또 골치 아픈 출판물의 발행을 막기도 하는데 1994년 인도네시아에서는 주요 주간지 세 곳이 당국의 명령으로 문을 닫았다.[25]

둘째, 통제는 공적인 소유나 미디어 인가·규제 제도를 통해서 이뤄지기도 한다. 알바니아나 모로코에서처럼 대부분의 권위적인 국가에서 관영방송은 정부의 입장을 따른다.[26] 상업방송에 재갈을 물리는 효과적인 방법은 정부나 여당과 한편인 쪽에 허가를 내주는 것이다. 공산권이 붕괴된 이후 여러 동유럽 국가에서 이런 일들이 벌어졌다.[27] 중국과 시리아같이 억압의 정도가 심한 국가는 자국 내에서 영업을 하는 인터넷 서비스 업체에 비판적이거나 반정부 성향의 웹사이트를 차단하도록 요구한다.[28] 사우디아라비아를 포함해 일부 국가는 해외에서 거슬리는 방송이 유입되는 것을 방해한다.[29] 이런 규제 시스템은 종국에는 언론에 편집과 관련한 지침을 주기적으로 내려 보내는 지경에 이르기도 한다. 예를 들어 덩샤오핑鄧小平 시대의 중국 정부는 친親시장 개혁을 하는 것이 사회관계에 위해를 줄지 여부에 대해 언론이 다루지 못하도록 했다. 이런 조처는 의도했던 결과로 이어졌는데, 바로 반대파의 비판을 주변화하고 1989년 이후 일어난 풀뿌리 민중 봉기에 대한 보도를 억제하는 것이었다.[30]

세 번째로 통제는 다른 사람의 손을 빌려서 이뤄지기도 하는데 특히 정부와 한 통속이 되어 경영을 하는 민영 미디어의 경영자가 그들이다. 라틴아메리카에서는 보편적으로 주요 미디어 재벌과 독재 정권 사이에 비공식적인 제휴 관계가 있다.[31] 이는 민주화되기 이전의 타이완[32]이나 대한민국[33]도 마찬가지였다. 이런 제휴는 기본적으로 이해관계와 사고방식이 일치하는 데 바탕을 둔다. 공산주의·테러리즘을 타도하고 질서와 안정 그리고 자유기업 시스템을 지키자는 바람이 그것이다. 하지만 미디어 운영자의 실질적인 수지타산이 고분고분한 언론을 만들어내기도 한다. 1997년 (홍콩 반환 - 옮긴이) 이후 홍콩의 신문사들이 양순해진 것은 베이징 정부의 허가를 얻어 중국 본토에서 영업을 확대하고자 하는 신문 사주들의 계산이 주된 요인이었다.[34] 좀 더 일반적으로 광고의 흐름은 권위주의 정권 아래서 정치의 영향을 받는다. 이에 따라 중동 지역 전반에서[35] 정부의 비위를 거슬렀을 때 광고 게재가 취소되곤 하는데 범아랍권 텔레비전 방송사인 알자지라에서[36] 자주 이런 일들이 일어나곤 한다.

넷째로 언론은 사적 폭력에 의해 위협을 받기도 한다. 특히 범죄 조직이 발호하고 국가와 손을 잡고 있는 곳, 법치가 약한 곳에서 언론인들은 물리적 위협에 노출되어 있다. 예를 들어 러시아에서 바른말을 하는 언론인은 갈수록 강도 높은 폭력에 노출되는데, 처음에는 전화로 위협을 하지만 나중에는 계획적으로 폭행을 하고 불을 지르고 암살로 이어진다. 올레시아 콜초바[Olessia Koltsova]에 따르면 러시아에서는 국가와 사적 폭력 조직이 중첩되어 있어서 둘 사이를 구분하기 어려운 경우가 많다.[37]

끝으로 보이지 않는 지배 수단을 통해 간접적으로 통제하는 시스템이 만들어질 수 있다. 모든 정부는 홍보나 다른 수단을 통해 미디어를 '관리'하려 하지만 권위적인 사회에서는 이런 것들이 개방적인 사회에 비해 한층 위협적인 방법으로 행사될 수 있다. 싱가포르가 대표적인 예인데 이곳의 미디어는 공식적으로는 검열을 받지 않는, 형식상 자유로운 언론이지만 정부에 강하게 예속되어 있다.[38] 이런 것은 이 조그만 도시 국가를 휘어잡는 헤게모니hegemonie를 통해 작동하는 것이다. 엘리트가 똘똘 뭉쳐 국민행동당People's Action Party을 통제하고 해마다 국가가 시민단체의 면허를 갱신함으로써 정치권력을 독점하는데, 이 국민행동당은 1965년 독립 이후 선거에서 한 번도 진 적이 없다. 또 통치 엘리트는 싱가포르의 경제를 지배한다. 무엇보다 대중이 국가 발전, 아시아적 가치 그리고 인종 융합 같은 지배 이데올로기를 받아들이도록 하고, 공적 기구(교육 시스템을 포함해서)를 통제한다. 또 싱가포르의 경이적인 경제적 성취가 자아내는 신망을 통해 이들 엘리트들은 거의 도전받지 않는 문화적 우위를 점한다. 매우 권위주의적이고 체제 순응적인 문화에서 싱가포르 정부의 화를 돋우는 편집자는 용기와 함께 개방적이고 다원적인 사회에서 필요한 것과는 다른 종류의 독립성이 요구된다.

따라서 세계 여러 나라가 보기에 미국의 언론이 정부의 통제로부터 독립성을 유지하는 것이나, 당국을 가차 없이 비판할 수 있는 용기는 놀랍고도 고무적인 것이다. 미국의 언론은 ─ 멀리서 보았을 때 ─ 언덕 위의 도시처럼 빛을 발한다.

사실 확인의 책임

미국 언론의 개혁주의가 존경의 대상이 되는 나라는 언론의 자유가 부족한 나라만은 아니다. 사실 확인에 대한 미국 언론의 책임감이나 중요한 뉴스를 보도하려는 헌신성은 비록 그 가치가 무뎌지고는 있다지만 다른 나라의 경우와는 참신한 대조를 이룬다. 특히 이는 무책임한 타블로이드 저널리즘이 자리 잡은 나라와는 큰 차이를 보이는 것이다.

무책임한 타블로이드 신문의 개수 면에서 영국을 능가할 나라는 별로 없다. 영국은 열 개의 서로 경쟁하는 유력한 전국지가 존재한다는 점에서 이례적이다. 이들 중 타블로이드 다섯 개는 매출의 상당 부분을 광고를 통해 올리는 신문사로 대중 독자에게 강하게 초점을 맞추고 있다. 이들은 대중지의 판매가 1950년대부터 감소하고 지금은 그 기울기가 가팔라지면서 살아남기 위해 치열한 경쟁을 하고 있다. 영국의 타블로이드는 전문직 문화보다는 오락에 치중해 있기 때문에 이런 상업적 압력을 견제할 장치가 존재하지 않는다.[39]

영국의 타블로이드는 경영 여건이 악화되자 갈수록 더 독자의 관심을 끌 만한 뉴스를 찾아 나섰다. 한 가지 오래도록 먹히는 방법은 독자를 화나게 하는 것이다. ≪선데이 익스프레스Sunday Express≫가 기자들에게 지시한 메모처럼 '우리는 독자를 열 받게 해야 한다'는 것이다.[40] 이런 전략은 2000년대 이민자에 대한 반감이 확산되었을 때 이민 반대를 부추기는 기사를 쏟아내는 것으로 나타났다. 하지만 수요에 비해 이런 기사의 공급이 모자라자 나중에는 사실을 왜곡하는 것도 모자라 기사를 창작하는 지경에 이르게 된다.

한 예로 2003년 타블로이드 신문들은 이민자들의 식습관에 대해 일련의 기사를 내보냈다. 이민자들은 당나귀를 먹으며, 생선을 게걸스럽게 먹고('자, 그들이 우리의 생선을 먹는다')[41] 백조를 먹어치우는 것으로 보도되었다. 이 백조 기사는 국민적인 금기를 건드린 것인데, 백조는 노르만 시절부터 법에 의해 보호를 받는 영국의 상징적 유산으로 여겨져 왔기 때문이다. 백조를 먹는다는 것은 강한 거부감을 몰고 왔다. 이 기사는 아주 중요하다고 판단되어 ≪선The Sun≫(2003년 7월 4일 자)은 1면에 "백조 구이"란 큰 제목 아래 '몰지각한 망명자들이 여왕의 백조를 바비큐하고 있다'고 보도했다. 이 신문은 '경찰 보고서에 따르면 동유럽의 밀렵자들이 보호받는 왕실의 새를 꾀어서 덫으로 잡고 있다'고 보도했다. 이 신문은 속지로 이어지는 기사에서 확실히 '경찰이 동유럽 갱들을 급습해서 한 쌍의 백조를 요리하려는 현장을 발각했다'고 보도했다.

비록 이 기사는 독자의 혈압을 높이는 데는 제격이었지만 한 가지 문제가 있었다. 사실이 아니라는 것이다. 동유럽인이 백조를 먹는 데 대한 런던 경찰의 보고서는 존재하지 않았으며, 있었다면 밀렵과 관련해 법적인 원리를 밝힌 한 페이지짜리 내부용 메모가 있을 뿐이었다. 경찰이 백조를 잡기 위해 덫을 놓거나 바비큐를 하려는 이민자 '갱gang'을 체포한 적은 없었다.[42] 언론불만처리위원회Press Complaints Commission의 공식 보고서는 ≪선≫이 '기사에 관해 어떤 증거도 제시하지 못했다'고 밝혔다.[43]

마찬가지로 ≪데일리 익스프레스Daily Express≫(2005년 7월 27일 자)는 1면에 7월 21일 런던에서 폭탄을 터뜨린 인물들에 대해 '폭파범들은 모두 기생적인 정치 망명 신청자'라고 낙인을 찍었다. 분노를 유발하려는 계산에서 나온 것이었는데, 추가 조사에서 드러난 것을 보면 이런 비난은 정확하지 않은 것이었다.[44] 그럼에도 이런 기사는 같은 날 이 신문이 '모든 망명 신청자들을 돌려보내야 하나?'라고 물은 여론 조사에 적지 않은 영향을 주었다.

독자의 관심을 끄는 전략 중 하나가 독자를 화나게 하는 것이라면 또 다른 방법은 그들에게 공포를 안겨주는 것이다. 이는 영국에서 가장 많이 팔리는 ≪데일리 메일Daily Mail≫과 ≪선≫이 이하선염, 홍역, 풍진을 한 번의 접종으로 예방하는 백신mumps, measles and rubella vaccine: MMR(MMR 백신)의 위험성에 대해 경종을 울린 여론몰이가 전형적이다. 이 여론몰이는 1998년 의학 논문의 공동 저자인 앤드루 웨이크필드Andrew Wakefield 박사가 이 백신이 자폐를 동반하는 내장 질환을 일으킬 수 있다고 기자회견을 한 것이 계기가 되었다.[45] 이 논문은 무작위로 추출되지도 않은 12개의 사례에 의존하고 있어 방법론적으로 탄탄하지 않았고, 백신과 자폐 사이의 연관 관계가 있음을 밝혀냈다고 주장하는 것도 아니었다. 이 논문을 실은 저널은 그 뒤 출판 취소 결정을 내렸다.[46] 웨이크필드 박사는 2010년에 다른 무엇보다 이 연구의 결과와 금전적인 이해가 얽혀 있다는 의문(백신 회사를 상대로 소송을 진행 중인 쪽에서 연구비를 받았다는 의혹)[47]을 분명히 해명하지 못해 비판을 받았고 영국 의학 총협회British General Medical Council에서 제명되었다. MMR 접종이 위험하다는 그의 주장은 미국, 일본, 핀란드와 그 밖의 여러 곳에서 실시된 대규모의 과학적인 연구에 의해 기각되었다.[48]

하지만 대표적인 영국 타블로이드가 근거가 약한 돌출적인 주장을 옹호하는 것을 막지는 못했다. 어찌 되었든 이 기사는 어린아이를 둔 부모와 할아버지, 할머니의 관심을 끌 것은 확실했다. MMR 공포가 절정에 달했던 2001년 1월 한 달 동안 ≪선≫은 이틀에 한 번꼴로 백신에 대한 우려에 기름을 붓는 뉴스를 내보냈다.[49] 이 기사는 전형적으로 '비탄에 잠긴 어머니인 메리 로빈슨Mary Robinson은' MMR 접종이 '자녀 네 명에게 자폐를 유발하고 나머지에겐 행동장애를 일으킨 것'을 '확신하고 있다'는 식이었다.[50] 기사는 메리 로빈슨의 확신을 뒷받침할 만한 의학적 증거를 제시하지 못하면서도 '헤어드라이어가 문제가 있으면 판매를 금지하면서 이 약(MMR 백신을 의미)은 왜 금지시키지 않느냐'는 그녀의 말을 인용해 보도했다. 유명인들도 이런 여론몰이에 동원되었다. ≪선≫은 'TV 스타 캐럴 보더먼Carol Vorderman이 지난밤 안전한 백신접종 촉구 집회를 이끌었다'며 〈카운트다운countdown〉 (영국 방송사 채널 4에서 방영한 게임 형식의 오락 프로그램 ─ 옮긴이)의 인기 스타인 그가 MMR 백신으로 피해를 입은 자녀를 둔 '많은 사람들과 대화를 나눴다'고 보도했다.[51]

이런 돌팔이 진단의 문제는 자폐 증상이 아이들이 MMR 백신을 처음 접종하는 2세 무렵에 뚜렷해진다는 것이다. 이는 인과관계라기보다는 우연의 일치인 것이다. 그럼에도 영국의 대표적인 타블로이드는 MMR 백신접종이 마치 아이들의 건강을 담보로 러시안룰렛russian roulette 게임이라도 하는 듯한 인상을 주었다. 이런 견해는 수상인 토니 블레어Tony Blair가 2002년 막내아들 레오Leo Blair에게 백신을 접종했느냐는 질문에 대답을 하지 않음으로써 한층 그럴듯해 보였다. 이는 기사에 새로운 활력을 불어넣었는데 첫 기사가 나온 지 5년여 만인 2003년 들어서야 백신 공포가 사그라졌다.

하지만 타격은 이미 돌이킬 수 없었다. 1998년에 MMR 백신을 접종하는 사람이 눈에 띄게 줄었고 2004년까지 약간 회복되는 수준에 그쳤다.[52] 2009년까지도 MMR 접종은 공포가 시작된 1998년 이전 수준을 회복하지 못했다.[53] 접종률은 큰 편차를 보였는데 런던의 접종 기피가 가장 심했다. 이 때문에 병에 걸리는 아이들이 늘었고, 집단 면역 능력을 감소시킴으로써 홍역에 걸린 아이가 2001년부터 증가해 2009년까지 계속 늘어났다.[54] 홍역은 2001년에는 잉글랜드와 웨일스에서 70건이 보고되었으나 2009년에는 1,143건으로 증가했다.[55] 홍역은 뇌염이나 뇌손상뿐 아니라 사망에 이를 수 있는 심각한 합병증을 동반한다(2005년 영국의 한 아이가 사망했다). MMR 기사는 신문이 팔리는 데 일조했지만 이는 또한 피할 수 있는 질병을 살려냈다.

타블로이드 신문이 기승을 부리는 영국은 서유럽에서 신문에 대한 신뢰가 가장 약한 곳이다.[56] 하지만 타블로이드의 문제는 독일에서 홍콩에 이르기까지 어디나 존재한다. 이런 나라 입장에서는, 인공적인 향료나 감미료를 기사에 섞어 넣기를 싫어하고, 일반적으로 저널리즘 윤리를 준수하며 이것이 침해되었을 때 분명히 저항하는 미국 저널리즘의 특성은 배울 만한 것이다.

정파성의 위험

미국 저널리즘이 다른 곳에서 선망의 대상이 되는 또 다른 측면이 있다. 저널리즘의 정파성이 만연한 곳에서 미국 언론이 가진 편집의 중립성과 정치로부터의 초연함은 상당히 매력적일 수 있다. 정파적인 언론 시스템에서 일부 언론은 정부와 동맹 관계를 맺곤 한다. 이런 시스템은 언론이 고도로 집중화되어 있고 한쪽으로 지나치게 편향적일 때 부정적인 결과를 낳는다. 이런 문제의 대표적인 예가 실비오 베를루스쿠니Silvio Berlusconi의 이탈리아이다.[57]

이탈리아가 비록 대중적인 사랑을 받는 공영방송이 존재하는 나라이긴 하지만 이탈리아 TV 재벌인 베를루스코니는 한 나라 전체의 지상파 상업방송을 실질적으로 통제할 수 있도록 허가받은 서유럽 최초의 인물이다. 1992년까지 베를루스코니의 TV 채널은 이탈리아 전체 시청률 중 43퍼센트를 점유했고[58] 2000년대 초에는 45퍼센트를 차지했다(상업방송 시청률만 볼 때는 90퍼센트).[59] 아울러 베를루스코니는 출판, 광고, 건설, 보험 그리고 식품 산업을 소유하고 있거나 상당한 지분을 보유하고 있다.

언론과 사업에서 일군 베를루스코니의 제국은 그가 정치적으로 도약하는 발판이 되었다. 1990년 초반 이탈리아의 정치 지도층은 공직 부패 스캔들에 얽혀 신뢰를 상실했다. 베를루스코니는 1993년 '모조' 정당을 만들어 이 정치적 공백을 치고 들어갔는데, 이 당은 당원도 몇 명 안 되는 데다 대부분은 직원과 친구들이었다. 창당 작업은 유권자가 마치 공략할 새로운 시장인양 세심한 시장조사와 지속적인 광고를 동반해 꼼꼼하게 기획한 것이었다. 새 정당의 이름은 축구 응원 구호를 본떠 '전진 이탈리아당Forza Italia'('힘내라 이탈리아'의 뜻 ─ 옮긴이)이라고 지었고 북부와 남부에 각각 지역적 기반을 둔 우익 정당 두 곳과 손을 잡았다. 1994년에 이들은 베를루스코니 소유 방송국의 전폭적인 지원에 힘입어 총선에서 승리했다. 베를루스코니 휘하 직원 50여명이 국회로 진출했고 공직 경험이 전혀 없는 베를루스코니는 수상이 되었다. 그의 첫 정부는 7개월의 단명에 그쳤으나 베를루스코니는 2001년 동일한 우익 연합의 대표로서 다시 권력을 장악한다. 이때 구성된 정부는 전후 이탈리아 역사에서 가장 오래 유지된다. 베를루스코니는 2006년 선거에서 패했으나 2008년 상하 양원의 다수당이 되며 다시 수상 자리에 올랐다. 즉 베를루스코니는 언론 거물이란 지위를 활용해 분파적 이기로 악명 높은 이탈리아 정치에서 유력한 인물로 성장한 것이다.

하지만 베를루스코니가 오직 언론의 후광을 활용해 정치적 명성을 얻었다고 말하는 것은 너무 단순한 것이다. 1992~1994년 사이에 벌어진 정치 지도층의 자폭(얄궂게도 베를루스코니도 깊이 얽혀 있는)은 '때가 덜 묻은' 국외자인 베를루스코니에게 상황을 타개할 기회를 만들어줬다. 베를루스코니는 이때 그의 입지를 공고히 했는데 이는 부분적으로 그가 무엇이 제목으로 뽑힐지, 대중이 좋아하는 정책이 무엇인지, 그리고 자신을 어떻게 표현해야 하는지에 대해 기민한 감각을 가진 언론 전문가라는 데 힘입은 것이었다. 그는 새로운 스타일의 정치에 능숙한 정치인이었다. 하지만 그는 오래된 정치적 기교도 배웠는데, 매력을 가진 능숙한 중재자로서 그의 정치적 연정 파트너들을 묶어내 2007년 좀 더 안정적인 모습의 정치 지배 블록을 재창출했다. 무엇보다도 그는 기독민주당^{Christian Democracy}의 핵심 정신(애국심, 가족 가치, 법과 질서 그리고 사회주의에 대한 경계)을 이민자에 대한 점점 커지는 적대감에 기대어 이탈리아 버전의 신자유주의로 풀어냄으로써 중도 우익의 지배 연합을 새로운 형태로 재창출했다. 이런 중도 우익의 재건은 좌익이 실패한 덕을 본 것이며 전통적으로 보수적인 나라에서 그에 합당한 보상을 받게 된다.[60] 이탈리아 국민은 1948년부터 1992년 사이에 치러진 선거에서 언제나 우익이나 중도 우익의 손을 들어줬다. 사실 베를루스코니는 이탈리아가 한동안의 동요를 청산하고 원래의 정치적 고향으로 돌아가도록 도운 것이었다.

하지만 이탈리아에서 언론과 정치권력의 상호작용은 정부에도 언론에도 좋은 것이 없음이 드러났다. 사실 베를루스코니는 국가의 공직을 그의 언론 권력 기반을 공고히 하고 확장하는 수단으로 활용했다. 헌법재판소^{Constitutional Court}가 베를루스코니의 지상파 상업방송 지배권을 약화시키기 위해 하나의 채널(Rete 4)을 케이블이나 위성 TV로 옮기도록 판결하자 2003년 베를루스코니의 정부는 즉각 이 판결을 무력화하는 법을 통과시켰다. 새 법은 베를루스코니가 상업 TV 채널을 계속 지배하는 것을 정당화했을 뿐 아니라 그가 미디어 왕국을 확장하는 것을 용이하게 했다.

베를루스코니는 또 직권을 남용하며 공영방송인 RAI^{Radiotelevisione Italiana}에

영향을 늘려갔다. RAI의 세 개 채널은 각각 우파, 중도, 좌파 성향을 띠고 있었다. 하지만 1990년대의 부패 스캔들 이후 RAI는 베를루스코니가 변화시키려 의도한 대로 '탈정치적above politics'이고 중립적인 쪽으로 기울었다. 커뮤니케이션 장관인 마우리치오 가스파리Maurizio Gasparri는 2002년 공개적으로 다음과 같이 선언했다. 즉 이제는 '날기를 그만두고 땅으로 내려와야 할 때다. "초당파above faction" 언론인은 잊읍시다. 우리는 충성스러운 사람을 좋아한다.'[61]

충성파들은 고위 경영진으로 중용되었는데 가자 이탈리아당의 전 의원인 파브리치오 델 노스Fabrizio Del Noce는 RAI의 새 감독 이사에 선임되었다. 새로운 경영진 아래서 베를루스코니를 풍자하는 연속극은 2002년 말 갑자기 방영이 취소되었다. 텔레비전 카메라가 2003년 5월 수상이 부패혐의로 기소된 재판에서 시위자들의 모습을 길게 비춰주자 RAI의 사장은 채널 RAI 3 뉴스에 대한 조사를 지시해 직원에게 꼬치꼬치 캐묻는 감사가 이어지기도 했다. 베를루스코니는 이런 겁주기 조처와 직접 연관되어 있었다. 2003년 비판적인 방송기자 두 명 ─ 채널 RAI 1의 인기 있는 공익 프로그램의 진행자인 엔치오 비아지 Enzio Biagi와 RAI 1과 RAI 2의 수석기자인 미켈레 산타로Michele Santaro ─ 이 '방송을 범죄적으로 이용하고 있다'고 노골적으로 베를루스쿠니를 비판한 뒤, 'RAI의 새 경영진은 이런 것들을 막아야 할 명백한 의무가 있음을 믿는다'고 밝혔다.[62] 이듬해 두 기자의 고용 계약은 연장되지 않았는데, 다른 기자들이 스스로를 검열하도록 압박하려는 의도를 명백히 보여준 것이었다. 가차 없는 압력은 계속 이어졌는데 예를 들어 2003년 6월 베를루스코니가 대답하기 곤란한 질문을 던진 채널 RAI 3의 루치아 안눈치아타Lucia Annunziata는 징계 위협에 시달리기도 했다.

사실 베를루스코니는 결코 공영방송을 '장악'하지 않았다. 이들은 여전히 반대 목소리에도 방송 시간을 할애했다. 그럼에도 상업방송을 확실히 통제하고 이어 RAI에 겁을 줌으로써 두 가지 중요한 성과를 거뒀다. 먼저 베를루스코니는 이를 통해 정치적으로 유리한 입지를 확보했는데, 그는 정적들보다 자주 텔레비전에 등장했고 더 많이 언급되었으며 더 우호적으로 묘사되었다.[63] 또한 뉴스 보도 전반의 논조와 논의의 틀에 영향을 미쳤는데, 특히 부패와 관련한 뉴스가 그러했다.

기업인으로서 베를루스코니는 20여 년 동안 법적인 논란에 휩싸이는 등 위험을 헤치며 살아왔다. 무엇보다 그는 분식회계와 탈세, 금융감독 당국에 대한 뇌물 공여, 판사 매수, 불법 정치자금 제공, 돈세탁, 마피아와의 불법 연계, 반독점법 위반, 뇌물 제공을 통한 위증 교사 등의 혐의를 받았다. 사실 1998년 베를루스코니는 금융감독 당국에 뇌물을 준 혐의로 2년간의 실형을 선고받았다. 이 유죄 평결은 항소심에서 뒤집혔지만 그의 변호사 마시모 베루티Massimo Berruti는 2001년 이 건으로 변호사 자격을 박탈당했다. 베를루스코니의 변호사 중 다른 한 명(친한 친구이자 그의 내각 전 각료) 체사레 프레비티Cesare Previti는 2003년 부패 혐의로 유죄를 선고받았다. 사정 당국이 계속 눈총을 주는 데 대해 베를루스코니는 법을 개정하는 것으로 응수했다. 2001년에서 2006년 사이에 베를루스코니의 정부는 분식회계를 기소 대상에서 제외했다. 재판을 이탈리아 다른 지역 관할로 이전하기 쉽게 했다(무죄 방면을 용이하게 하려고). 또한 화이트칼라 범죄에 대해 형량한도를 짧게 하고 국가 고위직의 심리를 중단시켰다(이 조처는 위헌으로 폐기된다). 데이비드 레인David Lane은 베를루스코니의 가장 급선무는 '자신을 낚아챈 법의 갈고리를 빠져나오기 위해 맞춤형 입법을 하는 것이었다'고 말한다.[64]

기소를 면하기 위해 공직을 활용하는 베를루스코니의 행태는 그의 세 번째 수상 재임 시까지 이어졌다. 이때 그는 탈세 혐의와 함께 자신을 편들어 거짓 증언을 해 유죄판결을 받은 영국 변호사 데이비드 밀스David Mills에게 위증 교사한 혐의를 받았다. 2008년 베를루스코니가 국가적 업무 외에 신경을 쓰지 않도록 그에게 면책특권을 제공하는 법안이 제정되었다. 2009년 이 법안은 헌법재판소에서 폐기되었다.

베를루스코니의 영향력에 눌려 언론은 정부를 효과적으로 감시하지 못했다. 부패에 대한 소추는 국민들이 정부의 부패가 근절되길 갈망한 '깨끗한 손' 캠페인의 연장선에서 복음 전도자의 열성으로 보도될 수도 있었다. 이와 달리 소추나 재판은 '논란'이라는 다른 앵글^{angle}로 보도되었는데, 그 이유라는 것이 베를루스코니 정부의 각료가 담당 판사나 검사가 좌편향되어 있다고 비난했다거나, 이탈리아 비잔틴 사법절차에선 아직 '확정이 안된' 하나의 사안이기 때문이었다.

적극적으로 감시하지 않는 언론이 (분명히 배짱이 있는 좌익 신문과 잡지는 예외로 하고) 베를루스코니를 이례적으로 봐줌에 따라 그는 어떤 실책을 저질러도 별로 타격을 받지 않는 정치적 인물로 성장했다. 그가 내놓은 아이디어 사이에는 모순이 있었다. 그가 제시한 이상은 금이 가 있었고 그가 말하는 것과 행하는 것 사이에는 자가당착이 존재했다. 그를 '지켜주던' 순치된 미디어의 안전판이 사라진 것(인터넷 덕분에)은 가족의 가치를 그가 정치적으로 옹호하는 것과 매춘부와 시시덕거리는 것 사이의 부조화가 더는 눈뜨고 보기 어려워진 2009년에 이르러서였다.

간단히 말해, 최근의 이탈리아 정치사는 경각심을 주는 사례이다. 이는 언론과 정치권력이 결합할 때 빚어지는 원천적 위험을 확실히 보여주는 것으로 나쁜 정부를 용감하게 하고 묵종적인 보도를 낳는다. 생각이 있는 이탈리아 사람들이 베를루스코니 시절을 반추하며 미국 저널리즘이 더 나은 방법을 제시하지 않는지를 숙고하는 것은 놀라운 일이 아니다.

세계적인 승리와 국내에서의 쇠퇴

이 때문에 전 세계에서 적지 않은 사람들이 미국 저널리즘의 독립성과 공공성 의식 그리고 정치적 중립성에 경의를 표한다. 예를 들어 몰타,[65] 멕시코,[66] 브라질[67] 그리고 넓게 봐서 라틴아메리카[68] 전역에서 많은 언론인이 미국 언론의 규범을 자신들의 미디어를 '개혁'하는 방안으로 철석같이 믿는다. 이런 규범은 미국의 영향권 안에 있는 세계신문협회World Association of Newspaper에서 암묵적인 숭앙을 받았는데 이 기구는 냉전 시기와 냉전[69]이 종식된 뒤 회원 수가 늘어났다. 미국 저널리즘은 또 아프리카, 아시아 등지에서 생겨난 새로운 저널리즘 스쿨의 전범이 되곤 했다.[70]

하지만 국제적으로 승리하고 있던 때, 즉 미국 기자들이 세계 도처에서 늘어나는 동지들로부터 찬사를 누리던 바로 그때부터 미국 저널리즘은 기울어지기 시작했다. 이는 미국 저널리즘의 실험 ─ 부분적으로 성공적이었던, 사업과 언론을 분리하는 시도 ─ 이 갈수록 심해지는 상업주의에 잠식되었기 때문이다.

미국의 TV 네트워크는 1980년대에 모두 매각되거나 합병되는 과정을 겪었다. 새 주인은 뉴스 부문에서 발생한 손해를 참으려 하지 않았다. 이는 아마도 연방통신위원회Federal Communication Commission: FCC가 남아 있는 규제를 1980년대에 완화한 것과 관계가 있을 것이다. 이런 규제 완화는 TV 방송 면허가 측정 가능한 공적 책무와 함께 부여되는 갱신되어야 하는 신탁이라기보다는 사실상 사유재임을 분명히 한 것이다.[71] 하지만 이는 또한 고위 임원의 보상 체제와도 연동해서 상장된 주식의 수익률을 높여야 한다는 요구에 의해 가속화되기도 했다. 배당과 주가를 최적화하라는 압력은 이 시기의 미국 신문에도 큰 영향을 주었다.[72] 경영자들은 1980년대에 20년 전에 비해 더 많은 이익을 내도록 요구받았고[73] 이런 압력은 그 뒤에도 이어졌다.[74]

동시에, 주주가 요구하는 것을 충족하기가 점점 힘들어졌다. 미국 신문은 1970년대부터 경영 부진이 가속화되는 국면에 접어들었다. 지상파 TV 네트워크는 케이블과 위성 TV 시청이 늘어나면서 시청률이 하락했다. 1970년부터 2001년 사이에 미국의 일반 가정에서 시청하는 텔레비전 채널 수는 7개에서 71개로 증가했다.[75] 그리고 2000년대에 미국 신문과 텔레비전은 이미 대부분의 가정에서 활용하는 '대중'매체가 된 인터넷과 경쟁을 치러야 했다.

미국 언론인의 자율성은 갈수록 세지는 주주의 압박과 강해지는 경쟁 압력 때문에 약화되었다. 이는 1982년, 1992년 그리고 2002년에 행해진 일련의 조사에서 드러난다. 이 조사는 자신이 독자적으로 뉴스를 선택할 수 있고 기사에서 강조할 부분을 고르거나 뉴스로 다룰 중요한 이야기를 선택하는 자유가 있다고 응답한 기자의 비율이 줄어들고 있음을 보여준다.[76] 기자의 직업적 전문성이 약해지면서 단순화와 오락화 경향이 강해지는데, TV 네트워크의 뉴스가 1994~1998년과 1974~1978년이 어떻게 다른지 비교하면 연성 뉴스가 늘어나고 있음을 알 수 있다.[77] 이는 또한 미국 신문에서 1970년에서 1990년 사이에 해외 뉴스가 줄어드는 결과를 가져왔고[78] 텔레비전 뉴스가 해외 뉴스를 취재하는 데 들이는 투자를 줄이도록 했다.[79] 또한 상업화가 확산되면서 오락적인 가치의 영향을 크게 받은 저예산 '잡지'와 리얼리티쇼reality show가 증가했다.

이런 변화는 상업주의와 전문직주의 사이에 일찍이 이루어진 타협의 본성을 다시 한 번 선명히 부각시켰다. 비록 미국 텔레비전 네트워크의 기자들이 적잖은 자유와 넉넉한 예산을 갖고 있었지만 그들 역시 주변화되었다. 시청률이 가장 잘 나오는 시간대에 제한 없이 오락 프로그램을 편성하기 위해 뉴스 프로그램은 저녁 6시 30분(또는 이보다 더 이른 시간대에) 등 황금시간대의 가장자리로 밀려났다. 이런 주변화는 미국 방송 시스템의 근본에 깔린 상업적 속성을 보여주는 것으로, 그들은 민주주의에 봉사하려는 열망보다는 이익을 보고 움직이는 조직체였다.

이런 변화가 긍정적인 결과를 낳았다는 얘기도 있는데 부분적으로는 채널 수가 늘고 공급이 증가했기 때문이다. 가끔 한 번씩 네트워크의 뉴스를 보던 시청자들을 자주 보는 시청자로 만들기 위해 교육이나 건강처럼 여성들이 크게 관심을 갖지만 상대적으로 소홀히 취급되었던 뉴스를 더 보도하게 되었다.[80] 리얼리티쇼의 증가는 소수자가 자신들을 드러낼 수 있는 공간을 확대했다.[81] 물론 리얼리티쇼는 불우한 사람들이 목소리를 내기보다는 약자들이 들볶이고 힐난을 받는 자리이기도 하다.[82] 비록 시청률은 낮았지만 황금시간대에 국내외 뉴스를 내보내는 새로운 텔레비전 채널이 등장했다.[83] TV 채널이 크게 늘어나게 되면서 가장 좋아진 것이라면 광고보다는 시청료에 의지하는 텔레비전 픽션fiction 생산의 경제 모델이 만들어진 것이다. 고급 드라마(HBO와 관련해서)[84]가 뜬 것이 그런 예이다. 하지만 뉴스 보도 측면에서는 상업적 압력이 강화되자 언론사들은 경성 뉴스는 줄이는 대신 연성 뉴스를 늘린다. 선거 보도도 정책 차이를 부각하기보다는 경마식 보도에 치중하고 미군이 군사행동을 하지 않는 한 미국 외의 세계에 대한 보도를 줄이게 된다.[85]

이상의 전복

물론 이는 부분적으로 미국 저널리즘의 핵심 가치가 본고장에서 공격을 받은 데 기인한다. 중립성이란 언론 규범은 이게 직업적인 가치이기 때문만이 아니라 1949년 연방통신위원회에서 제정한 '공정성 독트린doctrine'에서 요구했기 때문이기도 하다. 이 독트린은 방송 기자가 논란이 있는 사안을 보도할 때는 서로 반대되는 의견을 반영하도록 하고 있다. 이런 규제가 1987년 폐지되면서 편향적 저널리즘이 전파를 탈 수 있는 길이 열렸다. 1년 뒤 러시 림보Rush Limbaud는 뻔뻔할 정도로 우편향적인 라디오쇼를 뉴욕에서 선보였다. 점점 많은 지역 라디오 방송국들이(대표적으로 거대 체인인 클리어 커뮤니케이션Clear Channel Communication 그룹 소속의) 이 쇼를 틀어준 덕분에 림보는 전국의 많은 라디오 청취자에게 접근할 수 있었다. 그가 성공하자 '자유의 라디오Liberal Radio' 같은 모방자들이 등장했지만 청취자는 많지 않았다. 편향적 라디오 저널리즘이란 독특한 장르는 미디어 지형의 일부가 되었다.

이어서 1996년 폭스 뉴스^{FOX News}가 출범했다. 공정하고 균형 잡힌 언론을 표방했지만 폭스 뉴스는 우익의 뉴스 의제를 개발하고 매우 보수적인 정치평론가를 출연시켰다. 이 새로운 스타일의 저널리즘은 케이블·위성 채널로서는 상당한 수의 시청자를 확보했다. 이에 자극받은 라이벌 MSNBC(이 또한 1996년 출범했다)는 자유주의적인 정치평론 쪽을 택했다. 이로써 편향적 저널리즘은 미국의 텔레비전과 라디오 저널리즘 시장에서 상당한 틈새를 확보했다.

특히 폭스의 성장은 단지 정치적 중립성의 포기뿐 아니라 '외래적'인 어떤 것을 의미했다. 미국 언론 내부의 분산된 권한은 거대 기업가가 언론을 소유하는 영향을 중립화하는 데 일조했다. 하지만 폭스 뉴스의 사주인 루퍼트 머독^{Rupert Murdock}은 보수적이고 친시장적이며, 작은 정부에 대한 신념이 투철한 부유한 사업가였다. 머독은 주주의 권한을 행사해[86] 이런 신념을 세계에 산재한 그의 미디어 제국 곳곳에 슬슬 이식했다. 그는 1990년대 들어 이 같은 작업을 미국에서 벌였다. 폭스 뉴스를 이끄는 자리에 보수적인 고위 임원이나 기자를 임명함으로써 소유주의 정치적 편견을 되뇌게 했다. 따라서 이런 새로운 스타일의 저널리즘이 커진 것은 미국 언론과 경제적 기득권 사이에 의심받을 만한 내연 관계가 있음을 보여주는 것이었다.

타블로이드 저널리즘의 성장은 미국 저널리즘의 이상이 뒤집어지는 또 다른 원인이 되었다. 허친스 개혁 시기의 타블로이드는 원래 ≪내셔널 인콰이어러^{National Enquirer}≫처럼 슈퍼마켓 잡지의 형태로 주변적인 언론에 그쳤다. 이들은 가끔 잘못을 저지른 정치인의 이야기를 특종으로 보도할 때도 있었지만 주로 유명인, 섹스, 범죄, 뒷얘기 등을 뉴스화하는 데 열중했다. 이들 타블로이드는 사실을 왜곡하고 지어내기까지[87] 한다고 잊을 만하면 비판을 받곤 했는데, 그들의 '별종성'과 미국 주류 저널리즘의 윤리적 규범을 깨뜨리는 행태가 주로 부각되었다.

하지만 1970년대부터 지역 텔레비전 채널들이 지역 내 선정적인 뉴스라는 비용이 별로 안 드는 저널리즘을 개발하면 돈을 벌수 있다는 사실을 깨닫기 시작했다. 한 선구적인 연구에서 드러났듯이 이런 저널리즘의 공식은 무엇이 돈벌이에 유리하고 시청률이 많이 나오느냐를 기준으로 삼아 내용보다는 영상을, 분석보다는 감정을, 복잡함 대신 단순함을 강조하는 것이었다.[88] 이 때문에 지역 언론의 기본 요소들 - 날씨, 스포츠, 사고 등등 - 은 극적 효과와 감정, 강렬한 화면을 동반한 폭력 범죄 소식에 차츰 자리를 내주게 된다. 1990년대 주요 대도시의 지역 텔레비전 뉴스는 강도, 살인, 자동차 납치, 갱들의 전쟁 그리고 경찰의 추격전으로 대표되는 깨진 사회의 불안한 이미지를 투영하고 있었다.[89] 아이엔거Shanto Iyengar와 맥그레이디Jennifer McGrady가 신랄한 눈으로 관찰한 대로 지역 텔레비전 뉴스는 '기본적으로 텔레비전을 통해 방영되는 경찰의 사건 기록부'였다.[90] 이런 것들은 시장이란 면에서 성공적이었음이 드러났는데 지역 텔레비전 뉴스는 전국 네트워크의 뉴스를 넘어설 정도로 많은 시청자를 확보했다(비록 1990년대에 지역 텔레비전 뉴스의 시청률이 떨어지기 시작했지만).[91] 이런 성공은 타블로이드의 규범이 미국 주류 저널리즘에서 현저한 입지를 확보하게 되었음을 보여준다.

19세기의 한때 번창했던 정파적 언론과 타블로이드 언론의 부활은 사회 책임 전통의 퇴행을 말해준다. 또한 이제는 미국 저널리즘이 예전에 대단했던 그 모습이 아님을 보여준다. 미국 저널리즘은 이제 세계 어디서든 볼 수 있는 모습을 띠고 있다.

좌절

인터넷이 대중매체로 떠오름에 따라 전통적인 언론 전문직주의는 위협을 받게 되었다. 인터넷의 등장은 언론에 심대한 영향을 끼쳤기에 별도의 장(제7

장)을 마련해 적절히 언급하고자 한다. 그러나 어느 정도 예상되기는 했으나 '기존 미디어'에 실리던 광고가 웹web으로 이동하면서 일부 미국 신문이 문을 닫았고 편집국 예산이 삭감되었으며 2002년부터 2009년까지 8년 동안 전체 언론인의 20퍼센트가 일자리를 잃었다. 새롭게 등장한 블로거blogger나 웹에 기반을 둔 신생 매체들은 이런 쇠락을 상쇄하지 못했는데 그들도 사업을 지탱해나갈 적절한 수입원을 찾아내지 못했기 때문이다.

인터넷이 건설적인 공공 정책과 함께한다면 이는 장기적으로 저널리즘에 새로운 활력을 불어넣을 수 있다. 광고가 뉴스 생산과 갈수록 분리되는 현상은 인터넷의 성장을 가져왔지만 또한 쉽게 해결될 것 같지 않은 문제를 제기했다. 미국 저널리즘의 위대한 성취 — 앞에 서술한 대로 닉슨 대통령이나 시카고 경찰, 교도소 의료 회사 등의 권력 남용에 대한 조사 등 — 는 통상 숙달된 기자 또는 기자들로 구성된 특별취재반이 의미 있는 뉴스를 몇 달씩 추적한 끝에 얻은 결과였다. 미국의 전통적인 언론 매체를 포위 공격하고 있는 경제 위기가 위협하는 것은 바로 이런 종류의 고비용 저널리즘인 것이다.

또한 미국 저널리즘은 2003년 이라크 전쟁 직후부터 계속 비난의 표적이 되었다. 부시George Walker Bush 정권은 이 전쟁을 미국인에게 '팔았'는데 부분적으로 부정확한 상품 설명서에 의존한 것이었다. 부시 정권은 사담 후세인Saddam Hussein이 대량살상무기Weapons of Mass Destruction: WMD를 보유하고 있으며 미국에 9·11 공격을 가한 테러리스트와 상당한 연계가 있다고 반복해서 주장했다. 사실 이라크를 점령해보니 대량살상무기는 발견되지 않았고 이를 만들 수 있는 계획도 진전된 것이 없었다. 또한 미국 정부는 이라크의 세속적인 바티스트Ba'athist 정권이 9·11 공격의 배후에 있는 이슬람 원리주의자들과 긴밀한 관계가 없다는 것도 뒤에 인정했다.

이런 것들이 드러나면서 미국 언론이 정당성을 제대로 따져보지도 않고 정부가 이라크를 침공하려는 것을 떠들썩하게 보도함으로써 공적인 책임을 다하지 못했다는 비판이 제기되었다. 대표적인 기자들 역시 이런 지적을 인정했다. 예를 들어 《뉴욕 타임스》는 2003년 이라크 전쟁으로 가는 도정에 자신들이 수행한 보도의 태도를 자체 비판했다.

> 기자와 맞서고 좀 더 회의적으로 생각하도록 압박을 했어야 할 여러 층위의 에디터들은 아마도 특종을 보도하겠다는 의욕이 앞섰던 것 같다. …… 이라크에 대한 극단적인 주장에 근거한 기사들은 크게 부각된 반면 원래 기사에 의문을 던지는 후속 기사는 종종 서랍 속에 들어가 버렸다. 어떤 기사는 아예 후속기사가 없기도 했다.[92]

학자들의 연구 역시 미국의 언론 매체가 역량 부족임을 드러내곤 한다.[93] 헤이스Hays와 과르디노Guardino는 침공 8개월 전부터 텔레비전 네트워크 세 개의 전파를 탄 이라크 관련 저녁 뉴스 1,434건을 모아 양적 분석을 했다.[94] 이 연구에서 부시 행정부 관리가 가장 자주 인용되는 취재원이었던 반면 미국 내전쟁 반대 목소리는 거의 반영되지 않았다. 사실 반전 그룹은 전체 인용 중에 기껏해야 1퍼센트를 차지하는 데 그쳤고, 민주당의 대표적 정치인들(반전 의견을 가진 일부를 포함해)을 인용한 것도 4퍼센트밖에 안 되었다.

비록 내부의 반전 목소리가 네트워크 방송 뉴스에서 거의 다뤄지지 않았지만 부시 정권의 주장은 후세인 정권에서 하는 주장과 어긋나는 것이 확실했다. 아마도 좀 더 중요하게는, 후세인 정권이 아주 부정적으로 묘사되며 신뢰성을 잃었기 때문에 네트워크 텔레비전은 프랑스, 독일, 러시아 정부 지도자나 유엔의 관리들을 인용했다. 그런데 이들은 부시 행정부와는 다른 입장을 취하는 경향을 보였다. 이렇게 중립성을 유지하려는 시도는 문제가 많았는데 '다수의 보도가 이라크의 대량살상무기에 초점을 맞추었고 …… TV의 뉴스리포트가 침공 가능성을 부정적이기보다는 긍정적으로 조명'했기 때문이었다.[95] 또 네트워크 방송 뉴스는 주류의 시각에 심하게 경도되어 있었다. 인용된 전체 취재원의 79퍼센트가 공직자였다. 그렇더라도 네트워크 뉴스가 외국의 반대 목소리를 소개함으로써 내부의 반대 목소리를 적게 취급한 것을 부분적으로 벌충한 것은 사실이었다.

전쟁의 어수선함이 정리된 뒤 미국 기자들이 집단적으로 자신들이 한 보도를 반추해보는 태도는 감탄할 만한 구석이 있다. 욕을 많이 먹은 주디스 밀러Judith Miller ≪뉴욕 타임스≫ 기자는 정부 취재원에 문제가 있었지 자신이 잘못한 것은 아니라고 비판자에게 응수했다. "내 임무는 정부가 가진 정보를 평가하는 것이 아니며 나 혼자 정보 분석가가 되는 것도 아니다"라고 그녀는 못을 박았다. "내 임무는 ≪뉴욕 타임스≫ 독자들에게 정부가 이라크의 무기에 대해 어떻게 생각하는지 알려주는 것이다."[96] 이런 발언에 ≪뉴욕 타임스≫ 칼럼니스트인 모린 도우드Maureen Dowd는 신랄하게 응수했다. 즉 탐사 저널리즘은 권력의 속기록과는 다르며 그녀가 의미하는 것은 '권력자 지향성' 때문에 발을 헛디딘 주디스 밀러, '제4부the fourth estate(언론)의 베키 샤프Becky Sharp'(베키 샤프는 이기적이고 냉정한 여자를 일컬음 ─ 옮긴이)일 것이라고 밝혔다.[97] 이런 공방의 내면적 의도에도 불구하고 이 논쟁, 그리고 이것이 포함된 좀 더 범위가 넓은 논의는 민감한 주제와 진지하게 대면하고 있다. 목격자로서의 저널리즘과 감시견 역할, 냉정하게 사실을 제시하는 것과 해석에 기반을 둔 진실 보도 등 전문직 전통의 핵심에 있는 대립하는 개념 사이의 해묵은 갈등을 보여준다. 이는 또한 공적인 자세를 지닌 기자들이 집단으로서 무얼 잘못했는지를 밝히고 과거에서 배움으로써 다음에는 더 잘하려는 시도를 반영한다.

바로 이런 공공 의식과 비판적인 자기 성찰을 회피하지 않는 정신이야말로 미국의 전문직 전통이 자신을 새롭게 하고, 오랫동안 두드러진 저널리즘을 유지하게 하는 원동력이다. 하지만 이런 전통은 복합적인 문제에 둘러싸여 있다 ─ 경제 위기, 갈수록 심화하는 상업성, 기자 자율성의 쇠퇴, 대척점에 있는 저널리즘 전통(당파적 언론과 타블로이드 — 옮긴이)의 부활, 기자들 자신도 일부 인정하는 국민적 비판 등이 그것이다. 간단히 정리하자면, 언덕 위의 빛나는 도시는 사실 거기에 사는 사람에게는 별로 찬란하지 않았다.

미국의 성취 상대화하기

참고할 만한 것으로 미국 언론의 개혁적 문화 전통만 있는 것은 아니다. 사실 영국 방송에는 이와 매우 비슷한 미디어 전문직주의 개념이 우여곡절을 거치며 유지되고 있는데 이는 독립성, '정치적 초연성,' 보도에서의 중립성 등이다. 하지만 비슷한 두 가지 접근법은 다른 방식으로 추진되어왔다. 미국의 전략이 시장 기구 안에서 '자발적인' 전문직주의를 계발하는 데 기반을 두었다면, 영국의 전략은 제도적 장치를 만들어 전문직 문화를 적극적으로 지지하는 방식을 추구해왔다. 이는 완충 장치 두 개를 만드는 것인데 하나는 시장의 검열로부터이고 다른 하나는 정부의 검열로부터 방어하는 것이다. 이에 따라 영국의 대표 방송인 BBC는 언론인들이 시장의 압력에서 자유롭게 활동할 공간을 확보하기 위해 충분히 재원을 지원받는데 그 재원은 의무적으로 납부해야 하는 시청료이다. 견제와 균형 — BBC 관리재단(최고의결기구 — 옮긴이)은 다른 의견과 배경을 가진 사람들로 구성이 되고 임시위원회가 조직되어 사장 선임에 대해 조언하며, 의회 특별위원회와 규제 기구가 감시를 하는데 이 모든 것은 방송국 직원과 텔레비전의 독립을 성원하는 국민에 의해 지지된다 — 은 정부의 통제로부터 방어막을 만들어준다. 아울러 방송사의 전반적인 자율성은 논란이 있는 사안을 보도할 때 적절한 정도의 불편부당함을 보여줘야 한다는 법적 의무에 의해 한층 강화된다.

이 때문에 영국의 방송사들이 미국과 영국이 이라크 전쟁으로 치닫는 과정을 미국 방송사들보다는 좀 더 독립적으로 보도할 수 있었다. 사실 정부 홍보

책임자인 앨러스테어 캠벨Alastair Campbell은 BBC가 '반전 의제'[98]를 갖고 있다고 공개적으로 비난했고, 한 중견 판사는 논란이 된 보고서에서 정부가 전쟁을 '펌프질sex-up'하는 것의 진실성을 BBC가 과도하게 비난하고 있다고 지적했다.[99] 이라크의 대량살상무기가 다른 나라에 위협이 된다거나 이라크 국민을 압제에서 구해야 한다거나, 침입에 앞서 열린 유엔 결의에 의해 승인되었다거나, 전쟁을 하면 영국이 테러에서 좀 더 안전해질 것이라거나 하는 등의 정부의 주장은 텔레비전 뉴스와 시사 프로그램에서 광범위하게 보도되었다. 하지만 반대 주장이 보도된 것 역시 비슷한 정도로 많았다. 말하자면 다음과 같다. 무기 사찰 과정을 완료해야 하고 외교적 노력이 성공할 기회를 줘야 한다, 대량살상무기가 있다는 확실한 증거가 없다, 유엔의 새로운 결의가 없으면 침입은 불법이 될 것이다, 전쟁은 죽음과 파괴로 이어지고 종래에는 내전으로 번져 지역 정세가 불안정해질 것이다, 그리고 침입의 결과는 지구의 테러리즘을 억제하기는커녕 더 늘리게 될 것이다.

하지만 미국과 영국 텔레비전이 전쟁으로 치닫는 시기의 보도 내용이 달랐던 주된 이유는 서로 다른 정치적 상황에 대응했기 때문이었을 것이다. 영국과 달리 미국은 2001년에 큰 규모의 테러 공격을 당해 호전적인 여론이 조성되어 있었다. 당론이 있었는지는 모르나 민주당은 대체로 9·11 이후의 애국적 분위기에 편승하는 안전한 길을 택했다.[100] 이와는 대조적으로, 영국의 노동당 내에는 전쟁에 반대하는 의견이 점증하고 있었다. 2002년 9월 이미 BBC는 노동당 평의원 가운데 다수가 전쟁에 반대한다는 조사 결과를 보도했다.[101] 지도부의 압력이 엄청났지만 정부 내 직책을 맡지 않은 노동당원 절반이 의회 표결에서 이라크 침략에 반대했고[102] 집권 노동당 각료(로빈 쿡Robin Cook 전 외무장관을 포함해) 두 명이 전쟁에 반대해 사임했다. 보수당의 지도자 격 인사들(케네스 클라크Kenneth Clarke 전 재무장관과 존 검머John Gummer 전 보수당 당수를 포함해)과 자유당 의원 전부가 여기에 동참했다. 이것은 미국과 영국의 정치적 맥락이 많이 다름을 보여줬다. 영국은 반전 여론이 한층 폭넓게 퍼져 있었다. 이런 것들은 신문의 논조에도 반영되어 보수 성향의 ≪데일리 메일≫이 친노동당 성향의 ≪데일리 미러≫와 전쟁 반대라는 점에서 의견이 같았던 것을 봐도 알 수 있다.[103] 이런 반전 분위기(유명한 종교 지도자를 포함해)는 영국 정치 사상 가장 큰 전국 규모의 시위였던 2003년 2월의 시위를 조직한 반전 연대로 발전해간다. 이 시위는 투표권을 요구하는 케닝턴 차티스트[Kennington Chartist] 시위보다 더 규모가 컸고 인구가 훨씬 많은 미국의 반전 시위보다도 컸다. 이런 것들은 침략 이전에 시행된 여론조사에서 미국보다 한층 높게 나타난 영국 내 반전 여론을 반영하는 것이었다.[104]

광범위한 정치적 환경의 중요성은 막상 군대가 이라크에 진주하자 영국과 미국의 텔레비전 보도를 포함한 언론 보도가 대체로 비슷해진 점에서 또 한 번 확증이 되었다. 두 나라의 기자들은 모두 군대가 작전에 들어가자 자국군을 성원하는 (여론의 ─ 옮긴이) 수렴 효과에 부응했다.[105]

간단히 말해, 미국 전문직주의의 성취가 보여주듯이 뉴스를 생산하는 문화가 관건이다.[106] 뉴스 미디어의 제도적 배열 ─ 이들이 어떻게 비용을 조달하고 경영하는가, 그리고 그들의 문화와 조직의 목표에 영향을 주는 ─ 또한 뉴스 생산에 영향을 준다.[107] 하지만 언론인이 숨을 쉬는 문화나 취재원이 그들에게 무엇을 말하는지뿐 아니라 넓은 맥락의 사회도 뉴스에 강하게 영향을 끼친다. 따라서 무엇이 미국의 저널리즘을 형성하고, 그들의 작업에 영향을 주는지를 더 완전히 이해하기 위해서는 미국 사회를 좀 더 자세히 들여다봐야 한다. 미디어 연구에서 위풍당당한 새로운 정설을 평가하는 것과 연계해서 미국 사회를 들여다보고자 한다.

새로운 정설에 문제 제기하기

Questioning a new orthodoxy

언론학의 최대 약점은 미디어를 중시해 여기에 국한해서 초점을 맞추고 나머지 사회는 짙은 어둠 속에 놔둔다는 것이다. 그래서 정치 시스템과 미디어 시스템의 관계를 설명하는 어떤 책이든 웬만하면 환영을 받았다. 2004년 다니엘 할린Daniel Hallin과 파올로 만시니Paolo Mancini가 『미디어 시스템 형성과 진화Comparing Media System』를 발간했을 때 이런 환영은 갈채로 바뀌었고 이 책은 여러 나라 언어로 번역되었다. 이 책은 이 글을 쓰는 시점에 736개 출판물에서 인용이 되었다.[1] 이는 과학이나 의학에 비해 인용이 활발하지 않은 연구 분야라는 점을 고려하면 대단한 숫자이며 이 책이 가진 영향의 크기를 보여준다.

하지만 할린과 만시니는 열린 자세로 앞으로의 보완 작업을 약속할 만큼 충분히 겸손하다. 아울러 그들은 나라와 나라 사이에, 그리고 나라 안에서도 차이가 있음을 강조할 만큼 세심하다. 하지만 학자로서의 겸양의 자세와 자질의 저변에는 어떤 고압적인 오만이 있음을 알아챌 수 있다. 그들은 언론 연구의 상당수가 직업교육과 연관되어 있고 저널리즘의 발전을 돕기 위해 평가·판단을 한다고 주장한다. 이와 대조적으로 그들은 '비교 분석적인 커뮤니케이션 연구를 가로막아온······ 규범의 세례를 받은 연구를 경계하는' 초연한 학자라고 스스로를 규정한다.[2] 학자로서 그들의 과제는 어떤 미디어 시스템이 좋은지 나쁜지를 가리는 것이 아니라 그게 무엇이고 어떻게 작동하는지를 서술하는 것이란 얘기다. 그들은 '규범적인 모델이 아니라 경험적인 모델'을 개발하고 있다고 강조한다.[3]

그래서 모든 곳에서 갈채를 받고, 관점이 아니라 증거에 입각해 있다고 알려진 책이 나오게 된 것이다. 나온 지 몇 년 만에 미디어 비교 연구의 성경과도 같았던 『언론의 4이론Four Theories of the Press』이 점하던 위치를 차지하게 된 것 같다.[4]

주된 논점

이 새로운 정설을 평가하기 전에 중요한 논점을 요약해보자. 할린과 만시니의 출발점은 한편으로는 정치 구조와 문화, 다른 한편으로 미디어를 조직하고 언론 활동을 하는 것 사이에는 체계적인 연관성이 있다는 것이다. 그들은 이런 것들이 서로 다른 '미디어와 정치의 모델' 세 개에 나타나 있으며 각각은 실제 현실에 뿌리를 박고 있다고 주장한다. 각각의 모델 안에서 나라마다 차이는 있지만 유사성이 한층 강하다는 것이다.

할린과 만시니에 따르면 '자유주의 모델Liberal Model'은 미국, 캐나다, 아일랜드 그리고 영국에서 찾아볼 수 있다. 정도의 차이는 있지만 이들 네 국가는 정부의 역할이 제한적이고 시장지향성이 강하며, 이성적-법적으로 명백한 기반 위에서 행사되는 권한, 다수결주의 정치(포괄 정당, 비교다수 득표주의 선거 제도, 언론이 중요한 역할을 하는 합의에 기반을 둔 정치로 대표되는)와 '온건한 또는 개인화된 다원주의'(파편화된 이해관계, 개별화된 대의代議와 공익에 대한 강한 의식을 의미하는)를 특징으로 한다. 이들 4개국은 정도 차이는 있지만 대체로 시장 지향적인 미디어, 전문직 정향의 언론인, 객관주의 규범과 자율적인 방송 규율 체계에 의해 유도되는 사실 중심의 저널리즘이라는 특징을 갖고 있다.

'민주적 조합주의 모델Democratic Corporatist Model'은 벨기에, 네덜란드, 스웨덴, 노르웨이, 핀란드, 독일, 오스트리아 그리고 스위스에 해당한다. 이들이 비록 '자유주의 모델' 나라들과 많은 공통점이 있지만 아주 잘 조직된 사회 그룹이 있어 합의에 기초한 정치, 비례적 선거 시스템, 그리고 공동 정부 등의 특징이 나타난다는 점에서 차이가 있다. 그리고 이런 정부들은 경제와 공적 서비스 제공에 광범위하게 관여하는 '활동가'적 성향을 보인다. 민주적 조합주의 국가들은 실질적인 언론 규율과 보조금, '방송 내부의 정치politics-in-broadcasting'라는 형태의 지배, 옹호 저널리즘의 유습(한때 강력했던 정당 신문의 유산을 반영하며)과 언론 전문직주의 전통이 공존하는 형태이다.

'분화된 다원주의 모델Polarized Pluralist Model'은 그리스, 이탈리아, 포르투갈, 스페인 그리고 프랑스에서 찾아볼 수 있다. 프랑스는 아니지만 이들 국가들은 상대적으로 '새롭게' 민주제를 시행한 나라들이어서 이성적-법적 권위의 토대가 약하다. 이들 국가는 정치적·이데올로기적으로 첨예하게 분극화되어 있고 통제적인 경제를 운영하는 정부, 후견주의적인 형태의 정치적 보호, 강력한 정당 그리고 상당히 잘 조직된 사회 그룹을 특징으로 한다. 이런 정치 유형은 언론의 영향력을 도구적으로 사용하며 언론과 정당이 밀접히 연계되어 있고 ('정파주의'), 적은 수의 신문 독자, '정치 우위의 방송 시스템politics-over-broadcasting', 그리고 정치적으로 다양하고, 평론에 치중한 저널리즘의 특징을 보인다.

할린과 멘시니는 비록 서로 다른 정치 구조와 문화로 인해 미디어 시스템과 저널리즘 스타일이 달라졌지만 국제적으로는 수렴화 추세가 갈수록 뚜렷해지고 있다고 주장한다. 할린과 만시니는 '여러 가지 측면에서 국제적으로 자유주의를 이상적인 모델'로 받아들이는 것은 이해할 만하다고 밝히는데[5] 이들은 자유주의 모델을 '미래의 물결을 대표한다'고 보는 것이다.[6] 하지만 그들은 '자유주의 모델의 승리[7]가 모든 설명을 압도하는 것을 막기 위해, 하나의 미디어 시스템을 옹호하지 않는 조심성을 보인다. 비록 자유주의 모델이 정치 시스템으로부터 미디어의 자율성을 촉진하지만 이는 경제 시스템에 좋지 않은 양태로 의존하는 결과를 낳을 수 있다고 그들은 경고한다.

『미디어 시스템 형성과 진화』의 영향력은 부분적으로 그 구조와 디자인의 조화로운 구성에서 나온 것이기도 하다. 소설 『해리 포터Harry Potter』에서처럼 이는 완전히 이미지화된 우주를 설정하는데, 그 안에서 부분들은 자세히 묘사되고 모든 부분은 응집력 있는 전체를 만들어낸다. 하지만 자세히 들여다보면 '자유주의 모델'은 어린 마법사를 위한 호그와트Hogwarts 아카데미처럼 우아한 건축물이자 창의적인 지성의 작품임을 알 수 있다.

제국주의 국가

할린과 만시니는 서로 다른 정치적 맥락을 넓고 깊게 서술한다. 이들은 역사를 끌어오고 폭넓은 사회적 변화를 점검해 중요한 권력관계를 서술한다. 파노라마처럼 광범위한 그들의 분석을 감안할 때 미국이 제국주의 국가라는 분명한 사실을 빠뜨린 것은 놀랍다.

할린과 만시니가 미국과 영국이 핵무기를 보유하고 '국제 분쟁에 깊숙이 개입'하는 '안보 국가'라고 언급한 것이 이 문제를 가장 근접하게 인식한 것이다.[8] 이 점은 자유주의 모델 진영의 두 나라가 가진 또 하나의 공통점이라는 주장을 하면서 잠시 언급되었을 뿐이다. 이에 대해 논의를 추가하거나 강조한 것은 아니었다.

미국과 영국을 이렇게 함께 묶어 취급하는 것은 오해의 소지가 있다. 영국과 달리 미국은 세계적인 강대국이다. 2008년 미국의 국방 예산은 약 6,070억 달러로 2위부터 15위까지 나라가 쓴 전체 국방비와 맞먹는다.[9] 이 예산이 불가리아, 바레인, 그린란드에서 괌과 아프가니스탄, 일본에 이르기까지 적어도 46개국과 지역에 포진한 미국의 군사시설과 기지를 지탱한다.[10] 이런 예산이 미군이 바다와 하늘을 지배하고 가공할 지상군 전력을 유지하도록 해준다.

비록 미국이 여러 식민지를 거느리는 전통적인 제국은 아니라 해도 군사적 헤게모니에 일부 의존하는 비공식적 제국이라고 할 수 있다. 미국은 적대적인 정부를 제거하기 위해 일련의 침공을 단행했다 ― 이에 대해서는 곧 검토하기로 하자. 미국은 칠레(1973년)와 니카라과(1980년대)에서 그랬듯이 자신에 고분고분하지 않은 민주 정부를 전복하려는 군사 반란을 지원했다. 미국은 또 소말리아의 반미 군벌을 공격할 때(1992년)는 '함포 외교'를 하기도 했다. 아울러 미국은 자국의 이익에 유리하다면 엘살바도르부터 사우디아라비아까지 해외의 독재자를 비호하고 무기를 제공해왔다.

할린과 만시니는 미국의 자유주의 정치 시스템이 이성적-법적 권위에 기초해 있으며 공식적인 규칙과 절차를 준수한다는 주장을 밀고 나간다. 그들이 빠뜨린 것은 미국이 국제법 체제를 준수하길 거부하는 몇 안 되는 국가(북한, 미얀마 그리고 중국을 포함해) 중에 하나라는 것이다.[11] 국제법과 상관없이 미국이 군사행동을 전개하는 것을 보면 '비공식적 제국'이란 무엇인지를 보여준다.

미국은 또 가치와 문화, 그리고 아마도 무엇보다 지구촌 경제에서 차지하는 비중에서 나오는 연성 권력soft power에 기대어 영향력을 행사한다.[12] 미국은 1940년대 도입된 브레튼우즈 체제Bretton Woods System로 불리는 국제 경제 규율을 주도적으로 설계한 나라다. 이 체제는 세계에 전반적으로 도움이 되었지만 달러를 기축통화로 등극시킴으로써 미국에 특히 도움이 되었다. 이 체제는 1970년대 민영화, 규제 완화, 자유무역 확대 그리고 금융시장의 활약을 특징으로 한 신자유주의적 국제 질서에 자리를 비켜줬다. 이 체제는 미국 단기 국채를 세계의 준비 통화^{準備通貨}로 만들어 미국이 세계의 저축과 싼 수입품을 확보하는 특전을 누리도록 했다. 이런 제왕적 통치를 피해 가기 어려운 이유는 이 질서가 금융시장과 국제 규제 기구에 의해 유지되고 있기 때문이다. 사실 새로운 세계 경제체제는 직접적인 제국주의 지배를 할 때 생기는 비용과 위험 없이 제국이 일반적으로 누리는 특전을 미국 경제에 제공했다.[13]

얼마나 독립적인가?

미국의 미디어가 비공식적 제국을 유지하는 데 어떤 지원을 하는지는 할린과 만시니는 언급하지 않는다. 그들은 단지 '안보 국가'는 미디어에 규제를 가하고 언론인을 징발할 수 있다고만 밝히고 있다.[14] 이는 그 뒤 정부와 미디어 사이에 끊임없는 긴장과 미국 헌법이 언론을 검열에서 보호하는 것을 재확인해주는 여러 근거를 통해 합리화된다.[15]

그 대신 할린과 만시니는 모든 자유주의 국가를 아우르는 일반론을 발전시킨다. 그들은 언론 전문직주의의 발전은 정부로부터뿐만 아니라 '정당 및 다른 정치 관계자'로부터 언론의 독립성을 지키는 데 기여했다고 말한다.[16] 자유언론은 정치나 정부의 필요에 종속된 '정치 논리'가 아니라 '무엇이 좋은 기사인가' 하는 상업적이고 전문적인 인식에 기반을 둔 '언론 논리'를 차츰 추종하게 된다.[17] 이는 시장 시스템의 활기찬 역동성을 반영하는 것인데 여기서는 매출이 정부 보조금을 대체하고 경제적 유인이 소비자의 욕구를 정치인의 욕구에 우선하게 만든다. 시장의 자유와 전문직 책임감이 결합해 언론이 정치권력으로부터 '분화'되도록 한다.

할린과 만시니는 미디어의 독립성이 차츰 높아지는 것을 자유주의 사회의 광범위한 변화에 원인을 돌린다. 그들은 세속화가 빠르게 진행되면서 종교적 신념뿐 아니라 정치권력 역시 약화시켰다고 주장한다. 권력에서 배제된 새로운 사회집단들이 때 묻지 않은 뉴스를 요구하는데 이런 뉴스는 이성적-법적 권위에 기반을 둔 사회적 보편성을 위한 노력으로 빚어낸 것이다. 아울러 미디어 시스템은 한층 분화된 사회에서 효율적인 조정 기구로서 기능을 해야 한다(할린과 만시니가 구조기능주의에 빚을 지고 있음을 보여주는 주장이다).[18]

이로써 우리는 미국 같은 자유주의 국가의 미디어가 어떻게 차츰 독립성을 확보하게 되었는가에 대한 설득력 있는 이론적 주장을 알게 되었다. 따라서 비록 할린과 만시니가 미국 외교 정책을 미국의 미디어가 어떻게 보도하는지 명시적으로 언급하지는 않지만, 적절한 거리를 유지하면서 공정하게 보도하리라는 예상을 하게 된다. 하지만 실제 증거는 무얼 보여주는가? 베트남전에서 시작해 미국이 다른 나라를 침략한 사례 일곱 건을 미국 언론이 어떻게 보도했는지를 살펴보겠다.[19] 베트남전은 (특히) 미국 미디어가 거의 체제 전복적일 정도로 아주 독립적이었다는 평을 듣는다.

기대와 달리 미국의 주요 언론은 정부의 영향과 당시 초당적인 합의가 이루어진 영향을 받아 베트남전 개전 초기(1962~1964년) 군사행동에 협조적이었다.[20] 이후 정부와 군 사이의 갈등을 반영해 어떻게 하면 전쟁을 잘 수행할까를 놓고 공중파 방송에서 다른 의견이 나오는 전환 국면(1964~1967년)이 이어진다. 하지만 이 시기 전쟁 반대 목소리를 노골적으로 내는 데는 시간이 더 필요했다. 예를 들어 ABC 뉴스는 1965년의 반전 시위를 다음과 같이 보도했다. '미국인이 베트남에서 싸우다 죽고 있지만 국내에서는 베트콩에 동조하는 이들이 있다.'[21] 마지막 국면에서 (1968년 3월 이후) 지상파 방송은 미국이 이 전쟁을 계속해야 하는지를 질문하면서 월남 정부에 대한 점증하는 비판과 미국의 군사적인 실수를 소개하는 쪽으로 뉴스의 범위를 넓혀갔다. 하지만 이런 논의도 냉전 시기의 봉쇄 정책에 대한 본질적인 반대라기보다는 실행과 전략에 대한 토론이었다. 공중파에서 보도된 비판적인 견해는 다른 분야보다 전·

현직 관리에게서 나왔다. 이와 대조적으로 대중의 지지를 받은 반전운동은 상대적으로 주변화되었는데 이들이 내세우는 정치적 견해보다는 시위가 공공질서, 군의 사기에 끼치는 위협이나 시위자들의 상궤常軌에서 벗어난 생활양식이라는 관점에서 주로 보도되었다.[22] 1968년 3월 이후 텔레비전 뉴스가 비판적인 태도를 취할 때도 반전운동에 대한 부정적인 언급이 긍정적인 언급에 비해 2 대 1 비율로 많았다.[23] 요약하면 텔레비전 뉴스는 일부 기간에, 그것도 제한적이고 엘리트 중심적인 방식으로 베트남전을 비판했을 뿐이다.

미국이 베트남전에서 패배하기 전, 미국은 1965년 미국에 적대적인 좌익 정부를 제거하고 공산주의의 영향력을 견제하기 위해 도미니카 공화국을 침공했다. 침공으로 치달을 때 민주당 정부의 강력한 영향을 받아서(공화당도 이를 지지했다)[24] 미국의 주요 신문 세 개에 인용된 취재원 중 침략을 지지하는 사람이 반대하는 사람보다 10 대 1의 비율로 많았다. 침공 기간과 직후에 미국 언론에 등장한 비판들은 공산당 정부를 위시해 대체로 외국인 취재원에서 나온 것이었다.[25]

1983년 미국은 또 다른 좌익 정부를 제거하고 공산주의의 확산을 저지하기 위해 그라나다를 침공했다. 하지만 이때는 베트남전 직후여서 일부 이름난 민주당 정치인이 전쟁으로 치닫는 것을 비판했다. 이것이 도미니카 공화국 침공 때와 비교해 그라나다 침공 직전에 언론의 비판 보도가 많았던 이유이다.[26] 하지만 그라나다 공격이 개시되자 미군에 대한 정치권과 미디어의 익숙한 응원이 뒤를 이었다. 침입에 성공하자 일부 민주당 정치인들은 손을 빼거나 입을 다물었다. 그 결과 군사행동에 대한 미국 미디어의 지지가 지속적으로 공고해졌다. 침입 이후 주요 신문 세 개를 조사해보면 인용된 전체 미국 취재원 가운데 침공을 반대한 사람은 5~14퍼센트에 그친 반면 침공에 찬성한 취재원은 50~51퍼센트를 차지했다.[27] 미국 언론의 일방주의적인 특성은 다른 연구에서도 일관되게 나타난다. 한 연구는 비록 공영방송Public Broadcasting Service: PBS

의 시사 프로그램, 〈뉴스아우어NewsHour〉에서는 비판의 목소리가 훨씬 많았지만[28] 전체 침공 기간을 통틀어 ≪뉴욕 타임스≫ 뉴스면의 기사 논조 가운데 8퍼센트, ABC 네트워크 뉴스에서는 9퍼센트만 그라나다 침공에 비판적이었다. 또한 어느 미국 미디어도 법적인 문제를 세심하게 따져보지 않았음이 드러났다. 미국의 그라나다 침공이 국제법 위반인지를 짚은 보도는 관련 뉴스의 1퍼센트 정도였다.[29]

미국은 일련의 테러 사건이 일어난 뒤 1986년 리비아를 폭격했다. 이 폭격은 언론과 정치권의 전폭적인 지원을 받았다. 미군의 폭격에 비판적인 보도는 주요 매체의 전체 보도 가운데 2% 미만인 것으로 판단된다.[30] 비록 일부 엘리트 매체의 논평 등에서 언급되기는 했으나, 나토NATO(북대서양 조약 기구) 동맹국 대부분이 강력히 반대하고 프랑스는 미군에 공군기지를 제공하기를 거부한 것은 보도에서 별다른 주목을 받지 못했다.[31]

1988년 미군은 압제자를 제거하고 핵심적인 마약 공급원을 차단하려는 분명한 목적을 갖고 파나마를 침공했다. 이 침공은 의회의 초당적 지지와 미국 언론의 강력한 지지를 받았다. 침공에 비판적인 견해는 ≪뉴욕 타임스≫에서 1퍼센트, ABC 텔레비전 뉴스에서 1퍼센트 정도였다.[32] 비판도 주로 파나마를 점령한 군인들이 자행한 실수에 관한 것들이었다. 미국의 주류 미디어에서 미국이 고분고분하지 않은 작은 나라를 응징하려고 국제법을 어기고 있다는 비판 의견은 완전히 자취를 감췄다.[33]

또 다른 연구는 그라나다와 파나마 침공, 그리고 리비아 폭격에 관한 보도에 관해 좀 더 깊은 통찰을 제시한다. 이 연구는 양적 분석에 치중한 연구에 비해 텍스트 분석을 충분히 활용하고 그들의 결론을 부인하기보다는 세밀하게 조명한다. 로버트 엔트만Robert Entman은 일부 기자들이 비판적인 인용을 활용해 위장된 형태로 유보적인 태도를 표출했다고 주장한다. 하지만 미국 내 엘리트의 반대가 '조직화되지 않고 위축된 상태'일 때는 이들의 회의적 시각은 '담론으로 이어지지 못하고 떠도는 일련의 자료'만을 만들어낼 뿐이었다고 엔트만은 지적했다.[34] 이와는 대조적으로 유일하게 일관성을 유지한 것은 행정부 측 입장이었다.[35] 이런 분석이 분명히 제시하는 것은 일부 기자들은 독립적이길 원했지만 그러지 못했다는 것이다. 이는 엘리트들이 대체로 전쟁을 지지하는 합의가 존재하는 상황에서 미국의 기자들이 사실 중심 저널리즘과 취재원 위계 구조라는 관습 안에서 작업을 해야 했기 때문이다.

걸프 전쟁 보도는 미국이 벌인 전쟁을 보도하던 이전의 유형에서 어느 정도 벗어났다. 군사행동을 위한 뜸 들이기는 1990년 8월 후세인의 쿠웨이트 침공에 대응해 사우디아라비아에 미군이 배치되면서 시작되었다. 의회는 초당적으로 지지했고 미국 언론의 비판도 제한적이었다. 1990년 11월 사우디에 배치된 미군이 두 배로 늘어나면서 전쟁 준비에 속도가 붙었다. 이 시점에서 여론이 심각하게 갈린다는 것을 보여주는 조사 결과가 나오는 가운데 일부 민주당의 유력 정치인과 저명한 외교 정책 전문가들은 전쟁으로 돌진하는 데 대해 우려를 표시하기 시작했다. 미국 언론은 이런 우려를 보도했고 사태 전개가 부시 행정부의 입지에 어떤 영향을 끼칠까 하는 부차적인 추측뿐 아니라 어떻게 전쟁을 수행해야 하는지에 대한 비판적 고찰에도 지면을 제공했다.

1990년 11월과 12월은 미국 언론이 50년 만에 가장 공개적인 방식으로 전쟁 여부를 논의한 시기일 것이다. 주요 언론의 비판적인 보도의 분량이 어느 정도였는지 서로 다른 추정이 나오고 있지만,[36] 전쟁을 지지하는 관점이 좀 더 주목을 받고 더 부각되었으며 주요 뉴스 매체에서 지배적인 프레임frame을 형성했다.[37] 더욱이 비판은 '내용보다는 절차적'인 것에 치중되었는데, 이는 정부의 문제 규정과 대응 방안을 대체로 수용한 틀 안에서 정책수행 방법을 토론하는 것이었다.[38]

미국과 연합군이 침공해 이라크군과 충돌했을 때 정치와 언론은 혼연일체가 되었다. 1991년 1~2월에 비판적인 민주당원들 중 일부는 민주당이 '유약'

하다는 대중적 이미지를 얻을까 두려워 국기를 따르는 행렬에 합류했다. 데이비드 팔레츠David Paletz에 따르면 실제 텔레비전 뉴스는 전쟁을 '(맹목적 애국주의는 아닐지라도) 민족주의적이고, 부시 행정부와 국방부의 시각을 압도적으로 중계하며, 미국 취재원에 의존하고, 살균 처리된 군의 전쟁 용어를 수용하며, 미군의 군사적 역정보를 퍼뜨리는' 방식으로 보도했다는 것이다.[39] 1991년의 반전시위는 어느 정도 주목을 끌었으나 그들의 호소가 거의 호소력이 없다는 식으로 다뤄졌다.[40]

그래서 반세기를 두루 살펴볼 때 2003년 이라크 전쟁으로 치달을 때 앞서 언급한 미국 언론의 보도는[41] 언론의 독립성이 상실된 예외적인 사례라 할 수는 없다. 그렇기는커녕 이는 익숙한 패턴을 반복한 것이었다. 다른 것이 있다면 이라크 전쟁에 대한 공식적인 경과는 나중에 사실이 아닌 것으로 드러난 특정한 주장에 크게 의존했다는 점이다. 이로써 당황스럽게도 미디어가 워싱턴 당국자와 가깝다는 것이 분명히 드러났다.

세 가지 결론이 이 사례연구에서 도출되는데 여기서는 요약된 형태로 제시하고자 한다. 그 첫 번째는 미국 언론은 대체로 미군의 외국 침공을 지지했다는 것이다. 언론 보도 가운데 비판적인 관점은 아주 일부에 지나지 않았다. 이런 비판은 주로 외국 정부에서 나왔거나, 국내에서 나올 경우 군사 행동의 기본적인 목표에 대해 의문을 품지 않는 "암묵적 합의를 지키는" 내용이었다. 그리고 침공이 이뤄지면 미국 언론은 늘 국기 뒤를 따라서 행진했다.

두 번째 결론은 미국 언론은 백악관, 국방부, 국무부, 의회 그리고 외교 정책 수립에 관여하는 관변 전문가(많은 전직 관리를 포함해)의 영향을 강하게 받는다는 것이다. 미국 언론은 시민사회 조직, 저항 그룹 또는 워싱턴 영향권 밖의 반대 의견을 가진 전문가를 폭넓게 취재하지 않고 토론장에 끌어들이지도 않는 경향이 있다.

세 번째 결론은 미국 언론은 자율적이지 않다는 것이다. 미국 정부, 정치적

국가적 엘리트들이 군사행동의 필요성에 대해 일치된 의견을 보일 때 언론의
토론은 매우 적어진다. 하지만 이들 사이에 심각한 차이가 있을 때 언론 청문
회가 열리곤 한다. 이 말은 언론에서 다루는 의견의 범위가 정부와 의회에서
나오는 의견의 범주와 밀접하게 연계되어 있다는 것을 뜻한다. 랜스 베넷^{Lance}
Bennet은 둘 사이는 '지침에 연동된^{index-linked}' 관계라고 말했다.[42] 한층 설득력
이 있는 것은 로버트 엔트만이 제시한 느슨한 유형화^{formulation}인데 그것은 자
율적이고자 하는 기자들의 바람, 다양한 엘리트의 상호작용, 변화하는 이데올
로기 환경과 대중의 반응 같은 것을 감안하기 때문이다.[43] 그렇다 해도, 이들
사례연구의 축적된 증거로 볼 때 할린과 만시니가 미국 미디어 시스템의 정치
적 독립성을 지나치게 과장했다는 점은 의심의 여지가 없다. 미국 언론은 정
당에서는 독립적일지도 모른다. 하지만 그들은 여전히 미국의 정치 계급에 속
박되어 있다(아울러 때로는 정부의 영향을 크게 받는다).

그래서 물어야 할 질문은 할린과 만시니가 제기한 것과 거의 정반대다. 왜
미국 언론은 더 이상 독립적이지 않나? 외국과 전쟁으로 치달을 때의 보도와
관련해서 볼 때 담당 분야에서 일상적으로 뉴스를 수집하는 취재 체제와 부분
적으로 관계가 있는데, 이 때문에 행정부의 견해가 과도하게 대표되는 경향이
있다.[44] 일부는 미국 저널리즘 문화와도 관계가 있는데 유럽과 달리 미국 언
론은 국가 공직자를 중시하고 시민 그룹 및 독립적인 공공 지식인은 경시하는
경향이 있다. 일부는 정부가 갈수록 홍보에 많은 자원을 투입하고 뉴스 관리
기술 역시 세심해졌다는 것으로도 설명할 수 있다(예를 들어 군대에 기자를 배
속해서 통제하는 사례에서 보여주었듯이).[45] 무엇보다 이는 미국 정치 시스템의
정치적·이데올로기적 맥락에 의해 설명될 수 있다.

미국은 강하게 뿌리박힌 제국주의 문화가 정치인과 언론인을 틀 지우는 나
라다. 이런 문화 속에도 물론 차이가 존재한다. 최근의 상황을 보면 스펙트럼
의 한끝에는 네오콘^{neocons}(신보수주의자)이 있다. 이들의 도덕적 목표 의식은

데이비드 캐너다인David Cannadine이 말한 대로 19세기 영국 제국주의자들과 놀랍도록 흡사하다.[46] 다만 미국의 네오콘은 시장 기반의 민주주의를 수출해야 한다고 역설하는 점에서 차이가 있다.[47] 이들은 드러내놓은 제국주의자들인데 리처드 하스Richard Hass(부시 행정부의 국무부 정책기획 국장)의 말을 빌리자면 '세계에서 미국의 역할을 한 개의 국민국가에서 제국주의적 지배력'으로 재개념화할 것을 요구한다.[48] 이들과 나란히 ≪뉴욕 타임스≫ 칼럼니스트 토머스 프리드먼Thomas Friedman으로 대표되는 자유주의적 제국주의자가 있는데 프리드먼은 미국의 군사력을 지구적 자본주의 질서를 유지하는 궁극적인 실행력으로 보고 있다.[49] 중간에 팍스 아메리카나Pax Americana를 유지하는 미국의 운명을 강하게 의식하고 있는 조직되지 않은 그룹이 있다. 이는 클린턴Bill Clinton 대통령 시절 국무장관을 지낸 마들렌 올브라이트Madeleine Albright로 대표되는데 그녀는 다음과 같이 선언했다. "만일 우리가 무력을 사용해야 한다면 이는 우리가 미국이기 때문일 것이다. 우리는 없어서는 안 될 나라이다."[50] 스펙트럼의 다른 편 끝에는 기억상실증 환자들이 있는데 ─ 아마도 다수일 것이다 ─ 이들은 니얼 퍼거슨Niall Ferguson의 관찰에 따르면 '부인의 제국an empire in denial'에 살고 있는 사람들이다.[51] 이 양극 사이에, 그리고 좀 더 세련된 외교 정책 전문가들의 활동 공간에 정당성, 수용 가능성, 실용적 소득 같은 개념을 통해 미국이 지구 곳곳에서 무력을 행사하는 데 어떤 제한을 어디에 둘 것인지에 대한 다른 의견들이 존재한다.[52]

양당을 포괄하는 이런 제국주의 문화는 두 개의 실천적인 담론에 의해 지지되어왔다. 즉 미국이 주도한 대공산주의(냉전)와 대이슬람 군벌(테러와의 전쟁) 지구적 투쟁이 그것이다. 먼저 공산주의와의 대결은 남아메리카 독재자에 대한 지원뿐 아니라 베트남, 그라나다 그리고 도미니카 공화국과 전쟁을 할 때 담론적 프레임을 제공했다. 두 번째 것은 9·11과 아프가니스탄 전쟁(2001년~)의 프레임을 제공했다. 하지만 냉전의 종식(1989년경)과 테러와의 전쟁

(2001년경) 사이에는 논리적인 난관이 있었다. 전쟁 전의 걸프 전쟁에 대한 (1990년) 공개된 미디어 토론이 이 이데올로기 휴지기에 이루어진 것은 우연이 아니다. 좀 더 일반적으로는 외교 정책과 관련한 논의의 틀에 전환과 균열이 나타났었다. 이런 점에서 카터Cater 행정부(1977~1981년) 시절 인권을 강조하고, 레이건Reagan 행정부(1981~1989년) 시절 내전에 개입해 은밀히 자금을 대주는 것을 단호히 반대한 것은, 미디어의 보도가 세상을 이분법적으로 보는 냉전적 시각에 성공적으로 도전하고 이를 변화시켜 상당한 성과를 거둔 주목할 만한 '사건'이었다.

그래서 미국의 언론은 제국주의라는 단일한 문화에 의해 통제되지 않고 그 내부의 서로 다르고 대립하는 흐름에 의해 움직인다는 것을 알 수 있다. 언론은 또한 제국주의적 악행을 고발함으로써 권력자들을 쩔쩔매게 할 수 있다. 2004년 CBS의 〈60분〉이라는 프로그램은 미군이 운영하던 이라크 아부그라이브Abu Ghraib 수용소에서 병사들이 찍은 사진을 확보했는데 이는 성적인 모욕, 얼굴에 복면 씌우기, 힘든 체위 강요하기, 개 풀어놓기 등을 적나라하게 보여주는 것이었다. 다른 미국 언론(가장 대표적으로는 ≪뉴요커The New Yorker≫)도 CBS의 뉴스를 받아 보도해 이 뉴스는 세계 톱뉴스를 장식했다. 미국 언론은 '고문'(또는 이에 상응하는 외국어)이란 말 대신 '학대' ─ 부시 행정부가 선호했다 ─ 란 말을 더 자주 쓰는 점에서 외국의 미디어와 차이를 보였다.[53] 미국 언론은 또한 아부그라이브 수용소가 민주당과 사법 당국의 감시가 없는 상태에서 일어난 '예외적인' 사건이라는 공식적인 입장을 받아들였다. 아부그라이브 수용소 기사는 2주 정도 지나면서 미국 언론에서 사라졌다. 사실 우리는 공식 보고서와 사법 당국의 조사를 통해 아부그라이브 수용소에서 사용한 기술은 아프가니스탄과 관타나모 만에서 활용되었던 것들이며, 잔인한 심문은 워싱턴의 고위 관리들이 재가한 것을 알고 있다.[54] 그러나 보도의 영향이 기술적으로 통제되면서 당시에는 이런 내용이 보도되지 않았다. 베넷Lance Bennet, 로

렌스^{Regina Lawrence}, 리빙스턴^{Steven Livingston}은 다음과 같이 비꼬았다. "그 사진이 보도를 이끌어냈는지도 모르겠다. 다만 사진 설명은 백악관 공보 담당자가 썼다."[55]

물론 미국 언론이 좀 더 효과적으로 감시를 해왔던 경우도 있다. 마지막 장은 미국 언론의 개혁주의 정신이 기자들 사이에 공익의 문화를 고취한 성취 사례를 제시한다. 아울러 국제 문제가 정치적으로 대립이 덜하기 때문에 국제 문제 보도는 국내 문제 보도에 비해 덜 역동적이란 증거도 제시한다. 그렇다 해도 여기서 검토한 일곱 개의 사례연구는 두 가지 점을 분명히 보여준다. 미국 언론은 정부와 정치권력으로부터 충분히 독립적이지 않고 미국이란 비공식 제국이 발톱을 드러낼 때조차 미국 언론은 제국을 지지한 오랜 전통이 있다는 것이다.

불평등한 사회

할린과 만시니가 또 하나 누락한 것은 미국이 굉장히 불평등한 사회라는 점을 지적하지 않은 것이다. 이는 '자유주의 모델'이라는 모든 것을 쓸어 담는 피상적인 범주화가 담아내지 못한 미국만의 특징이라 할 수 있다.

즉 경제협력개발기구^{OECD} 불평등 조사(가구 가처분 소득의 지니계수 순위)를 보면 미국은 주요 선진국 가운데 가장 불평등한 국가다.[56] 미국의 불평등은 1970년대부터 확대되기 시작했는데, 벌써 매우 불평등했던 소득분배의 불평등도는 1980년대 중반부터 2008년 사이에 20퍼센트나 커졌다. 이는 OECD 국가 가운데 가장 높은 증가율이다.[57]

미국의 소득분배가 매우 불평등하기도 하거니와 자산과 관련해서는 더욱 그렇다. 미국의 상위 10퍼센트가 미국 내 부의 71퍼센트를 차지하고, 상위 1퍼센트는 25~33퍼센트를 소유하고 있다.[58] 반대로, 하위 60퍼센트는 단 4퍼센트를 가질 뿐이다.[59] 사실 미국 상류사회에 극단적으로 몰린 부는 바닥층의 빈곤과 밀접한 연관이 있다. 미국은 부유한 국가 가운데 빈곤율이 가장 높은 나라다.[60] 거의 22퍼센트나 되는 미국 어린이들이 빈곤한 생활을 하는데 이는 OECD 국가 가운데 오로지 멕시코보다 나은 것이다.[61] 미국은 31개 OECD 국가 가운데 영아 사망률이 3위를 기록하는데 미국보다 더한 나라는 멕시코와 터키뿐이다.[62]

빈곤은 보통 절대적 기준으로 측정하거나 중위 소득$^{median income}$과의 비교를 통해 측정한다.[63] 어느 쪽으로 보나 미국은 예외적으로, 그리고 고의적으로 가난한 사람들에 대해 등한시하는 나라가 되었다 — 2009년 아주 대규모, 대표적인 표본에 기반을 둔 미 농무부 보고에서 추출된 내용이다. 이 보고서의 관료적인 언어('식량 안보'나 '비정상적 식량 패턴' 같은 구절들)나 '식량 절약 계획'(가구의 크기와 나이, 가구원의 성 등을 세심하게 조정한)을 통해 건강과 인간 활동을 보조하는 비용에 대한 세심한 평가도 이 보고서가 드러낸 사실이 주는 충격을 완화하지 못했다.[64] 2008년 1,700만 가구(미국 전체 가구의 14.6퍼센트)가 '식량 위기' 상태에 놓였는데, 이는 돈이 없어서 일 년 중 어느 시기를 건강한 삶을 유지하기에 충분하지 않은 식량으로 버틴다는 뜻이다.[65] 물론 670만 가구(전체의 5.7퍼센트)는 아주 상태가 심각한 사람들로 '아주 낮은 식량 안정' 상태에 있는 사람들이다.[66] 2008년 28퍼센트의 사람들은 돈이 없어 하루 종일 먹지 못한 경험이 있었다. 97퍼센트는 수입과 지출을 맞추기 위해 끼니를 건너뛰거나 섭취를 줄였다.[67] 이 풍부한 나라에서 2008년의 식량 불안은 1995년 기록이 시작된 이래 가장 극심했다.[68]

미국은 또한 고위험 사회인데 보험 통계를 보면 31퍼센트는 35세 이전에 빈곤을 경험하고, 59퍼센트는 75세 이전에 1년 이상 빈곤 시기를 겪게 된다.[69] 그런데 이런 미국의 다른 측면 — 불평등, 빈곤 그리고 위험의 감수 — 은 정치 시스템에 의해 만들어진 것이었다. 세금을 통한 재분배는 OECD 국가 가

운데 한국 다음으로 미국이 취약하다.[70] 실직 수당이나 가족 수당 같은 사회
보장 비용의 상대적 수준은 OECD 평균의 절반 이하이다.[71] 부유한 나라 11
개국을 대상으로 한 조사에서 미국은 가난을 줄이려는 노력을 가장 덜 하는
나라로 드러났다.[72] 하지만 미국이라는 나라가 '굼뜬' 분야는 (빈곤의 개선과 같
은 — 옮긴이) 오직 일부 분야에 한정되어 있다. 미국의 인구는 전 세계의 5퍼
센트이지만 교도소 수감자 가운데 24퍼센트가 미국인들이다.[73]

　미국, 아일랜드, 캐나다 그리고 영국은 모두 소득 불평등도가 높은 나라들
이다[74] — 우연히도 할린과 만시니가 '자유주의' 범주에 포함시키지 않은 포르투갈이
나 이탈리아와 공통점이 있는 대목이다.[75] 그런데 미국은 낮은 사회 지출과 제한
된 재분배 기능을 갖춘 시장 민주주의지만 영국, 아일랜드 그리고 캐나다는
요람에서 무덤까지라는 국가의 보호를 갖추고 있고 미국보다 빈자와 부자 사
이의 재분배율이 높은 복지 민주주의이다. 다시 말해, 후자는 시장이 만들어
내는 불평등이 민주적 시스템의 작동을 통해 상당히 감소하는 것이다.

불평등의 정당화

　미국은 언론이 불평등과 빈곤을 정치적으로 수용하도록 기여했는가? 이는
언론과 정치의 관계를 검토할 때 필요한 일이지만 할린과 만시니는 이 문제를
다루지 않았다. 다행히 광범위한 언론 연구와 사회과학 문헌은 어느 정도 대
답을 제공한다.

　관련된 연구가 보여주는 첫 번째 요점은 미국의 미디어는 일반적이고 공적
인 이슈로서 빈곤 문제를 상대적으로 적게 다룬다는 것이다. 그 대신 빈곤은
가난한 사람이라는 관점에서 다루어지는 경향이 있다. 이런 점은 두 갈래로
연구되었다. 먼저 가난에 관한 언론 보도는 빈곤의 원인이나 이와 관련된 공
공 정책보다는 가난한 사람의 사례에 초점을 맞추는 경우가 많다.[76] 둘째, 가

난에 대한 언론 보도가 적은 데다 그마저도 다양한 이야깃거리로 가난한 사람을 다룸에 따라 왜소해진다.[77] 미국의 언론은 따라서 무엇이 빈곤과 불평등의 원인인지는 별로 언급하지 않는 반면 소득이 낮은 개인들의 생생한 이미지 ― 가상실재 쇼나 범죄 드라마·뉴스 등에서 ― 는 잘 보여준다.

관련 연구가 보여주는 두 번째 요점은 미디어가 미국에서 가난한 사람이 누구인지에 대해 번번이 허구적으로 묘사한다는 것이다. 마틴 길렌스[Martin Gilens]는 선구적인 연구에서 1990년 당시 흑인이 빈곤 인구의 29퍼센트를 점유함에도 1988년에서 1992년 사이에 잡지 기사에 실린 가난한 사람 중 62퍼센트, 네트워크 뉴스에 보도된 가난한 사람의 65퍼센트가 흑인이었다고 밝혔다.[78] 클로슨[Rosalee A. Clawson]과 트리스[Rakuya Trice]가 1993~1998년 자료로 업데이트한 결과 흑인은 여전히 사실보다 과도하게 (가난한 사람으로 ― 옮긴이) 표상되고 있었다. 그들은 또 흑인이 가난한 사람이 판에 박힌 방식으로 묘사되는 부정적인 뉴스에 특히 과도하게 많이 노출되고 있음을 보여줬다.[79] 여전히 많긴 하지만 흑인을 허구적으로 등장시키는 것은 그 뒤로 줄어들었다. 딕[Joshua J. Dyck]과 후세이[Laura Hussey]는 1999~2004년 사이에 실제로는 가난한 흑인이 네 명 중 한 명임에도 가난한 사람의 43퍼센트가 흑인으로 묘사되었음을 밝혔다.[80]

언론은 또 빈곤과 범죄를 연관시켜서 부각했다. 엔트만과 로젝키[Andrew Rojecki]는 1990년대 '빈곤 증상'를 텔레비전이 어떻게 재현하는지를 조사했다. 그 결과 가난한 사람을 다룬 텔레비전 뉴스 가운데 범죄, 마약 그리고 갱과 같은 위협의 근원으로 가난을 묘사한 경우가 40퍼센트에 이르렀다.[81] 이런 결합에 때로는 길리엄[Franklin D. Gilliam]과 동료들이 주목할 만한 연구에서 밝힌 대로 인종적 코드를 붙이는 일도 종종 있었다. 길리엄 등은 로스앤젤레스 지역의 ABC 자매 지방 방송사의 주요 뉴스에서 1993~1994년 사이에 첫 뉴스의 51퍼센트, 전체 뉴스의 25퍼센트가 범죄였다고 밝혔다. 대부분의 범죄가 비폭력적이었음에도 이들 뉴스의 초점은 폭력적인 범죄에 집중되었다. 지방 텔레비전 뉴스 역시 이런 범죄를 저지른 사람들을 굉장히 왜곡했다. 지방의 범죄 통계와 텔레비전의 이미지를 분석한 결과 길리엄과 동료들은 지방 텔레비전 뉴스가 '흑인의 폭력 범죄를 상당히 과도하게 내보내고 …… 백인의 폭력 범죄는 단적으로 적게 내보내'고 있다고 결론을 내렸다.[82] 마찬가지로 1990년대 텔레비전 뉴스에 대한 후속 연구에서는 아프리카계 미국인이 범하는 범죄를 과도하게 '시각화'하고 있음이 드러났다.[83] 다시 말해, 미국의 텔레비전은 – 특히 지방 뉴스는 – 가난한 사람에 대한 두려움을 '흑인 범죄'라는 형태로 조장하고 있다.

미국 언론은 또 다른 방식으로 가난한 사람에 대한 반감을 조장했다. 비록 일부 언론 보도는 저소득 가구에 대해 동정적이고 이들의 어려움에 주목하도록 하지만,[84] 이는 미국 문화에 깊숙이 뿌리박힌 도움 받을 만한 가난과 도움 받을 자격이 없는 가난의 구분을 반영하곤 했다. 언론이 주로 부각시키는 것은 '도움 받을 자격이 없는' 가난이거나 '덜 가치가 있는' 가난이었다. 길렌스는 노인이나 근로 빈곤층처럼 가장 동정 받아야 하는 하위 집단들은 제대로 언론의 조명을 받지 못한 반면 그보다 나은 그룹 – 실직 상태인 노동 계층 – 은 시사 잡지의 빈곤 보도에서 과도하게 대표되었음을 밝혔다.[85] 미국 뉴스 텍스트 분석 위주의 후속 연구는 상당수 보도가 가난한 사람의 특이한 생활 태도(극도의 나태, '낭비,' 범죄, 난잡 그리고 폭력으로 상징되는)에 초점을 맞추었음을 발견했다. 이런 데서 크게 부각되는 것은 게으르고 자녀 교육에 무관심하며 성적으로 문란한 것으로 묘사되는 미혼모이거나, 정부의 기부금으로 여유롭게 살아가는 '복지 여왕Welfare Queens'에 관한 것들이었다.[86] 복지 수급자들은 납세자의 세금을 받는 것이므로 이런 부정적인 이미지는 분노를 부추길 가능성이 있다.

미국 미디어는 보통 가난한 사람에 대한 경멸을 조장한다. 수시로 가난한 사람을 부정적으로 묘사함으로써 언론은 빈곤에 대해 암묵적으로 뭔가를 얘기한다. 가난한 사람은 자신이 못나서 그런 것이란 설명이다. 사실 미국에서 빈곤의 원인은 다양하다. 지난 30년 동안 미국에서는 사람들을 빈곤에서 헤어 나오지 못하게 하는 저임금 직업이 늘어났다.[87] 미국에서 계층 이동성이 감소해 지금은 스웨덴부터 오스트레일리아에 이르기까지 경제 선진국들보다 약해졌다.[88] 빈곤은 또한 인종차별, 불충분한 아동 보호, 공적 부조의 감소, 약화된 노조, 구조적인 실업과 관련한 공동체의 타락 등등의 이유와 연관되어 있다. 하지만 빈곤을 맥락화하기보다는 개인화하는 언론은 이런 광범위한 진단을 보통은 다루지 않는다.

이런 것들의 결과는 텔레비전의 묘사를 모아서 하는 전통적인 실험 연구에서 드러난다. 샨토 아이엔거는 사람들이 빈곤에 대해 생각하는 방식은 빈곤이 어떻게 프레임되는가에 달려 있음을 발견했다.[89] 빈곤이 일반적인 결과로 제시되면 빈곤의 책임은 통상 사회 전체의 책임으로 돌아간다. 하지만 빈곤이 가난한 사람 개인의 특별한 사안으로 묘사되면 책임은 그 개인에게 돌려지는 일이 더 많았다. 왜 그리 많은 미국인이 가난이 가난한 사람 자신의 책임이라고 생각하는지는 공중파 뉴스에서 개인을 중심으로 가난을 얘기하는 경향이 부분적인 대답을 준다고 아이엔거는 주장한다. 가난을 개인의 책임으로 돌리는 사람들은 정부의 복지에 대해 적대적이기 때문에 이는 정치적인 영향을 끼친다.[90] 아이엔거는 또 인종 차별 때문에 흑인은 백인보다 가난을 더 개인의 책임으로 뒤집어쓰게 되는 것을 발견했다. 앞에 서술했듯이, 빈곤 보도에서 흑인이 과도하게 부각되는 것은 복지 혐오를 조장하는 요인이 된다.

복지 수급자에 대한 적대감은 허버트 간스가 '가난과의 전쟁'이라 부른 1990년대 초에 특히 직접적으로 조장되었다. 결국 엄격한 기간 제한과 복지 수급에 '일하는 복지' 요건을 도입한 1996년 '개인 책임과 직업기회조정법Personal Responsibility and Work Opportunity Reconciliation Act' 제정으로 이어졌다.[91] 1989년부터

1993년 사이에 나온 미국의 다섯 개 유력 신문 보도를 분석해보면 일하고자 하는 의욕을 떨어뜨려 스스로 선택한 가난이 바로 복지 의존이라고 묘사하는 것이 보통이었다. 이 기간에 나온 복지에 관한 기사 중 63퍼센트는 줄어드는 취업 기회와 같은 구조적인 요인을 전혀 언급하지 않았다.[92]

미국의 언론은 또 저소득자들에게 '타자'의 이미지를 부여하는 경향이 있다. 미국에서는 유럽에서와 같이 노동계급 공동체에 중심을 둔 텔레비전 연속극이 인기를 끈 사례가 별로 없다. 이런 연속극은 시청자가 세상을 자신의 관심과 경험에 기반을 두고 보도록 도와준다.[93] 이와 대조적으로, 미국의 텔레비전 드라마의 연애는 부유한 주인공을 보여주며 다이앤 켄들Diane Kendall의 표현대로 '중산층이 생각하는 핵심 가치가 국가의 규범이 되어야 한다'는 생각을 부추긴다.[94] 그녀는 노동계급은 때로는 텔레비전 드라마에서 동정적으로 묘사되고 때로는 부정적으로(특히 바보 같고, 술주정뱅이거나 반동적인) 또는 좀 더 많은 경우는 아예 등장하지 않는다고 주장한다. 이런 차이가 어떻든 간에 노동계급은 상징적으로 중심에 있지 않고 사회의 주변에 있는 것으로 묘사된다. 미국의 공적 문화는 어떤 경우든 저소득층에 관대하지 않은 경향이 있다. 이들은 성취를 강조함으로써 낮은 계층을 '낮은 성취자'로 손가락질하게 된다. 아울러 기회의 땅 — 아마도 모두가 가난에서 벗어날 자유가 있는 땅 — 에서 개인의 책임을 강조함으로써 미국의 문화는 빈곤에 대한 개인적인 '해법'에 초점을 맞추는 경향을 조장한다. 이는 가상실재 쇼 프로그램 장르에서 안나 매카시Anna McCarthy와 동료들이 주장하듯, 가난한 사람이 정부에 의존하지 않고 자신의 운명을 책임지도록 교육시키는 것으로 표출된다.[95] 좀 더 일반적으로는 미국의 개인주의 문화는 〈무엇을 입지 말 것인가What not to wear?〉, 〈극단적 개작extreme makeover〉, 〈솔직한 녀석을 수상하게 보기queer eye for the straight guy〉 또는 〈좋은 나체를 보라look good naked〉와 같은 생활양식 프로그램들이 조장한다. 이들은 개인이 자신의 몸을 개조하고 재규율하거나, 멋진 옷으로 새롭게 꾸밈으로써 자신을 통제할 수 있고, 그들의 삶을 바꿀 자기 개선 시스템에 동참할 수 있다고 주장한다.[96]

하지만 언론이 빈곤을 나타내는 방식도 변천해왔다. 1980년대와 1990년대 '빈곤과의 전쟁'이 있었다면 1990년대 말과 2000년대 초에는 이를 밀어내고 가난한 사람의 개조에 초점이 맞춰졌다. 그 뒤 2005년 허리케인 카트리나[Katrina] 보도에서 미국의 미디어는 미국의 빈곤 수준에 대해 알아차리고 허리케인 이재민에게 충분한 도움을 주지 못하는 미국 정부를 강력히 질타했다.[97] 하지만 이런 동정 어린 보도는 대체로 고통을 받는 개인과 자연재해로 궁지에 몰린 지역사회에 초점을 맞춘 것이었고 빈곤의 구조적 원인을 조명하지는 않았다. 아마도 이 때문에 데버러 벨[Deborah Belle]은 미디어가 이렇게 단기간 정신을 차린 것으로는 빈곤과 빈곤 구제에 대한 사람들의 태도에 별다른 감흥을 주지 못했을 것이라고 주장했다.[98]

다른 사회와 비교할 때 미국은 불평등을 용인하고[99] 노력이 수입을 결정한다고 생각할 만한 분위기가 더 강하다.[100] 미국인은 또한 복지 수급자에게 매우 비판적인 태도를 갖고 있다.[101] 이런 태도가 미국의 정치 문화에 의해 조장되어왔지만 이는 또한 미국 언론 시스템에 의해 공고해진 것이다. 수년간 미국 언론은 빈곤을 흑인, 흑인 범죄 그리고 일탈된 생활 방식에 연결시킴으로써 가난한 사람에 대한 적대감을 조장했다. 미국의 언론은 빈곤의 원인을 제대로 조명하지 못함으로써 오랫동안 가난이 개인적인 결함 때문이란 생각을 부추겼다. 좀 더 일반적으로는 개인주의·신자유주의 문화가 가상실재·생활양식 프로그램에서 지지를 획득했다. 이들 프로그램은 자기관리의 미덕을 전파하고 그들의 삶을 꾸려가는 데 개인적인 책임을 다하지 못한 사람을 매질했다. 이런 전통은 정부가 빈곤 구제에 지속적인 노력을 기울이도록 하는 데 장애물이 되었다.

돈이 이끄는 정치

할린과 만시니가 빠뜨린 세 번째 측면은 돈이 지배하는 미국 정치의 본성과 이를 유지하는 데 미국의 언론 시스템이 행하는 핵심적인 역할에 관한 것이다. 그런데 이들은 미국에서 '기업은 주로 로비나 선거 기부 등을 통해 자신들의 이해가 달린 정치적 결정에 영향을 주기 위해 활발히 움직이고 있다'고만 부드럽게 언급했다.[102] 그들은 또한 미국은 텔레비전 정치 광고에 대해 자유방임적 접근을 하고 있음을 지적했다.[103] 하지만 이들은 이둘 둘 사이의 연계와 이로 인해 생기는 폐해를 지적하지 못했다.

미국은 유권자에게 구애를 하는 데 쓰는 돈이 눈에 띄게 증가하는 것을 목격했다. 1980년에서 2000년 사이에 의회의 선거 비용은 불변가격 기준으로 두 배 이상 증가했다.[104] 2008년까지 연방 선거에 53억 달러 이상이 쓰였다.[105] 이렇게 비용이 증가한 것은 텔레비전 정치 광고, 선거 컨설팅, 광고, 자금 모금, 지지율 조사 그리고 정치 마케팅에 지출이 늘었기 때문이다.

그런데 텔레비전 정치 광고는 유세 비용 가운데 가장 큰 지출 항목이다. 대략 선거 비용 지출의 절반에 이르고[106] 접전일 때는 더 비중이 커진다.[107] 이는 잘 짜인 정치 광고가 상대방 출마자에 대한 의견과 선택에 영향을 주는 효과 때문이다.[108] 특히, 텔레비전 광고는 유세에 별로 관심이 없는 유권자에게 한결 효과가 있다.[109] 미국의 정치 광고는 ― 이는 12개국 비교 연구에서 가장 부정적이었음이 드러났다 ― 정적의 명성을 깎아내리기 위한 '공격적 광고' 쪽으로 특히 발달해 있다. 그래서 텔레비전 정치 광고는 미국 선거 공학의 중심이 된[110] ― 그리고 매우 비용이 많이 드는 ― 핵심적인 정치 무기인 셈이다.

이는 미국 정치의 본질에 심대한 영향을 끼쳤다. 의회로 진출하거나 경선에서 이겨 당의 후보로 지명되려면 후보는 상당한 돈을 끌어모아야 한다. 2008년에 하원 선거에서 승리한 후보는 평균 140만 달러를 썼고 상원의 경우는 850만 달러를 썼다.[111] 2000년에는 하원에 진출한 후보 중에 85만 달러 이하를 쓴 경우는 없었다.[112]

이는 국회의원이 되려는 후보는 자신이 엄청나게 부자가 아니면 기업이나 부유한 개인에게 손을 내밀어야 한다는 것을 의미한다. 2000년 국회의원 후보에게 건네진 후원금의 약 80퍼센트가 200달러 이상 기부하는 정치행동위원회(Political Action Committees: PAGs)나 부유한 후보의 개인 펀드에서 나왔다.[113] 재계 단체는 PAGs의 가장 큰 기부자로 노조보다 11배나 많이 냈다.[114] 재계는 기부금에서 또 시민 단체를 훨씬 앞선다. 1996년에 에너지 기업들의 모임은 환경단체 모임보다 열 배나 많은 기부금을 후보에게 냈다.[115] 개인 기부금은 과거부터 부유한 가구에서 나왔다. 따라서 2000년대 치러진 선거에서 기부금의 81퍼센트가 연간 소득이 10만 달러 이상인 가구에서 나왔다.[116]

이는 공화당이든 민주당이든 연방 정치인은 선거에서 이기기 위해 힘 있고 돈 많은 사람에게 신세를 졌다는 뜻이 된다. 이들은 재선하려면 펀드를 재충전해야 하므로 계속 신세를 져야 한다. 기업의 선거 기부는 특히 주 단위에서는 특정한 입법 행위나 규제 조처에 영향을 줄 수 있음이 사례연구에서 밝혀졌다.[117] 더욱이 기업의 특수 이해 집단은 워싱턴의 국회의원과 유력자에게 로비하기 위해 많은 예산을 배정한다.[118] 권력의 문고리를 사는 이런 관행은 공직자와 기업체 종사자가 회전문처럼 왔다 갔다 하는 것이 용인되는 미국의 공직 사회 분위기 때문에 한층 고착화했다. 재계의 영향력은 다양한 방식으로 행사되어 낮은 법인세, 제한적인 사회보장 그리고 친기업적 정책이 미국 정치 시스템의 기본 입장이 되도록 했다.

과다한 선거비용은 또한 정치 시스템의 반응성을 감소시킨다. 이는 미국 정치가 양당 체제에 고착되도록 하는데, 자금을 충분히 지원받는 민주-공화당 후보와 맞서는 것이 어렵고 비교다수 득표주의 선거 제도 역시 어려움을 가중시키기 때문이다. 높은 선거 진입 비용도 경쟁을 제한한다. 현직은(이미

기득권을 가진) 많은 자금을 조달하기 최상의 위치에 있는데 미국 정치는 많은 돈을 쓰면 보통 이기기 때문에 이들을 물리치기가 어려운 것이다. 일부 미국 정치인은 경쟁자 없이 당선되고, 다른 경우는 자금을 충분히 조달하지 못한 경쟁자를 '많은 돈이 드는 경선'에서 물리친다. 아브라모위츠[Alan Abramowitz]와 동료들은 1946년부터 2004년 사이에 갈수록 하원 선거의 경쟁률이 낮아지는 것을 발견했는데 이들은 그 이유를 늘어나는 선거 비용, 현직의 이점 그리고 갈수록 심해지는 지역 양분화를 들었다.[119] 2008년 하원 현직 의원 가운데 94퍼센트가 살아서 귀환했다.[120]

1971년 이후 선거자금 모금을 규제하려는 시도가 이어졌고 앤론 스캔들 이후에는 큰 폭의 변화가 있었다. 이는 기부의 규모를 줄이고 사용액과 공적 지원의 규모를 줄이는 것을 근간으로 했다. 그런데 개혁가들의 의지는 1970년대 이래 기업 PAGs가 커지고 '연성 자금' 기부가 1996년부터 시작되고 2000년대에 527 그룹(내국세 분류의 이름을 따서 지은 것)이라는 대규모 기부자가 생겨나면서 당혹감을 맛봐야 했다. 기업이나 부유한 사람의 기부에 의해 지탱되는 정치 시스템은 산소 호흡기에 계속 의존하고 있다.

일부 개혁가들은 인터넷을 기업의 영향에 대한 대항마로 눈여겨본다. 그들은 인터넷망이 가장 중요한 유세 수단으로써 텔레비전을 대체할 것이란 희망을 품는다. 인터넷을 통해 모집된 많은 자원 봉사자들은 유세 비용을 절약해줄 것이다. 지방 도시에서 소액을 기부하는 기부자들은 기업이나 엘리트를 통한 기부금 모집을 대체할 것이다. 이런 희망은 버락 오바마[Barack Obama]가 2008년 대통령 선거에서 인터넷을 능숙하게 활용한 데서 발견되었다. 하지만 오바마는 인터넷을 전통적인 유세 방식을 보완하기 위해 사용했을 뿐이다. 그는 일반 가정에서 소액의 기부금을 받은 외에도 기업에서 상당한 자금 지원을 받았다.[121] 그의 캠프는 2억 3,590만 달러를 텔레비전 광고에 지출했다.[122] 그의 선거 캠페인은 전문가의 지도를 받았고 마땅히 2008년 올해의 마케터[Marketer of the Year 상을 받았다. 2008년 연방 선거 전체 지출액은 2004년 대비 11억 달러나 늘어났다.[123]

미국 정치가 돈의 지시를 받게 된 것은 민주적 규제를 만들어 선거에 돈이 끼치는 영향을 제한하는 방안을 미국인이 외면했기 때문이다. 즉 미국은 28개국에 대한 연구에서 미국은 텔레비전 정치 광고 지출에 제한을 가하지 않는 유일한 나라로 밝혀졌다.[124] 이와 대조적으로 나머지 다른 나라들은 어떤 형태로든 제한을 가했다. 어떤 나라는 정치 광고를 금지했다. 다른 나라는 공공 채널에서는 정치 광고를 하지 못하도록 했다. 또 다른 나라는 유권자와 소통할 수 있도록(광고 등) 방송 시간을 지지율에 비례해 정당에 할당했다.[125] 대부분의 서유럽 국가들의 관행은 광고 시간을 무상으로 정당에게 제공하는 것이다. 그런데 카이드Lynda Lee Kaid와 홀츠-바차Christina Holtz-Bach가 지적하듯이 대체로 세 개, 다섯 개 또는 열 개의 선거방송을 후보나 정당에게 할당해주는 자유시간 시스템과 대통령 후보를 대신해 2004년 미국에서 대략 삽입 광고 300개를 사들이는 것 사이에는 큰 차이가 있다.[126] 많은 민주주의 국가는 정치자금 기부와 선거비용 지출을 미국보다 좀 더 효율적으로 규제한다.

이런 차이를 할린과 만시니가 비슷한 정치 시스템을 갖고 있다고 밝힌 미국과 영국을 비교해서 밝혀보겠다. 영국은 텔레비전 정치 광고가 금지되어 있고 무료 방송 정치 광고가 거의 없고 영향력이 제한적이며 중요성도 줄어들고 있다.[127] 비록 2000년까지 전국적인 정치 지출에 어떤 제한도 없었지만 개별 국회의원 입후보자가 지역구에서 돈을 쓰는 것은 엄격히 제한된다.[128] 이는 선거 비용 지출이란 면에서 두 나라에 큰 차이를 만들어냈다. 제럴드 서스먼Gerald Sussman은 1997년 국회의원 후보의 지출은 1만 3,000달러를 넘지 못하도록 제한한 반면 그보다 한 해 일찍 열린 하원의원 선거에서 미국의 후보는 평균적으로 거의 110만 달러를 썼다고 보고했다.[129] 그는 또한 2001년 영국 의회 선거에서 전체 선거비용은 6,000만 달러였는데 2000년 미국 선거는

40억 달러가 들었다고 했다.[130] 두 나라의 크기가 다르다는 것은 이런 큰 차이의 일부만을 설명할 뿐이다. 2001년 뉴욕 시장 선거에 나선 마이클 블룸버그Michael Bloomberg의 지출은 2001년 영국의 전국 총선거 유세 전체 비용을 초과했다.[131] 2001년 뉴욕과 런던 시장 선거를 인구 차이를 통제한 가운데 세밀히 살펴보자. 블룸버그는 뉴욕 시장이 되기 위해 유권자 1인당 92.60달러를 지출한 반면 켄 리빙스턴Ken Livingstone은 런던 시장이 되기 위해 유권자 1인당 80센트를 지출했다.[132]

비록 미국과 영국 정치에 유사성이 있지만 아주 중요한 차이도 있는 것이다. 그중 하나는 영국의 정치계급은 미국의 정치인에 비해 기업이나 부유한 기부자에게 신세를 덜 진다는 것이다. 사실 영국을 이끄는 양당 중 하나인 노동당의 모금액 중 절반 이상을 아직도 노동조합이 기부한다.

주요 한계

요약하면, 할린과 만시니는 미국 언론 시스템과 정치적 배경의 두드러진 모습을 배제했다. 그들은 미국이 제국이며, 돈이 정치를 좌우하는 상당히 불평등한 사회라는 것을 간과했다. 그들은 또한 미국의 언론 시스템이 비공식적 제국을 지지하고 암묵적으로 사회적 불평등을 용인하며, 추동하는 정치에 돈이 기여하는 것을 간과했다.

이는 어떻게 자유주의 모델을 봐야 하는지를 변화시킨다. 할린과 만시니는 북대서양 4개국 – 미국, 캐나다, 영국, 아일랜드 – 이 '자유주의 모델'이라는 비슷한 언론·정치 시스템을 갖고 있다고 밝혔다. 하지만 이는 미국에 대해 오해를 불러일으키고 선택적인 설명에 의존함으로써 같은 '자유주의' 그룹에서 미국과 다른 나라의 차이를 간과한 것이다. 아울러 할린과 만시니에게는 잘 눈에 띄지 않았겠지만 네 나라 사이에는 다른 중요한 차이도 있었다. 자유주의 모델을 액면 그대로 받아들이려면 북대서양의 네 국가가 다음과 같은 점에서 서로 다르다는 것을 무시해야 한다. 즉 지정학적 배경이 다르고(세계 초강국과 아일랜드 같은 식민지 경험 국가. 아일랜드는 의회 시스템과 정치문화 독립을 둘러싼 투쟁 사례의 영향을 깊숙이 받는다), 서로 다른 유형의 국가(연방, 다민족국가, 단일국가), 다른 정치 시스템(대통령제와 내각제), 다른 선거 시스템(비례주의와 다수결주의), 다른 정치 구조(정당이 중심인 곳과 그렇지 않은 곳), 다른 텔레비전 시스템(2008년 영국은 공영방송이 시청 시간의 38퍼센트를 점유했으나 미국은 2퍼센트에 지나지 않았다),[133] 그리고 강하거나 약한 타블로이드 신문의 전통 등이다. 혹시 자유주의 모델이 '몽타주montage식' 사진이라면 이는 서로 부딪치고 뒤죽박죽으로 생긴 입체파 그림 같을 것이다.

자유주의 모델은 무게 중심의 역할을 한다. 하지만 4개국의 공통점에 대한 설명에 이르러서는 모호한 가치를 가득 채워 닫히지 않는 여행용 가방 같은 개념이 되었다. 이들 북대서양 국가 4개국이 유난히 시장의 위력에 노출되었다는 점에서 '신자유주의 모델'이란 대안적인 논의가 가능할지 모르겠다. 하지만 이런 설정의 어려움은 시장의 우선성이 다른 세 나라보다 미국에서 두드러진다는 것이다. 아울러 수많은 나라들이 시장의 영향을 받았다. 따라서 우리는 나라들이 깔끔하게 모둠 지어지기보다 대부분의 세계를 아우르는 연속체를 앞에 두고 있는 것이다.

비록 두 번째 주장을 전개할 지점은 아니지만 할린과 만시니가 제안한 다른 두 그룹 역시 유사성이 없는 나라를 포함한다. 특히 단일한 스웨덴과 서로 다른 언어와 종교 전통 그리고 대립하는 정치적 동맹에 따라 대립하는 집단으로 가라진 벨기에를 '민주적 조합주의' 캠프에 같이 넣어 놓은 것이다.

할린과 만시니가 새롭게 제시한 모델의 첫 번째 문제가 타당성이라면, 두 번째로 그들이 알아차리지 못한 것은 서부 유럽 국가들(그리고 동구 일부도)은 기본적인 공통점이 있다는 것이다.[134] 비록 내적인 차이가 있지만 이들 나라는 서로 어떤 공통점이 있다. 이는 미국과 비교할 때 확연해진다. 말하자면 서유럽 국가는 초강대국이 아니다. 미국과 달리, 불평등을 재분배 정책으로 누그러뜨리는 복지 민주주의 국가들이다. 이들은 돈이 선거에 미치는 영향을 줄이도록 엄격한 민주적 규율을 시행한다. 거의 모든 나라는 법을 제정하고 집행하는 유럽 국가를 통해서 주권을 공유한다. 이들은 또 국가를 통해 실현되는 공익의 개념에 바탕을 두고 만들어진 미디어 시스템을 가지고 있다. 그래서 룩셈부르크를 제외한 모든 서유럽 국가는 공익에 봉사하도록 임무가 부여된 중요한 공영 텔레비전·라디오 채널이 있다.[135] 대부분의 서유럽 국가는 미국에 비해 한층 광범위하게 주요 상업방송을 공익의 잣대로 규율한다.[136] 아울러 영화, 텔레비전에 보조금을 지급하고 어떤 나라에서는 미디어 다양성과 고용 증진을 위해 신문 출판에도 보조금을 지불한다.[137]

세 번째 약점은 할린과 만시니가 세계화의 특정한 측면에 취약한 것이다. 그들은 국가에 부분적으로만 뿌리를 둔 다층적 시스템으로, 협치가 진화해나오는 것을 무시했다.[138] 할린과 만시니의 책에 실린 데이터를 감안할 때 국제기구의 개혁과 정부 간 협정을 통해 세계화된 시장을 다시금 공적으로 통제하고자 하는 시도에 그들이 주의를 기울이지 않은 것은 이해할 만하다. 국제 시민사회 조직에 참여하는 사람들이 날로 증가하고 있으며 이들은 이런저런 글로벌 이니셔티브global initiative를 지원한다.[139] 비록 신화화의 위험이 적지 않지만 이런 노력들은 미디어의 생산·분배·소비가 지구화하는 경향으로부터 힘을 얻는다.[140]

요약하자면, 새로운 정설이 마치 언론과 정치체제에 관한 결정적인 설명이어서 나머지 세계로 퍼져나가기만 하면 되는 양 무비판적으로 재생산하는 것은 실수라는 것이다. 이는 너무 많은 것을 다루지 않았고 또 할린과 만시니도 인정하듯이 세계의 일부분에 너무 깊이 의존하고 있다.

혁신적 통찰

이런 한계는 할린과 만시니의 접근에 대해 좀 더 일반적인 의문을 제기하도록 한다. 역사 서술에서 일반화하고 유사성을 찾아내는 '병합파'와 개별화하고 차이를 강조하는 '세분파'가 끊임없이 다투는 것은 보통이다.[141] 할린과 만시니는 때때로 단순화도 마다하지 않는 '대병합파'일 때가 있다. 예를 들면 그들은 인터넷에 대해 아무런 언급도 하지 않는데 그들의 책이 출간된 2004년은 인터넷의 중요성이 널리 인정되던 시기라는 점에서 이는 놀라운 누락이 아닐 수 없다. 그런데 국제적인 매체인 인터넷을 포함시키면 국가 차원에서 언론과 정치의 관계를 분석한 관점을 흐트러뜨릴 수 있다. 아마도 이런 이유 때문에 인터넷의 존재가 무시된 듯하다. 마찬가지로 할린과 만시니는 드라마나 사실적 연예물이 가장 광범위하게 많이 소비되는 텔레비전 콘텐츠 범주이고 이 책의 뒷부분에서 얘기하겠지만 정치적으로 중요함에도 이 부분은 아주 약소하게 취급했다.[142] 그런데 드라마나 연예는 북미와 서유럽을 세 지역으로 나누고 각 지역을 특정한 언론과 정치 모델의 지배를 받는 곳으로 설정하는 할린과 만시니의 구분에 잘 들어맞지 않는다. 그래서 인터넷과 마찬가지로 이런 복잡한 것은 옆으로 제쳐두었다.

하지만 할린과 만시니가 그들의 논문을 뒤흔들 가능성이 있는 사안들을 누락시킴으로써 서술의 명확성을 추구했다면, 그들이 누락한 일부 사실은 아마도 무의식중에 그랬을 것이다. 그들은 자신들의 작업이 당위적인 선입관보다는 증거에 기반을 둔 것이라고 굳게 믿었다. 그런데 사실 이는 너무 지배적이라 거의 도전을 받지 않은 기성 학문적 조류에서 나온 것이 그것이 가진 편파성을 알지 못했다. 비공식적 제국이나 경제적 불평등은 아렌트 레이프하르트 Arend Lijphart로 대표되는 비교정치 문헌에서는 크게 부각되지 않는다.[143] 할린과 만시니가 이 점을 경시한 것은 이런 지적 조류의 맹점이 영향을 끼친 것이다.

그런데 『미디어 시스템 형성과 진화』가 오류가 있고 주된 논점이 완전히 설득력 있지는 않지만 이는 여전히 대단한 책이다. 이 책은 서로 다른 언어의 학문을 끌어들이고 비교 미디어 연구에 새로운 생명의 숨을 불어 넣었다. 이 책은 지나치게 세분화되는 미디어 연구의 반작용으로서 정치학 연구와 언론학 연구를 독창적으로 합성한다. 아울러 이 책은 비교를 통한 차이 드러내기와 관련해 자극적이고 생산적인 사고 방법을 제공해준다.

이 책의 핵심 통찰력은 저널리즘의 유형, 언론과 정치 시스템을 조직하는 방식은 서로 연관되어 있다는 것이다. 『미디어 시스템 형성과 진화』는 또한 균일하지 않지만 그들이 세상을 구획한 부분에는 경향 – 모델까지는 아니라도 – 이 나타나고 있음을 강력히 보여준다. 아울러 이들은 이런 다른 경향이 시장 권력의 영향이 커짐에 따라, 또 기업에서 기술을 전수받아 개인화되고 미디어-중심적이 되며, 전문가들이 주도하는 양식의 정치가 늘어남에 따라 줄어드는 과정을 보여준다. 이 책은 『언론의 4 이론Four Theories of the Press』과 달리 이름값을 하는 저술이다.

대단원

마무리를 짓기 전에, 할린과 만시니의 최종 대단원에 대해 언급하겠다. 그들은 자유주의 모델이 세계로 퍼져나가고 있다고 주장했다. 다른 한편, 상업화가 언론을 정치권에서 분리되도록 돕기 때문에 긍정적이라고 평가했다. 다른 한편, 상업화는 언론이 지나치게 경제 영역으로 통합해 들어가도록 해 해로운 것일 수도 있다고 했다. 그들은 자유주의 모델의 승리는 '우리가 여기서 적절히 대답하기 어려운 권력과 민주주의에 대해' '중요한 질문을 던진다'고 마무리 지었다.[144]

일부 사람들은 결론을 소략하게 한 것이 너무 안이하다고 생각할 수도 있다. 시장은 언론을 좀 더 공중에 민감하도록 했을 뿐 아니라 미디어 조직 내에서도 긍정적인 역할을 했다. 하지만 할린과 만시니는 상업화의 이점을 과대평가했는데, 언론이 정치권력에서 독립하도록 만들어준 것을 과장한 데 그친 것이 아니었다. 앞에서 점검해본 것처럼 미국의 언론 ─ 시장 기반 시스템의 대표적인 사례 ─ 은 미군의 해외 작전 수행을 보도할 때 정부로부터 반 정도만 독립적이었다. 미국의 언론은 때로는 강력한 사회집단과 상당히 비슷한 태도를 취했다. 만일 미국 언론이 권부의 공직자들을 세세히 살펴보는 감시견 역할을 했다면 그들은 또 가난한 사람을 보고 짖는 경비견도 될 수 있다.

　또한 할린과 만시니는 언론의 상업화가 초래한 부정적인 결과를 경시했다. 이는 많은 연구에서 조사하고 토론한 주제이다.[145] 이는 여기서 얘기를 꺼낼 것은 아니다 ─ 특히 이 주제는 이전 책의 초점이기 때문이기도 하다.[146] 그 대신 할린과 만시니가 그들의 논의에서 중요하게 다룬 한 가지 이슈에 집중하고자 한다 ─ 미디어의 상업주의가 정치 정보와 토론의 흐름을 늘렸는가 줄였는가 하는 것이다. 그들은 당시의 정보로는 어느 쪽인지 판정을 내리기 어렵다는 결론을 내렸다.[147]

　하지만 이 판단이 나온 뒤 새로운 증거가 나왔다. 새로운 통신 기술 덕분에 인터넷과 새로운 뉴스 채널이 생겨나면서 정치 정보의 공급이 엄청나게 늘어났다. 하지만 많은 새로운 웹사이트와 텔레비전 채널은 아주 적은 독자만 있을 뿐이다. 텔레비전은 많은 나라에서 여전히 가장 중요한 뉴스 채널이다.[148] 따라서 주요한 텔레비전 채널에 무슨 일이 일어나는지가 매우 중요하다.

　토릴 알버그Toril Aalberg와 동료들이 수행한 연구를 보면 6개국 황금시간대의 주요 텔레비전 채널에서 뉴스와 시사 프로그램의 양은 1987년에서 2007년 사이에 별로 변하지 않았다. 하지만 그들은 황금시간대의 프로그램은 뉴스의 측면에서 미국과 북부 유럽의 텔레비전이 큰 차이가 있다는 것도 발견했다.

예를 들어 영국의 주요 방송사는 황금시간과 저녁시간에 내보내는 뉴스와 시사 프로그램이 미국의 비슷한 방송사보다 여섯 배나 많았다.[149] 이런 엄청난 차이는 미국 상업방송과 유럽의 공영방송을 비교한 때문이다. 알베르그 등은 또한 6개국 모두에서 공영방송의 뉴스와 시사 프로그램이 상업방송보다 많다는 것을 찾아냈다. 상업화가 공적 정보를 제공하는 데 미치는 영향에 관해 할린과 만시니가 가진 불가지론은 현실을 오도하는 것이다.

미디어 시스템, 공적 지식 그리고 민주주의
비교 연구

Media system, public knowledge and democracy: a comparative study

제임스 커런James Curran, 샨토 아이옌거Shanto Iyengar,

앵커 브린크 룬드Anker Brink Lund, 잉카 살로바라-모링Inka Salovaara-Moring

도입

세계 대부분의 지역에서 뉴미디어는 시장 지향적이며 오락 중심적으로 변해가고 있다.[1] 이는 1980년 이래 동시에 진행된 세 가지 경향의 결과였다. 민간 소유 방송의 집적화, 프로그램 의무 준수 사항의 약화(규제 완화), 그리고 공영방송 시청자와 그 영향력의 감소가 그것이다.

우리의 관심은 미디어의 시장화 추세가 시민의 알권리에 어떤 영향을 미쳤는가 하는 것이다. 민주적인 과정은, 선출된 공직자가 책임 있게 일하도록 개개의 시민이 통제할 능력이 있다고 전제한다. 실제로는 정치적 책임성은 다양한 제도적 장치를 필요로 하는데 자유로운 선거가 자주 치러져야 하며, 강력한 정당이 존재해야 하며, 이 연구와 관련해 특별히 중요한 것이기도 한데 상대적으로 둔감한 시민의 관심을 끌 수 있도록 의미 있는 공공 정보를 충실히 제공하는 미디어 시스템이 있어야 한다. 이에 따라 미디어 시스템의 구조와 뉴스의 전달, 그리고 공적 사안에 대한 대중의 인식 사이의 연관을 추적하는 일에 관심을 가져야 한다. 특히, 우리는 시장에 기반을 둔 시스템이 경성 뉴스보다는 연성 뉴스를 전달함으로써 지각 있는 시민의 활동을 방해한다는 가정을 점검할 것이다.

초국적 관점에서 본 미디어 시스템

미국 모델로 가는 움직임 속에는 국가 간 상당한 차이가 있다. 우리는 세 개의 서로 다른 미디어 모델을 보여주는 자유민주주의 선진국 4개국에 초점을 맞춤으로써 이런 변이를 살펴볼 것이다. 공적 서비스 제작 원칙이 지배적인 (핀란드, 덴마크에서 볼 수 있듯이) 원형 그대로의 공적 서비스 모델, 갈수록 규제에서 벗어나는 상업적 미디어와 강력한 공영방송이 공존하는 2중 시스템 (영국), 대표적인 시장 모델인 미국 시스템 등이다. 이런 샘플은 미디어 조직의 차이가 서로 종류가 다른 보도와 공적 지식의 패턴으로 이어져 시민권의 질에 영향을 미치는지를 알아보기 위한 것이다.[2]

미국 모델은 국가의 개입을 최소화한 상태에서 시장의 힘에 기반을 둔다. 미국 미디어는 사적 소유가 압도적이다. 공영 텔레비전은 영세하며 2퍼센트 미만의 시청자를 확보하고 있다.[3] 연방통신위원회의 상업방송 규제는 갈수록 '솜방망이'로 변해갔다. 이는 미국 미디어가 근본적으로 소비자의 요구에 부응하려 진력하는 기업체라는 것을 의미한다.

그럼에도 날로 커지는 시장 권력의 중요성에 맞서 미국의 저널리즘은 '사회 책임'의 전통을 계속 반영하고자 했다. 뉴스는 시사 이슈에 대한 객관적인 보도로 공중의 알권리를 충족시킬 것으로 기대되었다. 하지만 근래 들어서는 위성이나 케이블 텔레비전, 온라인 저널리즘의 성장으로 사회 책임 규범이 약해졌다. 경쟁이 치열해지며 전통 미디어의 시장 점유율이 쪼그라들었다. 매출

감소가 불가피했고 이는 큰 폭의 예산 삭감으로 이어졌다. 냉전이 종식된 뒤 해외 지국이 대폭 축소되고[4] 해외 뉴스 보도가 확 줄어든 것이 그 결과 중 하나였다.[5] 언론사들은 차츰 연성 저널리즘으로 눈길을 돌렸는데 지역 TV 방송이 범죄, 재난 그리고 사고를 다루는 프로그램을 늘린 것이 한 예이다.[6]

요약하자면, 미국의 시장 모델은 처음 언뜻 볼 때 느껴지는 것과는 미묘한 차이를 보인다. 시장의 압력이 사회 책임 저널리즘에 대한 헌신과 공존하고 있다. 하지만 해외에서 일어나는 일에 원천적으로 관심이 적고[7] 국민의 상당수가 공적인 생활과 단절된[8] 미국에서 지난 20년간의 경쟁 격화는 언론 기업이 독자들의 요구에 좀 더 순응하도록 만들었다.

미국 시스템과 확연히 대조적으로, 전통적인 공공 서비스 모델 ─ 핀란드와 덴마크에서 볼 수 있는 ─ 은 공적인 법과 보조금의 틀framework을 통해 수용자의 행동에 영향을 미치려 의도적인 노력을 기울인다.[9] 핵심적인 가정은 시민이 제대로 알고 투표하고, 정부가 책임 있게 일하도록 하며, 시민이 적절히 능력을 갖추려면 공적 사안을 다룬 프로그램을 접할 수 있어야 한다는 것이다. 이런 논지는 공영방송에 넉넉한 교부금을 제공하는 기반이 되고 이는 공영방송이 많은 시청자를 확보하는 데 큰 힘이 된다. 핀란드에서는 주요 공영방송 채널 두 개가 2005년 시청 시간의 44퍼센트를 점유했고,[10] 덴마크에서는 이 비율이 2006년 64퍼센트로 한층 높았다.[11] 공공의 이익이라는 취지는 주요 상업 채널이 유권자에게 정보가 될 만한 프로그램을 제공해야 한다는 요구를 정당화하기도 한다. 독립적인 규제 기구는 이런 요구를 방송사에 부과한다. 따라서 공영 모델은 공영과 상업방송 양쪽을 아우르게 된다.

영국은 순수한 시장 모델(미국)과 공영 모델(덴마크, 핀란드)의 중간쯤에 있는 미디어 시스템을 보여준다. 한편에서 영국의 대표적인 방송사인 BBC는 세계에서 가장 크고 최고로 재원이 넉넉한 공영방송이며 넓은 시청자 기반을 보유하고 있다. 공적 소유인 채널 4와 함께 BBC의 주요 채널 두 개는 2006년

영국 시청 시간의 43퍼센트를 차지했다.[12] 다른 한편, 주요 위성 채널인 BSkyB
는 전반적으로 규제에서 벗어난 형태로 발전해가도록 허용되었고, 주요 지상
파 방송인 ITV는 1990년대에 공개적으로 매각되어 비록 여전히 중요하긴 하
지만 공영성 의무가 가벼워졌다. 상업방송의 규제 완화는 중대한 결과를 낳았
는데 그중 일부가 이제야 분명히 드러나고 있다. ITV의 시사 프로그램에서 국
제 문제를 다루는 비중은 1988년에서 1998년 사이에 반으로 줄어들었다.[13]
2005년까지, ITV의 국제 문제를 다루는 시사 프로그램은 여타 지상파 방송보
다 적어졌다.[14] 이는 다른 방송에도 연쇄 반응을 낳았는데 특히 채널 4의 국제
보도는 2005년에 2000~2001년 수준의 절반으로 감소했고,[15] BBC의 뉴스 역
시 연성화되었다. 사실 BBC와 ITV 둘 다 정치 뉴스가 줄어들고 범죄 보도가
증가했다.[16]

방송과는 대조적으로 신문의 경우는 전적으로 상업적이고 규제를 받지 않
는 기업이란 점에서 4개국이 대동소이한 모습을 보인다. 미국에서 신문 구독
이 지난 몇 년간 꾸준히 감소하면서 일간지 숫자가 눈에 띄게 줄어들었다. 사
실 한 개 이상의 일간지가 발행되는 미국 도시를 찾아보기 쉽지 않다.

덴마크는 전국지 세 개가 치열한 경쟁을 하는 반면 핀란드는 경쟁하는 전
국지가 있지만 지방지가 신문의 주축을 이룬다. 신문을 무료 배포하는 '메트
로Metro 현상'이 확산되면서 두 나라 신문 경쟁은 한층 치열해졌다.

영국은 전국지가 지방지보다 훨씬 잘 팔린다는 점에서 신문 시장이 다소
특이하다. 열 개의 전국지는 서로 치열하게 경쟁한다. 그중 다섯 곳은 상대적
으로 발행 부수가 적지만 소득이 높은 독자층을 타깃target으로 하는데 광고 의
존도가 높고 공적인 이슈를 집중적으로 다룬다. 다른 다섯 곳은 대중적인 시
장을 타깃으로 하고 주로 오락을 다룬다. 이 다섯 곳은 전국지 구독자의 4분
의 3을 차지하는데 서서히 진행되다 지금은 가속화되는 신문 판매 위축에 대
응해 독자를 확보하기 위해 거의 필사적이다.[17]

대체로 4개국 미디어 시스템의 차이는 과거에 비해 덜 확연해졌다. 그럼에도 기본적으로 소비자의 요구를 충족하는 쪽으로 초점이 맞춰진 미국의 방송 모델과 시민에게 양질의 공적 정보를 제공하는 것을 최우선으로 하는 핀란드, 덴마크, 그리고 정도 차이는 있지만 영국의 미디어 시스템은 상당한 차이를 보인다.

연구 디자인

미디어 시스템이 시장화할수록 저널리즘은 덜 진지해져 공적 사안에 대한 시민의 인식이 제한된다는 가설을 테스트해보자. 이를 위해 각 나라의 방송과 신문 보도에 대한 양적인 콘텐츠 분석과 뉴스에 나타난 다양한 사건, 이슈, 인물에 대한 대중의 이해도를 묻는 설문 조사를 병행해 연구했다.

콘텐츠 분석

이 연구는 각 나라에서 대표적인 주요 방송사 두 곳(미국은 ABC와 NBC, 영국은 BBC1과 ITV, 덴마크는 DR1과 TV2, 그리고 핀란드의 YLE1과 MTV3 등)과 대표적인 일간지 보도 내용을 대상으로 분석했다. 미국의 신문 보도 샘플은 '엘리트' 일간지(≪뉴욕 타임스≫), 좀 더 대중적인 전국지(≪유에스에이 투데이USA Today≫), 통신 의존도가 높은 지역 신문(≪애크런 비컨 저널Akron Beacon Journal≫) 등으로 구성했다. 덴마크 신문은 전국지인 ≪윌란스 포스텐Jyllands-Posten≫, 타블로이드 전국지인 ≪엑스트라 블라데트Ekstra Bladet≫, 무료 전국지인 ≪니헤드사비센Nyhedsavisen≫과 지역 일간지인 ≪위스케 베스트크스텐Jyske Vestksten≫을 대상으로 했다. 핀란드 신문 샘플은 전국지인 ≪헬싱인 사노마트Helsingin Sanomat≫, 대형 지역지인 ≪아물레흐티Aamulehti≫, 타블로이드 전국지인 ≪일타-사노마트Ilta-Sanomat≫와 무료 전국지인 ≪메트로Metro≫에서 추출했다. 마지막으로 영국 신문은 전국지를 고급·중급·하급지로 나눠서 각 층의 대표 일간지를 선택했고(각각 ≪데일리 텔레그래프The Daily Telegraph≫, ≪데일리 메일≫, ≪선≫),[18] 지방지 하나도 추가했다(≪맨체스터 메트로Manchester Metro≫).

각각의 뉴스는 2007년 2월부터 4월 사이에 4주 동안(연속은 아님) 관찰되었다. 각 방송사의 주요 저녁 뉴스 프로그램이 분석되었다. 신문은 미국 신문의 주요 뉴스 섹션으로 관찰을 한정했고 이를 유럽 신문의 주요 또는 일반적인 섹션과 비교했다.

뉴스 자료는 각 나라에서 훈련된 학생이나 연구 보조원들이 분류하고 코딩coding했다. 연구자들은 이들에게 미리 일련의 콘텐츠 범주를 동등하게 제공해 분류의 기준으로 삼도록 했다. 경성 뉴스는 정치·행정·경제·과학·기술 그리고 연관 주제를 다룬 뉴스로 정의했다. 반면 연성 뉴스는 유명인, 사람 이야기, 스포츠 그리고 여타 오락성 뉴스로 범주화했다. 하지만 특정한 범죄 뉴스의 경우 이를 미리 연성·경성으로 재단하는 것은 오도할 우려가 있다고 판단했고, 연구자들이 나서서 서로 다른 뉴스 유형을 구분했다.

만일 범죄 기사가 맥락화되고 공공선의 문제와 연결되어 보도되었다면 이는 공적 사안과 비슷한 경성 뉴스로 분류했다. 예를 들어 보도가 형사 정책을 다루거나 범죄의 일반적인 원인이나 결과를 다룬 경우 등이 이에 해당한다. 하지만 뉴스의 주된 초점이 범죄 그 자체에 맞춰져 범행수법이나 희생자를 자세히 묘사하면서 공공 정책과 관련한 넓은 의미의 맥락이나 함의를 언급하지 않았을 경우 이는 연성 뉴스로 분류했다.

또한 뉴스를 경성 또는 연성으로 분류하는 것과 함께 뉴스가 국내 문제를 다루는지 해외 문제를 다루는지도 분류했다. 여기서 국가별로 간단한 수치를 집계했는데 뉴스 샘플은 그 뉴스에서 다룬 나라(또는 나라들)에 따라 재분류되었다. 또 국제기구나 지역 기구(예를 들어 유엔이나 유럽연합EU)를 다루고 있는지에 따라 뉴스를 분류하기도 했다.[19]

설문 조사 설계

설문지(28개의 중복 선택 문항으로 이루어짐)는 시민들이 국내외 뉴스에 대한 인식뿐 아니라 연성 뉴스와 경성 뉴스에 대해 알고 있는 것을 측정할 수 있도록 만들었다. 국제 문제에 대해 알고 있는 것을 확인해보는(연성과 경성 양쪽에서) 14개의 문항은 네 나라에서 공통으로 쓰였다. 이 공통 질문에는 상대적으로 '쉬운' 문항(각 나라에서 광범위한 조명을 받은 국제적인 뉴스거리)과 '어려운' 문항(상대적으로 덜 보도된 뉴스거리)이 같은 수로 섞여 있었다. 예를 들어 미국 응답자에게 '탈리반^{Taliban}'이나 차기 프랑스 대통령(니콜라스 사르코지^{Nicolas Sarkozy})을 묻는 질문은 쉬운 것으로 간주되었고, 타밀 타이거^{Tamil Tiger} 분리주의 운동의 근거지가 어디인지와 세르비아의 전임 지배자가 누구인지를 묻는 질문은 어려운 것으로 간주되었다. 연성 뉴스 분야에서 쉬운 질문은 인기 있는 비디오 공유 사이트인 유튜브^{YouTube}나 프랑스 축구 선수 지내던 지단^{Zinedine Zidane}처럼 아주 시각적인 예를 제시했다. 좀 어려운 질문은 2008년 여름 올림픽 개최지나 러시아 테니스 스타 마리아 샤라포바^{Maria Sharapova} 같은 인물에 초점을 맞췄다.

국내 뉴스의 경우, 경성 뉴스에 관한 질문은 공직자를 알아보는지 여부와 정치적 쟁점이 무엇인가 하는 것들이었다. 연성 뉴스에 관한 질문은 연예인이나 프로 운동선수 같은 유명인에 기본적인 초점을 맞췄다. 연구진은 각 나라가 처한 특수한 지정학적 상황과 관계된 그 나라만의 독특한 일련의 질문을 포함함으로써 국내 뉴스 관련 질문을 보완했다.

예를 들어 미국인에겐 휴고 차베스^{Hugo Chávez}(베네수엘라 대통령)를 알고 있는지, 영국과 핀란드 응답자에겐 앙겔라 메르켈^{Angela Merkel}(독일 총리)을 알고 있는지, 덴마크인에게는 차기 영국 총리인 고든 브라운^{Gordon Brown}에 대해 질문했다. 여기서도 질문의 난이도가 차이가 나도록 주의를 기울였다.

설문 조사는 언론 모니터링이 끝난 직후 온라인으로 진행되었다.[20] 인터넷 보급이 확대되면서 웹을 기반으로 한 설문 조사는 비용 대비 효과 측면에서 차츰 전통적인 전화 설문 조사의 경쟁자로 떠올랐다. 초기에 표본추출의 편향 (디지털 격차digital devide에서 연유하는)의 우려가 제기되었지만 온라인 조사 방법론은 대표적인 표본추출이 가능할 정도로 발전했다. 설문 조사는 표본 매칭 sample matching을 통해 표본 오류를 최소화하도록 설계했다. 표본 매칭은 이중의 표본을 사용하는 방법인데 그중 하나는 일반적인 모집단을 기반으로 철저히 확률적인 방식으로 표본을 추출하고, 다른 하나는 대규모 온라인 응답자 패널에 기반을 두고 비확률적인 방식으로 표본을 추출한다. 핵심은 통상적인 RDDrandom digit dialing 방식에 의해 선정된 응답자와 온라인 응답자가 흡사한 모습을 지니도록 선발하는 점이다. 표본 매칭은 통상적인 무작위 표본에 상응하는 인구학적 특징을 가진 표본을 제공하는 것이 중요하다.[21]

각각의 온라인 패널에서 표본 1,000명을 조사했다. 미국에서는 등록된 유권자로 표본을 제한하고 덴마크와 핀란드, 영국은 18세 이상의 모든 시민을 대상으로 했다. 미국과 영국, 핀란드는 그 나라 국민의 교육, 성, 나이(미국은 인종도) 구성에 비례해서 온라인 표본을 구성했다. 덴마크에서는 전체 사회의 인구학적 특성과 유사하도록 계획된 선발 절차를 거쳐 뽑힌 대표 패널에서 표본이 추출되었다. 조사에서 나온 결과는 나이와 성별에 따라 가중치를 부가했다.[22]

온라인 설문 조사의 구성과 외양은 모든 나라에서 같았다. 질문의 순서나 선택지의 조건(각 문항은 선택지 다섯 개를 제시한다)은 무작위로 구성되었다. 응답자가 인터넷 검색 등을 통해 '부정행위'를 하는 것을 막기 위해 각 질문은 화면에 30초만 머물다 다음 질문으로 교체되었다. 이와 함께 응답자의 브라우저에서 '뒤로 가기' 버튼은 설문 조사를 하는 동안 기능이 정지되도록 설정했다.

뉴스 콘텐츠의 차이

뉴스 분석 결과 시장중심적인 미국 텔레비전 시스템은 국내 뉴스를 압도적으로 많이 다루고 있었다. 미국 네트워크 방송사의 뉴스는 방송 시간의 단 20퍼센트를 국제 뉴스에 할애했다(그중에서도 47퍼센트는 이라크에 관한 뉴스로 시기적으로 우연성이 강했다). 세계 곳곳에서 벌어지는 일들이 보도되는 사례는 매우 적었고 네트워크 방송 뉴스 시간 내내 아예 국제 뉴스를 다루지 않은 경우도 많았다. 이와 대조적으로 유럽의 공영방송 채널은 해외에서 벌어진 일에 상당한 시간을 할애했다. 뉴스 프로그램에서의 시간 비율로 볼 때 영국과 핀란드의 주요 뉴스 채널은 해외 뉴스를 다루는 시간이 미국에 비해 50퍼센트 이상 길었다(표 3.1 참조). 하지만 영국의 텔레비전이 전체적으로 국제 뉴스 보도에 앞선 것은 부분적으로는 연성인 국제 뉴스를 다루고 있기 때문이다. 이런 연성 국제 뉴스를 제외하면 국제 뉴스를 많이 다룬 순서는 핀란드(27퍼센트)가 가장 앞서고 그 뒤를 덴마크(24퍼센트), 영국(23퍼센트), 그리고 미국(15퍼센트)이 잇는다.

표 3.1 4개국의 방송·신문 내용 분포

구분			미국	영국	핀란드	덴마크
텔레비전	경성·연성 뉴스	경성	63	60	83	71
		연성	37	40	17	29
	국내·국제 뉴스	국내	80	71	71	73
		국제	20	29	29	27
신문	경성·연성 뉴스	경성	77	40	54	44.5
		연성	23	60	46	55.5
	국내·국제 뉴스	국내	66	83	62	71
		국제	34	17	38	29

주: 전체 샘플은 신문 기사 1만 9,641건, 텔레비전 기사 2,751건.

영국과 미국 텔레비전의 국제 문제에 대한 인식은 스칸디나비아 반도의 두 나라와는 사뭇 달랐다. 핀란드와 덴마크의 텔레비전은 국제 뉴스를 다루는 데 다음의 세 권역에 비슷한 비중을 두었다. 그들이 속한 대륙(유럽)의 소식, 지정학적 권역을 확장한 곳의 소식(예를 들어 덴마크의 경우 미국, 이라크, 아프가니스탄 등), 그리고 나머지 지역 등이다. 이와 달리, 미국과 영국의 텔레비전은 자신들이 속한 대륙의 다른 나라 뉴스에 훨씬 적은 시간을 할애했다(각각 5퍼센트와 8퍼센트). 영국은 외국에서 일어난 일에는 더욱더 무관심했다. 그들이 주로 관심을 쏟은 것은(해외 뉴스 보도의 절반에서 3분의 2 이상까지) 자신의 나라가 지정학적으로 얽힌 이슈로, 이라크와 아프가니스탄에 관한 것들이었다.

시청률에 민감한 미국의 네트워크 방송은 국내 뉴스와 국제 뉴스 모두에서 적지 않은 방송 시간을 연성 뉴스에 할애했는데(약 37퍼센트), 이는 영국 텔레비전 뉴스 역시 마찬가지였다(40퍼센트). 이는 연성 뉴스의 비중이 훨씬 낮은 핀란드나 덴마크와 대조적이다. 사실 미국과 영국에서 나날이 생산되는 연성 뉴스의 비율은 핀란드의 두 배가 넘었다. 이는 부분적으로 미국과 영국의 방송사가 적지 않은 방송 시간을(각각 14퍼센트와 11퍼센트) 오락, 유명 인사 그리고 뒷담화에 할애하기 때문인데 덴마크나 핀란드는 그렇지 않았다(5퍼센트 미만).

신문의 경우 연성 뉴스에 집중하는 것이 미국만의 전유물은 아니었다. 사실 연구에서 분석한 미국 신문은 분석 대상인 유럽 신문에 비해 경성 뉴스를 더 많이 다루고 있었다. 이런 결과는 부분적으로 미국의 대표적인 '엘리트' 신문인 ≪뉴욕 타임스≫가 분석 대상에 포함된 것과 미국에는 타블로이드 신문이 자리 잡지 못했다는 데서 연유한다.

분석 대상인 유럽 신문 중에서 핀란드 신문이 덴마크나 영국 신문보다 경성 뉴스와 국제 뉴스를 더 많이 취급했다. 예상했던 대로 타블로이드가 발달한 영국 신문은 국내 뉴스(83퍼센트)와 연성 뉴스(60퍼센트) 위주로 보도했고 스포츠에 할애하는 지면(25퍼센트)도 덴마크 신문(13퍼센트)보다 넓었다.

정리하자면, 핀란드와 덴마크 공영방송은 미국의 상업방송보다 경성 뉴스를 더 많이 보도하고 해외로 시야가 열려 있었다. 영국의 텔레비전은 스칸디나비아 모델보다는 미국에 좀 더 가까웠다. 이런 유형은 방송보다는 공적 사안을 보도하는 데서 중요성이 떨어지는 매체인 신문에서는 사정이 좀 달라졌다.[23] 영국과 덴마크 신문은 미국이나 핀란드 신문보다 연성 뉴스와 국내 뉴스 보도에 더 중점을 두고 있다.

공적 지식의 차이

설문 조사 결과 미국인이 특히 국제 문제에 대한 정보가 부족했다. 예를 들어 문항을 다섯 개 주고 고르라고 했지만 미국인의 67퍼센트가 니콜라스 사르코지를 프랑스 대통령이라고 답하지 못했다. 미국인은 국제 뉴스와 관련된 여덟 개 설문 중 일곱 개에서 유럽인에 뒤떨어졌다(유일한 예외는 이라크 수상을 지목하는 문제였다). 몇 가지 주제에서 미국과 다른 나라가 선명한 대조를 보였는데, 예를 들어 미국인 중 62퍼센트가 교토의정서가 기후변화협약이란 것을 몰랐다. 핀란드와 덴마크에서는 이를 모른 비중이 20퍼센트 미만이었고 영국은 39퍼센트였다. 전체적으로 스칸디나비아인들은 62~67퍼센트의 정답률을 보여 시사 문제에 가장 밝은 것으로 나타났고 영국이 59퍼센트로 비교적 바짝 뒤를 쫓았으며 미국은 40퍼센트로 가장 뒤처졌다(표 3.2 참조).

미국 응답자들은 국내 경성 시사 문제에도 어두운 것으로 나타났다. 전체적으로 덴마크와 핀란드는 평균 78퍼센트의 정답률로 국내 시사 상식에서 가장 높은 점수를 얻었고 영국이 67퍼센트, 미국이 57퍼센트로 뒤를 이었다(표 3.3 참조).

국제 연성 뉴스 쪽을 보면 미국인은 이 분야에서도 가장 소식에 어두웠다.

표 3.2 나라별 경성 국제 뉴스 관련 질문에 정확한 답을 한 비율

국제·경성 뉴스 항목	미국	영국	핀란드	덴마크
교토京都	37	60	84	81
탈리반Taliban	58	75	76	68
다르푸르Darfur	46	57	41	68
스리랑카	24	61	46	42
말리키Nouri Kamel al Maliki	30	21	13	20
아난Kofi Annan	49	82	95	91
사르코지Sarkozy	33	58	73	79
밀로세비치Slobodan Milošević	33	58	72	78

표 3.3 국내·국제 분야 경성 및 연성 뉴스에 관해 정확히 응답한 평균 비율

구분	미국	영국	핀란드	덴마크	전체
경성·국제 뉴스	40	59	62	67	58
경성·국내 뉴스	57	67	78	78	70
연성·국제 뉴스	54	79	70	68	68
연성·국내 뉴스	80	82	91	85	84

주: ANOVA4(국가: 핀란드, 영국, 미국, 덴마크) × 2(뉴스 유형: 경성 대 연성) × 2(분야: 국내 대 국제). 뉴스 유형과 분야를 반복적으로 측정한 결과는 응답자들이 올바로 분별한 국내· 국제 뉴스, 경성·연성 뉴스의 비율에서 국가 간에 체계적인 차이가 있음이 입증되었다. $F(3.444)=45.27$, $p<.001$, partial $\eta^2=.03$.

베이징이 차기 올림픽 개최지라는 것을 미국인은 50퍼센트만이 알고 있었는데 다른 세 나라는 68~77퍼센트가 알고 있었다. 대체로 이 분야에서 영국인이 가장 높은 점수를 얻었고(79퍼센트) 스칸디나비아 반도 국가들(69퍼센트), 미국(53퍼센트)순이었다.

미국인이 가장 밝은 분야는 국내 연성 뉴스 부문이었다. 미국인 응답자의 90퍼센트 이상이 멜 깁슨Mel Gibson, 도널드 트럼프Donald Trump 그리고 브리트니 스피어스Britney Spears 같은 유명인을 알고 있었다. 하지만 다른 나라 국민들도

연성 뉴스에 관심을 갖기는 마찬가지였다. 이에 따라 미국인이 국내 연성 뉴스 분야에서 얻은 점수는 영국이나 덴마크와 다르지 않았고 핀란드에 비해서는 많이 낮았다.

이런 결과는 두 가지 놀라움을 준다. 먼저, 핀란드와 덴마크 국민은 대중 신문 덕분에 경성 뉴스뿐 아니라 연성 뉴스에서도 풍부한 상식을 갖고 있었다. 둘째, 미국인 응답자들은 유럽인들보다 주변의 세상사에 대해 전반적으로 적게 알고 있었다(이에 대한 이유를 설명할 것이다).

언론 노출과 공적 지식

언론의 보도와 공적 지식의 연관성을 더 알아보기 위해 미디어의 집중적인 보도가 좀 더 높은 수준의 지식과 연관이 있는지, 반대로 어떤 주제나 사람에 대한 언론의 외면이 낮은 수준의 지식과 관련이 있는지를 조사했다. 조사는 4개국에서 설문 조사 전 각각 1개월과 6개월 동안의 신문 보도에 나타난 어떤 주제나 사람을 대상으로 했다. 이 조사에는 두 가지 한계가 있었다. 먼저, 신문 보도의 경우 보도가 시기에 따라 달라지는 것을 보여주는 데이터에 접근할 수 있는지 여부가 분석을 한정 지었고, 더 중요한 매체인 텔레비전은 분석 대상에 넣지도 못했다. 둘째, 매체 노출이라는 우리의 이해에 모호한 점이 있다. 설문 조사 전 6개월 동안 신문에서 제한적으로 정보를 얻은 사람일지라도 그 전에는 적지 않게 보도에 노출되어 관련 지식이 상당히 축적된 상태로 설문 조사에 임할 가능성이 있다는 점이다. 이런 왜곡의 가능성이 있음에도 분석 결과는 장기간의 언론 노출과 공적 지식 사이에는 명확한 통계적 연관이 있음을 보여주었다. 핀란드는 예외였지만 미국, 영국, 덴마크에서 장기간의 노출 점수(설문 조사 이전 6개월간)는 응답자들이 정답을 골라내는 비율과 높은 상관성이 있었다. 단기간의 노출(설문조사 이전 한 달)은 덴마크에서는 높은 상관성

표 3.4 회귀 모델: 국가별 지식의 가늠자로서 가시성[a]

기간	국가		R^2	$F_{(1,26)}$[2]	Sig.
6개월간의 보도[b]	미국	$\beta = .48$	.23	7.26	$p < .05$
	영국	$\beta = .42$	.17	5.07	$p < .05$
	핀란드	$\beta = .24$	.06	1.60	$p = .22$
	덴마크	$\beta = .39$	.15	4.56	$p < .05$
1개월간의 보도	미국	$\beta = .24$	.06	1.64	$p = .21$
	영국	$\beta = .35$	.12	3.39	$p = .08$
	핀란드	$\beta = .28$	.08	2.14	$p = 1.6$
	덴마크	$\beta = .51$	.51	9.17	$p < .01$

주: a) 미국 신문 샘플은 한 개의 타블로이드(≪NY 데일리 뉴스≫), 한 개의 대중지(≪유에스
에이 투데이≫), 세 개의 고급지(≪뉴욕 타임스≫, ≪로스앤젤레스 타임스≫, ≪워싱턴
포스트≫) 등이다. 영국은 두 개의 대중지(≪데일리 메일≫, ≪선≫) 그리고 두 개의 고
급지(≪가디언≫, ≪데일리 텔레그래프≫), 핀란드는 최대 일간지(≪일타사노마트≫),
덴마크는 전국지(≪윌란스 포스텐≫), 전국 타블로이드(≪엑스트라 블라데트≫), 지역
지(≪위스케 베스트크스텐≫)이다. 샘플은 2007년 1월 7일부터 6월 7일까지, 5월 7일부
터 6월 7일까지 각각 수집했다. 검색 기준은 이런 아이템이 기사 어딘가에서는 언급이 되
어 있는 것으로 했다. 이름은 성과 이름을 함께 검색했다. 장소는 특정한 사안과 결부해
서 검색했다(예를 들어 스리랑카 + 타밀 타이거, 수단 + 다르푸르)
    b) 영국에서 두 항목 ─ 매캔McCann과 무리뇨Mourinho ─ 은 분석에서 제외했다. 이들은 가외
치outliers로 판명되었다.(>3sd)

을 보였고 영국에서도 약하나마 상관성을 가졌으나, 핀란드와 미국에서는 공
적 지식의 정도를 보여주는 변수가 되지 못했다.

　이런 분석은 미디어가 무얼 보도하느냐 ─ 또는 보도하지 않느냐 ─ 가 대중
이 무얼 아느냐에 영향을 준다는 연구의 주장을 뒷받침한다. 미국 텔레비전이
국제 뉴스를 지속적으로 등한히 하는 것과 미국인들이 국제 문제에 대한 식견
이 부족한 것이 우연한 일이 아니라는 얘기다.[24]

언론 노출의 나라별 차이

지금까지 뉴스의 공급과 공적 지식의 수준 사이의 관계를 점검했다. 하지만 지식은 알고자 하는 개인의 동기 — 시사 문제에 대한 관심과 뉴스 매체에 대한 집중도 — 와도 분명히 관련이 있다.[25] 설문 조사에서는 설문 응답자에게 다양한 매체들을 어느 정도나 자주 이용하는지 알려달라고 했다. 그 결과 국가별·매체별로 상당한 차이를 보였다. 미국인은 다른 나라에 비해 전통 미디어에서 뉴스를 상대적으로 적게 소비했다. 미국인 응답자 중 단 39퍼센트만이 일주일에 4일 이상 전국 방송의 뉴스를 시청한다고 밝혔다. 이는 덴마크의 78퍼센트나 핀란드의 76퍼센트, 그리고 영국의 73퍼센트와는 대조적인 수치였다.

이런 차이가 빚어진 원인 중 하나는 상당수의 미국 국민이 — 여러 시간대에 걸친 광대한 나라이면서 정치적으로 분권화된 정부를 가진 나라 — 전국 뉴스보다는 지역 뉴스에 더 관심을 갖고 있다는 점이다. 영국(56퍼센트)만큼은 아니지만 미국인 다수(51퍼센트)가 주기적으로 지역 방송의 뉴스를 시청한다고 밝혀 덴마크(43퍼센트)나 핀란드(29퍼센트)보다 더 높은 비율을 보였다. 하지만 이와 동시에 미국인이 전국 뉴스를 적게 소비하는 것은 전통적으로 미국인이 뉴스를 적게 소비하는 것의 연장선에 있기도 하다. 일주일에 4일 이상 규칙적으로 신문을 읽는다고 응답한 경우는 미국인 응답자 중 37퍼센트에 지나지 않았지만 이 비율이 핀란드는 71퍼센트, 덴마크는 58퍼센트, 영국은 44퍼센트였다. 일주일에 4일 이상 라디오 뉴스를 듣는다는 응답 또한 미국인이 39퍼센트에 그친 반면 다른 나라는 훨씬 높은 비율을 보였다(핀란드 51퍼센트, 영국 56퍼센트, 덴마크 65퍼센트).

한마디로, 미국인이 자신 주변의 세상에 대해 핀란드인, 덴마크인, 영국인보다 적게 아는 이유는 그들이 다른 나라에 비해 상대적으로 뉴스를 적게 소비하기 때문이다. 미국인이 전통 매체에서 적게 접하는 뉴스를 인터넷으로 보충할 수도 있을 것이다. 하지만 지금까지 나온 자료들은 이런 가능성에 의문을 던진다. 한 예로 퓨 센터^{pew center}의 조사에서 1994년부터 2004년 사이에 모든 매체를 망라한 총량 측면에서 미국인의 뉴스 소비 총량이 줄어든 것으로 나타났다.[26] 더욱이, 유권자 가운데 인터넷과 가장 친숙한 그룹인 젊은 성인층에서 뉴스 소비가 가장 많이 줄어든 것으로 파악되었다.[27]

국가 안에서의 지식 격차

미국인들이 공적 지식을 충분히 갖추지 못한 또 다른 중요한 이유는 연구 대상이 된 유럽의 3개국에 비해 사회집단 간의 지식 격차가 크다는 것이다. 미국 내 취약 계층은 공적 지식 설문 조사에서 특히 낮은 점수를 얻어 국가 전체의 평균을 끌어내렸다. 반면 핀란드, 덴마크, 영국의 취약 계층은 우월한 계층이 알고 있는 만큼은 공적 지식을 알고 있어 전체 평균이 높아졌다.

차이는 교육과 관련해서 좀 더 확연히 드러났다. 연구는 4개국의 국민을 교육과 관련해서 세 개의 비교 집단으로 나누었다. 즉 낮은 교육 수준, 보통의 교육 수준(졸업 후 자격증 과정이나 대학 교육에 준하는 교육을 포함해), 그리고 높은 교육 수준(대졸 및 대학원졸) 등이다. 낮은 교육 수준을 지닌 미국인은 높은 교육 수준을 가진 응답자에 비해 특히 경성 뉴스 부문에서 아주 낮은 점수를 얻었다. 두 집단 사이의 차이는 무려 40퍼센트 포인트나 되었다. 대조적으로 영국에서 두 그룹의 차이는 14퍼센트 포인트였고 핀란드는 13퍼센트 포인트였으며 덴마크는 사실상 거의 차이가 없었다(표 3.5 참조).

수입과 관련해서도 비슷한 양상이 반복되었다(다만 덴마크의 경우 수입 관련 데이터를 확보하지 못했다). 미국에서는 저소득 그룹의 29퍼센트만이 경성 뉴스와 관련된 질문에 제대로 답했다. 고소득 그룹의 경우, 이 비율이 61퍼센트에 이르러 저소득 그룹과 32퍼센트 포인트의 차이가 났다. 영국은 이 차이가

표 3.5 사회집단 간 경성 뉴스 지식의 분포[a]

구분			미국	영국	핀란드	덴마크
경성 뉴스	교육	낮음	31.4	57.4	65.0	71.1
		중간	52.0	59.7	67.6	73.0
		높음	71.0	70.9	78.4	70.3
	수입	낮음	28.9	54.5	79.5	-
		중간	45.0	66.0	76.4	-
		높음	61.5	67.6	67.0	-
	인종	소수자	36.1	63.0	-	-
		다수자	51.5	62.9	-	-

주: a) 수입, 교육 그리고 사회적 지위의 수준에 따른 경성 뉴스에 대한 지식의 평균. 지식과 관
  련해서는 세 가지 수준의 지수를 만들었다. 첫 번째 수준은 낮은 교육 수준(고졸까지), 두
  번째 수준은 중간 정도의 수준(초급 대학 또는 대학 수료), 세 번째는 높은 교육 수준(대
  졸 또는 대학원 졸업). 수입은 세 개의 큰 틀로 나누었다. 낮은 그룹(미국은 2만 4,999달
  러 이하, 영국은 1만 9,999파운드 이하, 핀란드는 3만 5,000유로 이하), 중간 그룹(미국은
  2만 5,000~6만 9,999달러, 영국은 2만~2만 9,999파운드, 핀란드는 3만 5,001~6만 5,000
  유로), 높은 그룹(각국별로 중간 소득 이상). 마지막으로 다수자는 영국, 유럽연합EU, 미
  국의 백인 시민, 소수자는 다른 인종적 배경을 가진 시민으로 정했다.

미국의 절반 이하였고 핀란드에서는 고소득 그룹과 저소득 그룹의 비율이 역
전되었다.

미국에서는 또 소수 인종과 다수 인종 사이에 경성 뉴스에 대한 지식수준
에서 15퍼센트 포인트라는 상당한 지식 격차가 나타났다. 하지만 영국에서는
이런 차이가 확인되지 않았다. 소수 인종의 비율이 낮은 덴마크와 핀란드는
이와 관련한 분석을 생략했다.

이런 관찰 결과는 미국이 다른 곳보다 지식 분포의 불균형이 심한 나라라
는 통념에 들어맞는 것이다. 예를 들어 미국에서 남자와 여자, 젊은층과 노년
층이 경성 뉴스 부문에서 얻은 점수의 차이는 다른 세 유럽 국가에 비해 좀 더
현저했다. 미국에서 남자는 여자보다 경성 뉴스에서 정답을 24퍼센트 더 맞
췄지만 영국에서는 차이가 16퍼센트로 줄었고, 핀란드에서는 12퍼센트로 더

적었다. 덴마크에서는 여성이 남성보다 9퍼센트 높은 점수를 얻어 성별 격차
가 역전되었다. 이로 미루어 세 유럽 국가는 미국에 비해 최소한 알고 있어야
하는 정보의 기준치가 훨씬 높다는 것을 알 수 있다.

미디어 시스템과 사회 통합

유럽 국가들의 전국 텔레비전은 공영의 전통에 부분적으로 힘입어 취약 계
층(수입·교육·인종 측면에서 본)에게 다가가는 데 좀 더 성공적이었다. 시청료
나 공적 교부금으로 재원을 조달하는 공영방송은 공적 지원을 계속 받기 위한
명분으로 사회의 모든 부문을 연결해야 한다는 큰 압력을 받는다. 한 분야의
시청자층으로부터 그들이 외면받고 있다는 증거가 나올 때마다 즉각 내부적
인 점검이 이뤄지고 시정 조처가 나온다.[28] 이와는 대조적으로, 상업방송은
수익을 극대화하기 위해 소득이 높은 독자층에 초점을 맞추라는 압력을 받는
다. 이는 저소득 집단이 덜 주목을 받거나 극단적인 경우, 일부러 배제되는 결
과로 이어진다.[29]

공영과 상업 미디어의 핵심 목표 역시 차이가 난다. 공영 미디어가 법과 규
정에 명시된 대로 '사회를 위해 봉사'하는 것이 주된 목표인 반면 상업 미디어
는 돈을 버는 것이다. 공영 미디어의 기본적인 공적 의무는 공중의 알권리를
충족해주는 것이며 이는 뉴스 프로그램을 언제 내보낼까에 영향을 준다.

미국의 3대 네트워크 방송사들은 주요 뉴스 프로그램을 초저녁이나 늦은
저녁에 내보낸다. 이들 방송사는 시청률과 수익을 극대화하기 위해 저녁 7시
부터 11시까지는 예능 프로그램에 배정한다. 이와 대조적으로 핀란드의 주요
방송사 세 곳은 자사의 주요 뉴스 프로그램을 저녁 시간에 걸쳐 서로 다른 시
간대에 내보낸다. 시간은 저녁 6시, 7시, 8시 30분, 10시이다(아울러, 이들 세
개 채널 가운데 하나는 9시 30분에 시사 프로그램을 매일 내보낸다). 덴마크에서는

표 3.6 텔레비전 전국 뉴스에 대한 노출[a]

구분		미국	영국	핀란드	덴마크
TV	낮은 교육 수준	34	75	73	72
	낮은 소득	30	69	82	-
	소수 인종	35	73	-	-
	전국 평균	40	73	77	75.5

주: a) 일주일에 4일 이상 전국 TV 뉴스를 시청하는 참가자의 비율. 저교육(고졸 이하), 저소득
(미국은 2만 4,999달러 이하, 영국은 1만 9,999파운드 이하, 핀란드는 3만 5,000유로 이
하), 소수자 그룹(비백인)을 대상으로 했다..

주요 텔레비전 방송사 두 곳이 주요 뉴스 프로그램을 저녁 6시, 7시, 10시에
내보내며 그중 한 곳은 9시 30분에 시사 프로그램을 엮어 넣는다. 두 나라의
주요 텔레비전 방송사는(핀란드의 상업방송 MTV3를 포함해) 저녁 황금시간대
에 공적 지식을 링거주사 놓듯 지속적으로 제공하는 반면 시장 주도적인 미국
텔레비전은 오락을 압도적으로 편성한다. 영국의 방송사는 이들 두 모델 사이
에서 엉거주춤한 모양새로 서 있다. 1999년 영국의 주요 상업방송인 ITV는
규제 완화를 틈타 초저녁과 늦은 밤에 뉴스를 내보내는 미국식 편성 전략을
채택했다. 이는 BBC1에 시청률 압박을 가했고 저녁 9시 뉴스를 10시로 옮기
는 계기가 되었다. 그 뒤 ITV는 여론에 밀려 메인 뉴스를 2004년 10시 30분
으로 당기게 되었고, 2008년에는 10시로 당긴다. 영국의 상위 채널 세 개의
주요 뉴스 시간대는 2007년(이 연구가 수행된 시점)에 저녁 6시, 6시 30분, 7
시, 10시, 그리고 10시 30분이었다.

사회 통합과 정보에 대한 헌신 덕분에 핀란드, 덴마크, 그리고 영국의 공영
방송은 취약 계층이 저녁 뉴스 시청이라는 전국적 습관에 동참하도록 하는 데
상대적으로 성공했다. 이들 나라에서는 교육 수준이 낮은 계층과 저소득 계층
이 주기적으로 텔레비전 뉴스를 시청하는 비율이 미국보다 훨씬 높았다(표
3.6 참조). 이런 결과는 단순히 이들 세 국가에서 전국적으로 방송 뉴스를 많

이 보기 때문만은 아니었다. 교육 수준이 낮은 계층이 주기적으로 텔레비전 뉴스를 시청하는 비율과 전국 평균 사이의 차이는 미국보다 영국과 핀란드가 적었다. 영국과 덴마크 저소득 계층의 경우에도 마찬가지 결과가 나왔다. 마찬가지로 미국에서 소수 인종 그룹이 전국 뉴스를 보는 비율은 전국 평균보다 낮았지만 영국에서는 전국 평균과 같았다.

유럽보다 미국의 경제적 불평등도가 높은 것이 미국 사회 지식 격차의 주요 원인인 것으로 보인다. 하지만 미국의 저소득·저교육 계층이 경성 뉴스를 더 모르는 것은 비교 대상인 유럽의 3개국에 비해 전국 텔레비전 뉴스를 덜 보는 경향이 있기 때문이다. 더욱이 미국의 방송사들이 같은 시간대에 뉴스를 내보내기 때문에 시사 문제에 덜 민감한 사람들에게 뉴스가 전달될 기회가 더 적어진다.

영향의 층위

비록 미디어 조직의 나라별 차이와 언제, 어떻게 뉴스가 보도되느냐가 공적 지식의 수준에 큰 영향을 끼치지만 이들은 깊이 뿌리박은 사회적 요소에 비해 중요도가 떨어진다. 이는 4개국에서 경성 뉴스에 관한 지식을 알아보기 위해 구축한 회귀 모델에서 두드러지게 드러났다(표 3.7 참조). 이 모델은 합쳐진 데이터 모둠의 절반에 접근하는 상당한 정도의 분산을 나타낸다. 이는 성별과 교육이 미디어 노출보다 공적 지식과 더 강한 연관성을 갖는 것을 보여주는 것이다. 하지만 더욱 중요한 것은(그리고 이 매개가 다른 요소들을 자율적인 영향autonomous influences으로 약화시킨다) 정치에 대한 관심이다. 정부에서 무얼 하는지 최신 정보를 알고 싶어 하고, 정치에 관심이 있고 정치이야기를 한다고 답한 응답자들은 관심 없다고 답한 응답자보다 한층 많은 정보를 갖고 있었다. 사실, 관심이 있다는 것은 4개국에서 경성 뉴스 지식과 관련해 가장 중요

표 3.7 경성 뉴스 지식을 추정하는 회귀 모델

구분	베타	T	Sig
미국	-0.27	-19.41	p<.001
핀란드	0.19	13.96	p<.001
덴마크	0.15	10.59	p<.001
성	0.11	9.58	p<.001
교육	0.13	11.28	p<.001
미디어 노출	0.09	8.01	p<.001
관심	0.49	40.08	p<.001

주: 영국을 기본으로 하고 다른 세 나라(더미 변수dummy variable를 1-0으로 코딩함)와 경성 이
슈에 관한 지식의 판단 근거로 중재 변수를 추가한 회귀 모델. 모델은 전체적으로 신뢰성
이 있었음. $F_{(7, 4172)} = 554.51$, $p<.001$, $R^2 = .48$.

한 상관 변수였다.

회고

미디어가 어떻게 조직되어 있는가 하는 것은 공적 사안에 대한 관심을 촉
진하는 한 사회의 폭넓은 문화적 과정에 비해 공적 생활의 지식을 결정하는
변수로서 중요성이 덜하다. 하지만 미디어 시스템의 구조가 중요하지 않다는
의미는 아니다. 연구 결과는 공영방송 모델이 공적 사안과 국제 뉴스에 좀 더
많은 관심을 보이고, 따라서 이들 영역에서 시장 모델보다 좀 더 많은 지식을
갖도록 돕는다. 이는 또 지식 격차를 줄이는 경향을 보여 시민권이 좀 더 평등
해지는 데 기여한다. 사실 공영 모델과 시장 모델 사이의 핵심적인 차이는 공
영 모델이 '비자발적' 시청자에게 다가서는 능력이 우수하다는 것이다. 비자
발적 시청자는 공적 사안들이 어떻게 돌아가는지 꼬박꼬박 챙겨보지는 않을
지 몰라도 좋아하는 오락 프로그램이 시작되길 기다리는 동안 뉴스를 마주하
지 않을 수 없는 이들이다. 공영방송이 뉴스와 오락을 엇갈리게 배치하는 것

은 비자발적 뉴스 시청자의 수를 늘리게 된다.

하지만 아마도 이 연구에서 드러난 가장 중요한 결과는 시장 주도의 미국 텔레비전 시스템이 미국 외의 세계와 (정도는 약하지만) 경성 뉴스에 관심을 덜 갖는다는 것이다. 이런 관심 부족은 미국 국민이 좀 더 넓은 세계와 공적 생활 전반에 대해 상대적으로 더 모르게 되는 결과를 낳았다. 하지만 점점 많은 나라가 오락 중심의 미국 텔레비전 모델로 수렴하고 있다. 이런 경향은 진지한 저널리즘에 갈수록 덜 노출되고 공적 지식의 수준도 낮아지는 허약한 공적 생활을 조장하는 것으로 보인다.

마지막으로, 미디어 시스템의 양상(예를 들어 방송 규제 완화의 범위)이 공적 지식에 미치는 영향은 나라마다 불가피하게 차이가 있다는 것을 밝히고자 한다. 이는 현행 공민교육과 지식 증대에 기여하는 것으로 알려진 문화적 규범의 수용(말하자면 정치에 대한 관심과 시민의 의무에 대한 의식) 때문이다. 마찬가지로 경제적 불평등의 정도를 증가시키는 규제 완화도 각 국가의 상황에 한층 강력한 영향을 끼칠 것이 예상된다. 그렇지만 이런 구조적 차이를 감안하더라도 언론의 공적 정보 제공은 중요하며 방송 미디어의 규제를 계속 완화할 경우 결국은 시민적 지식의 수준을 낮추는 결과로 이어질 것이다.

MEDIA
AND
DEMOCRACY

제2부 미디어와 민주주의 이론

오락적 민주주의

Entertaining democracy

미디어의 민주적 역할에 대한 생각은 대부분 신문이나 잡지가 기본적으로
매우 정파적이었던 18세기와 19세기 초에 기원을 두고 있다. 그 이후로 미디
어는 변모해왔다. 텔레비전 드라마, 컴퓨터 게임, 소셜 네트워크 사이트, 영
화, 뮤직비디오 등 현대 미디어 시스템이 만들어내는 엄청난 콘텐츠는 정치와
관련이 없다. 사실, 뉴스 미디어마저 갈수록 그들의 산출물에서 연성 뉴스와
오락이 차지하는 비중을 늘리려 노력하고 있다(극단적인 예는 광고를 뺀 콘텐츠
의 4분의 3을 이런 내용으로 채우는 영국 타블로이드 신문이다).[1] 다시 말해서 소비
되는 미디어 생산물 중 대다수는 일반적으로 알려진 정치와 무관하다. 미디어
의 민주적 역할을 재정립하려는 어떤 시도도 이런 변화가 함의하는 것을 고려
할 필요가 있다.

미디어 오락의 성장과 관련해 일반적으로 세 가지 반응이 있다. 첫째는 미
디어가 민주주의를 위해 해야 하는 진지한 역할에서 일탈한 것이라며 통탄하
는 것으로 19세기 말 자유주의자들의 일반적인 반응이었다.[2] 둘째는 오락을

정치 보도와는 별개의 범주로 보는 것으로, 이는 기본적으로 미국 정치 커뮤니케이션 연구 그룹의 태도이다. 세 번째 접근법은 정치 보도와 오락 사이의 넘나듦cross-over에 주목하는 것이다.[3] 이런 입장은 백악관 보좌진의 삶을 다룬 TV 시리즈 〈웨스트 윙The West Wing〉(1990~2006년)이나 풍자가인 존 스튜어트의 〈데일리쇼daily show〉처럼 확실히 정치적인 콘텐츠를 기반으로 한 오락물에 주의를 기울인다. 또한 스캔들을 드러내고 선거에서 정책 차이는 뒷전인 채 '경마식 보도horse races'를 하는 것처럼 정치를 오락의 한 유형인 양 보도하는 경향이 갈수록 심화되는 데 주목한다.

이들 세 가지 접근법은 미디어의 민주적 역할을 평가하는 기반으로 삼기에는 부적절하다. 오락을 정치에서 일탈한 것으로만 보는 첫 번째 입장은 오락의 정치적 의미를 무시하는 것이다. 오락을 정치와 무관한 별개의 범주로 보는 두 번째 입장은 그간 어떤 변화도 없던 양 하는 편리한 시각이다. 이는 지금의 미디어 시스템이 마치 19세기의 신문인 듯 바라보는 방법론적 책략인데, 이는 미디어 오락이 아무런 정치적 의미나 중요성이 없다는 것이 확인되어야만 의미가 있는 방법이다. 세 번째 입장은 정치와 오락이 명시적으로 연결된 미디어 콘텐츠만 주목하는 약점을 갖고 있다.[4]

이들 세 가지 입장 모두는 지도에 나와 있지 않은 지뢰지대에 조심스러운 발걸음을 내딛고 있다. 바로 오락의 민주적 의미가 그것이다.[5] 이 지형을 지도화하는 가장 좋은 첫걸음은 오락은 기본적으로 네 가지 방식으로 정치와 관련을 맺고 있다고 상정하는 것이다. 가치, 정체성, 인지 그리고 규범의 측면이 바로 그것이다. 물론 이들 다른 범주 사이에는 중첩되는 영역이 있으며, 여기서 이들은 단지 정치적 의미가 가진 광범위한 영역을 획정하는 편리한 방식으로 제시되었다.

가치에 대한 논의

텔레비전 드라마, 영화 그리고 시사성 오락은 전체적으로 정치를 떠받치는 가치에 대한 논의를 불러온다. 이것이 중요한 이유는 가치가 현대 정치에서 갈수록 중요해졌고, 미국이나 세계 다른 나라에서 사람들이 자신의 경제적 이익에는 명백히 반하지만 이상주의적으로 투표하도록 동기를 부여하기 때문이다.[6] 나라마다 가치가 다르고 이를 바탕으로 형성되는 정치 문화가 다르다.[7] 이는 나중에 공공 정책에서 자원과 보상을 어떻게 배정할지를 두고도 차이를 낳게 된다.[8] 20세기 후반 개인주의의 확산이 신자유주의 체제가 등장하는 지원군이 된 예에서 보듯 가치의 변천은 정치적 변화로 이어진다.[9] 그래서 '오락들'이 서로 다른 가치를 지지하고 그 가치 중에서 선택하도록 청중을 암묵적으로 유도할 때 이들의 기능은 단순히 사람들에게 즐거움을 주는 것만은 아니다. 이들은 정치적 과정에 잠재적으로 기여를 하는 것이다.

드라마가 어떻게 새로운 가치를 표방할 수 있고, 새로운 정치를 지지할 수 있는지를 보여주기 위해 세 개의 대조적인 예를 살펴볼 것이다. 첫째는 스웨덴의 영화감독 라세 할스트롬Lasse Hallstrom이 만들어 국제적으로 성공한 불가사의하게 사실적인 영화 〈초콜릿Chocolat〉(2000년)이다. 영화는 사연이 있을 법한 한 여인과 그 딸이 한적한 프랑스 마을에 들어와 사순절 기간에 초콜릿 가게를 여는 것에서 시작한다. 이장과 목사는 동네 주민들에게 그 가게에 가지 말라고 압력을 가한다. 사람들이 사순절 절제 서약을 지키지 못하게 유혹한다는 이유에서였다. 점원과 지역 공동체 지도자 사이의 충돌이 이어졌고 차츰 점원이 승기勝機를 잡게 된다. 굉장히 특색 있는 초콜릿과 핫코코아를 파는 그녀의 가게는 사회적 치유와 행복의 자기장을 폭넓게 발산한다. 단골들은 변해갔다. 까칠한 할머니는 손자와 정서적 유대를 형성하게 된다. 학대받는 아내는 남편의 손아귀에서 벗어난다. 중년 남성은 과부에게 성공적으로 대시하는 용기를 낸다. 냉대받는 아일랜드 떠돌이는 그 동네 사람과 친구가 된다는 등등의 사연이다.

점원^{Vianne}이 덤을 건넬 때 동네 사람의 삶 속에 새로운 즐거움의 정신이 깃든다.

> 점원: 그리고 이건 남편 분 드리세요. 사랑의 느낌을 되살아나게 할 거예요.
> 고객^{Yvette}: 당신, 내 남편을 본 적이 없는 게 분명하군요.
> 점원: 고객님은 이걸 써보지 않은 게 분명해요.

그리고 그 코코아 콩이 원했던 효과를 낳자, 고객이 다시 온다.

> 고객: 그 거시기 좀 더 있나요?
> 점원: 얼마나 드리면 될까요?
> 고객: 가진 게 모두 얼마나 되오?

마을은 차츰 전해 내려온 문화적 전통, 위계, 그리고 억압을 벗어던지고 관용과 쾌락의 새로운 정신을 받아들이게 된다. 이를 되돌리려는 압력은 완전히 실패했다. 이장은 항복의 뜻으로 이교도의 초콜릿을 게 눈 감추듯 먹어댔고, 따뜻하고 베푸는 사람으로 변했다. 그는 부인이 자신을 떠났고 돌아오지 않으리라는 것을 받아들이고 자기를 좋아하는 비서와 관계를 진전시켰다. 마음이 누그러진 목사는 오래된 가치인 비판과 금욕을 부정하고 관용과 선의를 강조하는 설교를 하며 마을의 새로운 분위기를 고무했다. 그는 이렇게 선언한다. '우리는 하지 않은 것으로 우리의 자비를 측정할 수 없다고 생각한다 ─ 즉 우리가 스스로를 부정한 것, 우리가 저항한 것 그리고 우리가 배제한 것들 말이다'.

비록 이 영화가 정치적 영역과 무관해 보이지만 이는 상당히 정치적인 영화다. 이 영화가 보수적인 이장을 경직되고 권위적인 특권층으로, 또 목사를 유약하고 세상 물정 모르는 앵무새로 인물화 하는 것, 그리고 '전통'을 성적·계급적인 위계질서와 동일시하거나 가톨릭을 잔인함과 위선을 섞어 비벼놓는 것은 유럽 가톨릭의 신앙에 기반을 둔 우익 정당을 지탱하는 문화에 대한 일관된 통박痛駁이라 할 수 있다. 사실 이 영화를, 유럽인이라면 누구나 눈치챌 수 있는 반교권적anti-clerical 좌파 정치의 드라마틱한 선언문으로 만드는 것은 이 영화가 공격하는 전통과 관련해 어떤 긍정적인 면도 인정하려 하지 않고 있다 – 예를 들어 목사와 이장은 자신의 잘못을 알아채고 반대편의 가치를 받아들일 때에 한해 부분적으로 동정적으로 묘사되었다 – 는 점이다.

하지만 이 영화는 또 유럽 본토와는 맥락이 다른 영미권의 정치적 의미 역시 표현한다. 영화는 명시적으로 인종주의에 반대하는 점에서 진보적인 자유주의 가치를 포용한다(아일랜드 여행자의 배에 방화하는 것을 보고 두려움에 위축되는 '괜찮은' 사람). 이 영화는 또 가부장제에 명확히 반대한다. '만일 당신이 사제에게 고백을 하지 않으면 …… 또는 감히 무엇을 하려 하지 않으면 …… 당신은 인생에서 남편에게 세 끼 식사를 제공하고, 아이를 낳아주고, 청소를 하는 이상을 바라지 않는'이라고 말하는 오래된 질서는 대놓고 조롱거리가 되었다. 영화의 핵심적인 가치는 도덕적 코드로서 자유주의적 개인주의를 표출하는 것이었다. 영화의 인물들은 순종이나 성적인 억압 그리고 권위적인 집단주의collectivist 문화의 편협성에 반기를 듦으로써 행복과 관용을 발견한다. 이런 방식으로 자신에게 정직해지는 법을 배우고, 남들과의 차이를 존중하고 충족감을 발견한다. 따라서 할머니는 '갇혀서' 감시받고 통제받는 양로원에 가지 않기로 결심하는 것으로 박수를 받았다. 그 대신 친구를 사귀고 그전에 가져보지 못한 사랑을 주고받으면서 비록 얼마 남지 않은 여생이나마 온전히 살겠다고 결심한다. 딸이(어머니를 보이지 않는 곳으로 보내려는 생각이 강한) 밀어 넣은 시설에서 돌보는 '현명한' 방식보다 그녀에게 더 나은 선택임이 드러난다.

이 영화는 자신의 일을 하는 것이 행복의 첩경이며 다른 사람 역시 그럴 권리를 존중하는 것이 원만한 길임을 역설한다.

이 영화는, 나타내는 가치가 유럽 대륙적 맥락에서 강렬한 정치적 울림을 주는 것과 함께 영국에서도 정치사적인 맥락을 갖고 있다. 권위주의 문화에 대한 반작용으로 출발한 진보적인 개인주의의 성장은 1960년대 영국에서 이혼을 용이하게 하고, 낙태나 성인 동성의 성행위를 위한 입법과 같은 자유화 입법으로 이어졌다.[10] 이는 1980년대 진보진영이 인종주의와 동성애 혐오에 반대하고 여성주의 정치를 받아들이는 것으로 이어졌고, 블레어 시대의 자유주의적 사회 개혁에서 절정에 이른다.[11]

〈초콜릿〉이 찬양하는 개인주의가 진보적이긴 하지만 이 개인주의는 다소 보수적인 양태를 띨 수도 있다. 이것은 안나 매카시Anna McCarthy가 통찰력 있게 파헤친 미국 텔레비전 리얼리티쇼 〈랜덤 1Random 1〉에 잘 나타나 있다.[12] 2005년 예술과 오락 네트워크로 방송된 이 쇼는 TV의 '추적자'와 '사례 상담사'가 누구든 필요한 사람과 언제든 친구가 되고 그들의 삶을 개선해주는 극단적인 생활개선 프로그램이다. 그래서 한 프로그램은 어리벙벙하고 얼굴이 반쯤 마비된 데다 한쪽 다리는 어려서 사고로 잃은 부랑자 부르스Bruce를 조명한다. 그는 지금 정신은 멀쩡한데 의족이 다 떨어져 나가는 등 도움의 손길이 절실히 필요하다. 텔레비전 속 사회복지사는 새 의족을 사기 위해 독지가의 후원을 받는다. 함의는 브루스가 이제는 내면의 악마와 맞설 수 있고 인생을 위해 무언가 할 수 있다는 것이다. 그는 새롭게 출발할 기회가 주어졌다. 자선에서 나온 기회를 활용할지는 그 자신에게 달렸다. 텔레비전 속 사회복지사는 프로그램 말미에 이렇게 결론을 내린다. '더 이상 다리는 장애물이 아니기에 브루스는 그의 인생을 재건할 것인지, 한다면 언제인지 결심할 수 있다'. 브루스는 '나는 내 자유를 획득했다'고 말해 동의하는 듯했다.

이 프로그램은 예고편에서 돈호법을 구사해 '〈랜덤 1〉 …… 질문한다. "당신이 스스로를 돕도록 무엇을 할 수 있는가?"'라며 자연스레 자조의 가치를 주창한다. 하지만 안나 매카시가 지적하듯이 '이 프로그램은 궁극적으로 변신makeover 프로그램이라기보다는 변해가는 것 그 자체를 확대해서 중재하는 것이라고 할 수 있다'.[13] 따라서 브루스는 계속 집도 직업도 없는 상태로 남을 것 같고, 그의 인생도 명시적으로는 변한 것이 없다. 하지만 프로그램의 초점은 그가 책임을 감수하는 계기를 마련했다는 것이고, 나머지는 모두 그에게 달려 있다. 비슷한 신자유주의적·개인적 자조의 복음은 미국에서 방송되어 인기를 끈 CBS의 법정쇼 〈판사 주디Judge Judy〉에서도 볼 수 있다. 이 쇼는 난관에 봉착하고 불리한 '타인'을 계속 감언이설로 속이거나 망신을 준다. 요점은 로리에 오웰레트Laurie Ouellette가 주장하듯 최고 시청률을 기록하는 이 쇼가 시민 교육 기능을 한다는 것이다. 즉 시청자들은 이 쇼를 통해 '자율적이고 자급자족하며 책임감 있고 위험을 회피하는 개인으로서 국가의 지원과 감독 없이 능력을 발휘하도록' 고취된다.[14]

이런 쇼에서 표출된 가치의 반대편에는 〈사상자Casualty〉라는 인기 있는 텔레비전 병원 드라마에서 표현된 진보적 집단주의의 가치가 있다. 이 드라마는 1986년 시작되었는데 2010년에도 BBC의 가장 인기 있는 프로그램 중 하나였다. 〈사상자〉에서 환자들은 다른 대부분의 병원 드라마에 나오는 사람들보다 드라마틱한 사람들이다. 환자들은 엄청나게 다양한 배경을 갖고 있는데 예를 들어 손가락 하나를 잃은 식당 지배인(딸기 선데이 — 초콜릿, 과일, 과즙 등을 얹은 아이스크림 — 옮긴이 — 를 만들다 잃었다), 중병에 걸린 의사(그리고 죽음에 대해 묻는다), 몸에 벼룩이 있는 알코올 중독 부랑아, 자기 손으로 서투르게 피어싱piercing을 한 10대, 헤로인heroin을 넣은 콘돔을 잔뜩 삼킨 여인, 시동생의 아이를 가져 자살을 기도한 가톨릭교도 여성, 치료를 거부하는 여호와의 증인 신도, 가발을 머리에 붙인 대머리 사내, 엄청나게 두들겨 맞은 매춘부 등등이다. 이 드라마의 세트인 응급실은 가장 심하게 아픈 사람을 우선으로 보살펴준다. 국가의 재원으로 운영되며 모두가 이용할 수 있는 보편적인 영국 의료 체계가 당연하다는 것을 암묵적으로 드러낸다. 사실, 이 쇼의 정치적 의미는 정치를 삭제함으로써 일부가 드러난다. 집단주의에 기반을 두고 국가가 책임 지는 영국의 보건 의료 시스템이 자연스러운 것으로 묘사된다. 함께 일하고 서로 돌보는 연대 행위가 정치 외적인 일처럼 보이도록 표현했다.

〈사상자〉는 매주 새로운 갈등을 들고 나오는 연속극이다. 병원 직원들은 시기하고 싸우고 사랑하고 헤어지고 그리고 집안 문제로 골치를 앓는다. 국회 의원의 아들이 복도에서 숨지고 매우 처지가 곤궁한 정치적 망명자가 병원 옥 상에서 목을 매 죽는 등 끔찍한 일들이 일어난다. 그럼에도 영국의 공적 보건 시스템은 기본적으로 효과적이고 일선의 병원 직원들은 인간적인 결함에도 불구하고 강한 공적 서비스 의식을 갖고 있다는 인상을 시청자에게 준다.

예를 들어 구급차 간호사인 조시 그리피스 Josh Griffiths가 사직을 한 뒤 그의 용구用具를 반납하러 온 것을 그린 2001년 에피소드에서도 이런 것이 중심 주 제였다.[15] 그는 일하다 늘 마주치는 사람들이 당하는 고통을 견딜 수 없었다. 그는 동료에게 "나는 눈앞에 펼쳐지는 것들을 더는 보고 있을 수가 없어. 눈을 감으면 다시 그들이 떠올라"라고 말한다. 하지만 조시는 '새로운 인생'을 살고 싶은 막연한 열망은 있었지만 무엇을 할지 확실한 계획은 없었다. 그는 사람 이 부족하니 마지막으로 자동차 충돌 현장에 다녀와 달라는 부탁을 마지못해 받아들인다. 그는 예전에 한 번 본 듯한 젊은 여자가 차에 끼어 있는 것을 보 았다. 진료팀은 그녀가 죽어가고 있고 별다른 대책이 없다고 판단했다. 그녀 는 '안 다친 곳이 없다'고 불평하며 두려워했다. 조시는 그녀의 고통을 덜어주 며 한 치도 군더더기 없는 말로 — 따뜻함과 인간적인 이해를 보여주고, 기분을 풀 어주고 희망을 주면서 — 그녀가 눈감을 때까지 달랜다. 그 뒤 조시는 자신이 그 녀를 위해 할 수 있는 것이 없었다고 되뇐다. 동료들은 "너는 거기 있었고, 그 녀를 편안하게 해줬다. 너는 치료를 잘해줬고 그녀도 안다"고 대답한다. 또 다른 동료는 "내가 그 처지였으면 누군가 말할 사람이 필요했을 거야. …… 너는 그녀에게 마지막 사람이었어"라고 말한다. 뻔한 결말이지만 그 에피소드는 조시가 사의를 철회하는 것으로 막을 내린다. 그는 일에 열심이었고, 이는 그의 삶에 의미를 준다. "나는 응급 기사고 다른 어느 것도 이만한 게 없어"라고 외친다. "나는 물론 돌아왔다!" 그 함의는 분명했다. 목사가 직업을 그만두지 않듯이 조시도 그의 직업을 그만두지 않는다는 것이다.

그래서 이들 각각의 드라마는 서로 다른 정치적 울림이 있다. 〈사상자〉는 세금을 걷어서 운영하는 복지국가를 추구하는 진보적 집단주의를 지지한다. 〈랜덤 1〉은 보수적 개인주의를 지지한다. 개인적인 자선이 자활을 돕는다. 그리고 〈초콜릿〉은 정치적으로 커 나오는 진보적인 사회적 개인주의를 옹호한다. 물론 사람들은 신념이나 성향이 다르기 때문에 같은 신호에도 다르게 반응한다는 것이 무수한 연구에서 밝혀졌다. 하지만 드라마에 대한 다양한 반응과 이에 자극받은 토론(팬들의 웹사이트에서 확인이 되는)은 서로 대립하는 가치에 대해 토론하는 것을 촉진하는 오락의 민주적 기능을 잘 보여준다.

사실 연예·오락은 정치에 대한 공식적 담론 그 자체보다 정치적 가치에 관여하는 무언가를 유연한 방식으로 제공할 수 있다. 오락을 통해 보수적 집단주의(애국심과 도덕적 질서를 강조하는)가 진보적 집단주의(연대와 상호부조를 강조하는)와 공통점이 있다는 것을 알게 되고 아울러, 보수적 개인주의(선별적 복지와 자조를 강조하는)와 자유주의적 개인주의(정부로부터의 자유와 개인적 금욕을 강조하는)가 공통점이 있다는 것을 알 수 있다.

그럼에도 대부분의 서구 국가들의 정치는 서로 다른 노선 아래 조직되어 있다. 즉 재정적 보수주의와 사회적 보수주의(낮은 세금과 전통적인 도덕 가치)의 연대가 국가적 집단주의와 진보적 개별주의의 연대(복지 지출과 자유주의적 개혁)를 다른 편 삼아 대치하는 형국이 그것이다. 정당은 최대한의 표를 얻고 차이를 뛰어넘어 통치할 수 있음을 내보이려면 경제에 기반을 둔 그룹과 가치에 기반을 둔 그룹을 모두 끌어들여야 한다. 하지만 오락은 위압적으로 제시되는 공적 생활의 원리에 구애받지 않으면서도 정치를 뒷받침하는 감정의 내부 구조를 유연하게 탐색하도록 한다.

오락과 정체성의 정치

오락이 민주적 과정을 지원하는 두 번째 경로는 사회적 정체성을 형성하고 유지하며, 또 (때로는) 변화시키는 것이다. 정치는 일정 부분 사적 이익을 추구한다. 하지만 사람들이 자신에게 무엇이 가장 유리하다고 생각하는지는 그들의 '객관적' 상황뿐 아니라 어느 그룹과 그들을 동일시하고 누가 그들을 위협하고 있다고 생각하는지에 달려 있다. 대부분의 사람들은 복합적인 사회적 정체성을 갖고 있는데, 정치적으로 중요한 것은 여러 정체성(국적, 인종, 계급, 성, 성 의식, 종교, 나이 또는 지역) 중에서 무엇을 사람들이 현저하다고 판단하느냐는 것이다. 사회적 정체성은 많은 사람들의 투표에 강하게 영향을 끼친다.[16] 더 일반적으로 사회적 정체성의 변화는 정치에 심대한 영향을 끼친다. 예를 들어 유럽에서 나타난 큰 변화 중 하나는 대량생산이란 도가니에서 주조된 계급의식이 놀이와 소비의 문화에 의해 형성된 다른 정체성에 밀려 후퇴하는 것이다. 이런 변화는 정치 구조의 변화로 이어졌는데 계급의식에 호소하는 전통적 정당이 쇠퇴하고 성, 성 의식 그리고 인종 등에 호소하는 새로운 사회운동의 성장하고 있다. 이런 변화로 정당들은 — 특히 쇠퇴하는 유럽의 사회민주당이 — 변화된 사회적 정체성에 부응하려는 선거 전략을 시도하게 되었고 그들의 정치가 바뀌는 계기가 되었다.

그래서 사람들에게 자신이 누구이며, 어디에 소속되어 있으며 아울러 누구와 적대적인지를 알려주는 미디어 소비는 지금의 정치적 동학動學에 매우 핵심적인 것이다. 이 때문에 젊은 사람들이 애용하는 미디어와 그에 연관된 스타일이나 패션은 한층 중요해졌다. 하위문화적 양식은 자아를 생산하는 실험실과 같은 것이다. 비록 특정한 맥락의 제약을 받지만[17] (이곳에서) 만족스러운 사회적 정체성을 찾아내고 실현하며 합당한 것들은 받아들이고 나머지는 배제한다. 이는 함축적 또는 명시적으로 정치를 포섭한다. 딕 헵디지Dick Hebdige는 1980년대 초 영국의 '스킨헤드skinhead'족이 노동계급 젊은이로서 자신들의 낮은 사회적 지위와 이웃 공동체의 해체에 대한 반발로 전통적인 '부랑적' 노동계급의 생활을 과장되고 향수 어리게 표현한 하위문화를 발전시킨 예를 보여준다. 여기에는 그들의 낮은 지위와 상실감을 보상하는 남성성과 백인 영국인이란 두 가지 요소가 첨가되었다. 유행은 이 경우 분노한 노동계급의 보수주의와 결합했다.[18] 하지만 미디어 소비와 문화적 개성, 그리고 암묵적인 정치의 결합이 특별한 그룹이나 젊은 사람에 한정될 이유가 없다. 이는 버밍엄Birmingham 학파의 문화 연구가 기반으로 삼는 것이다. 즉 여러 연구는 특정한 라이프스타일Life style 잡지나 인기 있는 텔레비전 시리즈에서 여성이 자기 점검, 절제 그리고 자기 강화를 통해 스스로의 삶을 컨트롤하고 운명을 결정할 수 있다는 신념을 조장했다고 지적했다.[19] 그들은 '자율적인 자아라는 허구'는 강력한 여성성에 중심을 둔 일련의 새로운 보수주의를 키워내고 있다고 주장한다.

팝뮤직pop music은 하위문화의 구성 요소로서 그리고 정치적 저항의 수단으로서 특별히 중요하다. 이는 가사와 장단에 스며 있는데 도시와 산업의 쇠퇴에 저항한 1990년대 초의 급진적인 미국 흑인의 랩뮤직rap music이 그 예이다.[20] 좀 더 일반적으로는 특정한 형태의 음악, 또는 특정한 노래를 정치적 중요성이 있는 '성명'으로 전환하는 것은 하나 또는 그 이상의 요인 ― 가사, 리듬, 양식, 예술가(아울러 그들의 알려진 견해) ― 이 결합해 이루어진다.[21]

인지적 지도

대중오락이 정치에 영향을 끼치는 세 번째 방법은 현실에 대해 이해하는 방법을 제시하는 것이다. 오락은 사회와 사회를 구성하는 요소들의 이미지를 제공해 직접 경험할 수 있는 것들을 넘어 총체성을 그리도록 돕는다. 이는 또 인간 행동의 주요 동기와 삶을 규정하는 권력의 동학이란 관점에서 사회를 해석하도록 돕는다.

이런 결론은 뉴스 보도의 효과에 초점을 맞추는 연구를 통해 반복해서 입증이 되었다. 예를 들어 한 주목할 만한 실험적인 연구에 따르면, 범죄와 테러리즘이 일련의 별개의 사건으로 보도될 경우 책임을 이에 연루된 개인에게 돌리게 된다는 것이다.[22] 하지만 범죄와 테러리즘이 연관된 맥락 속에서 보도되면, 이는 사회적 원인으로 책임을 돌리게 된다는 것이다. 이런 틀 짓기 효과의 힘은 이슈에 따라 각기 다르며 당파적 성향 같은 개입 변수에 의해 영향을 받는다. 뉴스 보도가 이렇게 인지적인 영향을 끼치는 점을 고려할 때, 오랫동안 누적적으로 접하는 픽션은 우리가 세상을 이해하는 데 영향을 줄 것으로 생각된다.

오락이 현실을 묘사하는 방식은 중요한 정치적 함의를 가질 수 있다. 예를 들어 미군과 안전 서비스의 역할에 대해 다룬 인기 있는 미국 드라마를 살펴보자. 〈아이오 지마의 모래Sands of Iwo Jima〉(1949년)부터 〈라이언 일병 구하기 Saving Private Ryan〉(1998년)까지 매우 많은 미국 전쟁 영화들은 자기희생, 영웅주의 그리고 미군의 숭고함에 초점을 맞추고 있다.[23] 이와 함께 한때 아주 인기 있었던 냉전 과학 영화가 있었는데 이 영화는 끔찍한 위협을 묘사한다 — 예를 들어 바다의 괴물, 다른 혹성의 침입, 내부의 보이지 않는 적 등이다〔〈시체 도둑의 침입Invasion of the Body Snatchers〉(1956년)〕. 이런 위협은 — 공산주의의 위협을 살짝 변형한 은유 — 영화 막판에 미군의 도움으로 격퇴되곤 한다. 냉전 종식 이후

공상 과학 장르는 미군을 세계의 구원자로 묘사하는 제국주의적 양식으로 개작되었다. 예를 들어, 〈아마겟돈Armageddon〉 (1998년)은 소행성이 지구를 파괴하는 것을 '자유'와 '독립'(이 안에는 러시아 우주 비행사도 탑승한다)이라는 이름의 미군 비행체가 막으러 나서는 장면에서 절정을 이룬다. 그들은 지구를 구했고 '자유'호의 살아남은 선원들은 영웅이 되어 귀환한다. 마찬가지로 〈독립기념일Independent Day〉 (1996년)에서 미군은 지구를 침범한 외계인에 맞서 각국의 생존자들을 모아 저항에 나선다. 서로 다른 대륙에 사는 사람들은 미군의 성공을 간구하고 마침내 승리의 축배를 함께 든다.

2001년 9·11 이후 외계의 침입은 무자비한 테러리즘으로 대체되었다. 가장 인기를 끈 테러리즘 드라마는 테러리즘 대응군의 불퇴전의 영웅 잭 바우어Jack Bauer를 주인공으로 내세운 폭스 TV의 시리즈 〈24〉였다. 드라마에서 그는 일련의 테러 계획을 막아낸다. 고위 정치인을 암살하려는 시도(2001년), 핵폭탄으로 로스앤젤레스를 날려버리려는 시도(2002년), 치명적인 바이러스 유포(2003년), 테러리스트 두목 하비브 마완Habib Marwan의 명령에 의한 대학살(2005년), 쇼핑몰에 치명적인 신경가스 살포(2006년), 여행 가방 속의 핵 물질 폭발시키기(2007), 미국의 에너지·물·항공관제 시스템을 통제하려는 시도(2008년) 등이다.

모으면 엄청난 양의 창작물들은 다양한 위협을 격퇴하기 위해 경계를 늦추지 말아야 하고, 군비와 정보기관 유지비로 많은 예산을 지출해야 하며, 미군의 용기에 감사해야 한다는 것을 암시한다. 이는 암묵적으로 미국의 대규모 군사비 지출을 지지하게 되는데, 국방부는 지금까지 예산을 삭감해본 일이 없다. 국방부는 오랫동안 할리우드에 물품과 기술을 지원해왔는데 사실상 미국 전쟁 영화에 드러나지 않는 보조금을 지불한 것이라 할 수 있다.[24]

하지만 할리우드는 애국적인 전쟁 영화의 주제인 '국가 안보'에 반하거나 심지어 도전하는 영화도 만들어냈다. 〈용기의 붉은 배지Red Badge of Courage〉

(1951년)에서 〈플래툰platoon〉(1986년), 〈지하드〉(2005년)에 이르기까지 비판적인 반전 드라마의 오랜 전통이 있다. 가장 흔한 주제는 전쟁은 모든 사람을 야만인으로 만들고 인간의 엄청난 희생을 요구하므로 가능하면 피해야 한다는 것이다. 또 다른 비판적인 영화는 살인을 일삼고 부패한 CIA 일당을 그린 것으로 〈콘도르에서의 3일Three Days of the Condor〉(1975년)과 본Bourne 시리즈〔〈본 아이덴티티The Bourne Identity〉(2002년), 〈본 슈프리머시The Bourne Supremacy〉(2004년), 〈본 얼티메이텀Bourne Ultimatum〉(2007년)〕 등이 그것이다. 이것이 말하고자 하는 것은 민주주의는 비밀 요원을 통제할 필요가 있다는 것이다. 이에 따라 〈콘도르에서의 3일〉은 영웅(CIA 요원)이 진실을 폭로하기 위해 ≪뉴욕 타임스≫ 건물로 걸어 들어가는 장면으로 끝나는 반면, 〈본 얼티메이텀〉는 상원이 CIA의 권한 남용을 조사하는 뉴스 보도로 끝을 맺는다. 아울러 세 번째로 몇몇 반제국주의 영화가 있다. 〈조용한 미국Quiet American〉(2002년)은 CIA 요원의 윤리적 모호함에 주목해 그가 프랑스령 인도차이나의 대학살에 연루되었음을 암시한다. 〈범죄인 인도Rendition〉(2007년)는 CIA가 무고한 엔지니어를 납치해 고문하고 그가 관여한 일이 없는 테러 공격을 했다고 자백하게 만든 일을 묘사한다. 아울러 〈시리아나Syriana〉(2005년)는 미국이란 국가가 석유업계와 한 통속이 되어 온건한 아랍이 민주주의를 도입하고, 법에 의한 지배를 세우고, 걸프 만의 토후국이 여성의 지위를 향상시키는 것을 막기 위해 무력을 사용하는 모습을 그리고 있다. 여기서 미국은 미국이 추구하는 자유와 민주주의가 외국으로 전파되는 것을 막는 나라로 묘사된다 — 무수한 미국 영화가 말했던 것의 이면을 보여주는 것이다.

따라서 많은 미국 영화가 암묵적으로 펜타곤Pentagon의 입장을 지지한다면 반전, CIA 음모 그리고 반제국주의적인 영화도 아울러 존재한다. 사실 할리우드는 미국의 국가 안보의 실상에 대해 암묵적인 정치적 토론을 유발한다. 이 토론에서 표출된 입장의 범위는 일반적인 정치의 수준을 뛰어넘는다. 〈시리아나〉에서 표출된 반제국주의적 입장은 미 의회의 양당 간 합의 수준을 넘어서는 반면, TV 시리즈 〈24〉는 국가의 고문을 정당화함으로써 한계를 넓혔다.

드라마는 또 집단적 논의의 초점을 제공할 수 있는데 잭 바우어가 미국에 준 영향을 보면 이점이 잘 나타난다. 바우어는 고문을 시청자의 거실에서 일어난 일처럼 실감나게 드라마화했다. 비록 바우어는 자주 린치[lynch]를 가하고 비합법적인 방식으로 행동하지만 그는 언제나 사람들의 목숨을 살려낸다. 고문은 따라서 테러리즘을 무찌르고 '시한폭탄'이 터지는 것을 막기 위한 무엇으로 설정되어 있다. 하지만 국가의 고문을 정당화하는 것을 국가적 토론으로 만드는 촉매제가 세 가지 있다. 먼저 잭 바우어를 묘사한 이 TV 시리즈를 굉장히 많은 사람들이 봤고 이 때문에 이들이 경험을 공유하고 준거의 기준을 공유하게 되었다는 것이다. 둘째, (바우어가 시리즈에서 자신의 행동을 반복하고 정당화함에 따라) 2005년 이후 바우어의 고문이 더 빈번해지고 눈에 띄게 되었다는 것이다. 셋째, 무엇보다도 중요한 것은 많은 사람에게 잭 바우어가 단순히 허구적인 어떤 사실을 묘사하는 게 아닌 것으로 받아들여진 것이다. 2004년 밝혀져 2006년까지 법정 기록이 큰 관심을 끌게 되는 아부그라이브 수용소의 '권한 남용'은 일반적으로 개인적 일탈로 치부되어왔다. 하지만 미국이란 나라가 다른 나라에 고문을 아웃소싱[outsourcing]하고 있으며 테러 용의자를 심문할 때 '고압적' 조사 방법을 용인한다는 것을 2007년쯤에는 좀 더 많은 사람들이 알게 되었다. 잭 바우어와 관련해 고문에 초점을 맞춘 논의가 2007년까지 급증했는데, 이는 테러와의 전쟁에서 '좋은 편'에 의해 고문이 자행되었다는 의구심이 광범위하게 퍼졌기 때문이었다.

2007년 잭 바우어는 공화당의 대통령 예비 후보들이 모여 이루어진 텔레비전 토론에 나왔는데 한 칼럼니스트는 그 토론회를 '잭 바우어 흉내 내기 대회'라고 불렀다.[25] 보수파 대법원 판사 앤터닌 스캘리아[Antonin Scalia]는 '잭 바우어를 기소할 판사가 있을까? … 없을 것 같다.'[26]라는 널리 인용된(아울러 잘못 인용된) 말로 신문의 머리기사를 장식했다. 빌 클린턴 전 대통령은 고문을 비난했지만 바우어에 대해서는 유보적인 태도를 보임으로써 여러 해석을 낳기도 했다.[27] 미국 육사 학장인 패트릭 피네건[Patrick Finnegan] 준장은 젊은 병사들에게 악영향을 준다며 프로듀서에게 고문 장면을 삭제해줄 것을 요구하기도 했다.[28] 일부 신교 복음주의 종교 지도자들은 그들 공동체 안의 바우어 열성 지지자들에 반대하며 고문에 반대하는 입장을 분명히 밝혔다.[29] 아버지를 닮은 어린 잭 바우어가 스카우트 캠프에서 아랍 어린이들을 고문하는 풍자만화는 블로그에서 불편한 웃음을 자아냈다.[30] 《워싱턴 포스트》에서 야후 채팅방에 이르기까지 바우어에 대한 전국적인 논의가 벌어졌다.[31] 이런 논의 중 일부는 비현실적인 것도 있었는데 예를 들면 〈24〉의 성공이 대중들이 고문을 지지하는 증거라거나, 이 드라마의 시청률이 떨어진 것이 사람들의 마음이 변했기 때문이라는 주장이 그것이다. 하지만 그 중심에는 서로 대립하는 세 가지 입장에 기반을 둔 논의가 있었다. ① '목표는 수단을 정당화한다'는 잭 바우어의 견해. ② 그 반대 명제로 고문은 언제나 나쁘다는 견해. ③ (고문은 인정하지 않으나 어떤 상황에서는 이것이 필요하다고 믿으며, 그렇다고 너무 고문을 많이 하면 나오는 정보의 신뢰성이 떨어진다고 생각하는) 난처한 실용주의의 중립지대.

잭 바우어는 그래서 국가 공동체가 두 개로 분열된 시기에 고문에 대해 도덕적-민주적 논쟁을 벌일 수 있는 촉매제 역할을 했다. 2009년 퓨[pew] 연구소의 조사에서 '테러리스트에게서 중요한 정보를 얻기 위해 하는 고문'이 결코 정당화될 수 없다고 한 응답은 25퍼센트에 지나지 않았고, 22퍼센트는 고문이 아주 예외적으로 정당하며, 34퍼센트는 때로는 정당하고, 15퍼센트는 자주 정당화된다고 나왔다.[32] 비록 대부분의 미국인이 어떤 상황에서 고문이 정당하다고 보고 있지만[33] 버락 오바마 대통령은 2009년 1월 심문에 대한 미국의 정책을 국제법에 부합하도록 개정했다.

오락과 공적 규범

미디어가 공적 생활에 관여하는 네 번째 방법은 공적 규범과 관련한 논의에 기여하는 것이다. 이는 사회 내의 상호작용과 개인의 행동을 안내하는 규칙, 관행 그리고 기대를 말한다. 공적 규범은 어떤 행동이 적절하고 그렇지 않은지에 대한 이해를 공유하게 만들고 용납이 되는 것과 그렇지 않은 것을 구분하도록 한다.

하지만 공적 규범은 새로 나타나거나 계속 변화해나간다. 이는 또 영향력이라는 측면에서 다양하다. 이는 법적 합의와 강제를 동반하기에 강압적일 수도 있고 저항을 받거나 광범위한 위반이 발생하면 약할 수도 있다. 규범은 또한 무엇이 용납되는지에 대한 경계를 매우 날카롭게 구분하기도 하지만 광범위한 행동을 개인이나 하위문화의 선택의 문제로 남겨두기도 한다. 이런 변용성에도 불구하고 공적인 규범은 우리가 보통의 사회적 과정을 관리하는 방법 가운데 근본적인 요소이다.

미디어는 규범 위반자를 조롱거리로 만들거나 악마화함으로써 규범을 강제하는 역할을 한다(예를 들어 아이들을 방치한 채 휴가 때 해외에 가버리는 엄마 ― 영국 타블로이드가 좋아하는 먹잇감). 하지만 미디어는 또한 규범을 약화시키거나 강화하거나 또는 바꾸는 일에도 관여할 수 있다. 이는 공적 규범을 본격적인 토론의 의제로 만듦으로써 그 규범을 재인가하거나 변화시키는 형식을 취한다. 그 외에도 수용 가능한 것과 그렇지 않은 것의 경계를 재설정해 '타자'의 표상을 바꿈으로써 상징적으로 이런 작업을 수행하기도 한다. 이를 성적인 것sexulity과 남녀의 성gender에 대한 묘사가 어떻게 바뀌었는지를 간단하게 언급함으로써 설명하고자 한다.[34]

영국에서 동성 간의 성행위는 불법이었고 강력한 사회적 불용不容을 통해 억제해왔다. 이는 20세기 전반기의 영화에서 게이gay와 레즈비언lesbian에 대한 부정적인 묘사를 통해 이런 관념을 강화시켰다. 게이인 남자는 늘 바보 같고 우스꽝스럽거나 아니면 사악하고 거만하고 위협적인 사람으로 묘사되었다.[35] 1960년대 영국인들의 태도가 좀 더 자유화되었을 때 게이를 덜 적대적으로 묘사하는 영화(주목할 만한 영화인 〈희생자victim〉(1960년)도 그중 하나인데 여기서는 공갈 협박을 당하는 게이 남자가 동정적으로 묘사된다)가 나왔고, 1967년에 게이 섹스가 범죄에서 제외되기도 했다. 비록 오래도록 '타자'(즉 정상적이 아닌)로 묘사되긴 했고 아무리 동정적으로 묘사한다 해도 '성별이 없는 것'으로 묘사되었지만 영화에서 게이와 레즈비언을 적대적으로 묘사하는 것은 이후 30여 년간 줄어들었다. 1985년에서 2001년 사이에 '동성애는 언제나, 또는 대부분 옳지 않다'는 응답은 70퍼센트에서 47퍼센트로 줄어드는 등 영국인의 공적인 태도는 변해왔다.[36] 21세기 초 좀 더 자유화되는 변화가 나타난다. 대중의 반감과 도덕 자경단원에 의한 폭력적인 '동성애 때리기' 등 영화에서 부정적으로 묘사되는 것은 계속되었으나 사실상 처음으로 영화에서 게이와 레즈비언을 '정상'으로 묘사하는 사례가 나타났다. 주목할 만한 이정표는 영국의 텔레비전 시리즈인 〈우리 이웃 동성애자Queer As Folk〉(1999~2000년)였는데 이 드라마의 서술, 카메라의 응시 그리고 성행위 장면은 게이를 정상적인 존재로 취급했다.[37] 적대감이 줄어든 데다 미디어가 좀 더 긍정적으로 묘사하면서 법적인 변화 움직임이 한층 탄력을 받았다. 2001년에서 2004년 사이에, 동성 파트너가 합법화되었고 성적인 의사결정 연령이 모든 사람에게 동일해졌다.

마찬가지로 전통의 무게 ─ 종교적 해석과 생물학 이론에 기반을 두고 초기 사회화와 동료들의 압박 그리고 대중문화의 지원을 받으며, 가부장적 권위에 의해 승인된 ─ 는 후기 빅토리아 영국의 성적 차이에 대한 명확한 규범적 이해를 투사했다. 이는 여자는 '모름지기' 집을 지켜야 하고(비록 실제로는 많이 깨지긴 했지만) 남자는 돈을 벌어오는 가장으로서 공적 생활에서 중심적인 역할을 해야 한다는 것이었다. 성 상식 또한 여자는 원래 남자와 다르다는 것을 가정했다.

이에 따라 남자는 열정적이고 주도적이며 이성적이고 독립적인 반면 여자는 원래 새침하고 의존적이고 감정적이며 헌신하는 존재로 받아들여졌다.[38]

이런 도덕적 유습은 이후 저항을 받거나, 다시 논의되거나 변화했다. 중요한 여성 매체의[39] 지원을 받는 조직화된 여성운동은 1918년 30세 이상 여성에게 참정권을 주는 것을 포함해 중요한 법적 개혁을 쟁취했다. 이어지는 법적 개혁은 현대 미디어의 점진적인 도덕적 변화와 발을 맞췄다. 이에 따라 1920년대와 1930년대 가장 잘나가는 신문은 여성이 속박적인 사회적 코드와 의상에서 자유로워지는 것을 다루었다. 또 세대 변화의 일부로서 여성의 체육 활동에 크게 강조점을 두었는데 '근대'적이 되려면 체육을 좋아해야 한다는 것이었다. 비록 신문이 성 역할 변화에 무게를 두었지만 이들의 여성면은 여전히 예쁘게 보이기 또는 주부 또는 어머니 되기에 초점을 맞추고 있었다.[40] 비록 1920년대와 마찬가지로 남자는 '강해야' 한다는 것이 이상적으로 여겨졌지만 1950년대 젊은 여성 잡지의 소설에 나타난 이상적인 남성성은 쾌활하고 신사다운 것으로 변화했다.[41] 지속성과 변화를 배합하는 것은 미디어가 규범적 조절을 지원하는 전형적인 방식이다.

1970년대 이후, 영국에서 여성의 지위 향상은 가속화했다(비록 중대한 성적 불평등은 남아 있었지만). 이는 미디어에서 여성이 묘사되는 방식의 변화를 수반했다. 1945년에서 1965년 사이에 인기를 끈 영화에서 자율적이고 독립적인 여성은 상징적으로 처벌을 받곤 했다. 그들은 불행한 결말을 맞거나 여성성의 결핍되거나 아니면 무언가 부족한 사람으로 묘사되었다.[42] 이와 대조적으로 1980년대 이후 인기 있는 TV 드라마는 성공한, 모든 것을 제대로 갖춘 그리고 여성성마저 지닌 자율적인 여성 주인공을 묘사하는 일이 점점 늘어났다.[43] 성적인 표현이 바뀌는 것은 갈수록 빅토리아 시대의 성적 질서가 부정당하는 것을 의미했다. 이에 따라 1989년에는 '남자의 임무는 돈을 버는 것이고 여자의 임무는 가정과 가족을 돌보는 것'이란 말에 동의하는 영국인의 비율이 28퍼센트에 지나지 않았다. 2002년에는 이 비율이 17퍼센트로 더 줄어들었다.[44] 하지만 과거의 부정은 애매모호함으로 둘러싸여 있는데 가정에서 누가 무엇을 할 것인지에 대한 것뿐만이 아니었다. 2002년 같은 조사에서 학교 가기 전인 어린아이가 있는 여성은 집에 있어야 한다는 응답은 48퍼센트로 나왔다. 이는 13년 전 조사에서 나온 64퍼센트에 비하면 상당히 줄어든 것이긴 하지만 여전히 적지 않은 것이다.[45]

영국이나 다른 나라에서 미국 TV 시리즈인 〈섹스 앤드 더 시티〉(1998~2004년)가 돌풍을 일으킨 것은 이런 성 역할의 변화가 배경이 되었다. 이 시리즈는 맨해튼에서 아주 부유한 삶을 살지만, 이를 뒷받침할 만한 직업이나 개인적인 수입은 없는 좀 이상한 네 명의 전문직 여성(셋은 30대 중반, 한 명은 40대 초반)의 이야기를 다룬다. 이 시리즈는 신세대의 진화된 여성주의를 표현하고 있다는 찬사[46]와 함께 페미니즘이 일어나기 전의 과거로 회귀하는 반동이란 비난을 받았다.[47] 이 시리즈가 서로 다른 성 규범 사이의 '토론debate' 무대였다는 점에서 이 두 입장은 옳지 않은 것이었다.

이 토론은 네 가지 방식으로 진행되었다. 먼저 기자인 캐리Carrie가 매주 연재하는 섹스 칼럼을 쓰거나 구상하면서 말하는 독백을 통해서다. 한 가지 반복되는 주제는 그녀와 그녀의 친구가 과거의 대중문화에 의해 설정된 기대와 실제 살아가는 현실 사이의 긴장이다. 영화 같은 삶과 동화 속 왕자는 반복되는 일상과 평범한 삶의 실망과 대조되었다. 캐리는 "아무도 〈티파니에서 아침을Breakfast at Tiffany〉 먹거나 누구도 〈기억해야 할 일들Affairs to Remember〉을 갖고 있지 못해"라며 '대신 우리는 7시에 아침을 먹고 되도록 빨리 잊고자 노력하는 일들이 있을 뿐'이라고 쓴다.

이런 규범적인 대화가 펼쳐지는 두 번째 방식은 서로 다른 정향과 기대를 갖고 사는 친구 네 명의 모습을 시리즈의 중심으로 끌어들여 대조해 보여주는 것이었다. 스펙트럼의 한끝에는 샤를로테Charlotte가 있는데 미술관 큐레이터

^{curator} 감독인 그녀는 타파니 약혼반지와 완벽한 앵글로·색슨계 신교도(미국
주류 — 옮긴이)와의 결혼, 엄마와 아내로서의 충만한 삶을 갈망한다. 그녀의
갈구는 계속 이어진다. 샤를로테는 "나는 열다섯 살 때부터 남자를 만나왔어.
나는 지쳤어. 그 사람은 어디에 있는 거지?"라고 말한다. 작은 홍보 회사 책임
자인 서맨사^{Samantha}는 스펙트럼의 다른 한 극단을 보여준다. 여자 풍류객이라
할 수 있는 그녀는 영원한 사랑을 환상이라 치부하고 결혼이란 관념을 혐오하
며, 자신감이 넘치고 역동적인 방탕아이다. 그녀는 뭐든지 시도하겠다는 의미
로 '나는 트라이섹슈얼^{try-sexual}'이라고 말한다. 이들 둘 사이에는 완벽한 남자
에 대한 갈망과 르포 기자로서의 회의적인 거리 두기 사이에서 오락가락하는
캐리와, 하버드를 나온 변호사로서 직업에 열중하고 아이는 원치 않으며 가끔
페미니스트적인 분노를 터뜨리는 미란다^{Miranda}가 있다. 그녀는 친구들이 하는
남자 이야기에 지쳐서 한 번은 이렇게 외친다.

어떻게 이렇게 똑똑한 여자 네 명이 모여서 한다는 얘기가 남자 친구 얘기뿐
일 수가 있지? 이는 은행 계좌의 7등급과 같은 것이야. 우리는 뭐야 — 우리는
뭘 생각하고, 느끼고, 아는 거지? 신이시여……

대화가 표출되는 세 번째 방식은 94편의 에피소드 거의 내내 식당, 바, 커
피숍, 아파트 등에서 벌어지는 네 친구 사이의 습관적인 만남을 통해서이다.
이 모임은 최근에 겪은 일이나 할 일을 공유하곤 하는데 서로 대조적인 반응
이 나온다. 그래서 샤를로테가 미술관 책임자 일을 그만두고 첫 아이를 가질
준비를 하고, 아파트를 새로 단장하며 남편 병원을 위해 자선 모금 활동을 하
고 싶다는 생각을 밝혔을 때 친구들은 강하게 만류했다. 샤를로테는 그들 중
한 명과의 열띤 전화 통화에서 자신의 전통적인 성적 관념을 내비친다. "여성
운동은 선택의 문제였던 것 같아"라며 그녀는 자기에게 좋은 것을 선택할 권

리가 있다고 말한다.

현대의 성 규범을 비판적으로 고찰하는 네 번째 장치는 네 명의 여자들이 자신에게 일어난 일에 대해 서로 다르게 반응한다는 것이다. 샤를로테는 비록 '꿈의 남편' — 명문가 출신 외과의사 — 을 얻었지만, 마치 '가짜 모피처럼 밖에서만 빛이 나고 밝은' 이 꿈은 환상으로 드러났다. 그녀의 남편에 대해 많이 알수록 중요한 많은 것들이 결핍된 것을 알 수 있다. 그 꿈의 공허함은 샤를로테가 소원해진 남편과 곧 팔게 될 파크 애비뉴의 아파트에서 패션 잡지를 위해 포즈 — 그녀가 수년간 갈망한 낭만을 충족해주는 그런 이미지 — 를 취해줬을 때 한층 두드러진다. 비록 샤를로테가 주부로서의 야심이 변한 것은 아니지만 그녀는 좀 더 실용적이 되었고, 사회적 관행에 덜 얽매이게 되었다. 마찬가지로 굉장히 독립적인 서맨사는 나이가 들고 암에 걸리자 좀 흔들리기 시작하는데, 마침내 젊은 연기자(이 남자의 직업을 그녀가 바꿔준다)를 사랑하면서 마음의 안정을 얻는 쪽으로 안착한다. 캐리는 자신이 꿈꾸던 낭만적이고 재미있는 남자를 만나지만 그녀가 행복해지는 길은 '낭만'과 일을 결합할 때라는 걸 나중에 깨닫는다. 미란다는 뜻하지 않게 임신을 하게 되고, 전통적인 성 역할과 반대로 직업이 전업주부인 남자와 살림을 차린다. 각각의 여성은 사실상 현대 여성으로 사는 서로 다른 전략을 선택한 것이다.

물론 어떤 측면에서 이 시리즈는 여자 네 명이 남자를 얻고 끝나는 남자 사냥 이야기라는 점에서 인습에 발을 담그고 있다고 볼 수 있다 — 그들 중 셋은 밀 앤드 분Mill & Boon사 또는 할리퀸Harlequin사 소설의 페이지에서 걸어 나온 듯한 사람들이다. 하지만 〈섹스 앤드 더 시티〉에 나오는 네 명의 친구들은 어느 면에서는 모든 것을 갖고 있다. 그들은 명석하고 성공했으며 재치가 있고 예쁘고 따뜻하며, 상상력이 있고 자신의 감성을 갖고 산다. 이는 그들이 만나는 대부분의 남자들과 뚜렷한 대조를 이루는데, 이 남자들은 아무리 첫 만남에서 그럴듯해 보이더라도 슬프게도 나중에 부적합한 것으로 판명이 난다. 그들은 자기

밖에 모르거나 정서적으로 미성숙하거나 헌신할 줄 모르고, 두고 볼 수 없는 성격 결함을 가졌다. 또 가장 눈길을 끈 남성 캐릭터[Aidan]의 경우, 너무 평범하다는 문제가 있었다. 여주인공과 그들이 만나는 남자 사이에 놓인 기본적인 불균형을 묘사하는 것은 이 시리즈가 기초한, 틀에 박힌 공식을 뒤집는 동력이 된다. 〈섹스 앤드 더 시티〉에 나오는 여성들은 남자를 고르는 데 수요 측면의 — 공급 측면이라기보다는 — 문제를 갖고 있다. 비록 그녀들이 거절당할 때도 있지만 남자들이 성에 차지 않는다고 걷어찰 때가 더 많다. 그리고 비록 모두들 남자를 만나기 위해 애를 태우지만 각자는(샤를로테는 제외) 사실상 다소 모순적인 감정을 갖고 있다. 한 명은 직업에 열중하고, 다른 한 명은 쾌락적인 성을 추구하며 또 다른 한 명은 자유와 독립성을 만끽하다 웨딩드레스를 입으려 할 때 공포가 밀려온다. 이들은 자신의 것을 추구해온 여자들이며 새로운 관계와 해결책을 찾아온 여인들이다. 그래서 이 시리즈를 여성이 결혼을 꿈꾸고 남자와의 관계 맺음을 통해 성취해나가는 가부장 시대의 단순한 전도라고 보는 것은 이 시리즈가 가진 복잡성을 잘못 이해한 것이다. 또한 성적 관계의 과거, 현재, 미래 사이의 광범위한 대화로서 — 동화 같은 내용임에도 — 이 시리즈가 가진 중요성을 간과하는 것이다.

요약을 하자면, 연예물은 사회의 민주적 삶을 네 가지 방식으로 연결 짓는다. 이는 현대 정치에서 중심적인 위치를 차지하는 사회적 가치에 대해 탐구하고 논의하는 공간을 만들어준다. 연예물은 예외 없이 이기심과 연결되는 사회적 정체성을 규정하고 개조하는 수단을 제공한다. 이는 공적 논의의 기초가 되는 대안적 이해의 틀을 제공해준다. 이는 또 삶을 관리해가는 데 핵심이 되는 요소인 공적 규범을 평가·강화·약화·개정하는 방법을 제시한다. 연예물을 정치에서 분리된 무엇으로 보고, 미디어의 민주적 역할과 무관하게 보는 생각을 견지하기는 이제 어렵게 되었다.

세계화

떠오르는 대중 연예물을 고려할 필요가 있다는 것이 첫 번째 시각 교정이라면 또 다른 하나는 세계화의 진전을 감안해야 한다는 것이다. 미디어의 민주적인 역할이 처음 논의될 때 미디어는 국가와 국민에게 봉사해야 한다는 것이 당연한 일로 전제되었다. 국민국가와 지역은 민주주의가 처음 발달한 곳이었고 신문이 구독되는 지역이었다. 그래서 이론화는 국가라는 틀에 국한해 논의되었다.

하지만 20세기 동안 국민국가는 쇠퇴했다.[48] 규제에서 풀려나 국경을 넘나드는 금융시장과 생산 기지를 상대적으로 쉽게 다른 나라로 옮길 수 있는 다국적 기업은 국민국가 정부가 국내 경제를 관리하는 능력을 감퇴시켰다. 국민국가의 정부는 유권자의 뜻과 무관하게 시장 친화적인 정책(낮은 법인세율 같은)의 채택을 강요하는, 점증하는 국제 경제적 압력에 노출되었다. 국민국가의 정부는 광범위한 일상생활에서 여전히 중요한 역할을 한다(2008년 경제 위기에 대한 대응에서 확연히 드러났듯이). 하지만 세계화에 따른 규제 완화로 국민국가 정부와 유권자의 힘은 감소했다.

민주적 시스템은 정부의 힘이 위축된 데 맞춰 변해가고 있다.[49] 국민국가와 지방정부 이외에도 새로운 층위가 두 개 생겨났다. 하나는 대륙적 또는 준^準대륙적 구조에 해당하는데 유럽연합 같은 곳은 국가의 주권을 부분적으로 양도해서 만든 것이고, 아세안^{ASEAN} 같은 곳은 역내의 정치적·경제적·환경적 이슈에 집단적으로 대응하기 위해서 만든 것이다. 두 번째 층위는 국제기구로 유엔(상당히 많은 부속 기관을 가진), 국제사법재판소^{International Court of Justice: ICC}, 세계무역기구가 가장 중요한 3대 기구이다. 아울러 정부 간 이니셔티브나 합의를 지원하기 위해 만든 G20 정상회담과 같은 준^準국제 포럼도 늘어났다. 이런 변화가 시도하는 것은 개별 정부의 힘만으로는 한계가 있는 기후 변화나 글로벌 시장과 같은 분야에서 공적인 통제가 확대되도록 하고, 인권 같은 문제에 대해 '국제 규범'이 반영된 규제의 체제를 만들어보자는 것이다.

하지만 베스트팔렌Westphalian 체제 이후의 세계에서 공적 권력을 강화하려는 프로젝트는 여전히 현재 진행형이다. 말하자면 유럽연합에서 직접 선거로 선출한 유럽의회European Parliament의 권력이 제한적이어서 민주주의 측면에서 부족함이 있다. 마찬가지로 국제 규제 기구들은 미국 등 주도국들과 금융·행정 엘리트의 영향을 크게 받는다.[50] 일반적으로 말해 '이렇게 민주적인 개혁의 길을 계속 가야 할 설득력 있는 이유가 있지만 '다층적 통치 조직'을 개선하는 데는 커다란 장애물이 있다.[51]

한 가지 어려움이 있는데 '다층적 통치 조직'은 이에 조응하는 다층적인 시민의식과 연결되지 않는다. 지난 20년 동안 유럽위원회European Commission는 경쟁과 '음향-영상' 정책을 통해 범유럽적 미디어 시스템을 구축하기 위해 노력했다. 이 미디어 시스템은 유럽인의 정체성과 시민의식을 고취하고 유럽 정치에 대한 참여를 촉진하며 유럽 정치 기구를 통제할 유럽 공중을 형성하는 역할을 한다. 하지만 범유럽 미디어는 여전히 취약하고 대부분 일부 엘리트나 전문적인 독자에게만 도달한다. 비록 각국의 미디어가 달라지긴 했지만 크게 변한 것은 아니었다. 웨슬러Wessler와 동료들은 1982년 이후 유럽의 주요 신문들이 유럽연합 기구들에 대해 좀 더 신경을 썼으나 토론과 관심 사항을 유럽 전체로 연결시키는 '토론적 통합'을 이끌어내는 데는 실패한 것을 발견했다.[52] 문화적 주체성을 공유하고 정치적 과정에 함께 참여하는 데 기반을 둔 '유럽' 시민권은 국가 중심적인 유럽의 미디어로부터 상대적으로 지원을 못 받고 있다.

마찬가지로 지구적 통치 체제의 발전과 이에 상응하는 지구적 시민의식은 불일치 상태에 놓여 있다. 그런데 일부 학자들은 이에 반론을 제기한다. 그들은 국제적인 캠페인 조직에 회원 수가 늘고 활동이 활발해지고 있다든지 국제

비정부 기구[NGOs]의 활동이 활발해지고 있는 점에 비춰 국제 시민사회가 빠르게 성장하고 있다고 지적한다.[53] 그중 일부는 무엇보다 인터넷과 위성 텔레비전이 발달하면서 세계를 그물처럼 연결하는 통신망이 만들어졌다고 주장한다. 이런 상이한 영향은 새로운 세계 인식을 만들어냈고 '국제적 여론'이란 형태로 새로운 대중적 힘을 만들어내는 '지구적 공론장'의 탄생으로 이어졌다고 주장한다.[54]

하지만 이런 낙관론은 세계를 대상으로 하는 '뉴스' 미디어 시스템이 여전히 미발달 상태인 것을 잘 고려하지 않는다. 주요 초국적 TV의 시청자는 대부분의 나라에서 매우 수가 적다. 비록 2009년[55] 전 세계 인구의 4분이 1이 사용할 만큼 인터넷 이용자가 늘고 있지만 이 수용자들은 언어별로 나뉘어 있다. 또한 인터넷은 뉴스보다는 오락 매체로서 더 많이 활용된다. 2006~2007년 사이 인터넷 발달률이 높은 나라 중에서 인터넷이 주요한 뉴스원이란 응답은 영국과 스웨덴 두 나라에서 단 6퍼센트 그리고 노르웨이에서 12퍼센트였다.[56]

대부분의 나라에서 주요한 뉴스 미디어는 여전히 텔레비전이다. 텔레비전이 국제 뉴스를 다루기도 하지만 이는 기본적으로 국민국가의 매체로서 국내 뉴스를 우선하고 국내 시청자를 위해 봉사한다. 다음 장에서 다루겠지만, 텔레비전은 국내 뉴스에 초점을 맞추는 경향이 있고 세계를 다룰 때도 내국인의 관점에서 취급한다. 따라서 지배적인 뉴스 매체는 지구적 시민을 염두에 두기보다는 내국인을 우선시한다.

드라마와 음악의 생산과 소비는 뉴스보다는 좀 더 글로벌화했고 저널리즘보다는 글로벌 시민의식을 전파하는 데 좀 더 중요한 매체이다. 따라서 할리우드 영화 제작은 좀 더 국제화되었고 국제 시장에서의 점유율 역시 꾸준히 증가했다.[57] 국제 시장에서 텔레비전 드라마 거래는 급증했고 인터넷과 MTV의 발달은 음악이 국제화하는 데 기여했다. 그렇다 해도 리얼리티 TV 포맷은

국내 변종이 늘어나면서[58] 사실적 오락물 분야에서 '토착화national domestication'
와 유사한 현상이 일어나고 있다. MTV는 자사의 프로그램을 다른 취향과 다
양한 지역별 문화에 맞추기 위해 하나의 지구one-plannet 방침을 폐지했다.[59] 일
반적으로 세계의 오락 생산은 다극화되어 있다. 이는 미국, 멕시코, 브라질,
이집트, 인도, 중국 등 서로 다른 언중言衆을 대상으로 하는 주요한 생산국을
중심으로 조직되어 있다.[60]

한마디로, 초국가적인 통치와 규제의 구조를 만듦으로써 국민국가의 쇠퇴
를 상쇄하려는 시도는 있다. 그렇지만 이런 프로젝트는 지배적인 뉴스 매체인
텔레비전의 본질적으로 국내적인 속성 때문에 제대로 구현되지 않는다. 국내
텔레비전 뉴스와 시사 프로그램이 국민국가는 잘 감시하지만 국제 규제 기구
가 책임 있게 행동하도록 하는 데는 덜 역동적이다. 텔레비전은 국내 공동체
내의 토론은 촉진하지만 국가 간 토론을 촉진하는 데는 별로 관심이 없다. 무
엇보다 국내 텔레비전은 국제 또는 초국적 정체성에 우선해서 강력한 국민적
정체성이 형성되도록 돕는다. 상황이 이러한 이상, 지구화된 세계에서 좀 더
나은 통치 시스템을 만드는 일은 고단한 일이 될 것이다.

조직화된 민주주의

미디어와 민주주의에 관한 이론에서 대폭적인 수정이 필요한 세 번째 대목
은 '조직화' 민주주의의 발달을 고려해야 한다는 것이다. 19세기 중반 신문 이
론이 처음 태동할 때 신문이 통치자와 개인들의 집합인 피통치자 사이에 유일
한 매개자라는 생각은 상식이었다. 예를 들어 토머스 칼라일Thomas Carlyle이 신
문을 '제4부'라는, 훗날 유명해지는 말로 칭했을 때 그는 신문 외에 국회의원
과 국민 사이에 어떤 매개체도 상정하지 않았다.[61]

저널리즘에 관해 놀라우리만큼 많은 학자가 저널리즘에 관해 계속 이런 식

으로 언급해왔다. 특히 미국에서는 정부와 미디어 그리고 대중 사이의 단순한 이미지가 퍼져 있는 게 이상할 것이 없었다.[62] 이는 또한 저널리즘의 객관주의 전통에 뿌리박혀 신문사가 어떻게 조직되어야 하는지를 이해하는 데 지침을 제공했다. 이상적인 모델에서는 불편부당한 뉴스가 시민에게 제공되고 다양한 관점을 반영하는 기획 기사가 토론의 장을 제공해 여론을 만들어내고 사설은 정부에 대한 여론이 어떤지를 대변한다. 객관주의 전통은 또한 신문이 (그리고 텔레비전 채널이) 파당적 집단과의 연계를 끊음으로써 뉴스가 편향되지 않도록 해야 하고 공개적이고 자유로운 토론이 이루어지도록 해야 하며, 일반 공중에게 무조건 헌신해야 한다는 입장을 견지한다. 이런 개념은 보도가 편파적이고 선동적이며 미디어의 논의가 미리 정해진 의제에 의해 왜곡되는 타락한 저널리즘과 대조된다. 객관주의 저널리즘의 본고장인 미국은 몽매한 나라, 즉 주창 저널리즘이 왕성해 언론이 대중에게 힘을 주기보다는 그들을 조작하는 나라와 대조를 이뤘다.

미국 저널리즘 스쿨에서 강조하는 이런 일반적인 견해는 민주주의가 시민 개인으로 구성된다는 원자론적 사고에 기반을 두고 있다는 것이 문제다. 이런 견해는 현대 민주주의가 기능하는 데 집단 조직이 중심적인 역할을 한다는 것을 무시한다. 즉 정당은 대부분의 정치 시스템(미국의 경우는 아니지만)이 작동하는 데 중심이 되는 톱니바퀴다. 이해 집단이나 새로운 사회운동 그리고 시민사회의 수많은 조직은 현대 민주주의의 중요한 구성 요소들이다. 그들은 권력자를 감시하고 공공 정책에 영향을 끼치려 시도하고 다른 유권자를 대표한다. 그들은 평범한 시민들이 서로 다른 - 종종 경합하는 - 의제와 의견, 가치 그리고 해결책을 제시하는 주요한 수단이다.

이런 조직들은 때론 소수자 미디어(일부는 '비정치적'일 수도 있다)의 도움으로 문화적 정체성을 집단적으로 만들어냄으로써 형성되기도 한다. 미국에서는 작은 규모의 동성애자 신문과 잡지 - 대부분 몇 번 발행되다 중단되었다 -

가 동성애가 박해를 받아 숨어들던 1940년대와 1950년대 초에 처음 나타났다. 신문과 게이 극장, 춤, 출판, 클럽의 성장은 주요 미국 도시에서 점점 자신 있고 상호 지지적이며 공개적인 게이·레즈비언 하위문화를 만들어냈다. 1969년 뉴욕 스톤월Stonewall 폭동을 계기로 이런 공동체에서 게이 해방운동이 일어났다. 이 운동은 동성애를 혐오하는 태도에 맞섰을 뿐 아니라 법적으로도 중요한 변화를 이끌어냈다.[63] 마찬가지로, 소수자 미디어는 공민권 투쟁 시기 아프리카계 미국인 공동체의 응집력과 세대 간 적응력을 키워가는 데 핵심적인 역할을 했다.[64] 또 이는 19세기 영국에서 노동자들이 정체성과 정치의식 그리고 집단적 조직을 일궈내는 데 핵심적인 역할을 했다.[65] 따라서 소수자 미디어는 공동체를 구성하도록 돕고 정치적으로 조직되도록 도움을 줄 수 있다. 민주주의 사회뿐 아니라 권위주의 사회에서도 새로운 기술은 현재 이런 과정을 촉진한다.[66]

현대 민주주의를 조직화된 공통적 정체성에 의해 문화적으로 구축된 것으로 볼 때 미디어에 대한 다른 이해가 가능해진다. 집단적 조직이나 이익집단의 대변인 노릇을 하는 언론은 개인에게 불편부당한 정보를 제공하는 미디어 못지않게 당당한 것으로 인식되어야 한다. 좀 더 구체적으로 말해, 이런 미디어는 파당적이고, 뉴스를 수동적으로 보도하기보다는 해석하려 하고, 이유를 설명하기 위해 전문 지식을 소화하고, 조직의 지도자와 구성원 사이의 대화를 촉진하며, 집단적 정체성의 상징을 제공해 사회 그룹이나 조직의 유지에 기여하고, 문제를 규정하고 파당적 관점에서 해결책을 제시하며, 자명한 사회적 관점을 개조해 뭔가 가치 있는 것을 제공한다. 이들은 집단적 조직과 이를 지탱하는 공동체가 기능하도록 돕는다. 다시 말해, 민주주의의 토대를 만드는 것이다.

좀 더 보편적으로, 정치적 헌신을 강화함으로써 많은 나라에서 공중과 정치의 연계가 약해지는 시기에(투표율의 하락, 공적 기구에 대한 신뢰도 하락, 개인주의의 증가) 정파적 언론은 정치과정에 효과적으로 개입하도록 돕는다.[67] 또한 활동가들의 미디어는 대중의 참여를 촉진해 기업과 엘리트가 공적 생활을 지배하는 상황에서 잠재적인 대항력을 만들어낼 수 있다.

비록 분파주의가 정치의 에너지이기는 하나 부정적인 결과 또한 낳는다. 이는 파편화된 사회적 고립을 조장해 다른 사람은 신경 쓰지 않고 자신들의 권리와 이익만을 주장하게 만들 수 있다. 이는 또한 후견주의의 보호에 기반을 둔 정부를 강화할 수 있다. 그리고 (북아일랜드에서 개신교 연합주의Protestant Unionist가 득세했을 때처럼) 민주적으로 승인된 모양을 한 다수에 의한 소수의 억압 체제로 귀결될 수 있다. 따라서 법적인 독립성과 헌법에서 보장하는 필수적인 인권을 무시하고 내달리는 분파주의에 브레이크를 걸 필요가 있다. 상호성에 대한 폭넓은 이해에 바탕으로 한 공공선에 대한 공적 토론이 활발해지도록 해야 한다.

그래서 공동체 내의 사회 그룹과 하위 그룹에 힘을 더해주고 그들을 융화시키는 미디어 시스템이 필요하다. 다행히 '미국식' 또는 '유럽식' 저널리즘 중에서 하나를 선택하지 않아도 된다. 최적의 미디어 시스템은 집단적 조직과 이해 공동체에 밀접히 연관된 주창적 미디어를 포괄한다. 아울러 이는 광범위한 대중이 볼 수 있고 중립적으로 뉴스를 보도하며 공공선을 지향하는 방식으로 토론을 이끄는 핵심 공영 텔레비전 부분을 포함할 것이다. 후자의 목적은 각각의 시민들에게 공정한 보도를 제공하고, 사회 전반에 걸쳐 호혜적인 대화가 일어나도록 하며 광범위한 연대의식이 생겨나도록 돕는 것이다. 만일 미디어 시스템의 한 분야가 시민사회에 에너지를 제공한다면 다른 쪽은 이에 대항하는 집단이나 개인을 끌어들여 서로 대화를 하도록 해야 한다.

간단히 말해, 민주적 미디어 시스템은 사회 전반뿐 아니라 분파적 그룹에도 봉사하는 미디어를 포함해야 한다. 증거에 기반을 둔 문명성뿐 아니라 풀뿌리의 분노에도 귀를 기울여야 한다. 그리고 개인적인 숙고뿐 아니라 시민사회를 지탱해야 한다. 그래서 이런 접근은 '종류가 다른 저널리즘은 민주주의의 작동에 서로 다른 기여를 하는 것이다'라는 점을 인식하는 것이다.

민주주의의 이론

언급하고 넘어가야 할 두 가지 중요한 문제가 있다. 하나는 민주적 과정에 대한 대안적 이해와 관계된 것이며, 다른 하나는 이런 이해가 미디어가 조직되는 방식에 미치는 영향이다.

오직 작은 규모의 참여적 정치에서나 잘 작동하는 직접 민주주의의 환상은 제쳐놓고 볼 때 민주주의에 관한 유명하고 경쟁적인 네 가지 견해가 있다.[68] 이는 말 그대로 연관된 아이디어들의 덩어리이며 기술description과 처방prescription 사이를 불명확하게 배회한다. 하지만 명확한 해설을 위해 여기서는 이들을 하나하나를 서로 다른 미디어 체제와 연관된, 분명하게 구분되는 대안으로 제시한다.

한 모퉁이를 차지하는 것은 자유주의적-다원주의적 견해로 이는 민주주의를 다양한 이해관계와 다중적인 권력 중심들이 경쟁하는 과정으로 본다.[69] 정치적 시장에서와 마찬가지로 미디어 시장에서도 다양한 이해가 경쟁하도록 자유롭게 놔두어야 한다는 입장이다. 이로 인해 일방적인 미디어가 탄생하고 과도한 집중이 일어나면 시장이 해결책을 제시해줄 것이다. 이런 입장에 따르면 기업형 미디어의 표현의 자유는 정부가 개입해 과도하게 억압해서는 안 되며, 그럴 경우 언론의 자유가 침해된다는 것이다. 유일한 부가 조항이라면 미디어 시장은 새로운 미디어의 등장에 의해 잠재적으로 '경쟁적'으로 되거나 최소한 새로운 기술의 '파괴적인disruptive'(혁신 — 옮긴이) 가능성에 노출되어야 한다는 것이다(언제나 존재하는 조건으로, 공적인 개입 필요성을 적절히 차단한다). 이런 자유주의적-다원주의 모델은 저널리즘에 대한 자유지상적 시장 접근법과 밀접하게 연관되어 있으며 주창 저널리즘과 분파 저널리즘을 용인한다. 이런 입장은 미국 저널리즘의 따분한 가치주의나 멍청한 젠체함에 대해 노골적으로 모멸감을 표시한다. 이는 근본적으로 신문 저널리즘에 대한 영국식 접근을 정당화하는 잠재된 신조인 것이다.

또 다른 모퉁이에는 대중의 지원을 획득하기 위해 경쟁하는 엘리트들의 다툼으로 민주주의를 파악하는 '합리적-선택' 관점이 있다.[70] 가장 많은 개인의 선호를 모아낸 엘리트는 일정한 기간에 선출직을 차지한다. 이런 관점에서 보면 대중이 공공 정책에 영향을 미칠 가능성이 매우 제한적이기 때문에 대다수 시민이 뉴스에 정통해야 할 필요가 있는 것은 아니다. 또한 사람들은 시간을 보내는 재미있고 보람 있는 방법이 여러 가지 있다. 보일러가 고장 났을 때 직접 고치기보다는 배관공을 부르는 것과 마찬가지로 책임은 정치 대표나 중간자에게 위임된다.

대부분의 사람들은 뉴스를 훑어보는 것만으로도 충분하다. 그럼에도 뉴스 매체는 어떤 책임이 있다. 그들은 정확하고 공정한 뉴스 브리핑을 제공하고, '감시하는' 시민들이 급박하게 관심을 기울일 위기 상황이나 심각한 문제가 있을 때 경보음을 울려줘야 한다. 아울러 직업적 사명감으로 무장하고 지적이고 광범위한 취재 보도를 하며 엘리트들이 정보에 기반을 둔 대화를 하도록 촉진하는 품격 있는 미디어가 필요하다. 사실, 이런 접근은 미국의 '두 개의 국가' 미디어 시스템을 정당화하는데(비록 합리적-선택의 입장에 선 학자들은 '현실적인 필요성을 수용한 것'이라고 말하겠지만) 이 시스템에서는 ≪뉴욕 타임스≫ 같은 엘리트 신문이 광범위한 뉴스 보도를 제공하는 가운데 텔레비전 네트워크는 오락 프로그램 시간에 방해가 되지 않도록 이른 저녁에 뉴스를 편성해 뉴스를 주변화한다.

그 반대편에는 숙의형 민주주의 모델이 있다.[71] 이 모델은 민주적 과정은 개인적 선호를 주기적으로 취합하거나(합리적-선택 모델에서와 같이), 특수 이익의 줄다리기(자유주의-다원주의 모델에서와 같이)에 의해 주도되는 것이 아니라 시민적 의무감에 기반을 둔 집단적 숙의를 통해 결정되어야 한다고 주장한다. 언론의 핵심적인 역할은 선거 때뿐 아니라 평상시에도 국민이 제대로 된 정보와 숙의에 기초해서 결정하도록 돕는 것이며, 아울러 사회가 나아갈 방향에 대해 국민이 반복적으로 영향을 끼칠 수 있게 해주는 것이다. 이런 접근은 공적 토론이 복잡한 문제에 관심을 갖게 하고 다른 사람의 처지와 관점을 고려하게 하며, 다른 대안을 생각해내게 하고 호혜적 교환을 통해 조정된 입장으로 이끌며, 이성적인 토론을 통해 합의에 이르도록 고취하는 학습의 과정임을 강조한다. 공공의 이성을 고취하려면 언론은 완전하고 현명한 뉴스를 제공해야 하고 토론을 위한 열린 공간이 되어야 한다. 미디어의 시사·토론 프로그램은 시민 정신, 공동의 진실 탐구 그리고 다른 집단이나 견해를 이해하고자 하는 마음을 일깨워야 한다. 또한 미디어는 '나한테 뭐가 유리하지?' 하는 스타일보다는 공익을 추구하도록 고무하며 (어떤 때는) 민주적인 국가는 개인으로서는 성취할 수 없는 목표를 성취할 수 있다는 점을 국민이 알도록 해야 한다. 이런 전통은 재정 지원이 충분한 공영방송과 광범위하게 규제를 받는 상업방송을 가진 북부 유럽의 미디어 시스템과 연계되어 있다.

네 번째 모퉁이는 급진적 민주주의가 차지한다.[72] 이 전통은 민주적 다원주의가 기업의 힘을 간과하고 사회집단마다 서로 다르게 가진 자원의 차이를 무시한다고 비판한다. 또한 합리적-선택 이론은 대중의 수동성과 불평등이 계속되는 것을 정당화한다고 비판한다. 그리고 숙의적 전통에 의심의 눈초리를 보내는데 '합리적이다'라는 수사는 자신들의 견지에서 '비합리적'인 것을 배제하기 위해 힘을 가진 집단이 동원한 것일 수 있다는 것이다. 또 합의의 추구는 토론이 조작적으로 마무리될 경우 화해가 불가능한 가치와 이해의 충돌을 숨기게 된다고 주장한다.

비록 절충적이지만 급진적 민주주의관은 무언가를 대표하게 되었다. 이 입장은 미디어가 정부뿐 아니라 사회적·경제적 권력도 감시해야 함을 강조한다. 급진 민주주의론은 당파적 언론이 사회의 소외된 집단과 연대하고 이들을 정치적으로 활성화시켜야 한다고 주장한다. 급진 민주주의론의 여성해방론적 버전은 가부장 권력에 대한 저항으로서 정서와 주관, 그리고 개인적 이야기의 힘을 강조한다. 급진 민주주의의 여러 버전은 거의 하나같이 주변화되고 배제되며 종속된 이들에게 미디어 시스템이 강력한 마이크를 제공해야 한다고 강조한다. 이런 접근은 통상적으로 대항적 미디어를 만들어내는 데 광범위한 사회적 투쟁이 중요하다고 역설한다. 이의 사회민주적 버전은 국가의 역할에 기대를 거는데, 국가가 소수자의 관심에 귀를 기울이는 공영방송을 창설하고 불완전한 시장에서 소수자의 목소리를 지지하는 사회적 보조금을 지급할수 있다고 본다. 이런 청사진에 근접한(일부라도) 나라는 민주주의가 건강할수 있게 의도적으로 의견의 다양성을 고양하는 사회민주주의 국가(예를 들면 노르웨이)이거나 분극화된 정치 문화를 가진 사회(예를 들면 그리스) 이다. 이렇게 민주주의를 이상적으로 모델화한 결과 경계선에 있는 것들이 무시되고, 네개의 유형 사이에 겹치는 것도 생겼다. 에드윈 베이커^{Edwin Baker}(관련된 자료를 다른 측면에서 이해하기 위해 작업해온)는 가장 좋은 접근법은 서로 다른 관점을 민주주의의 '복합' 모델이라는 것으로 합성하는 것이라는 분별력 있는 결론을 내린다.[73] 이 글에서는 이 논리를 좇아 서로 사귀기 거북한 친구인 숙의 민주주의와 급진 민주주의를 함축적으로 결합시키려 노력했다. 그래서 위에서 제시한 미디어 모델, 즉 핵심이 되는 공영방송이 전문 분야 또는 주창 미디어와 결합하는 모델은 사실 하나의 미디어 시스템 안에 숙의적 전통과 급진적 전통을 통합하려 시도하는 것이다.

오락적 민주주의

두 번째 중요한 이슈는 미디어의 오락을 재평가해 이것이 가진 폭넓은 의미를 반영하는 것이다. 이 글에서는 미디어 오락이 민주적 과정에 필수적인 가치와 정체성, 사회의 이해 그리고 규범에 대한 논의에 정보를 제공한다는 점을 지적했다. 이런 관점이 미디어와 민주주의에 대한 합리적-선택 관점과 잘 조화되리라는 것은 어렵지 않게 알 수 있다. 이미 이 관점은 사람이 인지적 지름길을 갖고 있어서 - 예를 들어 선호하는 정당이 보내는 신호를 따르는 것 - 공적인 사안에 대한 세세한 정보를 알지 못해도 효과적인 민주적 결정을 내리는 것이 가능하다고 주장했다. 여기에 요즘은 사람들이 즐거운 오락을 통해 민주적 토론에 참여하는 것이 가능하다는 인식이 추가될 수 있다.

하지만 경험적 증거는 공적인 지식이 힘 있는 시민을 만들어낸다는 점을 입증함으로써 합리적-선택 이론을 논박한다. 특히, 델리 카르피니Delli Carpini와 키터Keeter의 고전적인 연구는 미국적 맥락에서 식견이 넓은 시민은 그렇지 않은 시민보다 문제에 대해 안정적이고 의미 있는 태도를 지니고, 자신의 태도를 이해와 일치시키며 정치에 참여해 자신의 태도에 부합하는 정치인을 위해 투표한다는 것을 밝혀냈다.[74]

델리 카르피니와 키터는 아울러 식견 있는 시민의식은 시민의 의무로 봐야지 단지 생활 방식의 선택으로 봐서는 안 된다고 강조했다. 이는 한 나라가 다른 나라 사람의 죽음을 접했을 때 특별히 강력한 호소력이 있다. 하지만 민간인 10만 명 이상이 죽은 이라크 전쟁과 이어진 폭동 상황에 대해 상당히 많은 미국인이 제대로 알지 못했음은 분명하다. 2006년 미국인의 41퍼센트가 2003년 이라크 침공 당시 이라크가 대량살상무기를 갖고 있거나 이를 개발하기 위한 종합적인 계획을 갖고 있었다고 생각했다. 좀 더 많은 49퍼센트는 '이라크가 9·11 공격에 직접 연관이 있다'거나 '이라크가 알카에다Al-Qaeda에 실질적인 지원을 하고 있다'고 믿었다.[75] 이는 단 한 번의 예외적인 여론 조작 결과가 아니라 이라크전으로 치닫던 상황에 대한 잘못된 이해가 2003년부터 여전했음을 보여준다.[76]

비록 미국의 전쟁 영화가 군사 국가 미국에 대해 서로 다른 관점의 인지적 정향을 제공하지만 이는 미국이란 나라가 실제로 하는 일에 대해 저널리즘에 기반을 둔 이해를 대체할 정도는 되지 못한다. 미국의 미디어 시스템은 오락 중심이어서 실제 세계에서 무엇이 일어났는지에 대해 충분한 정보를 제공하지 못하고 시민이 자신의 이름으로 무엇을 했는지를 제대로 이해하지 못하게 한다.[77] 건강한 민주주의는 오락뿐 아니라 정보도 필요로 하는 법이다.

05
자유의 꿈과 인터넷

Liberal dreams and the internet

제임스 커런, 타마라 비트스흐Tamara Witschge

도입

사람들은 요즘 국제 공론장이 실제 존재하는 것처럼 계속해서 얘기한다.[1] 사람들은 국제 공론장에 세계무역기구나 국제사법재판소와 마찬가지의 실체성을 부여했다. 이 모두는 새로운 국제 정치를 구성하는 핵심 영역일 것이다.

'국제 공론장'이란 말은 조직화된 그룹이 초국가적 견지에서 공적인 영향력을 행사하고자 하는 국제 시민사회international civil society(노예무역에 대한 반대운동이 영국, 프랑스, 그리고 미국에서 일어났던 18세기 말의 상황과 같은)와 비슷한 뜻 같지만 핵심 이론가들은 그 이상의 의미를 추구한다.

낸시 프레이저Nancy Fraser[2]처럼 이 분야의 앞선 비판적 분석가들이 국제 시민사회를 말할 때(비록 그들은 동의하지 않을지라도)[3] 좀 더 최근의 현상이자 덜 정연한 어떤 것을 염두에 둔다. 국제적으로 상호 연결된 공적 커뮤니케이션과 토론망을 통해 개별 시민과 비공식적 네트워크를 묶어낸다는 것이다. 이들은 이를 통해 국제 여론 형태의 새로운 대중적 힘이 만들어지고 이것이 공적·사적 권력 구조 모두에 영향을 준다고 주장한다.

국제 공론장은 다양한 세계화 현상과 함께 탄생했는데 국제 사회운동의 성장, 세계 시장의 확장, 이민과 해외 관광의 증가, 국제 협치의 발전, 커뮤니케이션 혁명 등이 그것이다. 커뮤니케이션 혁명은 특히 강조되곤 하는데, 이를 통해 세계가 가까워지고 국가 간의 교류와 이해를 넓힐 수 있기 때문이다. 이들은 위성통신, 국제 통신망, 저렴한 항공 요금이 거리와 시간을 줄여준다고 주장한다. 이를테면 국제 뉴스 통신사는 같은 뉴스를 전 세계에 한꺼번에 전파하고, 세계 미디어 시장의 통합은 미디어 소비의 동일성을 높인다. 그리고 인터넷의 발달은 국가 사이에 쌍방향 대화를 촉진한다.

이런 서로 다른 발전은 새로운 문화적 지형을 만들어내고 있다고 이야기된다. 통신망, 공적 담론의 유형 그리고 이미지 세계의 특징은 모두 국가라는 '그릇'을 뛰쳐나오고 있으며 새로운 국제적인 연대와 공통의 관심사 그리고 공동의 입장을 만들어갈 기반을 제공한다는 것이다. 이런 것들이 국제 공론장과 '글로벌 규범'의 출현을 뒷받침한다는 이야기를 듣곤 한다. 한마디로, 국제 공론장이 실재한다고 널리 주장된 것이다. 이는 세계화의 흐름, 그중에서도 통신 영역의 세계화가 가져온 산물이란 것이다. 그리고 국제 공론장이 세계 시민을 강력한 유권자로 만들어내고 있다는 얘기다.

동경 어린 프로젝트

그럴듯한 설명과는 달리, 이런 세밀한 이론은 경험하는 실재와 별다른 연관이 없다. 국제 공론장은 존재하지 않으며 있다 하더라도 배아기 또는 기껏해야 미성숙한 형태로 존재할 뿐이다.

이는 부분적으로는 정치 문제에 관한 커뮤니케이션이 제대로 '세계화'되지 않았기 때문이다. 대부분의 선진국에서 아직도 텔레비전은 뉴스를 접하는 가장 중요한 매체다. 영국에서는 뉴스를 주로 텔레비전으로 본다는 응답이 2006년에 65퍼센트였고, 인터넷이라고 한 사람은 6퍼센트에 지나지 않았다.[4] 그런데 텔레비전은 해외에서 벌어진 일도 보도하지만 기본적으로는 국내와 지방의 관심사에 치중하는 경향이 있다. 국제화가 잘된 핀란드나 덴마크에서도 주요 TV 채널의 메인 뉴스 내용의 70퍼센트 정도가 국내 뉴스다. 미국은 이 비율이 80퍼센트가 넘는다.[5] 같은 연구는 외국을 다룬 텔레비전 뉴스도 자국과 연관이 있는 국가에 초점을 맞추고 있음을 밝혀냈다. 이는 뉴스가 '국내화domestication'되는 과정의 일부라고 할 수 있는데 외국 뉴스가 정치 문화, 국익 그리고 이를 방영하는 나라의 집단적인 기억 등에 따라 선택적으로 해석되는 경향을 말한다.[6] 세계에 대한 이해는 여전히 국가의 프리즘에 의해 걸러진다.

인터넷이 지역의 경계를 넘어서고 엄청난 양의 공적 정보를 공유할 수 있게 함으로써 이런 제약을 극복한다는 주장이 종종 나온다. 그러나 인터넷은 뉴스나 정치적 정보보다는 기본적으로 오락이나 안부 전달, 그 밖의 실용적 목적에 활용되고 있다.[7] 영국과 미국의 경우, 가장 많은 독자가 찾는 뉴스 사이트는 자국 뉴스를 우선시하는 주요 국내 뉴스 사이트였다.[8] 트리니다드Trinidad에서처럼 민족주의 문화가 온라인 대화에도 영향을 끼칠 수 있다.[9] 무엇보다 대부분의 세계인들은 인터넷을 접할 수 없는 형편이다.[10]

비록 여러 나라에서 같은 미디어 콘텐츠를 소비하는 것이 늘어나는 추세이긴 하지만 이는 주로 영화나 음악에 해당하지 뉴스에 대한 얘기는 아니다. CNN 같은 국제 위성방송은 대부분의 나라에서 시청하는 사람이 아주 적어서 종종 측정하기조차 어려울 지경이다.[11] 세계 미디어 융합 현상도 매우 불균등하게 진행된다. 가장 인구가 많은 두 나라 — 중국과 인도 — 는 미디어 측면에서 아직 대체로 '자급자족'하고 있다(미디어 콘텐츠를 별로 수입하지 않는다는 면에서 미국과도 유사하다).[12] 더욱이, 사는 지역이 다른 세계인들은 같은 미디어 콘텐츠라 해고 서로 다른 방식으로 이해하는데 이는 나라의 문화가 다르고 그들이 참조하는 하위문화적 담론이 다르기 때문이다.[13]

좀 더 일반적으로는 분열되고 파편화된 세계는 글로벌 규범이나 공론이 발전하는 데 지장을 준다. 비록 영어(외국어로서의 영어)가 엘리트들의 공통어로 떠오르고는 있지만 대부분의 사람들은 영어를 알아듣지 못한다. 영어가 아니라 사실 중국어가 세계에서 가장 많은 사람이 사용하는 언어이다. 다양한 문화, 가치, 경제적 이해 그리고 친소 관계는 국제적인 여론이 형성되기 어렵게 한다. 사실 경험적인 연구들은 사람들의 기본적인 태도는 국제적이기보다는 지역적으로 한정된다는 것을 계속 보여준다.[14]

글로벌 공론장이 아직 존재하지 않지만 상당히 소망스러운 것이긴 하다. 선거로 뽑힌 각국의 정부는 경제에 대한 통제의 끈을 늦추었다.[15] 국제 금융 시장, 다국적 기업 그리고 차츰 커가는 국제 협치의 체제들은 공적인 책임을 충분히 지지 않고 있다.[16] 이런 비민주성에 대해 여러 가지 대응이 있을 수 있다.[17] 그중 한 가지는 국가 사이에 커뮤니케이션 공간을 만들어 국제 시민사회와 국제 여론이 차츰 정치적인 힘을 갖고 세계화된 지구촌에 공중이 다시 영향력을 미칠 수 있도록 하는 것이다.

이것이 이 장의 주제 – ≪오픈데모크라시≫라는 웹 잡지 – 가 보기보다 더 중요한 이유이다. 이는 웹을 통해 국제 저널리즘을 행하는 여러 새로운 시도 중에 하나이다. 이런 과정에서 국제적인 공론장을 만드는 데 일조하고 있다.

터프넬 공원의 불사조

≪오픈데모크라시≫는 원래 헌법 개정을 촉구하는 영국 활동가들의 네트워크 수단으로 알려져 있었다. 잘 알려진 지식인이자 활동가인 앤서니 바

넷$^{Anthony Barnett}$은 그 뒤 많지 않은 비용으로 인터넷을 통해 좀 더 야심찬 기획 — 정치와 문화를 다루는 온라인 잡지의 출간 — 이 가능하다는 것을 알게 되었다. 그는 런던 북쪽 터프넬^{Tufnell} 공원 근처의 집 차고에서 네 명으로 이뤄진 창간 팀(그중 처음부터 유급 직원은 한 명이었다)을 꾸리고 자원봉사자 네트워크를 폭넓게 조직했으며[18] 다소 어려움을 겪기는 했지만 자선단체의 보조금과 독지가들의 소액 기부금으로 10만 파운드를 조달했다.

2001년 5월 ≪오픈데모크라시≫가 '시험판'으로 처음 나왔을 때 그다지 뜨거운 반응을 얻지는 못했다. 무료였고 일부 괜찮은 글이 있었지만 이 온라인 잡지를 아는 사람은 거의 없었다. 홍보 예산은 없었고 창간 과정에서 언론의 주목도 거의 받지 못했다. 2001년 5월과 6월의 주중 평균 웹사이트 방문자는 겨우 1,750명에 불과했다.[19] 이 새로운 시도는 대안 미디어 역사의 두드러진 특징대로 그저 그런 것들을 만들다 파산하는 실패 사례를 하나 더하게 되는 운명으로 보였다.[20]

한 치도 어긋남이 없는 영국적 특질이 초기 ≪오픈데모크라시≫ 콘텐츠에 배어들었다. 편집국은 런던에 있었다. 모든 유급 직원은 영국인이었다. 그들의 계약도 영국 기준이었다. 하지만 이 잡지는 처음부터 국제적임을 표방했고 세계화된 이슈를 다루었다. 따라서 국제적인 사건에 반응하도록 되어 있었다.

9·11은 이 잡지를 살렸고 편집 방침을 바꾸게 만들었다. 자발적으로 '북미 에디터'를 맡고 있는 토드 기틀린$^{Todd Gitlin}$은 9월 12일 이 잡지에 미국은 '초점이 있는 군사 대응, 즉 복수의 충동이 아니라 정교하고' 절제된 대응을 해야 한다고 촉구하는 감동적인 글을 실었다. 기틀린은 해나 아렌트$^{Hannah Arendt}$의 금언인 '정치가 실패할 때 폭력이 등장한다'는 말을 인용해 무차별적인 성전에 말려들어 가서는 안 된다고 강조했다.[21] 기틀린의 기사에 이어 파키스탄 이슬람교도의 기고와 같은 즉각적인 반응이 나왔는데, 이는 런던에서 비상근무 중이던 팀이 섭외했다.

표 5.1 ≪오픈데모크라시≫ 월평균 방문자 수 (단위: 명)

연도	2001	2002	2003	2004	2005	2006	2007	2008
방문자 수	3만	6만	19만 6,000	10만 5,000	44만 1,000	23만 3,000	17만 9,000	22만 4,000

자료: 이 잡지의 문서 기록은 재정적인 어려움이 가중되는 시기에 여러 차례 사무실을 옮기면서 흩어져 대부분은 사라졌다. 따라서 월평균 방문자 수는 엄격히 비교 시점을 맞췄다기보다는 그해의 서로 다른 달에 관한 것이다. 이는 다음과 같다. 2001년과 2002년 11~12월(≪오픈데모크라시≫ 이사회 통계 보고, 2002); 2003년 11~12월(2001년 이후 ≪오픈데모크라시≫ 사이트 통계); 2004년과 2005년 10~12월(≪오픈데모크라시≫ 2005~2006; 「프로그레스 보고서Progress Report」); 2006년 7~12월, 2007년 1~12월, 2008년 1~5월(구글 애널리틱Google Analytics).

9·11의 함의에 대해 즉각적이고 국제적인 토론을 조율해내면서 독자가 늘어나기 시작했다. 9·11 전에는 일주일에 2,000명이던 웹사이트 방문자가 2001년 9월과 10월에는 8,000명으로 늘었고, 11월에는 1만 2,000명을 넘었다.[22] 새로운 독자 중 다수는 영국인이 아니었다. 사실 2002년 4월까지 웹사이트 방문자 중 가장 큰 비중은 미국인이 차지했고(44퍼센트), 영국을 제외한 유럽은 20퍼센트를 차지했다.[23]

요컨대 세계 여러 곳에서 이 웹사이트를 찾는 독자가 늘어났다. 이로써 잡지의 위상이 높아졌고 비교적 관대한 미국의 자선기금 같은 곳에서 적지 않은 보조금이 답지했다. 이는 잡지가 사용할 수 있는 자원이 늘어남으로써 더 많은 독자를 끌어들일 수 있게 했다. ≪오픈데모크라시≫는 2002년 11월 직원을 늘리고 다루는 내용의 범위를 넓혀서 재창간했다. 재창간 구독자 수는 9·11 직후의 두 배가 되었다. 웹사이트를 찾는 방문자 수가 2004년까지 계속 늘어 2005년 한 달 동안 44만 1,000명까지 치솟았다. ≪오픈데모크라시≫의 독자는 경제 위기 시대에 들어서면서 줄어들었다. 그렇다 해도 2008년 당시 한 달에 22만 4,000명에 이르는 적지 않은 방문자 수를 기록했다(표 5.1 참조). 앞으로 살펴볼 몇 가지 요인이 이 잡지를 탄생시켰다. 하지만 여기서 강조해두어야 할 것은 지구적 사건과 지구적 기술이 ≪오픈데모크라시≫를 만들어냈다는 것이다. 이 잡지는 웹에 기반을 두고 있어 9·11 이후 핵심적인 국제적 논의에 참여하려는 세계 각지의 사람들이 쉽게 접근할 수 있었다.

지구적 대화

독자 구성이 점차 국제화하는 데 맞춰 ≪오픈데모크라시≫의 편집 의제도 점차 국제화했다. 2002년까지 이 잡지의 가장 주요한 3대 논의는 세계화의 영향, 세계 도처에서 벌어지는 미국의 힘의 남용, 그리고 이슬람의 특징(보통 이슬람의 다원주의를 강조하곤 하는 논의) 등이었다. 잡지가 발전하면서 다루는 주제도 기후 변화의 정치와 세계 시장의 규제(위기가 있기 훨씬 전에)에서부터 다문화주의와 이민의 영향에 이르기까지 광범위한 국제적인 문제로 확장되었다. 잡지가 다루는 나라들도 늘어났다. 2008년 1~7월 사이에 세 가지의 주제 ― 지구화, 민주주의 그리고 권력과 충돌 ― 를 다룬 기사 69개는 26개국의 사례를 인용했다.

이 잡지는 또 영국 바깥에서 기고자를 좀 더 확보했다. 2008년 1월부터 7월까지 게재된 기사 샘플 134건의 기고자는 5대륙 33개국에 흩어져 있다. 그 전에도 기고자는 서로 다른 배경, 신념, 사회적 네트워크(시민사회의 서로 다른 분야를 포함해서)에서 발굴되는 듯했다. 외무장관과 제3세계 활동가, 유명한 작가(존 러카레이John le Carré 같은)와 이름 없는 언론인, 재계의 리더와 노조 지도자, 공무원과 시인, 회계사와 예술가가 이 잡지에서 어울리고 부딪치고 절충했다. 기고자들은 보수적·자유주의적·사회주의적·녹색당적이거나 여성주의적 시각에서 글을 썼다. 이런 다종다양한 기고자들은 광범위한 독자와 연결되었다. 2006년 중반부터 2008년 사이에 ≪오픈데모크라시≫ 웹사이트 방문자는 알바니아에서 에콰도르(에콰도르는 이 기간에 1,264명의 방문자를 기록했

다)에 이르기까지 229개 나라와 자치령에 걸쳐 있었다.[24]

이 웹진은 기획 기사를 통해 논의를 발전시켜감으로써 서로 간의 이해를 넓히는 시도를 했다. 초기 ≪오픈데모크라시≫는 주요 의제에 대해 서로 반대 입장을 가진 쪽에 독립된 토론 공간을 제공했다. 이런 대결(예를 들어 세계화의 본질에 대한 허스트Paul Hirst 대 헬드David Held 사이의 대결)은[25] 보통 근거에 기반을 두고 심사숙고했으며, '입회인'이 그들의 결투용 권총을 거두고 다른 사람들이 논쟁에 참여한 뒤에는 조금 덜 양극화된 논의가 이어지곤 했다. 이런 형식은 차츰 덜 대치적인 쪽으로 바뀌어갔는데 내실 있는 민주주의를 위한 세계 각지의 투쟁처럼 일반적인 주제에 대해 필자가 다른 해석을 제시하고 이에 반응하는 식이었다.[26]

이런 접근은 그 뒤 이슈 중심이기보다는 사건 중심적인 포맷으로 대체되었는데, 여기서는 뉴스의 주제·장소와 관련해 권위 있는 목소리로 '균형이 잡혀 있다'고 평가된 기고문이 실린다. 이는 서로 반대되는 입장을 중재하도록 암묵적으로 초대되었던 종전의 독자가 아니라 보고를 받는, 부수적 위치에 놓인 것이었다. 하지만 때로는 특정 국가의 외부 전문가의 글은 내용과 관련해 도전을 받거나 다른 견해와 지식을 제공하는(2008년 티베트 저항운동의 경우)[27] 그 나라 다른 기고자의 글로 대체되기도 했다(중국, 이라크, 케냐, 페루, 터키, 러시아, 인도의 경우).

이 잡지의 전체적인 저널리즘은 해석적이었고 별개의 사건을 기록하는 전통적인 보도 방식과 달리 넓은 맥락에서 틀 지어진framed 것이었다. 이런 분석적인 토론·해석과 함께 연대의식을 고취하는 기사도 있었는데 예를 들면 아시아의 '저임금 착취 공장'에서 일하는 여성이나,[28] 부룬디에서 냉대가 예상되는 서구로의 장엄한 여행에 오른 이주자들 얘기 같은 것이었다.[29] 감정이입에 기반을 둔 이런 연대의 호소 외에도 유사성에 기반을 둔 호소도 가세했는데, 대표적으로는 영국인과 체코인의 이웃 사랑이 비슷하다는 것을 칭송해 주의

를 환기한 초기 두 건의 기사를 들 수 있다.[30]

정리하자면, 이 웹진은 나라와 배경 그리고 의견이 다른 사람들을 불러 모아 공통의 관심사에 대해 논의하게 하고, 숙의를 통해 더 잘 이해하도록 도운 것처럼 보인다. 이와 동시에 감정적 차원에서는 상호 이해와 단결심을 고무시킨 것이기도 하다. 그래서 ─ 적어도 언뜻 봐서는 ─ 인터넷을 활용해 더 낫고 진보한 세계를 만드는 선봉 역할을 한 것으로 보인다. 이 잡지는 감동적인 어조로 '우리는 주변화된 견해와 목소리가 들리도록 한다. 지리적 경계를 넘어 논의와 이해를 촉진하는 것은 불의를 막아내는 데 긴요하다고 우리는 믿는다'[31]고 밝힌다.

하지만 이런 자의식이 일부 사실일지라도, 사람들을 잘못된 방향으로 이끌 요소를 포함하고 있다. 사실 ≪오픈데모크라시≫에 의해 촉진된 논의는 이것이 운영되는 외적인 조건 때문에 왜곡되었다.

지구적 불평등

1990년대 후반, 세계에서 가장 잘사는 20퍼센트가 전 세계 국내총생산GDP의 86퍼센트를 점유한 반면 가장 못사는 20퍼센트는 단 1퍼센트만을 점유했다.[32] 이런 엄청난 불평등은 대체로 지속되었다.[33] 이런 불평등은 인터넷에 접근하는 구조에서도 되풀이되었는데 가난한 세계에 사는 사람은 인터넷에 접근할 수 없었다. 가난 때문에 그들의 목소리는 전혀 들리지 않았고 참여는 제한되었다. 이는 2000년 전체 아프리카 대륙에 주소를 둔 웹사이트가 런던을 주소로 둔 웹사이트보다 그 수가 작았다는 사실로도 잘 나타난다.[34]

경제적 불평등은 다른 형태의 불평등과도 연계되어 있는데 예를 들어 교육 기회, 지식이나 언어, 의사소통 능력의 습득, 그리고 세계적인 사회관계망 등이 그런 것들이다. 다시 말해 가난은 문화적·사회적 자본이 부족하다는 것을 말해준다. 이는 가용한 자원과 문화적 경쟁력이 있는 부자에 비해 가난한 사람을 불리하게 만든다. 아울러 세계의 가난한 지역 사람들은 언어적 불평등 때문에 불리한 위치에 선다. 예를 들어, 마라티어Marathi를 사용하는 인도 사람은 영국인보다 많지만 아무리 마라티어로 잘 쓴 기사라 해도 영어로 쓰인 기사에 비해 세계적으로 훨씬 적은 수의 사람만 이해할 수 있다.

따라서 ≪오픈데모크라시≫가 '주변화된 의견과 목소리가 들리도록 한다'고 다짐할 때 그 스스로 매우 어려운 책무를 지는 것이다. 이 잡지가 런던에 있고, 자원도 제한적이며 영어로만 발행되는 한 더욱 그러하다. 그렇다면 이런 도전에 이 잡지가 어떻게 대응했을까?

첫 번째 전략적 결정은 번역에 최소한의 자원만 투입하는 것이었다. ≪오픈데모크라시≫는 ≪차이나 다이얼로그China Dialogue≫라는 재미있는 파생물과 달리 영어를 제외한 다른 언어로는 아주 일부 기사만 번역했다. 따라서 비영어권 세계의 원고들 대부분을 배제하게 된다.

이 잡지는 또한 높은 수준의 '품질'을 고수함으로써 '주변화된 의견'에 장벽을 높이게 된다. 여기서 말하는 품질이란 명확성, 표현의 설득력, 통찰력 그리고 지성과 적절한 증거의 열거를 말한다. 이 웹진은 품질의 문턱이 높았는데, 살먼 루시디Salman Rushdie[35] 같은 소설가가 우아한 구절을 선보이고 미국 철학자 리처드 로티Richard Rorty[36]가 지적 화력을 쏟아내며, 명민한 학자인 폴 로저스Paul Rogers[37]부터 설득력 있는 언론인 캐롤라인 무어헤드Caroline Moorehead[38]까지 일군의 단골 기고자들이 수준을 높여 놨다. 이런 기준에서 볼 때 주변화된 시각들은 함량 미달로 비치곤 했다. ≪오픈데모크라시≫의 한 간부급 언론인이 말했듯이 '아주 이상한 느낌을 주지 않으면서 글을 잘 쓰는 사람 — 말하자면, 남반구의 목소리 — 을 찾아내기가 어렵다'.[39]

주변화된 세계의 목소리를 찾는 것은 시간이 걸리는 데다, 접촉하는 대상을 넓혀나가야 하고, 경험이 없는 기고자에게 정교한 지원을 해줘야 가능한

표 5.2 ≪오픈데모크라시≫ 기고자와 독자의 지리적 분포　　　(단위: 전체의 %)

대륙	유럽	미주	아시아	오세아니아	아프리카	파악 불가
기고자	61	10	16	1	5	6
방문자	46	40	9	4	2	-

주: a) 기고자(n=102) 분석은 '세계화', '민주주의와 권력', '갈등' 등 세 가지 주제에 해당하는 기
사 25개와 2008년 1월 1일부터 7월 10일 사이에 발행된 기타 주제의 기사(총 134개 기사)
에 바탕을 둔 것이다. 기고자의 인적 사항은 ≪오픈데모크라시≫ 사이트나 인터넷에서
찾았다.
　　b) 방문자 분석은 구글 애널리틱을 이용했으며 2006년 6월부터 2008년 6월까지의 통계를
대상으로 했다(이 기간에 총 방문자 수는 477만 7,919명이었고 순 방문자 수는 309만
3,096명이었다). 퍼센트로 나타난 숫자는 모두 소수점 첫째 자리에서 반올림했다.

일이다. 이런 것들이 ≪오픈데모크라시≫가 번영하던 시절에는 어느 정도 이
뤄졌는데 이때는 서투르게 쓰인 글은 전면 편집되었고, 때로는 기고자와의 인
터뷰를 바탕으로 기고문을 대리 작성해주기도 했다. 그런데 이 웹진은 2005
년 변화를 시도했는데 좀 더 시사적인 편집 의제를 택하고 생산의 주기를 짧
게 바꾸었다. 2005년과 2006년, 예산이 대폭 삭감되었다. 이런 것들이 편집
속도를 갈수록 빠르게 하고(비록 한시적이었지만) 기사 산출량을 늘렸으나 여
기에 소요되는 시간과 인력은 줄어드는 연쇄적인 효과를 낳았다. 이에 직원들
은 기사가 잘 나오는 메커니즘에 의존하게 되었다. 이것은 보통 '남반구의 목
소리'를 포함시키지 않고, 예측 가능한 좋은 취재원에 의존하는 것이다.

　지구적 불평등, 지식과 문체를 기준으로 한 기사 품질 분류, 제한된 자원과
시간은 한데 얽혀 충분히 예견되는 결과를 낳았다. 세계의 특정 부문이 대부
분 말을 하고, 이를 주로 듣는 것 역시 이들인 대화가 그것이다(표 5.2 참고).

　2008년 전반부에는 71퍼센트의 기고자가 유럽과 미국인이었다. 가난에
찌든 대륙인 아프리카의 목소리는 기껏해야 5퍼센트였고, 멀리 떨어진 오세
아니아는 기고자의 1퍼센트에 지나지 않았다. 비록 ≪오픈데모크라시≫는 국
경을 넘어 대화를 이끌었다고 주장하지만 기본적으로 잘사는 북·서반구의 사

람들이 나머지 세계에 대해 이야기하는 것이었다. 모국어가 영어인 사람이 논의를 주도했는데 아메리카 대륙은 미국과 캐나다인이 기사의 90퍼센트를 썼고 유럽에서는 영국인이 기사의 62퍼센트를 썼다.

기고자의 지리적 분포는 대체로 방문자의 양태와 비슷했다. 이 웹진의 영국 내 방문자는 전체의 24퍼센트로 국제적인 독자를 확보했다고 할 수 있다. 그러나 그 나머지는 영어를 모국어로 사용하거나 외국어로서 영어를 쓰는 북반구의 잘사는 사람들로, 북미와 유럽이 2006년부터 2008년까지 웹사이트 방문자의 83퍼센트를 차지했다.

사회적 불평등

외적인 요인이 어느 나라 사람이 《오픈데모크라시》에 글을 쓸지에 영향을 미쳤다면, 이는 또 한 나라에서 누가 기고자로 초대될지에도 영향을 끼쳤다. 지식과 의사소통 기술 그리고 시간의 할애 정도는 평등하지 않다. 이는 이 웹진이 주변적인 사람보다는 인정된 사람을, 일반 시민보다는 전문가에게 의존하게 만들었다.

기고 요청 전화는 먼저 학자들에게 갔는데 이는 그들이 전문적 지식이 있고 일하는 시간이 유연하며, 공적으로 월급을 받는 직업인이어서 무료로 글을 써줄 것이기 때문이다. 그들을 활용하는 것은 감춰진 공적 보조금을 활용하는 것이었다. 하지만 이들은 문제도 갖고 있었는데 많은 학자들이 단어와 개념어(전형적인 학문적 단어)를 공유하는 전문 지식을 갖춘 동료 그룹을 대상으로 글을 쓰는 데 익숙해 있어 일반 대중 독자와 의사소통하는 데 서툴렀다. 이 웹진은 이 문제를 두 가지 방식으로 해결했는데 하나는 둔탁한 학문적 산문(때로는 문법에 맞지 않는 비영어권 사용자의 글)을 손보는 데 많은 노력을 투입하는 것이었고, 다음으로는 대중적인 글쓰기에 익숙한 일군의 기고자를 발굴해 자

표 5.3 ≪오픈데모크라시≫ 기고자의 직업 (단위: %)

직업	학자	언론인	작가	시민사회운동가	정치인·법률가	기타
비율	48	20	10	14	3	4

주: 샘플은 2008년 1월 1일부터 7월 10일 사이에 103명이 쓴 134개 기사.

주 원고 청탁을 하는 것이었다. 이 웹진이 눈을 돌린 두 번째 기고자 그룹은 보통 특정한 분야에 정통한 기자 또는 전문 작가였다. 이들의 장점은 잘 쓰는 데다 빨리 쓴다는 것이고 단점은 보통 원고료를 기대한다는 것이다. 세 번째 기고자 그룹은 정치권에서 활동하는 사람들인데 특히 공무원이나 비정부단체 직원들 그리고 시민운동가들이었다. 그런데 ≪오픈데모크라시≫의 직원들은 — 특히 직급이 높은 직원일수록 — 이 세 번째 그룹의 공로에 대해 매우 비판적인 평가를 하곤 하는데 이들이 '자잘한 일에 갇혀 있고', '사소한 싸움을 하며', '큰 그림을 볼 줄 모르고', 저널리즘 측면에서 '시답지 않은 글'을 보내온다고 불평한다.[40] 이들은 라이벌 관계인 웹진에 대해서도 'NGO의 홍보물'을 받아 써준다고 비판한다.

이런 요인들이 합쳐져서 다시 한 번 예상되는 결과를 낳았다. 2008년 전반기에 ≪오픈데모크라시≫ 기고자 열 명 중 여덟 명은 학자, 언론인 또는 작가였다. 기고자 가운데 사회운동가나 시민사회 조직에서 일하는 사람은 단 14퍼센트를 차지했다(표 5.3 참조).

≪오픈데모크라시≫의 기사에 영향을 미치는 또 다른 중요한 외부 요인이 있다. 성적 불평등이 줄어들고는 있지만 인생에서의 기회의 분포와 연금에 이르기까지[41] 아직 다양한 형태로 살아 있다. 여자는 집안일이 기본이고 남자는 경제와 공적 생활이 기본이라는 성별에 따른 전통적인 규범은 이에 기반을 둔 노동의 분업이 변화했음에도 여전히 문화적 잔재로 남아 있다. 예를 들어 영국에서는 오랫동안 신문에 난 '공적 이슈'에 대해 여성이 남성보다 관심을 적

표 5.4 ≪오픈데모크라시≫ 기사의 상대적 성 분포(2008.1.1~7.10)   (단위: %)

주제	여성· 권력	예술· 문화	세계화	민주주의· 권력	갈등	신념· 아이디어	기타	전체
남성	32	42	64	84	92	80	75	72
여성	68	58	36	16	8	20	25	28

주: 샘플은 기사 134개.

게 보여왔고[42] 아직도 하원의원 중 여자는 20퍼센트뿐이다.[43]

이런 성적 유산이 ≪오픈데모크라시≫에 깊은 족적을 남겼다. 여성 기고자는 '여성과 권력', '예술과 문화' 섹션에서는 활약을 했지만 정치 섹션에서는 눈에 띄는 활동을 하지 못했다(표 5.4 참조). 사무실 내의 여성주의적 압력이 50 대 50의 섹션을 만들도록 했는데 이는 '≪오픈데모크라시≫가 여성과 남성이 균등하게 쓰고 읽고 활용하는 시사 포럼이 되도록 만들고자 하는 편집 프로젝트'였다. 하지만 2008년 당시, 이 웹진의 기고자 가운데 72퍼센트는 여전히 남자였다.

기고자의 지리적·계급적 그리고 성적인 불균형이 이 웹진이 보여주는 동적인 상호작용에 의해 시정될 수도 있었을 것이다. 그렇지만 토론 포럼은 웹사이트 내의 별도의 공간에 배치되었고 일반 기사들과 반쯤은 유리된 관계가 되었다. 2005년과 2006년 한 고위 편집 이사는 이 토론란을 '거의' 보지 않는다고 실토하기도 했다. 2007년부터 기사 아래에 독자의 댓글이 달리긴 했지만 상대적으로 그 수가 적었다. 2008년 전반기에 가장 많은 댓글이 달린 논쟁적인 기사라고 해야 그 수가 36개에 지나지 않았다.

요약하자면, 이 웹진은 국제적인 이해를 증진하기 위해 주변화된 시각을 포함해 서로 다른 견해를 모으는 것을 목표로 했다. 하지만 실제로는 세계의 부유한 지역에 거주하는 엘리트와 남자의 기고를 압도적으로 조직해냈을 뿐이었다. 그렇다 해도 기사의 질과 지성, 그리고 협소한 국가적인 관점에서 벗

어난 점은 이 웹진을 온라인 저널리즘 분야에서 특별히 중요하게 만들었다.[44]

생산의 문화

외부적인 요인이 이 웹진의 콘텐츠에 영향을 미쳤다고 하면, 다른 요인 역시 영향을 주었다. 즉 기부금 수입은 편집 정책에 직접 영향을 준 것은 아니지만 전략과 인력 면에서 간접적인 영향을 주었다(보조금 신청과 연계된 일련의 변화와 함께). 격정적인 사무실 분위기도 영향을 미쳤는데 새로운 주제가 도입된다거나 직원이 한꺼번에 빠져나가는 결과를 가져왔다. 웹진에 흘러든 사회적·문화적 네트워크도 흔적을 남겼다. 예를 들어 런던 대학교 버벡컬리지의 '도회지와 시골' 세미나는 ≪오픈데모크라시≫가 글을 쓸 사람을 선발하는 중요한 행사였는데, 편집자 세 명 중 두 명을 여기서 뽑았다. 일부 연구에서 보듯[45] 새로운 통신 기술의 영향력을 결정적인 것으로 보는 것은 이런 기술이 어떻게 활용될지를 결정하는 다른 영향력을 간과하는 것이다.

지면의 제약으로 여기서는 한 가지 영향, 즉 진화해가는 '생산의 문화'만 집중해서 보겠다. 눈에 띄는 문화적 양식 세 가지를 확인할 수 있는데 사실 각각의 양식은 전래의 요소들을 통합하며, 이것이 끝난 뒤에도 '생명'을 계속 유지한다.

≪오픈데모크라시≫를 형성한 첫째 문화는 기본적으로 정치 잡지의 문화였지만 다른 요소들을 받아들이면서 계속 변화해갔다. 창립자 겸 편집자인 앤서니 바넷(2001~2005년)은 카리스마가 넘치는 문학자이자 정치인으로 대표적인 좌파 잡지인 ≪뉴레프트리뷰New Left Review≫의 편집위원을 역임했고, 몇 권의 책을 썼으며(『아이언 브리타니아Iron Britannia』를 포함해서) '88 선언'이라는 영향력 있는 헌정 개혁 그룹을 이끌었고 프리랜서 언론인이었다. 그가 웹진을 설립하려고 불러 모은 사람들은 실험극장 그룹을 설립한 사람, 영화감독, 그

리고 전직 대학교 강사 등이었다. ≪오픈데모크라시≫가 확장되면서 한층 다양한 배경의 사람들을 끌어들였는데 국제 시민사회 운동가나 기업인도 포함되었다.

　이런 이질성이 혁신을 추동했는데 이는 조직의 운영 구조가 수평적이어서 더욱 잘 이뤄졌다. 또 이는 초기에 서로 다른 섹션('주제')이 다양한 방식으로 발전하도록 상당한 자율권을 허용하는 이유가 된다. 2001년 ≪오픈데모크라시≫는 사이버의 옷을 입은 종이 잡지였다. ≪뉴스테이트맨^Stateman≫과 ≪인카운터^Encounter≫(정치적이고 문학적인 순수문학 잡지로 1990년에 종간되었다) 중간쯤 어디에 자리 잡고 있었다. 심지어 ≪오픈데모크라시≫는 종이 잡지마냥 발행 호수까지 있었다. 그 뒤 4년간 ≪오픈데모크라시≫는 독창적이고 새로운 것으로 변모해갔다. 기사들은 일반적인 전형을 깨고 자유로워졌으며 길이도 상당히 다양해졌다(일부는 5,000자에 이르거나 더 되기도 했다). 웹진의 일부는 학자들이 서로 논전을 펼치는 대학교의 심포지엄에 들어간 듯했다. 또 다른 일부는 컴퓨터 모니터의 빛으로 이미지가 명확해 보이는 미술 전시회에 온 듯했다.[46] 다른 부분은 여전히 일간신문의 독자 투고란을 보는 듯했다. 반면 다른 부분은 떠들썩한 정치 집회에 들어서는 듯했는데, 특히나 이라크 전쟁을 향해 치닫던 시기에 ≪오픈데모크라시≫가 토론 포럼을 시작한 것이 그러했다. 웹사이트의 다른 부분은 다양한 요소들을 합성했는데, 예를 들어 아름다움과 공포, 물신과 저항, 보편성과 지역성의 근원으로서 머리카락이 가진 다른 의미를 일련의 사진과 인용문(이는 시, 팝송, 종교 경전, 소설 그리고 연극에서 따온 것이다)을 인용해 서술한 시리즈 기사 같은 것이 그 예이다.[47] 눈에 잘 띄지 않는 구석에는 알바니아에서 일본에 이르기까지 다른 언어와 문화권에서 생활하는 삶의 내면을 조명하는, 번역하기 힘든 말에 관한 짧고 기발한 시리즈 기사가 있다.[48] 그리고 이 웹진은 영국 외의 기고자가 계속 늘어나면서 차츰 세계주의적인 형태로 진화해갔다. 2004년 말에 이르러 ≪오픈데모크라시≫는 정치 주간지의 복사판이길 그만두고 자신만의 개성을 발휘하기 시작했다. 이는 신문 저널리즘, 사진 저널리즘, 예술 전시, 책, 학술 세미나 그리고 정치 집회 같은 다양한 문화적 양식을 한데 끌어 모은 혼성물이었다. 이 웹진은 서로 다른 곳에서 수집된 물건을 싣고 처녀지로 나아가는 (사막의) 대상 행렬과 같았다.

이사벨 힐튼Isabel Hilton(2005~2007년)이 이끄는 새로운 편집 체제는 일간신문 저널리즘 문화를 덧씌웠다. 힐튼은 뛰어난 해외 특파원이자 저자였으며 BBC 라디오 진행자를 역임한 자신감 넘치고 성공적인 언론인이었다. 수다스럽고, 분산되어 있으며, 실험적이고 때로는 비조직적인 이 웹진의 특징은 처음 선보였을 때 직업 저널리즘의 판에 박히고 효율화된 구조와는 완전히 다른 것이었다. 힐튼은 곧이어 플리트 스트리트(영국의 언론사 밀집 지역을 말함 — 옮긴이)의 규율과 관행을 끼워 넣기 시작했다. 날마다 열리는 편집회의(신문과 마찬가지로)를 기반으로 해서 중앙 집중화된 통제 구조가 만들어졌다. 직원들은 편집회의 전에 라디오 뉴스를 듣고 신문을 읽고 '쓸모 있는' 무언가를 갖고 오라는 지시를 받았다. 웹사이트의 편집 의제는 이슈 중심에서 뉴스 중심으로 전환했으며 미리 계획된 행사나 정치 일정에 좀 더 신경을 쓰게 되었다. 기사는 좀 더 짧고 일정한 길이로 쓰여, 영국 신문의 관행처럼 1,200자를 넘어서는 기사는 거의 사라졌다. 주간지에서 일간지로 주기가 바뀜에 따라 기사의 건수는 늘어났다. 기고자의 구성도 변했는데 전문 언론인이 좀 더 많아졌다.

이런 재생 작업을 거쳐 나온 것은 신문의 전통적인 라이노타이프linotype 식자 문화와 비슷한 것이었다. 새롭게 탄생한 웹진은 품질 유지에 많은 공을 들였다(약한 기사가 줄어들었다). 기사는 좀 더 잘 썼고, 좀 더 시사적이며, 좀 더 입장이 선명해졌다. 웹진은 사색적인 것이 덜하게 되어 독자에게 요구하는 것이 적어졌다. 이는 또 기발함과 독창성이 줄어들어 주류 미디어와 별 차이가 없어졌다. 이는 부분적으로는 예술과 문화 섹션을 크게 줄인 결과이기도 한데

이 분야가 예산 삭감의 영향을 상대적으로 가장 크게 받았다. 하지만 이 웹진은 이 시기에 면모를 일신하기도 했는데 팟캐스트를 개발하고 중국과 남미에서 괜찮은 필자를 구하기도 했다. 이사벨 힐튼은 예산이 급격히 삭감된 상황에서 이런 일들을 해내느라 애를 먹었다. 그녀는 위기 국면에서 이 잡지를 안정화했으며 급전직하하던 사이트 방문객 감소 추세를 뒤집었다.

세 번째 ≪오픈데모크라시≫의 재탄생은 토니 커즌 프라이스^{Tony Curzon Price}(2007년~)가 편집자로 있는 동안에 이뤄졌다. 그는 한층 예산이 줄어들고 직원도 감소하는 제약에 놓였다. 그러나 그는 취임과 함께 캘리포니아의 공동체적 문화를 이식했고 이는 이 웹진에 새로운 생명을 불어넣었다. 커즌 프라이스는 캘리포니아의 방랑자로 불리는 인물로 2001년에서 2004년까지 인터넷 사업가로 일했다. 그는 이 웹진의 방문객 수가 상대적으로 적은 국면에 편집 책임을 맡았는데 그가 처음 시도한 일은 지금까지 별도의 공간에 배치하던 독자의 댓글을 기사 옆으로 옮긴 것이었다. ≪오픈데모크라시≫를 ≪슬레시닷^{Slashdot}≫처럼 독자가 글을 쓰는 곳으로 커뮤니티화하되 더 다채롭게 만들려는 노력은 2008년 '아이디어 포럼^{Ideas Forum}' 설치라는 상상력 넘치는 결정으로 이어졌다. 이 잡지는 온라인으로 수백 명을 — 종전에 좋은 글을 기고한 사람을 중심으로 — 초청해 기사 아이디어를 제시하거나 이를 토론하고, 적합한 필자를 선정하는 일을 해달라고 부탁했다. 이는 잡지 초기의 실험 단계에서 앤서니 바넷이 영국인을 중심으로 끌어 모은 소수의 외부 편집자 모임을 훨씬 뛰어넘은 것이었다. 이 포럼은 또 인턴과 자원봉사자(일부는 해외에서 역할을 하는)로 팀을 꾸리는 것에서 한발 더 나아갔는데 이들 인턴과 자원봉사자는 행정, 글 다듬기, 웹진의 출판 등에서 중요한 역할을 담당했다. 사실 커즌 프라이스는 인터넷 기술을 활용해 편집을 집단 협업의 과정으로 만들어보고 싶어 했다(비록 품질을 위해 최종 통제권은 보유하겠지만). 따라서 그는 웹에 기반을 둔 또 하나의 프로젝트인 '위키파잉^{Wikifying}'(온라인 백과사전 '위키디피아'처럼 집단 지성을 활용하는 참여적 지식 창출 — 옮긴이)을 ≪오픈데모크라시≫의 핵심적인 특징으로 만드는 데 인터넷이 가진 에너지를 활용하고 싶어 했다. 이것의 성공 여부를 말하는 것은 아직 이르다. 그렇지만 이는 공동체 문화에 기반을 둔 새 출발을 보여주는 것으로 더 위계적인 편이었던 종전의 편집 방침과 달라진 것이었다.

비록 편집자 세 명이 다양한 문화를 끌어들여 잡지를 서로 다른 방향으로 이끌었지만 그들 모두는 공통점이 있다. 그들 셋은 모두 교육적 배경이 좋은 엘리트였다(각각 케임브리지 대학교, 에든버러 대학교, 옥스퍼드 대학교에서 학위를 받았고, 토니 커즌 프라이스는 런던 대학교에서 박사학위를 받았다). 그들이 끌어들인 사람들도 비슷한 배경을 갖고 있다(2008년 중반, 몇 안 되는 ≪오픈데모크라시≫의 직원 중에는 예일 대학교나 맥길 대학교의 학위를 갖고 있는 사람이 있었다). 이러한 공통된 교육적 배경이 세 명의 편집자 아래서 이 잡지의 성향을 결정해, 특정한 종류의 — 광장히 독립적이고(좌든 우든), 증거에 입각해 있으며 분석적인 — 기사를 찾도록 했다.

무엇보다 이 잡지의 중심에는 일종의 사해동포주의internationalist humanism에 대한 헌신이 자리했다. 오래 근무했고 영향력 있는 부편집자인 데이비드 헤이스David Hayes를 포함해 잡지의 핵심 인물들은 다른 문화를 존중하는 것의 중요성을 잘 알고 있었고, 서로 다른 나라에 사는 사람들이 남들이 알아주기 전에 자신의 얘기를 먼저 해야 한다고 믿었으며, 평등에 바탕을 둔 호혜적인 관계를 발전시켜 나가야 한다고 생각했다. 외국 필자의 글을 다듬는 데 공을 들인 것도 부분적으로는 나라 사이에 균등한 토론을 이끌어내기 위한 것이었다. 서로 더 잘 이해하기 위해 국제적인 대화를 촉진하는 것은 이 잡지가 여러 번 변신하는 동안 일관되게 유지된 핵심 정신이었다.

기술과 돈

경제적 측면 역시 ≪오픈데모크라시≫의 발전에 핵심적인 요인이었다. 사실 이 잡지의 역사는 웹 출판 — 보통의 블로그를 넘어서 — 이 '자유'와는 거리가 멀다는 것을 보여준다.

인터넷은 인쇄와 재생 비용을 사용자에게 전가함으로써 비용을 낮춘다. 이는 또 도매상과 소매상을 거치지 않고 시장에 접근하는 길을 열어준다(프랑스나 그리스처럼 법으로 배포를 보호해주지 않으면 소매상은 작은 잡지들에게 커다란 마지막 장벽이다). 전 세계에서 접속할 수 있는 인터넷은 여러 나라의 소수의 독자를 모아서 새로운 도전을 해볼 수 있게 한다(예술영화 제작과 비슷한 상황). ≪오픈데모크라시≫는 이 모든 이점을 활용할 수 있었다 — 적은 비용, 쉬워진 시장 접근, 그리고 세계적인 독자.

그럼에도 웹진은 여전히 돈을 써야 했다. 가장 큰 지출 항목은 다음과 같았다. 원고를 청탁하고 고치고 콘텐츠를 출판하는(말하자면 제목을 달고 편집하고 발간하는) 직원과 사업을 관리하는 직원에게 들어가는 급여, 필진에게 주는 원고료, 그리고 사무실 유지 비용 등이다. 그 외에도 예를 들면 웹사이트 디자인과 3년 뒤의 재단장(그 뒤 인력이 적게 드는 웹사이트를 위한 조언에도)에 12만 파운드가 드는 등 갖가지 쓸 일이 생겼다. 이 웹진은 사실 여러 가지 비용 절감 노력을 기울였다. 홍보와 번역에 드는 비용을 줄였고 편집국 직원들에게 낮은 임금을 지급했으며 자원봉사자와 인턴 인력을 활용하는 방법을 강구했다. 그렇다 해도 이 웹진은 2001년부터 2008년 사이에 435만 파운드를 지출해야 했다.[49] 이 중 일부는 수익을 내보려 시도한 사업이 실패로 돌아가는 등 잘못된 지출이 끼어 있음을 인정해야 한다. 하지만 이 잡지가 하려던 일을 생각해보면 ≪오픈데모크라시≫의 지출 가운데 상당 부분은 불가피한 것이었다.

온라인 출판의 진짜 어려움은 매출에 있다. 월드와이드웹World Wide Web은 상호 연결과 지식에 대한 자유로운 접근을 촉진하기 위해 세계에 주어진 선물이다.[50] 이런 변화는 컴퓨터 산업에 종사하는 사람들의 지지를 받았고,[51] 거대 미디어 그룹도 마지못해 이를 수용해, 지금 자사의 온라인 뉴스 사이트를 무료로 개방하고 있다(부분적으로는 자신들의 오프라인 사업을 보호하려는 의도이기도 하다). 독자들은 그래서 온라인 기반의 뉴스 콘텐츠에 돈을 지불하는 데 익숙하지 않다.

이 때문에 ≪오픈데모크라시≫도 웹사이트 접근 요금을 부과할 수 없었다. 독자 수는 상당히 많았지만 광고로 적절한 수익을 창출하기에는 너무 적었다. 이 잡지의 고결한 휴머니즘은 인도주의적으로 시급한 일이나 당파적 헌신처럼 지지자들이 신용카드를 꺼내게 만드는 종류의 것은 아니었다. 그래서 이 잡지는 포드Ford 재단에 160만 달러를 대출해주면 스스로 수익을 내는 방안을 찾아보겠다는 사업 제안을 했다. ≪오픈데모크라시≫는 직원을 고용해 기사 공동 배급, 과거 기사를 이북e-book용으로 판매하기, 기관 구독자 확보, 기부 권유, 광고 판매 등의 일을 맡겼다. 새 사업에 사람을 쓰는 것은 돈이 많이 들었음에도 제대로 된 매출을 올리는 데는 실패했다.

이 때문에 전성기에 직원 24명을 두었던 이 웹진은 거의 망가질 위기에 처하게 된다. 이 웹진은 2005년과 2006년 연착륙에 필요한 긴급 자선자금 보조를 받았다. 2007년에는 양대 자금원이었던 포드와 록펠러Rockefeller 재단이 더 이상의 지원을 거절하면서 거의 망하기 일보 직전으로 치닫는다. 이 웹진은 사무실 유지가 불가능해 호의를 보이는 비정부단체NGO의 휴게실로 2007년 잠시 이사하기도 했는데, 그 뒤 다행히 좀 더 나은 사무실을 마련한다. 2008년 이 웹진의 핵심 직원은 세 명으로 줄었고 나머지는 연결된 프로젝트에 소속됨으로써 전체적인 관리 비용을 절감하게 된다.

이 프로젝트에는 조지 소로스Jeorge Soros의 열린사회협회Open Society Institute의 지원을 받아 러시아에 관한 지적이고 비판적인 토론을 이끌어내는 것과 요세프 론트리 개혁 신탁Joseph Rowntree Reform Trust의 재정 지원으로 영국 정치(헌정 제도 개혁과 함께)에 대해 토론하는 것이 포함된다. 사실 이런 변화는 새로운 재원 조달 모델을 보여준다. ≪오픈데모크라시≫ 웹사이트를 각 자선기금의 구미에 맞게 별도의 섹션으로 나누는 것이다. 이는 또한 이 프로젝트가 표방한 국제주의에 걸맞지 않게 웹사이트를 국가 중심의 고립지로 밀어 넣는 것이다.

사실 이 연구의 가장 중요한 함의는 상업 미디어와 국가와 연계된 미디어 사이 ─ CNN과 BBC 월드뉴스, ≪이코노미스트The Economist≫와 알자지라 사이 ─ 에 존재하는 국제적인 공간은 이 새로운 시도가 자라고 번성할 만한 수익원을 찾아내지 못했다는 것이다. ≪오픈데모크라시≫가 열어젖힌 국제적인 온라인 저널리즘을 지탱할 만한 안성맞춤의 비즈니스 모델은 존재하지 않았다.

비판적 사회 이론에서 기대하는 것과 달리 국제 공론장을 만들어내는 일은 부분적으로 이런 이유 때문에 한결 어렵다. 이 사례연구로 판단하건대 권력과 자원의 국제적 불균형은 언젠가는 나타날 국제 공론장을 왜곡할 것이다.

MEDIA
AND
DEMOCRACY

제3부 미디어와 신기술

06

기술에 대한 오래된 예언

Technology foretold

도입

새로운 미디어에 대해 천년왕국설 같은 예언을 하는 것은 오래전부터 반복된 일이다. 가정마다 비치된 수신기에서 아침에 접혀서 나오는 '팩시밀리' 신문이 독점의 폐해를 겪는 미국의 신문 저널리즘을 부활시킬 것이란 예언이 있었다.[1] 1975년에는 '미국인을 황홀하게 하는' 일반 시민의 무선 라디오가 공동체 의식을 되살릴 것이다,[2] 컴퓨터를 이용한 인쇄 기술이 주류 신문을 뒤엎을 것이다,[3] 캠코더가 텔레비전을 민주화하고 일반인에게 권력을 줄 것이다,[4] 시디롬CD-ROM이 출판을 변화시키고 '교실에서 책을 완전히 대체할 것이다' 같은 예언이 그것이다.[5] 대부분 미국에서 나온 이런 예언들은 하나같이 오류로 판명되었다.[6]

이어질 사례연구는 지난 30년간 영국에서 네 개의 '새로운 미디어' 발달과 관련해 무엇이 예언되었고 실제 무엇이 일어났는지를 보여준다. 비록 영국의 특수한 사례이지만 이들은 좀 더 일반적인 함의를 갖고 있다. 이 연구는 새로운 커뮤니케이션 기술의 영향에 대해 그럴듯한 예언을 평가할 때 좀 더 의심어린 눈초리로 주의를 기울여야 함을 강조한다. 이 연구는 왜 기술에 대한 환상이 만들어져 떠돌아다니고, 유사종이 어딘가 또 있게 마련인지 보여준다. 또 미디어의 미래에 대한 그럴듯한 예견이 때로는 미디어 규제 완화를 정당화하는 데 활용되었음을 보여준다. 비록 복잡하고 다양한 모습을 띠었지만 이런 규제 완화는 일부 국가에서 실제 일어났다.[7] 영국이 주로 다뤄지긴 했으나 이 연구는 현재도 폭넓은 공감을 불러일으킨다.

케이블 텔레비전

영국에는 1982년 새로 정보기술상에 임명된 케네스 베이커^{Kenneth Baker}만큼 미디어의 미래를 잘 아는 사람이 별로 없었다. 장수하게 될 내각의 구성원으로[8] 막 떠오르는 별이었던 그는 공무원들과 업계 대표로부터 돌아가는 사정을 청취했다. 그는 숙고 끝에 케이블 텔레비전의 등장이 '200년 전의 산업혁명보다 우리 사회에 훨씬 깊숙한 영향을 줄 것'임을 하원 연설을 통해 밝힌다.[9] 야당의 누구 한 사람도 이 확신에 찬 견해를 반박하지 못했다. 이 예견은 다음과 같은 몇 가지 명확해 보이는 가정에 입각한 것이었는데 우선 '광대역' 케이블 방송이 '주문형 영화' 서비스로 인기를 끌게 될 것이고, 귀가 먹거나 나이가 든 사람, 그리고 교육을 원하는 성인을 위한 소수자 채널이 가능해지고, 무엇보다 '케이블로 연결된 텔레비전 수상기'를 통해 전달될 다양한 소비자 서비스가 가능해지리란 것 등이다.

케네스 베이커는 마지막에 언급한 이 서비스가 '앞으로 수년간 우리가 살아가게 될 사회의 구조를 완전히 바꿀 것'이라고 말했다.[10] 베이커는 다른 곳에서 연설하는 기회를 빌려 '1980년대 말까지는 다채널 케이블 방송이 전국

어디에서나 보편화되고', 케이블 텔레비전이 '홈쇼핑, 은행, 응급 신고를 비롯해 여러 다양한 서비스에 활용될 것'이라고 말했다.[11]

사실 우리는 지금 케이블 텔레비전이 산업혁명보다 더 큰 영향을 끼치지 않았다는 것을 안다. 1980년대 말에 케이블 텔레비전이 '보편화'되지도 않았다. 1989년 당시 전체 가구의 1퍼센트만이 케이블 텔레비전을 보았고,[12] 2008년에도 케이블 텔레비전의 시청률은 겨우 13퍼센트였다.[13] 계량기 검침, 여론조사, 가정 보안 시스템, 홈뱅킹, 원격진료와 같이 떠들썩한 기대를 받던 케이블 텔레비전의 서비스는 실현되지 않았거나 별로 오래가지 못했다.

그런데 이 신비로운 '룬Runic 문서'(고대 북유럽의 룬 문자로 쓰인 예언서로 뉴미디어를 말함 - 옮긴이)를 오도한 사람은 케네스 베이커만은 아니었다. 1992년에서 1994년 사이 많은 영국 신문은 한 가지 확신에 찬 예언을 대서특필해 줬는데, 이는 케이블 텔레비전이 정보의 유통을 촉진하고 재미있고 새로운 서비스를 이끌어내 오락이 선도하는 경제성장과 혁명을 가져올 것이란 예언이었다.

그들이 무얼 강조하느냐에 따라 내용은 달랐다(때로 회의적이었던 ≪파이낸셜 타임스Financial Times≫ 같은 부분적인 예외도 있었다). 예를 들어 ≪더 타임스The Times≫의 교육 특집(1983년 11월 4일 자)은 케이블 텔레비전의 개발을 공공 도서관의 탄생에 견주었고, 자신들의 교육 프로그램이 집에 틀어박혀 있고 저녁 수업을 받기 싫어하는 젊은이나 성인에게 전달될 수 있을 것이라고 흥분된 톤으로 예고했다. ≪파이낸셜 타임스≫(1982년 10월 13일 자)는 들뜬 어조로 케이블 텔레비전이 '집에서 곧바로 사고파는 것'을 가능하게 할 것이라고 예견했다. ≪선데이 텔레그래프The Sunday Telegraph≫(1982년 3월 26일 자)는 '일주일에 한 차례 정도의 우편배달'을 빼고는 우편배달 서비스를 사라지게 할 것이라는 전문가의 말을 인용했다. 비록 강조점은 달랐지만 기본적인 메시지는 같았다. 케이블 텔레비전이 영국 사회에 심오한 영향을 끼칠 것이란 얘기다. 잘 흥분하지 않는 ≪이코노미스트≫(1982년 3월 6일 자)마저 케이블 텔레비전 사업이 대처[Thatcher] 행정부의 '가장 중요한 산업정책적 결정'임을 분명히 했다.

쌍방향 디지털 텔레비전

하지만 케이블 텔레비전에 대한 회의론자는 초기부터 있었고 그 숫자는 1980년대 중반이 되니 크게 늘었다. 하지만 새로운 숭배 대상이 등장했고 이는 처음부터 모든 것을 갖추고 시작하지는 못했으나 1990년대에는 앞에서 나온 모든 것들을 갖게 된다. 무엇보다 '양방향' 케이블 텔레비전에 대해 하던 얘기가 '상호작용적' 디지털 텔레비전에서도 반복되었다. 그런 이야기가 1994년부터 주기적으로 반복되었지만 이번에는 비판자도 별로 없었다. 마침내 기술의 메시아[messiah]가 재림해서 영국 구석구석 모든 믿는 사람에게 복음이 퍼져나갔다.

쌍방향 디지털 텔레비전(요즘 종종 iTV로 불리는)은 케이블 텔레비전 초기에 기대되었던 것과 같이 '매력적인 응용 프로그램'을 탑재할 수 있다는 점이 강조되었다. 하지만 '주문형 영화' — 지금은 '주문형 비디오'로 불림 — 는 그전에 기대를 모은 어느 것보다도 나았다. ≪인디펜던트[The Independent]≫ 기사(1996년 1월 12일 자)를 보자.

주문형 비디오는 잘 운영되기만 하면 우리가 세계의 거의 모든 영화를 불러오고, 어떤 TV 프로그램도 시청하고, 그리고 '꿈의 시간표' — 자신만의 완벽한 저녁 시청 — 를 짜는 걸 가능하게 해준다.

돌봄의 기술이 가져올 가슴 따뜻한 비전이 다시 한 번 강조되었다. ≪선데이 타임스[The Sunday Time]≫(1998년 10월 4일 자)는 쌍방향 TV가 '아프거나 나이들고 노쇠한 사람을 위한 무수한 서비스'를 제공할 것으로 내다봤다. 디지털 TV가 줄 수 있는 상호작용적 소비자 경험과 관련해 좀 더 정도가 심해진 미래의 환상이 나래를 펼쳤다.

- 시청자들은 곧 TV를 통해 그들의 휴가 계획을 여행사와 '진지하게 의논'할 수 있을 것이다(≪인디펜던트≫, 1994년 10월 24일 자).
- 여성들은 가상 패션쇼에 등장한 새 디자인의 옷을 TV를 통해 살 수 있을 것이다(≪더 타임스≫, 1994년 11월 27일 자).
- 아울러 시청자들은 소파에 누워 쇼핑몰을 어슬렁거리며 가상의 상점에 들어가 보고, 좋아하는 물건을 사게 될 것이다(≪인디펜던트≫, 1994년 10월 6일 자).

옛날과 마찬가지로 새 기술이 심오한 영향을 끼칠 것이란 예상이 나왔다. ≪선데이 타임스≫(1995년 4월 30일 자)는 이 "'쌍방향 TV'라는 미래의 기기는 정보, 교육, 미디어, 상업 그리고 오락이 21세기의 가정으로 배달되는 방식의 혁명을 가져올 태세"라고 밝혔다. 쌍방향 TV가 시청자에게 힘을 주는 점이 강조되면서 과거보다 한 단계 더 이에 대한 찬양의 목소리가 높아졌다.

- 시청자들은 쌍방향 TV를 통해 '핵심 이슈에 대해 1년 내내 투표'하게 될 것이다(≪가디언The Guardian≫, 1994년 6월 21일 자).
- '드라마의 줄거리를 선택'하는 통제권을 갖고 자신이 '슬픈 결말이나 행복한 결말 중 무엇을 원하는지 밝힐 수 있다'(≪인디펜던트≫, 1997년 8월 16일 자).
- 한밤중에 정보 채널 수백 개 가운데 '내가 관심 있는 뉴스를 방영하는' 방송을 선택할 수 있다(≪선데이 타임스≫, 1994년 11월 20일 자).

- 이 모든 것은 'TV 프로듀서에서 가정 내 소비자로 근본적인 권력의 이동이 있을 것'이란 의미였다(≪선데이 타임스≫, 1995년 4월 30일 자).

사실 1990년대와 2000년대 초에 발달한 iTV는 별로 상호작용적이지도, 소비자를 능력 있게 해주지도 않았다. TV에서 쇼핑한다는 것은 엄청나게 홍보하는 몇 개의 물품 가운데 하나를 선택하는 것을 의미했다. 주문형 비디오는 그다지 좋지 않을 때가 많은 몇 편의 영화를 제공하는 데 그쳤다. 원격진료는 결국 NHS^National Health Service 다이렉트라는 서비스가 되었는데, 이는 사실 의학 사전에 접속하는 것을 미화한 것이었다. 1995년 냇웨스트^NatWest 은행이 쌍방향 TV를 통한 은행업무 서비스를 처음 시작했지만 2003년 이를 종료하고 말았다.[14] 어떤 유료 채널이 보여주는 축구 게임은 카메라 앵글이 풍부하지 못했다.

iTV에 대한 신문의 팡파르^fanfare에도 여전히 시청자 대부분은 별로 감동하지 못했다. 2003년 오프콤^Ofcom(영국의 방송·통신 감독 기관인 커뮤니케이션위원회^Office of Communiations — 옮긴이) 조사를 보면 20퍼센트만이 쌍방향 TV를 보기 위해 돈을 지불할 용의가 있다고 응답했다.[15] 상호작용적 서비스는 2006년 영국 내 텔레비전의 비방송 매출 가운데 36퍼센트를 차지했을 뿐이며[16] 그 대부분은 특별 가격을 적용하는 전화 부문에서 나온 것이었다.[17] 가장 중요한 텔레비전의 상호작용성은 아마도 〈빅브러더 쇼^Big Brother show〉에 대중이 투표한 것이리라. 그러나 빅브러더 쇼는 19세기 말 개발된 전화의 쌍방향 기술을 선호해[18] 2004년 빨간 단추 투표를, 2006년 문자 메시지 투표를 중단했다. 이는 '바보상자'에서 '지능형 기기'로 변환된 텔레비전이 얻고자 했던 것이 아니었다.

시장조사 보고서를 보면 빨간 버튼 장치를 가진 사람 중 극히 일부만 실제 이것을 사용했다.[19] 쌍방향 서비스 사용자는 2005년에서 2006년 사이에 오히러 줄기도 했다.[20] 사반세기 동안 iTV의 사도들이 갈구해 마지않던 공현(예수의 공현에 빗댄 말 - 옮긴이)은 실현되지 않았다.

지역 공동체 텔레비전

지역 공동체 텔레비전이 발달할 것이란 얘기는 오랫동안 끈질기게 살아남은 잘못된 예견의 하나다. 케이블 TV가 지역 공동체 TV로 발전할 것이며 이를 통해 지역 공동체가 강화될 것이란 권위 있어 보이는 예언이 1980년대 초에 나왔다.[21] 지역 신문에 견줄 수 있는 새로운 유형의 지역 방송국이란 비전은 1980년대와 1990년대 정치인, 언론인, 그리고 활동가의 마음을 사로잡았다. 그래서 1990년, 방송기자인 리처드 그레고리Richard Gregory는 '새로운 케이블 운영자들은 지역 공동체 채널을 통해 지역 라디오조차 따라오기 힘든 긴밀한 유대를 공동체와 맺었다. 이로써 최고의 주간 신문에 버금가는 방송을 만들 수 있는 큰 기회를 맞았다'고 썼다.[22]

노동당 예비 내각의 미디어 장관인 그레이엄 알렌Graham Allen 같은 이는 한발 더 나아가 지역 텔레비전이 지역 공동체 의식을 고양하고 프로그램 제작의 민주화를 이뤄내며, 사회적 경험의 다양성이 '영상에서 꽃피도록' 할 것이란 희망을 피력했다.[23]

이런 예측과 예찬은 주기적으로 반복되었다. 1980년대 케이블 TV의 성장이 부진해짐에 따라 지역 공동체 텔레비전의 성장도 늦어지는 결과가 빚어졌다. 지역방송 뉴스 채널이 런던, 버밍엄, 리버풀 같은 대도시에서 야심차게 닻을 올린 것은 1990년대 중반이 되어서였다. 이 중 대부분은 실패했고 새로운 기술이 지역 저널리즘의 부활을 가져오리라는 희망도 수그러들었다.

1996년 방송법에 따라 새로 만들어지는 지역 텔레비전 방송국에 기간이 짧고 지역에서만 통용되는 면허를 내주는 새로운 전략이 마련되었다. 이로써 풀뿌리 텔레비전 저널리즘이 대지를 박차고 이륙하리라는 새로운 기대가 형성되었다(비록 이 방송은 '구식' 기술을 사용하는 것이긴 했지만). 예를 들어 ≪선데이 타임스≫(1998년 9월 27일 자)는 '새로운 회사 50곳'이 새로운 지역 공동체 채널을 설립할 것이란 점을 들어 감상적인 어조로 '영국 텔레비전에서 조용한 혁명이 일어나고 있다'고 밝혔다. 과장된 혁명의 이미지는 ≪인디펜던트≫(1998년 2월 14일 자)가 '이번 주 옥스퍼드의 후미진 방에서 작은 혁명이 시작되었다'고 썼을 때 다시 한 번 환기되었다. 지역 채널인 옥스퍼드 채널은 전문 직원 30명, 여러 자원 봉사자와 함께 출범해 매력적인 지역 프로그램 스케줄을 선보였다. 보고서를 보면 공동 전무이사는 '공동체가 프로그램에 동참하도록 만드는' 것이 목표라고 했다.

새로 허가된 지역 채널의 대부분은 운영을 계속할 만한 수익 모델을 만들지 못했다. 시청자는 적었고, 따라서 광고도 별로 없었으며 공적인 재원 조달도 잘 이뤄지지 않았다. 지역 채널 중 도산하는 곳이 늘어났다. 1996년 이후 새롭게 허가를 받은 지역 채널 23개 가운데 2006년 초까지 살아남은 곳은 13곳에 불과했다.[24] 살아남은 곳이라 해도 호의적인 언론인들이 그리도 열광하던 풀뿌리 프로그램, 지역에서 만들어진 프로그램의 꿈은 대부분 흔적만 남았다. 그 결과 옥스퍼드 채널의 직원들은 2000년 해고되었고 새 주인인 마일스톤Milestone 그룹에서 파견된 최소 인원이 인수했다. 새 주인을 맞은 옥스퍼드 채널은 〈스카이 뉴스Sky News〉, 〈팝 비디오pop videos〉, '광고 특집'을 방영하고 지역 시사 프로그램을 매주 세 시간'까지' 방송했다(강조 추가).[25]

일부 희망적인 예외가 있지만 지역 공동체 텔레비전은 실패로 돌아갔다. 2007년 당시 모든 지역 공동체 TV를 합친 시청률은 영국 전국 시청 시간의 0.5퍼센트에 지나지 않았다.[26] '조용한 혁명'은 다음으로 연기되었다.

닷컴 거품

통신 기술에 대한 과도한 낙관은 1990년대 말 닷컴 거품에서 그 극치를 이루었다. 신문 경제면은 인터넷이 상거래를 바꾸고 기술에 도통한 기업인을 부자로 만들고 있다고 하루가 멀다고 보도했다. 말하자면 ≪더 타임스≫(1999년 12월 31일 자)는 그해를 결산하며 도취감에 젖은 듯 이렇게 썼다.

14명이 몇 가지 알려진 아이디어와 몇 대의 컴퓨터, 그리고 몇 푼의 현금 외에는 사실상 무에서 시작해 12개월 만에 11억 파운드를 벌어들이는 것은 불가능할 것이다. 그런데 그게 실제로 일어났다.

마찬가지로 ≪인디펜던트≫는 일요판(1999년 7월 25일 자)에 "웹 천재들 수백만 달러 벌어들이다"라는 제목의 기사를 실었다.

조숙하고 빠르게 번식하는 '닷컴' 백만장자 종은 눈이 휘둥그레질 만큼 부자이고 우스울 정도로 젊다. 그들의 재산은 복권의 잭팟jackpot을 껌 값으로 보이게 한다.

이것이 의미하는 것은 독자들도 닷컴의 시류時流에 올라타기만 하면 시장에서 잭팟을 나눠가질 수 있으리란 것이다. ≪선데이 타임스≫(1999년 12월 26일 자)는 다음과 같이 썼다.

부자로 가는 길에 편승하려는 투자의 광들이 이번 ≪포브스Forbes≫ 표지를 장식했는데, 이 기사는 "모든 사람은 부자가 되어야 한다"라고 말하고 있다.

≪선데이 미러Sunday Mirror≫(1999년 10월 17일 자)의 조언은 특히 노골적이다. '당신의 재산: 불리려면 인터넷에 접속하라.' 이 시기에는 터무니없이 과하게 낙관적인 견해가 자주 언론에 소개되었다. 예를 들어 ≪인디펜던트≫(1999년 7월 14일 자)는 '망 뒤에 있는 10억 달러짜리 재주꾼들이 활동하는' 덕분에 좋은 시절은 계속된다고 결론 내렸다. 금융 분석가인 로저 맥나미Roger McNamee는 다음과 같이 썼다.

이론적으로는 이 시장(사이클)은 4~5년 전에 끝났어야 했다. 그런데 이론을 따르는 사람은 요즘 바보처럼 보인다. 바보는 춤을 춘다. 그런데 더 바보는 그저 바라만 보고 있다.

실리콘밸리의 벤처 투자가 조엘 쉔도르프Joel Schoendorf의 낙관론도 이에 못지않았는데 그는 "내년, 그리고 그 뒤 5년 또는 10년간 매년 투자가 5퍼센트씩 늘어난다 해도 놀랄 일이 아니다"라고 밝혔다.

사실 닷컴 붐은 이 예견이 나온 뒤 12개월도 안 되어 종언을 고했다. 그러나 ≪파이낸셜 타임스≫나 ≪이코노미스트≫의 주목할 만한 예상을 빼고는 영국 매체 가운데 거품이 터지기 전에 이를 명확히 예견한 곳은 거의 없었다(남의 말을 쉽게 믿는 미국 신문과 비슷한 구석이 있다).[27] 대부분의 영국 신문들은 닷컴 기업이 돈을 많이 번 것을 보도했을 뿐 실제 그 기업이 탄탄한 기반 위에 있는지는 알아보려 하지 않았다. 이 신문들은 인터넷이 가져온 비용 절감이 각 소매 분야별로 엄청나게 차이가 나는 것을 제대로 조명하지 않았다. 더 놀라운 것은 국가 통계국이 내놓은 한 가지 사실에 거의 주목하지 않은 것이다. 닷컴 붐이 한창이던 1999년 4월에서 6월 사이에도 영국 가정의 고작 14퍼센트만이 인터넷에 접속할 수 있었다는 사실 말이다.[28]

비록 인터넷이 그 뒤로 심대한 영향을 끼쳤지만 인터넷의 영향은 좀 더 넓은 범위의 사회적 변화에 수반되는 것이었다.[29] 영국의 닷컴 기업 중 상당수는 이익을 내지 못한 채 2000~2002년 사이에 파산했다. 연금 기금은 투자 실패로 자금이 바닥났고 미국에 이어 영국도 경기 침체로 가는 것을 간신히 피했다.

오판의 동학

영국 기자들이 원래부터 잘 속거나 남을 믿어버리는 것은 아니다. 그런데 닷컴 붐을 보도할 때 그들이 한 실수는 별개의 사건이 아니라 새로운 통신 기술이 가져오는 환상을 무비판적으로 대하는 일반적인 방식의 일부인 것이다. 그럼 이런 맹점이 어디서 오는 것일까?

기본적인 설명은 기자들이 정보를 가진 취재원이 말하는 것에 단순히 반응할 뿐이란 것이다. 그들은 서로 잘못된 판단을 굳히는 과정에 노출되며 단순히 이를 재생산한다. 이런 결론은 어떻게 기자들의 뉴스 보도가 주요 취재원에 의해 좌우되는지를 보여주는 많은 연구들과 맥이 닿는다.[30]

뉴미디어에 대한 잘못된 정보의 주된 근원은 늘 이를 홍보해서 이익을 보고자 하는 기업들이다. 즉 1980년대 케이블 텔레비전에 대한 과도한 낙관은 기본적으로 가전, 컴퓨터 그리고 케이블 텔레비전 업계에서 시작된 것이다.[31] 그들은 케이블 텔레비전의 '산업적' 측면을 경제성장의 엔진으로 제시함으로써 기본적으로 문화적 고려 아래 만들어진 공영방송에 대한 광범위한 합의의 허를 찌르고자 했다. 과도할 만큼 낙관적인 그들의 예견은 규제 완화를 얻어내기 위한 것이기도 했다. 이는 관료적 통제에서 벗어나 발전해갈 수만 있다면 케이블 TV가 꽃피고, 사회에 엄청난 이득을 안겨줄 것이라는 주장이었다.[32]

iTV에 대한 환상의 주된 발원지는 쌍방향 TV 개발자들로, 대표적으로는

BSkyB, 영국 통신^{British Telecom: BT}, 그리고 비디오트론^{Videotron} 등이다. 예를 들어, 1999년 스카이디지털^{Sky digital}에 오픈 채널(BSkyB와 BT가 공동으로 소유한 프로젝트)이 생긴다는 기사가 전국지에 엄청나게 실렸다. 이 기사의 핵심 요지는 '마침내 텔레비전 쇼핑이 가능한 시대가 되었다, 이는 사람들의 생활 습관을 엄청나게 바꿀 것이다, 그래서 결론은 오픈 채널이 큰돈을 벌 것이다'였다. 이런 떠벌임은 머독이 소유한 신문에서 유난했는데 이들은 새로 시작된 채널의 자매회사였다. 예를 들어 ≪더 타임스≫(1999년 4월 15일 자)는 주식 거래가 시작되기도 전에 시티^{city}(런던 금융가 − 옮긴이)의 분석가 말을 빌려 오픈 채널의 가치가 14억 파운드에 이를 것이라고 보도했다. 이런 팡파르 기사의 예측과는 달리 이 회사는 실패의 굴욕을 맛보며 2001년에 문을 닫게 된다.

마찬가지로, 영국 내 닷컴 열광의 주된 근원은 인터넷 사업자, 벤처 자본가 그리고 투자 분석가들이 서로 연결되어 분위기를 띄운 탓이다. 지역 공동체 TV의 '조용한 혁명'에 관해서는 지역 공동체 TV의 고위 임원이 떠벌임의 근원이었다.

집단적인 판단 착오를 일으키는 데 두 번째로 많이 영향을 준 그룹은 보수당·노동당의 고위 정치인들이었다. 1980년 이래 일련의 정부는 제조업 쇠퇴를 만회하기 위해 '새로운 정보 경제'를 성장의 발판으로 삼았다. 그들은 또 영국의 노동자들이 세계 경제에서 효과적으로 경쟁하게 하기 위해 정보 기술을 습득하는 것을 장려해왔다. 남는 주파수를 팔아서 재정 수입을 늘리려는 의도도 일부 작용해 아날로그 방송을 디지털로 신속히 전환하는 것이 양당 공통의 목표가 되었다. 좀 더 일반적으로는 새로운 통신 기술이 교육이나 시민 정신의 수단으로 찬미되었다.

정부의 장담은 뉴미디어에 대한 허풍을 만들어내는 밑바탕이 되었다. 예를 들어 노동당 정부는 닷컴 붐이 한창일 때 이렇게 선언했다. '정보의 증가는 지식과 시민 참여의 측면에서 민주적 혁명을 추동했다. 정보가 권력이라면, 권력은 이제 누구나 거머쥘 수 있는 거리에 있다.'[33] 정부의 장담은 한발 더 나아가기도 했다. 1기 대처 정권 때 정보기술상을 역임한 케네스 베이커는 케이블 TV의 성공이 영국 경제의 현대화에 기여할 것이라고 믿었다. 그래서 이 업계의 가장 열렬한 대변인을 자임했다.[34] 토니 블레어도 쌍방향 TV의 열렬한 홍보 대사가 되었다. 그는 야당 지도자였던 1990년대에 국민들에게 '텔레비전을 전화선에 연결해 끝없는 기회에 접속하라'고 촉구했다. 그는 외판원 스타일로 이렇게 말을 이었다. "TV 앞에 앉아 어디를 방문할지, 무얼 살지를 결정할 수 있다. 이 시스템은 쌍방향적이어서 어떤 부동산 중개업자나 여행사 브로슈어brochure를 보고 싶은지 결정할 수도 있다."[35] 그는 수상 재임 초기에도 이를 계속 주장했다. "기술 발달에 힘입어 쌍방향 TV로 원격진료의 편리함을 누릴 날도 얼마 남지 않았다."[36]

세 번째로 중요한 예찬은 기술·금융 전문가에게서 나왔다. 업계 전문가들이 주도하는 정부 내 정보기술자문단Information Technology Advisory Panal: ITAP은 1982년 아주 문제가 많은 보고서를 하나 냈다.[37] 이 보고서가 밝힌 케이블 TV의 성장과 영향에 대한 예측은 왜곡되어 있었지만 이 보고서는 당시 널리 보도되었고 신뢰를 받았다. 금융 전문가들은 닷컴 버블과 쌍방향 디지털 TV 열풍에 일조했다. 언론계도 ≪가디언≫의 디지털 콘텐츠 부장이 된 에밀리 벨Emily Bell 같은 나름의 권위자를 배출해냈다. 그녀는 iTV의 열렬한 사도로서 예측이 틀리는 시련은 겪었지만 신념을 고수했다. 2001년 그녀는 iTV가 일부 실패했음을 인정하면서도 'iTV가 차세대 유망한 플랫폼platform 자리를 넘보고 있다'고 썼다.[38] 7년 뒤에도 그녀는 '빨간 단추 상호작용'의 힘에 대해 열정적으로 글을 썼다.[39]

대학교에도 뉴미디어의 힘을 역설하는 전문가가 많았다. 자신의 표준을 홍보하고자 하는 컴퓨터 과학자도 그들 중 하나였다. 예를 들어 노팅엄 트렌트 대학교의 커뮤니케이션과 컴퓨터 그래픽학과 교수인 스티븐 그레이Steven Gray

는 시청자들이 '새 옷을 TV 화면에서 입어볼 수 있게 하는' 방법을 개발했다는 이유로 ≪더 타임스≫(1994년 11월 27일 자)에 소개되기도 했다. 그는 이 시스템이 '맞춤형 가정 패션쇼를 가능하게 함으로써 사람들이 옷을 사기 전에 입으면 어떻게 보이는지를 알 수 있도록 한다'고 설명한다. 그 뒤 10년 동안 이 소프트웨어에 대한 소식은 거의 나오지 않았다.

신문이 인용한 학자들이 특이하다는 점은 기자들이 취재원의 말을 수동적으로 재생하는 단순한 '희생자'가 아니고, 무엇이 뉴스 가치가 있는지 판단하고 좋은 기사가 되도록 이야기를 조율한다는 점을 보여준다. 뉴미디어가 사람들이 사는 방식을 어떻게 바꿀지에 대한 기사는 ('당신은 미래에 대한 준비가 되어 있나?'와 같은 제목을 단)[40] 소비자나 생활양식면의 널찍한 지면을 메우는 데 상당히 유용하다. 새로운 통신 기술의 영향에 대한 주장이 과도할수록 기사가 주목을 끄는 데는 더 유리했다.

미국은 객관적으로 보이는 예찬이 흘러나온 또 다른 발원지였다. 1980년대 신문은 미국을, 앞선 케이블 기술 덕분에 상호 연결된 '유선화된 사회'로 전환한 국가로 소개했다. 또 1990년대 후반에는 선진화된 쌍방향 TV 시스템 개발을 주도한 닷컴 혁명의 선구자로 묘사했다. 미국은 또한 추앙받는 예언자의 본고장이기도 했다. 영향력 있는 ITAP 보고서는 참고문헌에서[41] 케이블 텔레비전과 관련해 유명하지만 나중에 잘못된 것으로 드러난[42] 미국 책 두 권을 많이 참조했음을 밝혔다. 신문은 MIT의 권위자 니콜라스 네그로폰테[Nicholas Negroponte][43]를 여러 차례 인용했지만 쌍방향 디지털 텔레비전과 관련해 그가 자신 있게 말한 예측은 거의 들어맞지 않았다.[44] 미국 미래학 전통의 반복되는 교의敎義 ─ 즉 뉴미디어가 부를 창조하고 지역 공동체를 되살리며 시민의 권한을 강화할 것이라는 ─ 는 아메리칸드림의 핵심 주제와 맞닿아 있다.

약한 반대

비록 회의적인 취재원도 인용할 수 있지만 그들은 뉴미디어를 과장 광고하는 사람들에 비해 덜 유명하고, 만나기 쉽지 않고 또 '덜 믿음직'스럽다. 아무튼 1980년대 초, 케이블 TV 회의론자는 두 갈래였다. 한 갈래는 BBC와 ITV의 고위 임원들로 그들은 케이블 TV가 성공하는 데 긴요한, 저렴한 오락 프로그램을 찾기 쉽지 않다고 반박했다. 또 한 갈래는 시티(런던의 금융가)의 분석가들로 이들은 케이블 TV가 빠른 시일 안에 이익을 낼 수 있을지 회의적이었다. 방송사 고위 임원들은 케이블 TV와 경쟁해야 하는 라이벌이어서 그들의 말은 순수하게 받아들여지지 않았다. 하지만 방송업계의 주요 인물이어서 뉴스원으로서 '인정'을 받았고, 케이블 TV에 대한 그들의 회의론이 종종 뉴스화되었다.[45] 1982~1983년 사이에 케이블 TV의 미래에 대해 회의적인 금융 분석가들의 말에 주목한 것은 ≪파이낸셜 타임스≫뿐이었는데, 이들 때문에 이 신문이 다소 비판적으로 보도하게 된 것으로 보인다.

또 다른 회의론은 내부에서 나왔다. 1977년 오하이오 주 콜럼버스에 위치한 워너 케이블Warner Cable사는 케이블 TV로 진전된 실험QUBE에 착수했다. 이 회사는 다채널 서비스, 종량제 영화감상 채널, 컴퓨터 게임, 쌍방향 서비스, 가정 내 보안·에너지 관리와 같은 서비스를 제공했다. 좀 더 시민 지향적이라는 차이가 있었지만 비슷한 쌍방향 케이블 TV 실험은 1978년 일본의 나라에서도 시도되었다. 이 두 번의 실험은 실망스러운 결과를 낳았는데 쌍방향 서비스가 매우 돈이 많이 들고 소비자의 반응은 뜨뜻미지근하다는 것을 확인한 것이 소득이었다. 이런 정보가 새어 나와 문서화되었는데, 예를 들면 이탈리아 같은 곳에서는 학문 연구의 대상이 되기도 했다.[46] 그런데 1980년대 초 케이블 TV를 취재하던 영국 기자들 중 기술 전문가는 드물어서 미국이나 일본 산업과의 연계는 거의 없었을 것이다. 예외로는 미국 미디어 업계 관계자와 폭넓은 인적 관계를 유지하며 좋은 미디어 책[47]을 펴낸 미국 기자 브렌다 매독스[Brenda Maddox]가 있다. 그녀는 ITAP 보고서를 비판한 점에서 다른 기자들과 달랐다. 그녀는 1982년 기사에서 '컴퓨터와 케이블 텔레비전에 기득권이 있는 인사로 구성된 패널이 미국의 경험을 자의적으로 취사선택한 데 바탕을 두고 영국에서 케이블 서비스에 대해 낙관적인 전망을 했다'고 썼다.[48] 힘들여서 체득한 전문성 덕분에 그 떼거리 저널리즘에서 벗어날 수 있었던 것이다.[49]

또 다른 내부 정보가 쌍방향 TV의 실체를 드러낼 수도 있었다. 타임 워너[Time Warner Inc.]는 1995년부터 1997년까지 플로리다 올랜도에서 '풀서비스[Full Service] 네트워크'라는 이름의 두 번째 쌍방향 텔레비전 실험(이번에는 좀 더 발달된 기술과 폭넓은 서비스를 가지고)에 들어갔지만 실패하고 말았다.[50] 이런 정보는 느리게 알려졌고 별다른 참고가 되지 못했다. 브렌다 매독스와 비슷한 최근의 인물은 1990년대의 아짐 아즈하르[Azeem Azhar]인데 그는 좀 유별난 데가 있었다. BT(영국 통신 — 옮긴이)가 선택적으로 제공하는 브리핑 정보에 의지하는 대신, 지방의 BT 쌍방향 텔레비전 시범 사업을 운영하는 사람들을 인터뷰했다. 그와 인터뷰한 사람들은 '전혀 산뜻하지 않은 콘텐츠'와 전송량이 적고 때로는 다운되어 버리는 기술에 대해 불평했다.[51]

약속과 실제 사이의 간격이 커지면서 새로운 통신에 대한 과장된 낙관론은 결국 무너졌다. 케이블 TV 업계가 투자자와 고객을 끌어들이는 데 어려움을 겪는 게 분명해지면서 1980년대 중반까지 케이블 TV 회사는 파산의 대명사였다. 1982년 9월에 전국 가구의 '절반 이상'이 2년 이내에 TV 채널 30개를 보게 될 것이라고 예고했던 케네스 베이커는 1985년, 왜 그런 가정이 아직 하나도 없느냐는 날카로운 질문을 받았다.[52]

마찬가지로 닷컴 버블은 1990년대 중반에 시작되었지만 닷컴 기업들이 이익을 낼 기미가 없다는 것이 명확해진 2000년 3월에야 거품이 터졌다. 반대로 쌍방향 텔레비전에 대한 과장된 낙관론은 갑작스레 터져버리기보다는 서

서히 바람이 빠졌는데, 이는 여기에 건 희망이 부분적이나마 보상을 받았기 때문이었다. BBC의 아이 플레이어[Player](BBC 프로그램 다시보기 서비스 — 옮긴 이)는 iTV 열성론자들의 주장과 달리 근본적인 의미에서 쌍방향 서비스는 아니고 TV 스크린에 연결된 단말기로 움직이는 것도 아니었다. 그렇지만 이는 독자들이 볼 수 있는 프로그램의 범위를 쓸모 있게 늘려주었다.

문화적 틀 짓기

영국의 보도는 권위 있는 취재원의 영향을 받을 뿐 아니라 영국 문화에 뿌리박은 세계관의 영향도 받는다. 기자들은 늘 새로운 통신 기술이 사회 변화를 이끈다고 믿는데 이런 믿음은 꽃가루처럼 그들이 숨 쉬는 공기 속에 섞여 들어온 것이다.

과학과 기술이 세상을 바꾼다는 믿음은 근대성 이론의 근본에 깔려 있다. 즉 과학적 발전이 흉작에서 오는 기근에서 우리를 자유롭게 했고, 생활수준을 향상시켰으며, 끝도 없는 집안일의 고통에서 벗어나게 하고, 지성의 지평을 엄청나게 넓혔으며, 사회적·지리적 이동성을 크게 높였고, 기대 수명을 크게 늘렸으며 위험을 눈에 띄게 줄였다는 것이다.[53] 비록 빅토리아식 진보의 비전은 제대로 이행되지는 않았으나 기술이 사회적·경제적 진보의 산파 역할을 한다는 믿음은 사회사상에 오래도록 강력한 영향을 미쳤다.[54]

1980년대 초 기자들이 케이블의 도입과 유선방송 서비스에 대해 다룰 때에도 이런 믿음은 영향을 끼쳤다. 케이블과 유선방송은 세상을 좀 더 좋게 만들 새로운 기술로 찬양되었다. 이런 천년왕국류 기사 중 대표적인 것은 '새로운 산업혁명'이라고 칭한 ≪더 타임스≫의 사설(1982년 1월 11일 자)이 있다. 이 사설은 '첫 번째 산업혁명은 제조업에서의 기계 발명'이라고 회고하면서 '이번 혁명은 사회와 그 지식을 조직하는 수단을 완전히 바꿔, 오래도록 유지되어온 중앙집권화된 통제와 반복되는 노동을 필요 없게 하고 무한한 여유를 가진 분산된 새 사회로 바꾸는 것이라 할 수 있다'고 주장했다.

비록 강도가 약해지긴 했지만 천년왕국식의 화려한 말잔치는 1990년대에도 지속되었다. "세계로 통하는 당신의 관문"이란 제목의 ≪선데이 타임스≫의 기획 기사(1998년 10월 4일 자) 도입부가 보여주듯이 이런 것은 유토피아적인 수사법과 세속적인 예언이 불편하게 뒤섞이는 상황으로 이어졌다.

> 텔레비전은 세상으로 이어지는 20세기의 창문이었다. 21세기의 새벽은 우리가 이것을 열어젖히는 것을 의미할 것이다. 디지털 방송으로 가능해진 쌍방향 텔레비전은 텔레비전을 집 안의 상징물에서 편집 기능을 갖춘 복합 영화관, 스포츠 센터로 바꾸고 쇼핑센터로 변모하게 할 것이다.

쌍방향 TV를 통해 '세계로 향한 창문을 연다'는 수사법과는 달리, 이 기사는 영국 외에 세계 어느 나라도 언급하지 않았고 나라 사이의 교류 증진에 대해서는 별다른 얘기가 없다. 이 기사의 핵심적인 취지는 '스위치를 올리고 쇼핑을 하라. 당신이 골라라'라는 것이다. 그럼에도 이 기사는 도입부에 나온 수사를 통해 근대적인 생각이 가진 힘을 노출한다. 즉 20세기에 만들어진 창문이 21세기에 열릴 것이다. 새로운 기술에 대한 과장된 낙관론을 무비판적으로 받아들이는 마음가짐을 엿볼 수 있다.

영국의 문화가 보도에 영향을 미치는 두 번째 방식은 기술 중심적인 사고 방식을 부추기는 것이다. 이는 사회과학이 제 역할을 하지 못해서 생긴 일이다. 사회과학은 새로운 기술을 연관성 속에서 파악한다. 즉 폭넓은 사회적·경제적인 디자인과 콘텐츠, 그리고 새로운 기술의 발전이 사용되는 방식을 틀 짓는 것에 초점을 맞춘다. 그런데 이런 식으로 기술을 바라보는 것은 익숙지 않은 것이어서 기자들은 잘 모른다.

뉴스 보도는 어떤 것이 기술적으로 가능할 때 이것이 곧 출현할 것이라고 가정했다. 즉 곧 이 기술이 채택될 것이고 그 가능성이 실현될 것으로 봤다는 것이다. 기자들이 초점을 맞춘 것은 그 기술이 무엇을 '가능하게 할' 것인가와 그에 따른 영향이었다.

이런 기술 중심적인 접근은 새로 개발된 것의 중요성을 과대평가하는 경향을 낳았다. 케이블 텔레비전과 쌍방향 텔레비전을 유난히 두드러지게 다룬 것이 이런 경향을 잘 보여준다. 신문을 읽는 독자들은 사반세기 이내에 전자 '도서관'과 디지털 '상점'에서 손가락 하나만 까딱해 어떤 영화든 불러올 수 있으리란 이야기를 되풀이해서 들었다. 말하자면 시청자가 원하는 것이면 무엇이든 쌍방향 기술이 불러오게 될 것이라는 얘기였다.

하지만 기술적으로는 텔레비전을 이용해 엄청난 양의 영화에 접근할 수 있게 되었지만 미국 내 주요 영화 저작권 보유자와의 이해관계가 맞지 않아 이런 일들은 일어나지 않았다. 미국의 '섹소폴리^{sexopoly}'(컴퓨터 게임업체 — 옮긴이)는 최근작뿐 아니라 과거 영화의 저작권을 확보해 같은 작품을 서로 다른 플랫폼에 순차적으로 출시하는 방법 — 영화 배급, 기념품 판매, 세계 각국 TV 방송사에 방송권 판매, 비디오와 DVD 판매 — 으로 수익을 극대화하는 비즈니스 모델을 만들어냈다. 비디오 대여점이 번창하면서 이 사업 모델이 한때 위협을 받게 되자 할리우드의 대자본은 대표적인 블록버스터^{blockbuster} 비디오 체인에 대한 지배력을 넓혀갔다. 이를 통해 그들은 비디오 대여점이 자신들의 사업을 잠식하기보다는 보완하는 기능을 하게 만들었다.[55]

반면 할리우드의 거대 영화사들은 주문형 비디오가 그들의 이익에 심각한 위협이 된다고 결론 내렸고 이 사업의 발전해나가도록 지원하는 것을 — 제대로 영화를 제공하는 것을 — 꺼렸다. 이것이 주문형 비디오가 별로 성공하지 못한 이유이다. 영화의 종류가 충분치 않았던 것이다. 즉 기술이 무엇을 '할 수 있을지'는 경제적 과점 세력에 의해 차단되었고 저작권과 국제법 체제에 의해

훼손되었다. 환경이 바뀌지 않으면 이런 장애는 지속될 것으로 보인다. 중요한 것은 신기술이 무엇을 할 수 있는지가 아니라 경제 권력이 무얼 허용하느냐를 살펴보는 것인데 언론은 이런 고찰을 제대로 한 적이 없다.

영국 신문의 정치학에 대해 간략한 첨언이 필요하겠다. 유력 전국지들은 1979년부터 1992년까지 치러진 선거에서 어떤 정당을 지지하느냐를 놓고 독자들보다 한층 보수적인 태도를 보였다.[56] 1996년 이후 새로운 노동당을 지지하는 변화가 있긴 했지만 전국지 대부분은 지속적으로 시장 친화적인 정치를 선호했다. 시장에 기반을 둔 기술 발달이 새로운 세계를 만든다는 생각 — 지난 30년 동안 뉴미디어 보도의 중심 주제였던 — 은 대다수 신문의 일반적인 논조와 일치하는 것이었고, 편집국 내부 정치에서도 아무런 문제를 일으키지 않았다.

회고

영국 언론은 케이블 TV, 지역 공동체 TV, 닷컴 버블 그리고 쌍방향 디지털 TV의 예찬에 열중했다. 언론은 매번 꾸며낸 약속의 공허함을 꿰뚫어 보지 못했다.

실패의 원인은 크게 두 가지다. 신문은 '권위 있는' 취재원이 새로운 통신 기술이 끼칠 영향을 제대로 짚어내지 못한 잘못을 그대로 반영했다. 신문은 무엇보다 기술이 진보를 이뤄내는 힘을 가졌다는 믿음에 의문을 품지 않았다. 또 경제학이나 사회학과는 초연한 기술 결정론적 관점을 무비판적으로 추종했다.

그런데 잊지 말아야 할 것은 뉴미디어에 대한 과도한 예찬은 신자유주의적 정치 의제와 맞닿아 있으며 때로는 미디어의 규제 완화를 원하는 취재원에게서 나온 것일 수 있다는 점이다. 업계의 기득권 집단이 정보기술자문위원단

(1982년)[57]을 지배했고, 여기서 낸 보고서는 케이블 TV의 규제 완화를 통한 발전이란 청사진과 명분을 제공했다. 보수당의 마가렛 대처 정권은 민간 자본의 자율화를 통해 경제를 '현대화'하겠다고 약속했기에 이런 보고서를 받아들일 마음의 준비가 되어 있었다. 베이커 경은 '마가렛 대처는 이것이 실업 문제에 해답이 될 수 있다며 — 그 당시 대처는 매우 지지율이 낮았다 — 즉각 이 제안이 가진 잠재력을 알아봤다'고 회고했다.[58] 신문들이 고분고분하게 케이블 TV에 대한 기대를 고조시켜준 덕분에 반세기 이상 확고했던 공영방송에 대한 초당적 지지에 균열이 발생하게 된다. 케이블 TV는(iTV와 달리)는 전반적으로 공영방송의 틀 밖에서 발전했다.

마찬가지로, 쌍방향 디지털 텔레비전의 발전과 관련해서도 사람들의 오해를 증폭시키는 주장들이 장삿속을 우선시하는 기업들에게서 나왔다(그중에서도 BSkyB를 소유한 머독의 뉴스 코퍼레이션이 대표적이다). 토니 블레어는 쌍방향 텔레비전 전도사를 자임했는데 이는 '신노동당'의 개혁적인 지도자라는 자신의 선거 전략과 맞아떨어졌기 때문이었다. 신문들은 디지털 TV의 쌍방향성과 사용자 통제라는 찬송단에 합류함으로써 과거에 저지른 오류를 반복했다.

물론 새로운 기술은 무엇보다 채널 수를 늘릴 수 있게 하여 텔레비전에 변화를 가져왔다. 하지만 케이블 TV와 쌍방향 디지털 TV에 관해서 나온 장밋빛 전망은 거의 실현되지 않았다. 케이블 TV와 쌍방향 디지털 TV는 1980년대에 경제적·사회적 혁명을 불러오지 않았다. 그러기는커녕 케이블 TV에 대한 투자는 제대로 이뤄지지 않았고 손해를 봤으며 이용자도 별로 없었다. 1990년대와 2000년대 초반까지 쌍방향 TV는 시청자의 통제권을 강화시켜주지도, 텔레비전 시청 형태를 바꾸지도 못했다. 그 대신 일부 기능에서 약간의 개선을 이룬 것이 전부다

하지만 텔레비전이 워낙 달라져서 프로그램의 질과 다양성을 보장하기 위

한 규제는 별로 바람직하지 않다는 생각이 지난 30여 년 동안 꾸준히 축적되어왔다. 이 기간에 다른 대부분의 북부 유럽 국가보다 영국에서 텔레비전에 대한 규제 완화가 더 대대적으로 펼쳐졌다.[59] 말하자면 미래를 도구 삼아 현재의 변화를 이끌어내는 사례가 여기서도 확인된다.

저널리즘의 미래

The future of journalism

　미디어 빅뱅을 맞아 주류 언론이 선택한 노선은 글로리아 게이너^{Gloria Gaynor}의 노래 '나는 살아남을 거야^{I will survive}'와 같았는데, 이 노래에서 그녀는 처음 버림받았을 때 망연자실했다고 말한다. 하지만 주류 언론은 대중 광고 없이도 '우리는 살아남을 거야'라고 선언한다. 그들은 문제에 잘 대처했던 과거의 기록을 제시한다. 독자를 새로운 환경에 붙잡아 두기 위해 뉴스 웹사이트가 만들어졌다. 많은 곳에서 온라인과 오프라인 뉴스룸^{newsroom}이 비용 절감을 위해 통합되었다. 기자가 일부 감원되었고 남은 이들은 좀 더 생산성을 높여서 빈자리를 메워야 했다. 비용 절감을 위해 신문의 발행 면수를 줄였다.

　대응 노력은 계속되고 있다. 전통 매체는 콘텐츠 수집자(구글 등)와 좀 더 나은 계약을 하려고 노력한다. 규제 당국은 간접 비용을 줄이고 미디어의 시너지를 높이기 위해 미디어 교차 소유 제한을 좀 더 풀어달라는 압력을 받고 있다.[1] 뉴스코퍼레이션^{News Corporation}(세계 최대 신문 그룹)은 완전 무료였던 웹사이트에 요금을 부과하는 '유료화'를 실험했다. 다른 실험이 계속될 것으로 예상되는데, 예를 들면 일부 콘텐츠는 무료로 하고 프리미엄 콘텐츠는 돈을 내도록 한다든지 뉴스 웹사이트 이용을 TV나 전화와 묶어서 판다든지 하는 특가 판매 전략이 그것이다.

주류 언론은 저널리즘의 건강성을 확보하기 위해 효과적인 생존 방안이 마련되고 있다고 주장한다. 상황이 더 어려울수록, 그들이 내놓는 장담은 더 대담해지고 있다.[2] 그들은 저널리즘이 위기에 처한 것이 아니라 충분히 통제 가능한 전환기에 있을 뿐이라고 주장한다. 요약하면, 그들이 있는 한 미래의 저널리즘은 안전하다는 것이다.

저널리즘의 위기

그런데 그들이 고용한 종업원들은 갈수록 생각이 달라지고 있다. 2007년 미국의 연구에서 '기자들은 돈 문제가 다른 모든 걱정에 앞선다고 생각한다'는 것이 드러났다.[3] 2008년에서 2009년 사이에 웹으로의 광고 이동이 가속화되면서 점점 더 많은 신문사가 문을 닫았고 뉴스 조직이 축소되었다. 2008년 1월부터 2009년 9월 사이에 영국에서 지역 신문(대부분 무료지) 106곳이 문을 닫았고[4] 미국에서는 ≪크리스천 사이언스 모니터The Christian Science Monitor≫나 ≪시애틀 포스트-인텔리전서Seattle Post-Intelligencer≫ 같은 이름 있는 신문들이 종이 신문을 접었다. 영국의 대표적 상업방송인 ITV는 (방송의 공영성 의무에 따라 운영했던 ─ 옮긴이) 지역 방송에서 철수하기를 원했고 미국의 지역 방송사들은 지방 뉴스의 취재를 중단했다.[5]

인터넷이 발달하면서 저널리즘이란 직업 영역이 큰 타격을 입었다. 2008년 퓨 연구소는 '2001년 미국 신문사에서 일하던 다섯 명 중 한 명이 이제는 그만뒀다'고 밝혔다.[6] 영국의 주요 지역 신문 체인으로 유명한 트리니티 미러Trinity Mirror는 2008년과 2009년에 직원 1,200명을 감원했다.[7] ITV는 이 기간에 1,000명을 감원했고, 노스클리프 미디어^{Northcliffe Media}는 2009년에 지역에서 1,000명을 감원한다는 목표를 세웠다.[8]

폐업과 감원이 이어지면서 저널리즘의 질이 떨어진다는 지적이 나온다. 영국 기자연맹 사무총장인 제레미 디어^{Jeremy Dear}는 '지역에서도 그렇고 전국적으로도 그렇고 민주주의가 타격을 입고 있다'고 경고했다. 그는 '시청과 법원 그리고 공공 기관'이 '이제 감시의 눈길에서 벗어나 있다'고 주장했다.[9] 이런 관점은 마틴 로손^{Martin Rowson}이 그린 만화에서 설득력 있게 제시되어 있다.[10] 로손의 만화에서 사다리를 타고 배를 내려가는 해군 조종사는 '기자'인데, 그의 앞에 눈가리개를 한 '공공의 이해'라는 사람은 뒤뚱거리다 바다로 떨어지고 만다. 배 위에는 한 회계사가 대차대조표를 뚫어져라 쳐다보고 있고, 수염을 기른 기자는 컴퓨터 화면의 구글을 응시하며, 들뜬 듯 보이는 공중公衆은 그의 휴대전화로 떠나는 '기자'를 찍고 있다. 바다에는 상어가 배회하는 가운데 불쌍한 '시민 저널리스트'가 구명보트를 부여잡고 있다. 로손의 만화는 기자들 사이에 널리 퍼진 생각을 압축해서 보여준다. 지금 같은 저널리즘의 위기는 공중의 이해를 약화시키고 민주주의에 위협을 가한다.

정화

이런 견해는 다른 급진적 전문가들에 의해 반박을 당했는데 이들은 갈수록 악화되는 신문의 재무 상태와 기자 감원을 유해한 저널리즘을 제거하는 정화작용으로 보는 이들이었다. 이번 위기가 결정적이란 점에서 그들은 더욱 즐거워했다. 미국의 신문 사가史家 존 네론^{John Nerone}은 '(저널리즘) 구체제의 죽음에 관해 가장 슬퍼할 것은 우리가 경멸할 것이 더는 남아 있지 않다는 것'이라고 썼다.[11]

같은 맥락에서 급진적 환경론자인 조지 몬비오^{George Monbiot}는 신문의 폐간을 보면서 악어의 눈물을 흘릴 필요가 없다고 말한다. 그는 '영국에서 지방지는 수년간 지배층을 대변하고, 민주적 선택을 오도하고, 비판자들에 맞서 기업과 경찰 그리고 지방의 엘리트를 옹호했다'고 밝혔다. '비록 그가 보기에 괜찮은 지역 신문이 몇 개 있긴 하지만', 보통은 '이것들도 구할 가치는 없다'고 주장했다. 왜냐하면 그들도 '좋은 일보다는 나쁜 일을 더 많이 하'기 때문이라는 것이다.[12]

이런 일군의 비판가들은 전통 저널리즘의 위기를 기회로 여기는 경향을 보인다. 이들은 거대 미디어 재벌이 시장을 옥죔으로써 억압되었던 진취적인 기상이 다시 발현되기 시작했다고 믿는다. 존 네론은 희망 어린 목소리로 '저널리즘이 다양한 특색이 있는 독자를 발견함으로써 새로운 미래가 열릴 것'이라고 말했다.[13] 이런 생각은 한 마디로 그들이 점점 나빠질수록 일은 점점 잘 돌아간다는 말로 요약될 수 있다.

르네상스

저널리즘이 위기라는 관점은 네 번째 해석에 의해 반박 당한다. 이들은 저널리즘이 위기이기는커녕 찬란한 부활의 관문에 들어서고 있다고 주장한다. 저널리즘 교육자들이 주로 하는 이런 주장은 세 가지 핵심 근거에 기초를 둔다.

먼저 인터넷이 전통 매체의 저널리즘 질을 향상시킨다는 것이다. 저널리즘은 이제 풍부한 공공 정보원과 다양한 뉴스 취재원에 즉각 접근할 수 있게 되었다. 그 결과, 전통 미디어는 뉴스의 내용을 좀 더 잘 확인할 수 있고 다양한 의견과 통찰을 제공할 수 있다는 것이다.

둘째는 인터넷은 웹에 기반을 둔 저널리즘의 개화를 가져왔고, 이는 전통 뉴스 미디어의 쇠퇴를 보완하고 있다는 것이다. 이런 생각은 독점화된 저널리즘의 구질서는 '≪맥월드Macworld≫'(컴퓨터 잡지의 이름. 인터넷이 펼치는 신세계 – 옮긴이)의 사막'이었는데, 지금 이 사막은 블로거, 시민 저널리스트 그리고 번성하는 웹 기반 신기업의 영지로 개간되고 있다. 이런 변화는 멈출 수 없는 일이다. 스티븐 베를린 존슨Steven Berlin Johnson이 말한 대로 '콘텐츠는 적어지는 것이 아니라 더 많아질 것이다. 정보와 분석이 더 풍부해지고, 더 정교해지고 다양한 틈새 분야가 다루어질 것'이다.[14]

세 번째로 옛날 저널리즘과 새로운 저널리즘의 세계는 '네트워크 저널리즘'을 통해 하나로 합쳐져 다양한 시너지synergy를 내고 있다는 것이다. 위기에 처한 저널리즘의 전통적인 경제 모델은 프로암pro-am(말하자면 전문가와 아마추어의) 협력에 기반을 둔 사회적 모델을 불러왔다. 비록 자원봉사자가 통제를 받는 일이 있긴 하지만, 자원봉사자들은 중심에 자리 잡은 전문가에게 뉴스와 정보를 제공하는 공급망 역할을 한다. 그들의 견해에 따르면 미래를 이해하는 핵심은 '저널리즘'이란 단어(이와 연계된 위계적 문지기gatekeeper 제도와 함께)를 '저널리즘적 행위journalistic activity'로 대체하는 것이다. 이런 행위란 개방되고 상호적이며, 수평적이고 협력적이며, 자발적이고 포용적인(비슷한 긍정적인 형용사가 계속 반복된다) 보도와 그전에 보고 듣지 못한 의견에 기초를 두는 것이다.[15] 대학은 이런 발전을 촉진하는 데 핵심적인 역할을 해야 한다는 것이다. 한 학자는 '미디어 연구는 네트워크화한 저널리즘이란 생각을 가르치는 프로그램으로 변신해야 한다'고 엄숙히 선언했다.[16]

이런 상황 전개는 패러다임paradigm이 변하고 있음을 보여준다. 그래서 요차이 벤클러Yochai Benkler는 독점화된 '산업시대의 저널리즘'에서 영리·비영리, 개인화·조직화된 저널리즘적 행위에 기반을 둔 다원화한 '네트워크 모델'로 전환해가고 있다고 주장했다.[17] 구이도 포크스Guido Fawkes라는 블로그는 이와 비슷하지만 좀 더 노골적으로 '뉴스를 포드주의처럼 하향식으로 결정하던 미디어 재벌의 시대는 갔다. …… 기술 덕분에 배포에 드는 비용이 눈에 띄게 줄어들어 큰 미디어는 더 이상 필요치 않을 것'이라고 했다.[18] 한마디로, 전통 미디어의 폐쇄와 인력 감축은 하향식에서 상향식 저널리즘으로 이행해가는 데 마땅히 치러야 할 비용일 뿐이란 것이다

그래서 이런 접근은 인터넷이 참여를 확대하고, 미디어 다양성을 촉진하며, 아울러 저널리즘 조직과 관행의 재구성을 촉진한다고 주장한다. 이들의 메시지는 아주 확신에 차 있다. 위기는 저널리즘이 좀 더 나은 모양으로 재발명되는 계기가 되고 있다.

이렇게 의견이 당황스러울 만큼 다른데 무얼 해야 하나? 언론계 리더들은 자신들이 전환 과정을 성공적으로 관리하고 있다고 주장한다. 많은 기자들은 저널리즘의 위기가 민주주의에 타격을 주고 있다며 목소리를 높인다. 극단적 낙관주의자들은 급격한 재창조를 예상한다. 그리고 일부 자유주의적인 교육자들은 저널리즘의 르네상스는 벌써 시작되었다고 선언한다. 다시 말해 전혀 합의가 없는 상태다.

이런 상황에서 가장 좋은 방법은 각각의 입장을 살펴보고 누가 옳은지 판단하는 것이리라.

머리 처박는 타조 같은 부인

전통 미디어의 형세는 어찌 보면 결정적으로 불리해졌다. 광고를 웹으로 빼앗기고 있기 때문이다.

처음엔 느렸지만 인터넷 광고의 성장은 눈부셨다. 두드러진 예를 들면, 캐나다의 온라인 광고 시장 규모는 1999년 5,000만 달러에서 2008년에는 16억 달러로 증가했다.[19] 이런 성장은 ─ 서구에서 일반적인 현상인데 ─ 전통 미디어의 수익을 잠식한 것이다. 2008년 덴마크에서 인터넷 광고는 텔레비전 광고를 앞질렀다. 비슷한 일이 2009년 상반기에도 이어졌다.[20] 하지만 인터넷이 가장 많이 잠식한 것은 텔레비전 광고가 아니라 신문의 '꿀단지'였던 생활 광

고classified advertising였다. 영국에서 인터넷의 생활 광고 비중은 2000년에서 2008
년 45퍼센트로 치솟은 반면, 지방 또는 지역이 가져가는 생활 광고 비중은 47
퍼센트에서 26퍼센트로 주저앉았다. 또 전국지가 차지하는 생활 광고 비중은
이 기간에 14퍼센트에서 6퍼센트로 줄어들었다.[21]

대부분의 지상파 상업방송은 광고에 의존하고 신문 역시 수입의 대부분을
광고에서 얻는다. 이처럼 광고 이용 매체의 변화는 신문과 방송에 결정적인
타격을 입히게 되었다.

그럼에도 이런 광고매체의 변화 추세가 달라지리라는 전망은 없다. 인터넷
은 광고매체로서 그 나름의 매력이 있어 승승장구해왔다. 우선 비용이 저렴하
다. 또 이용자가 엄청나게 늘어났다. 영국에서 인터넷에 연결된 가구는 1999
년 14퍼센트에서 2008년에는 64퍼센트로 늘어났다.[22] 유럽연합 국가에서는
2009년 당시 인터넷에 접속할 수 있는 가구의 비중이 64퍼센트에 이르렀
다.[23] 무엇보다 인터넷은 소비자를 겨냥해서 마케팅하기에 매우 좋은 매체이
다(이는 '검색' 광고가 미국과 영국을 포함해 어디서나 가장 규모가 큰 인터넷 광고
항목인 이유를 말해준다).[24]

사실, 인터넷 광고는 전통 미디어의 광고를 잠식하면서 앞으로도 계속 늘
어날 것으로 보인다. 인터넷 이용자 — 현재 전 세계 인구의 4분의 1 정도에 불과
하고,[25] 가장 경제적으로 잘사는 나라에서도 적지 않은 사람들이 배제되어 있지만 —
는 늘어날 것이다. 광고주들도 인터넷이 가진 광고의 잠재력을 활용하는 방법
을 개발해낼 것이다.

만일 온라인을 선호하는 추세를 멈출 수 없다면, 전통 뉴스 미디어가 자신
을 보호하기 위해 세워놓은 모래 부대의 모래가 빠르게 빠져나가게 된다. 그
들은 위성 뉴스 웹사이트를 만들어서 상당한 방문자를 끌어들였고 저널리즘
측면에서도 성공을 거두었다. 하지만 그들 대부분의 웹사이트는 한 가지 치명
적인 실패를 했다. 즉 많은 광고를 끌어들이지 못했다는 것이다. 미국의 신문

이 웹사이트에서 얻는 수익은 평균적으로 매출의 10퍼센트 미만이다.[26]

2010년 뉴스 웹사이트에 요금을 부과하려는 어설픈 시도가 있었지만 이는 실패를 예고한 것이었다. 온라인 콘텐츠를 무료로 제공하고 새로운 광고 수익원을 발굴하겠다는 전략은 먹히지 않았다. 마찬가지로 이 글을 쓰는 시점에서 유료화가 해결책을 제공할지는 매우 불투명하다. 유료화는 경제지를 제외하고는 뉴스 웹사이트를 찾는 독자 수를 급격히 떨어뜨릴 가능성이 크다. 왜냐하면 무료로 제공되는 대체제가 많기 때문이다.

유일한 긍정적인 신호는 신문 독자와 방송 청취자의 감소세가 광고 감소세보다는 완만하다는 것이다. 사실 인도나 중국 같은 나라는 실제로 신문 독자가 증가했고,[27] 벨기에나 네덜란드에서는 1997년부터 2007년 사이에 텔레비전 시청자가 탄탄하게 유지되었다.[28] 하지만 대부분의 선진국에서 신문 구독과 그보다는 사정이 낫지만 TV 뉴스 시청률은 꾸준히 감소하고 있다.

요컨대 대부분의 전통 뉴스 미디어의 수뇌부들은 전혀 상황을 통제를 못하고 있다. 그들이 무엇을 하더라도 이런 내리막길이 미래에도 계속될 것으로 예상된다.

천년왕국식의 환상

하지만 전통 뉴스 미디어가 종말을 앞두고 있는 것은 아니다. 무엇보다 텔레비전은 여전히 주요 미디어 지위를 유지하고 있다. 이는 인터넷이 자신들의 주요한 뉴스 정보원이라고 말하는 사람이 소수에 그치는 영국, 프랑스, 독일, 이탈리아, 일본에서뿐 아니라[29] 미국의 경우에도 마찬가지였다. 2008년 퓨pew 센터 조사에서 미국인의 40퍼센트가 인터넷을 주요 뉴스 정보원으로 지목했고, 70퍼센트는 텔레비전을 지목했다.[30]

이렇게 텔레비전이 뉴스 매체로서 중요성을 유지하는 것은 사람들이 인터넷을 어떻게 활용하는지와 관계가 있다. 2009년 초 영국 사람들이 가장 많이 방문하는 상위 열 개의 웹사이트에는 단 하나의 언론기관(BBC)만 포함되어 있었다.[31] 이는 웹상에서 검색 엔진, 사회관계망, 상거래 사이트가 성장한 것을 반영한다(아울러 더 일반적으로는 웹이 오락 위주로 활용되는 것이 반영된 것이기도 하다).

텔레비전이 뉴스 매체로서 여전히 중요할 뿐 아니라 주요 뉴스 브랜드의 지배력도 그대로 유지되는 것으로 나타난다. 영국에서는 대표적인 방송사 두 곳(BBC 뉴스와 스카이 뉴스)과 주요 신문사 다섯 곳(≪가디언≫, ≪더 타임스≫, ≪데일리 텔레그래프≫, ≪데일리 메일≫ 그리고 ≪선≫)이 2008년 당시 영국 내 상위 10대 뉴스 웹사이트 가운데 일곱 개를 점유하고 있었다(나머지 세 개는 뉴스 수집 회사들로 UK MSN, 야후 뉴스, 구글 뉴스 등이다).[32] 미국에서도 대체로 사정은 비슷하다. 순방문자 수에서 상위 열 개 중 여덟 개는 전통 뉴스 매체였다(대표적인 방송사 다섯 개와 대표적인 신문사 세 개). 나머지 두 개는 야후와 AOL^America Online, Inc.뿐이었다.[33]

구시대 저널리즘의 죽음을 얘기하는 것은 성급하다. 쇠락은 전면적인 몰살과 부활이란 천년왕국식 판타지와는 거리가 있다. 전통 미디어가 새로운 미디어에 의해 교체되고, 진보적 저널리즘의 새싹이 저항 없이 움트도록 밭을 갈아엎는 것과 같은 슘페터식의 창조적 파괴를 지금 우리가 보고 있는 것은 아니다.

언론인들의 저항

그럼 전통적인 뉴스 저널리즘의 위기가 민주주의와 공중의 알권리를 위기에 빠뜨린다며 목소리를 높이는 언론인들은 옳은가? 한 가지 확실한 것은 광고가 웹으로 빠져 나감에 따라 광고 수입을 바탕으로 미디어가 담당하던 민주적인 역할이 위축되기 시작한 것이다. 영국에서는 특히 지역의 일간지나 주간 신문이 타격을 입었다. 신문의 질은 낮아도 무료인 신문이 크게 번창하면서 이들 지역 일간지와 주간지는 수입을 빼앗겼고 신문의 질도 크게 낮아졌다.[34] 지역 정부를 감시하고 공동체 의식을 북돋우는 지역 신문의 기능이 쇠퇴한 것이다.

또한 광고 시장의 변화는 돈이 드는 저널리즘을 위축시켰다. 저널리즘 대형 슈퍼마켓 ─ 미국 내 대도시의 일간지와 네트워크 TV ─ 은 시간을 많이 들여야 하는 탐사 보도나 돈이 많이 드는 해외 뉴스에 쓸 예산이 충분하지 않게 될 것이다. 선진국에서는 이로 인해 민주주의가 허약해고, 개발도상국에서도 이런 일들이 일어날 것이다.

일반적으로 시장에 기반을 둔 전통적인 미디어는 계속 사정이 악화될 것이다. 가는 길이 명확해 보일 때도 있다. 예를 들어 미국 지방지들의 워싱턴 취재는 이미 줄어들고 있다. 하지만 이런 일들은 눈에 잘 띄지 않게 진행될 수도 있다. 이와 관련된 변화는 골드스미스 레버흄Goldsmiths Leverhulme 미디어 연구센터가 기자 150명과 행한 인터뷰와 뉴스에 관한 세 건의 소규모 민속지학적 연구에서 밝혀졌다.[35] 편집국 인원이 줄어듦에 따라 영국의 기자들은 더 짧은 시간에 더 많은 기사를 써야 하는 압박과 함께 웹사이트에도 24시간 내내 최신 정보로 뉴스를 개비해야 한다는 압력을 받고 이는 '창조적인 베껴 쓰기'를 조장하는데, 곧 뉴스 건수를 늘리기 위해 경쟁자 웹사이트에서 뉴스를 서로 훔쳐서 사용하는 것을 말한다. 아울러 이런 변화들은 기자들이 기사를 얼른 쓰기 위해 검증된 몇몇의 취재원에게 의존하는 관행을 부추긴다. 갈수록 취재에 발품을 팔지 않고 기사는 판에 박힌 듯, 오려 붙이기한 것 같은 저널리즘을 낳게 된다. 이론적으로는 인터넷이 편집의 다양성을 살릴 수 있게 하고 광범위한 풀뿌리 취재원을 활용할 수 있도록 해야 하지만 영국에서 일어난 일은 사실 그 반대였다.

하지만 언론인들의 논점을 수용하기 전에 두 가지 점을 더 언급할 필요가 있다. 저널리즘의 위기가 공중의 알권리를 위축시킨다는 주장을 하지만 실상은 대량살상무기에서부터 MMR 백신에 이르기까지 때로 저널리즘이 공중의 무지(오해)를 조장하기도 했다는 점을 기억해야 한다는 사실이다.[36] 어떤 질의 저널리즘이 필요한지 판단하지 않고 더 많은 저널리즘 그 자체가 목적이라고 하는 것은 문제가 있다.

여기서 우리는 두 번째 이슈, 즉 웹이 어떤 저널리즘을 가능하게 하는지 살펴보자. 저널리즘의 미래에 대해 이야기하려면 반드시 변화의 비용뿐 아니라 그 이점에 대해서도 고려해야만 한다. 이는 목소리를 높이는 기자들이 통상별로 언급하지 않는 부분이다.

르네상스의 꿈

사람들은 웹이 발달한 덕분에 다음과 같이 자신의 목소리를 내게 되었다. 미디어의 책임성을 높이고, 이들이 하는 주장의 진위를 살피고, 그리고 이들이 과점하고 있는 권력에 맞서는 힘을 기르자. 그래서 여러 차례 인용된 트렌트 롯Trent Lott의 무용담 - 한 생일 파티에서 미국의 유력한 상원의원 트렌트 롯이 과거 인종분리가 엄격하던 시절에 대해 향수 어린 듯한 연설을 하는 - 을 듣고 분개한 블로그장場은 미국의 주류 언론인들이 뉴스 이벤트를 재평가하도록 만들었다. 비록 이 연설은 엘리트 신문기자들의 주목을 끌지 못했지만 블로거들이 문제를 삼기 시작하자 유명 언론사들도 상원의원 롯의 당일 발언뿐 아니라 이전에 그가 했던 비슷한 연설을 끄집어내 뒤늦게 비판적으로 보도했다. 예상했던 대로 롯은 상원 다수당의 지도자 역할을 내려놔야 했다. 이는 블로거들이 미국의 뉴스 가치판단에 성공적으로 도전한 첫 사례였고, 일련의 과정은 미국 정치에서 무엇이 용인되고 그렇지 않은지를 재규정한 첫 번째 사례였다.[37]

또한 인터넷은 다른 차원의 새로운 저널리즘을 탄생시켰다. 개인 차원의 전형적인 예로는 2009년 이란의 테헤란에서 나다 솔탄Nada Soltan이 살해되는 것과 시위 중인 이언 톰린슨Ian Tomlinson이 죽게 되는 과정을 구경꾼들이 카메라로 찍어서 국제적인 관심을 끄는 기사로 만든 것을 들 수 있다. 지역 차원에서는 2005년 출범해 2009년 현재 직원 12명으로 운영되는 ≪보이스 오브 샌디에이고Voice of SanDiego≫(샌디에이고 지역 온라인 신문, VoiceofSanDiego.org — 옮긴이)가 진지한 탐사 보도를 수행해서 갈채를 받은 것이 대표적인 예이다.[38] 전국적인 차원에서는 뉴스 보도와 논평을 주기적으로 올린 웹사이트 ≪폴리티코Politico≫(주간 프린트판과 함께)가 전형적인 사례이다. 무엇보다 이 웹사이트는 부통령 후보인 세라 페일린Sarah Palin — 자식을 위해 무엇이든 하는 전형적인 아이스하키 맘mom처럼 보이는 — 이 단 한 차례의 쇼핑에 7만 5,062달러를 썼고, 공화당 전국 위원회가 제공하는 의상 예산이 15만 달러에 이른다는 사실을 폭로했다.[39] 그리고 국제적인 차원에서는 나라와 나라 사이에 토론과 경험을 매개하는 새로운 웹진 — 제5장에서 살펴본 위키디피아와 같은 — 이 있다.[40]

인터넷은 또 협력적이고 네트워크화된 새로운 프로젝트가 태동하게 만들었다. 가장 성공한 것은 너그러운 지원에 힘입어 뉴욕에서 설립된 탐사 보도 전문 뉴스 매체인 ≪프로퍼블리카ProPublica≫이다. 편집국장 폴 스타이거Paul Steiger(전직 ≪월스트리트 저널Wall Street Journal≫ 편집자)가 경험 많은 기자들과 차츰 수가 늘어나는 자원봉사자(스타이거에 따르면 그 수는 약 5,000여 명이다)와 함께 이 사이트를 꾸려가고 있다.[41] 자체 웹사이트가 있지만 ≪프로퍼블리카≫는 주요 매체와 연합해서 뉴스를 발굴함으로써 제한된 독자와 제한된 영향력이라는 장벽을 뛰어넘고 있다. 이 회사는 온라인 매체로는 처음으로 퓰리처상을 수상했다(≪뉴욕 타임스≫와 함께 보도한 허리케인 카트리나 관련 보도로). 또 ≪프로퍼블리카≫는 지역 보도에서도 두각을 나타냈는데 가스(셰일가스Shale Gas — 옮긴이)를 무분별하게 발굴하는 것이 용수 부족 위험을 높인다는 보도(≪올버니 타임스-유니온Albany Times-Union≫과 함께 보도)나 환자를 학대하는 간호사들에 대한 보도(≪로스앤젤레스 타임스Los Angeles Times≫와 함께 보도)등은 이후에 공공 정책의 변화를 이끌어냈다.

하지만 이 모든 놀라운 진전은 재평가할 필요가 있다. 블로거는 대중 독자와 연결되지 않았다. 영국에서는 인터넷 사용자의 79퍼센트가 지난 3개월간 전혀 블로그를 읽지 않았음이 드러났다.[42] 미국 연구를 보면 시민이 만드는 뉴스 사이트는 상대적으로 숫자가 적고, 대부분 불안정한 상태에 있다.[43] 비록 웹이 일부 중요한 뉴스 매체에 저렴한 도약대를 마련해주고는 있지만, 이들은 대체로 독자가 적은 틈새 매체들이다. 이를테면 널리 알려진 ≪보이스 오브 샌디에이고≫는 2008년 월간 순방문자가 7만~8만 명으로 적당한 독자를 확보했다.[44] ≪허핑턴 포스트The Huffington Post≫, ≪폴리티코≫, ≪리얼 클린 폴리틱Real Clean Politics≫과 같은 온라인 신생 매체들은 비록 많은 독자를 확보했지만 2008년 MSNBC나 CNN 같은 인기 뉴스 사이트 방문객의 7분의 1 수준의 독자에 머물렀다.[45]

이와 함께 소수자의 저널리즘을 주류로 끌어올리는 인터넷의 능력을 신화화하는 경향이 있다. 영국의 연구를 보면 표본 기사 다섯 개를 구글이나 야후에서 검색해보니 '대안 매체가 생산한 뉴스 가운데 검색 결과의 첫 페이지에 오른 것은 단 하나도 없었다'.[46] 이들 뉴스 검색사이트는 가장 유명한 뉴스 매체를 앞세움으로써 그들의 우월성을 재생산한다. 일반적으로 말하자면 소셜 네트워크 사이트는 주류 미디어가 세운 뉴스 의제에 크게 영향을 받는다.[47]

하지만 가장 중요한 한 가지는 웹 기반 신생 매체가 광고를 확보하는 데 전통 미디어보다 우월하지 않다는 것이다 ― 사실 그들은 상당히 취약한 모습을 보이고 있다. 영국의 블로거들은 낮에는 자신의 일을 하면서 취미로 블로그를 하는 사람들이다.[48] 퓨 연구센터가 2009년 미국 내 웹 기반의 새로운 뉴스 매체를 조사한 결과, '열정과 노력에도 불구하고 이익을 내거나 심지어 자체 경비를 조달하는 곳도 별로 없다'는 사실이 밝혀졌다.[49] 마찬가지로 2009년 ≪컬럼비아 저널리즘 리뷰Columbia Journalism Review≫의 연구는 '아주 적은 수의 (웹기반) 언론사를 빼고는 자체 온라인 수익으로 버텨나갈 수 있는 곳은 없다'고 밝혔다.[50] 의지할 만한 온라인 수익 흐름이 없다는 것 - 구독, 독자의 기부 그리고 광고 등의 형태로 - 은 웹 기반의 독립 저널리즘이 내버려 두면 발육 부진에 빠질 것이란 뜻이다.

요약하면, 구원하러 온 웹 기병대는 전통 저널리즘의 퇴조를 되돌리기에는 너무 수가 적고 화력이 신통치 않다는 것이다.

공공 개혁론

즉 지금까지 언급한 네 개의 잘 알려진 입장은 결함이 있다. 이런 점에서 검토해봄 직한 설득력 있는 대안 논리가 있는데, 이를 공공 개혁론public reformism 이라 부르고자 한다.

공공 개혁론은 미디어의 민주적 역할을 고양하기 위해 일관된 노력을 기울인다. 이는 다양한 개혁적 전략을 포괄하는데 예를 들면 미국에서처럼 전문직 언론인에게 공적인 의식을 고취하는 것, 일본부터 캐나다까지 여러 주요 선진국의 예에서 보듯이 주요 방송사를 공적으로 소유하고 공적으로 자금을 조달하는 것, 상업방송에 공영방송 의무를 부과하는 것(북부 유럽에서 잘 시행되고 있다), 작은 일간지를 지원하는 스칸디나비아식 정책, 미디어를 지역 공동체나 협동조합, 노동자, 공익 신탁이 소유하는 방안 등이다.[51]

이때도 전통 미디어의 쇠락은 웹 기반의 저널리즘으로 충분히 보완할 수 없었는데 부분적으로 뉴스 생산과 광고가 분리된 것도 이유이다. 상당히 많은 광고주가 옛날 미디어에서 뉴미디어로 광고를 바꾼 것이 아니라, 저널리즘 기능을 하지 않는 웹(예를 들어 '크레이그리스트craigslist')으로 전환했기 때문이다.

그 결과 저널리즘에 대한 상업적 지원은 줄어들고 있다.

이런 상황은 한 가지 질문을 던진다. 광고주의 선택이 달라짐에 따라 미디어의 민주적 역할이 쇠락하는 상황을 수동적으로 받아들여야 하느냐는 물음이 그것이다. 한 가지 미봉책은 지역의 귀족이나 부호, 그들의 가문이 상속받은 재산을 투입하는 것이다. 과거 귀족이 미술이나 고전음악을 지원했듯이 이번에는 저널리즘을 지원해야 한다는 논리인 것이다.[52] 이런 방안은 국가가 언론 지원에 나서는 것을 두려워하는 사람들의 지지를 받았다.

다른 대안은 어느 정도 국가가 개입하는 모양새를 취한다. 미국에서 나온 자유주의적[53] 시각과 급진적[54] 시각이 대립하는 보고서가 잘 보여주듯이 일련의 대안들이 존재한다. 급진적 보고서는 돈이 좀 들어가는 제안을 하는데, 기자 월급의 상한선을 정한 뒤 그 절반을 지원하고, 누진적인 우편 보조금을 제공하며 고등학교의 저널리즘 교육과 신입사원 교육에 재정을 지원하는 것 등이다. 이와는 대조적으로 자유주의적 보고서는 비용이 덜 들어가는 제안을 하는데, 예를 들어 대학이 지역사회 미디어 센터로서 좀 더 능동적인 역할을 하는 등 자원봉사에 강조점을 두고, 자선 재단이 광고 수익이 줄어든 부분을 메워주도록 캠페인을 펼치며, 기부금에 대한 세금 감면이 가능하도록 관련 규정을 바꾸는 것 등이다.

그런데 두 보고서는 공통점이 있다. 이들은 공적 미디어에 보조금을 주는 것은 미국의 가치와 충돌하는 것은 아니며, 다른 나라의 사례에서 알 수 있듯이 공적 보조는 언론의 자유와 양립하지 못하는 것은 아니라고 강조한다. 두 입장 모두 공공 라디오와 텔레비전에 공적 자금 지원을 확대하고 좀 더 지역 소식에 신경을 쓰도록 요구한다(미국에서 공영 방송인 PBS의 시청률이 2퍼센트 이하인 것을 볼 때 비록 이런 것이 큰 영향을 줄 수 있을지 의문이기는 하다). 두 보고서는 비록 액수는 많이 다를지라도 핵심인 자금 조달 방식에서 기본적으로 다르지 않다. 급진적 보고서는 미국의 모든 성인에게 1년에 200달러의 상품

권을 나눠준 뒤 그들이 원하는 언론사에 기부하도록 하자고 제안한다. 기부를 받을 수 있으려면 언론사가 독자의 눈높이에 맞출 수 있는 역량이 있고 외부의 이해관계와 타협하지 않은 채 비영리 법인이나 저영리 법인의 형태로 존속하고, 콘텐츠가 웹에서 자유로이 이용되도록 개방하는 등의 조건을 만족해야 한다. 자유주의적 대안은 지역 뉴스를 지원하는 전국 펀드^{National Fund}를 만들어 상업 미디어든 비영리 미디어든 가리지 말고 '혁신적이며 우수한 지역 보도'에 보조금을 지급하자고 제안한다. 두 보고서는 통신 산업에서 가용 자원을 조달하고 저널리즘을 지원하는 것은 독자나 시청자가 결정하도록 하자는 데 의견 일치를 보인다. 방법으로는 전화 요금에 할당금을 부과하거나 TV나 라디오에 면허세를 부과하거나, 방송 주파수 대여 또는 판매에 세금을 부과하거나, 인터넷 서비스 제공자에게 부과금을 내도록 하거나, 소비자 단말기에 세금을 부과하는 것 등이다.

공적으로 재원을 조달하는 방송이 강력하게 버티고 있는 나라의 저널리즘은 미국보다 사정이 덜 심각하기에 대응 방식은 달라야 할 것이다. 한 가지 싸움은 공영방송이 온라인 서비스를 확충하는 것을 막으려는 상업 미디어의 로비에 저항하는 것인데, 유럽에서 대체로 (저항에 — 옮긴이) 성공했다. 웹은 공영방송이 혁신적인 저널리즘을 통해 자신들의 공적 의무를 이행할 수 있는 새로운 공간이다. 이를 위한 투자 자금도 마련해야 한다. 이런 사례가 BBC인데 훌륭한 웹사이트(iPlayer — 옮긴이)를 개발해 서비스한 결과 2009년 초에 벌써 주당 2,100만 명의 순방문자를 기록했다. 이는 영국 내 어떤 언론 매체보다도 훨씬 많은 것이다.⁵⁵

이런 공적인 공간은 상업 미디어의 공격으로부터 보호해줄 필요가 있다. 유럽 전역에서 상업 미디어는 공영방송의 발을 묶어야 한다며 왕성하게 로비를 벌이고 있다. 공영방송의 웹사이트를 규제해야 한다는 요구도 그중 하나이다. 예를 들어, 오스트리아의 상업방송사들은 공영방송의 웹사이트는 (사이트의 매력을 떨어뜨리기 위해) 프로그램과 관련된 콘텐츠로 제한해야 한다고 주장한다.[56] 영국에서는 BBC가 '너무 커'졌다는 목소리가 높아지자, 문화부 장관인 제러미 헌트[Jeremy Hunt]는 (신문의 로비에 응해서) BBC 웹사이트가 '무엇을 하고, 하지 않을지에 대한 분명한 한계'가 있어야 한다고 말했다.[57] 이런 얘기는 새로운 것이 아니다. 신문은 1932년 이래 공적으로 조달된 자금으로 뉴스 보도를 지원하는 것(통신사 뉴스를 제외하고)은 '부당'하다며 BBC가 독자적인 뉴스 서비스를 개발하는 것을 막는 로비를 벌여서 성공했다.[58] 국민들은 공영방송을 이기적인 경쟁자들로부터 지켜내기 위해 다시 힘을 합쳐야 할 때가 되었다.

영국에서는 예산이 삭감되고 임금이 동결되는 시기여서 새로운 시도를 해볼 여지는 제한적이다. 무엇보다 지역 뉴스 보도가 가장 큰 타격을 받았기 때문에 이를 지원하기 위해 무엇부터 할지 우선순위를 정해야 한다. 이는 광대역 인터넷 서비스 부문에서[59] 조성된 자금으로 지역 뉴스의 허브[hub]를 만들어, 다양한 플랫폼을 망라하는 프로암(직업 기자와 아마추어가 함께하는 ─ 옮긴이) 뉴스 생산 방식이 될 것이다.

서로 다른 미디어 시스템에 맞는 개혁 방안이 만들어져야 하고 각기 다른 정치 문화 속에서 무엇이 가능한지에 맞춰 틀을 만들어갈 필요가 있다. 그런데 어느 방법을 택하더라도 명심해야 할 것이 있다. 수동적으로 저널리즘의 미래를 예측하면서 최후 심판일의 비관과 극단적 낙관사이를 오가는 논의로는 충분하지 않다는 것이다. 그 대신 좀 더 나은 미래를 만들어내기 위해 적극적으로 노력해야 한다는 점이다.

MEDIA
AND
DEMOCRACY

제4부 미디어와 역사

미디어 역사 담론 재검토

Narratives of media history revisited

도입

1930년대와 1940년대 덴마크와 독일 물리학자의 운명적인 교제를 다룬 연극 〈코펜하겐〉이 다른 관점에서 재상연되는 것을 보게 된 것은 우연이었다. 연극을 보고 나서 『미디어와 권력^{Media and Power}』[1]의 첫 장에 영국 언론의 역사를 경합하는 일련의 담론으로 정리해봐야겠다는 생각이 들었다. 이런 원칙 아래 미디어 역사에 관한 우수한 논문들을 읽어내려 갔다.[2]

문헌 검토를 해나가며 세 가지 근본적인 문제라 생각하는 것에 대한 답을 찾고자 했다. 영국 언론의 역사는 시기와 미디어 그리고 해석의 관점에 따라 세분화되어 상당히 파편화된 모습을 하고 있다. 종종 미디어 기관과 콘텐츠에 좁게 초점을 맞춤에 따라 광범위한 사회적 맥락은 무시되곤 했다. 아울러 미디어사는 미디어 연구의 시작이라 할 만한데도 기대했던 만큼 중심적인 위치를 차지하지 못했다. 그래서 '매체'의 역사를 미디어 발달의 일반 이론에 통합하고, 이들을 일반 역사의 '본체'에 연결시킬 수 있는 방법을 강구했다. 또한 미디어 역사 연구가 과거뿐 아니라 현대사회에서 미디어가 행하는 역할을 어떻게 조명해주는지에 대해서도 고민해봤다.

7년 전쯤에 처음 쓴 내 에세이의 주제로 다시 돌아가면서 두 가지를 시도할 것이다. 우선 기본적으로 최근의 연구에 초점을 맞춰 간략하게 에세이의 핵심 주제를 다시 기술할 것이다. 아울러 '잃어버린 이야기'를 다시 살려내는 것을 포함해서, 미디어 역사가 장래에 어떻게 발달할지 신중을 기해 제시하려한다.

지배적인 관점

영국 미디어 역사를 검토하려면 어떤 글이든 가장 오래전에 확립된 유력한 관점 ─ 자유주의적 담화 ─ 에서 시작해야 한다. 이는 원래 19세기에 처음 제기되었고, 앵글로·색슨 시절부터 현재에 이르기까지 영국 정치 시스템의 발달을 연구했던 '입헌정치' 역사학이 놓친 지점에서 출발한 것이다.

영국의 입헌정치 태동에서 핵심은 절대왕권의 붕괴, 법에 의한 지배의 확립, 의회의 권능 강화 그리고 5단계에 걸친 신중한 과정을 통해 대중민주주의가 도입된 것이다. 아울러 언론은 국민의 목소리를 대변하고 정부를 감시함으로써 '입헌적'인 역할을 획득했다는 주장이 제기되었다.

미디어가 헌정적인 지위로 격상되는 과정은 통상 두 개의 서로 얽힌 담론을 통해 묘사되었다. 첫 번째는 신문이 어떻게 19세기 중반 즈음에 정부의 통제에서 자유로워졌고, 20세기에는 영화와 방송이 자유를 획득했는지를 상술한다. 두 번째는 이렇게 자유로워진 언론이 국민에게 힘을 주었는지에 관심을 기울인다. 최근의 역사 연구는 두 번째 것에 초점을 맞추고 있으며 이 책에서도 이를 중점적으로 점검할 것이다.

자유주의적 언론 사가들은 독립적인 신문이 커가면서 영국 정치의 성격과 역동성이 달라졌다는 데 일반적으로 동의한다. 신문은 18세기에 정치 기사를 늘려 왔고, 1760년대에는 의회에 관한 보도를 막아온 규제를 성공적으로 돌파했다. 그 덕분에 신문은 과거 귀족정치의 사적인 세계에 희미한 불빛이라도 비출 수 있게 되었다. 정치 시스템 밖에 있는 사람들은 신문을 통해 입법자들이 갈라져 싸우는 것을 지켜볼 수 있게 되었다. 18세기 후반 차츰 투표권을 가진 층이 넓어지면서 이런 싸움을 구경하는 사람들이 무얼 생각하는지가 중요해지기 시작했다. 좀 더 일반적으로 신문의 성장은 일반인들이 지배 집단의 행동을 논의하고 평가할 권리가 있다는 것을 인정하는 큰 변화의 하나였다. 또한 일부 간행물은 부패와 과두제를 직접 비판함으로써 관리들의 권한 남용을 감시하는 감시견 역할을 했다. 한마디로, 신문을 통한 공표의 증가는 정부 시스템이 좀 더 개방되고 책임이 따르도록 했다.[3]

1694년 허가제가 폐지된 이후 신문이 비약적으로 성장한 것은 대의제의 확립에 기여한 것으로 인식되었다. 18세기 영국 곳곳에서 신문이 우후죽순으로 생겨나고 독자도 늘어났다. 많은 신문이 뉴스뿐 아니라 독자를 상대로 의견도 개진했다. 숫자도 늘어나고 독립성도 확보됨에 따라 1850년대에는 신문이 사람들에게 정치적 역량을 제공하는 기관으로서 시대를 풍미하게 되었다.

하지만 이런 멋진 자유주의 담화에서 언급되지 않은 핵심적인 질문은 이 '역량을 주는' 미디어가 정확하게 '누구'를 대변했느냐는 것이다. 주된 답변은 신문들은 기본적으로 '새로운 사회'를 끌어갈 역동적 힘을 찾고 있었다는 것이다. 말하자면 '처음으로 산업혁명을 이룬 나라'[4](영국을 지칭 — 옮긴이)의 경제가 빠르게 성장하면서 중산층이 증가하고 도시 노동자층의 등장을 주목했다는 것이다. 이런 해석은 발달하던 신문의 진보적 속성을 강조한다. 신문은 전통적 엘리트들의 정치적 의제로부터 자유를 획득했고 귀족국가 영국의 제도 개혁을 위한 운동을 측면 지원했다. 사실 이런 설명 중 일부는 증가하는 신문의 힘이 영국 사회 세력의 균형 변화를 반영했을 뿐 아니라 귀족정 이후의 새로운 정치적 질서를 확립하는 데 기여했다고 주장한다.

이런 설명은 서로 다른 두 가지 측면에서 기만성이 노출되었고 그 이론적 토대가 허물어졌다. 19세기 영국 역사에 대한 수정주의적 해석은 급격한 변화보다는 연속성을 강조했다. 이들은 투표권의 확장이 '구체제'에 접목되어 있는embeded 속성을 지목한다. 앵글리카니즘Anglicanism과 지역주의, 전통의 강력한 흡인력, 점진적이고 불균형한 산업혁명, 그리고 무엇보다 19세기 후반까지도 전통적인 엘리트가 정치를 계속 지배했다는 사실 등이다.[5] 한편 신문 역사 연구는 보수적인 신문은 여전히 중요했고(18세기 마지막 25년 동안 막강했다), 19세기 신문이 상당히 종류가 많았으며, 특수한 상황을 제외하고는 신문이 정치 엘리트와 공공 정책에 강력하게 영향을 끼쳤다는 증거가 별로 없었다는 점을 일깨워주었다.[6] 독립적인 신문이 변화된 사회의 대변자로서 새로운 정치적 질서를 형성하는 데 도움을 주었다는 명제는 요즘 광범위한 논란거리다.

그렇다면 언론은 누구를 대변했는가? 하노버Hanover 왕조(1714~1901 — 옮긴이) 후기의 신문이 사회의 진보 동맹을 고취했다는 주장이 힘을 잃자 막연한 '공중'의 대변자로서의 신문이라는 전통적인 휘그Whig(귀족을 지도자로 하면서도 상인이나 비국교의 지지를 받아 반왕권적 성격이 강했던 영국의 정당 — 옮긴이)의 견해가 다시 고개를 들었다. 해나 베이커Hannah Barker의 표준적인 교과서가 이런 전환의 전형적인 예인데, 이 책은 정부의 엄격한 검열이 사라지자 독자가 늘고 다양해지면서 신문이 독자를 염두에 두고 제작하게 되었다고 주장한다. 그녀는 '판매를 통한 이윤 획득이 중요해지면서 신문들은 더 많이 벌기 위해 독자들의 견해를 반영하기 시작했다'고 밝혔다.[7] 또한 1855년쯤에는 '영국의 신문이 정부 간섭을 거의 받지 않게 되었고, 영국 정치의 제4부로 자부할 수 — 약간의 정당성과 함께 — 있게 되었다'고 했다.[8] 그녀의 견해에 따르면

신문은 정보를 제공하고 여론을 대변했으며 이를 강력한 정치적 힘으로 만들었다.[9]

하지만 일부 자유주의 역사가들은 공중이 뭔지를 명확히 하지 않고 모두를 뭉뚱그려 표현한 뒤 신문이 이들의 대변자였다고 하는 데 대해 못마땅해했다. 이런 불만은 그 나름대로 일리가 있는 것이었다. 예를 들어 제러미 블랙Jeremy Black은 '신문은 잘해봐야 대중의 한정된 의견들을 제한적으로 반영했다'며 '여론보다는 사람들의 의견'을 이어주는 그 무엇으로 봐야 한다고 주장했다.[10] 그는 좀 더 세심한 관찰을 바탕으로 후기 차티스트post-Chartist 시대의 '공적 문화'(신문이 핵심 역할을 한다)는 정치적 차이를 제대로 반영하는 것이 아니었다는 결론을 내린다.[11] 다른 자유주의 사학자는 많은 신문이 정당 시스템의 일부가 되었던 19세기 후반과 20세기 초에 저널리즘과 정치가 갈수록 깊숙이 상호 침투하게 되었다는 것을 지적한다.[12] 사실, 자유주의 역사학자 스티븐 코스Stephen Koss는 영국의 신문은 완전히 독립적이지 않았고, 1940년대와 1950년대까지도 정당의 영향을 받았다고 결론지었다.[13]

언론을 제4부로 보는 휘그적 개념이 설득력이 떨어지는 가운데 새로운 해석이 대두되고 있다. 1982년 브라이언 해리슨Brian Harrison은 압력단체의 정기 간행물이 19세기와 20세기에 행한 역할에 관해 식견이 있는 논문을 하나 냈다. 그는 평범해서 특별히 주목을 받지 못했던 정기간행물이 '격려, 정보 제공, 그리고 통합 등 세 가지 주요 기능'을 통해 압력 단체가 유지되는 데 큰 역할을 했다고 밝혔다.[14] 그들은 공익 활동에 참여하고 지지하도록 사람들에게 의욕을 불어넣었다. 이 간행물들은 활동가들을 사실fact이라는 무기로 무장시켰으며 확신을 갖게 했다. 그리고 그들을 서로 이어 개혁운동이 단결하도록 했다. 소수자의 정치 신문은 압력단체가 효율적으로 기능하도록 도와 민주주의의 성숙한 발달에 힘을 보탰다.

최근의 연구는 이런 현상이 좀 더 이른 시기부터 존재했음을 보여준다. 18

세기 신문은 청원, 연설, (국회의원에 대한) 촉구, 공적 회합 그리고 시위 등에 주로 의존했던 정치 캠페인은 18세기에 신문을 통해 비로소 자신들의 주장을 널리 알릴 수 있는 수단을 확보했다.[15] 이는 개인적 관계, 후견 네트워크 그리고 사회적 존경에 의존하기보다는 공적인 토론과 참여에 기반을 둔 '근대'적 정치의 발달을 촉진했다. 일부 신문은 캠페인의 지도자를 유명 인사로 만들어주고, 그들의 주장과 요구를 알려 대중의 지원을 이끌어냄으로써 이런 새로운 정치를 지원했다. 즉 신문은 결사체가 자신들의 견해를 표출하는 민주주의의 기본 구조를 만들어냈다

19세기에 급진적인 신문은 노동조합의 성장에 기여했다. 개혁적인 신문은 차츰 다양화되는 이익집단을 지원했고 새로 등장한 정당과 연계된 신문들은 의회의 귀족 그룹을 대중 정당으로 전환하는 데 기여했다. 이 마지막 발전 – 자유주의 신문 역사 연구자들이 종종 인정하지 않는 – 은 민주주의의 핵심 제도가 만들어지는 데 결정적인 기여를 했음을 보여준다. 정당은 영국 정치 시스템에서 핵심적인 조정 기관이 되었다. 이들은 사회적 이해를 모아내고, 사회의 비용과 자원을 분배-재분배하는 정치적 프로그램을 만들어내고, 유권자가 정치적 선택을 할 수 있도록 도움을 주었다.[16]

시민사회를 건설하는 데 기여하는 기관으로서 신문을 바라보는 견해는 여론을 대변하는 기관으로 신문을 바라보는 전통적인 개념과 다르고 좀 더 설득력이 있는 시각이다. 이런 대안적 해석을 지지하는 주장과 증거는 자유주의쪽[17]에는 많을 뿐 아니라 급진적 진영에서도 찾아볼 수 있다.[18] 이는 신문이 '서로 다른 시민을 대변함으로써' 시민사회 제도의 발달에 기여하는 것으로 바라본다.

마크 햄프턴Mark Hampton은 전통적인 자유주의적 역사 해석을 새롭게 수정했다. 그가 쓴 주목할 만한 책은 교육적인 미디어를 통해 많은 사람들을 토론에 기반을 둔 정치로 끌어들일 꿈을 꾸었던 빅토리아 시대의 엘리트에 관한 것이

다. 그는 신문이 점점 상업화되고 선정적이 되면서 이런 비전이 갈수록 희미해지고 많은 사람들이 '자유주의적' 계몽에서 등을 돌렸음을 보여주었다. 1880년 이후 교육적인 이상은 차츰 대의적 기구로서의 신문이라는 견해로 대체되었다 — 햄프턴은 급진적 신문의 역사를 예로 들며 이를 거의 인정하지 않는다.[19]

그래서 그는 책의 논점을 세우는 서론으로 하나의 에세이를 썼다.[20] 사실, 그는 20세기의 신문은 빅토리아 시대 이상가들의 비현실적인 기대에 미치지 못하고, 휘그 역사에서 자신에게 부여된 역사적인 운명을 완수하지도 못했지만 그럼에도 신문의 민주적 기능이 환상으로 치부되어서는 안 될 것이라고 밝혔다. 20세기에 — 가장 두드러진 것은 남아프리카 전쟁 때이고, 1940년대 냉전이 시작될 때 그리고 1970년대 경제 정책에 대한 논의에서 — 영국의 신문이 다양한 관점을 제시했던 때가 있었다. 이는 공적인 토론을 풍성하게 했고 민주주의가 제 기능을 하도록 확실히 기여했다.

또한 일부 자유주의적 역사가는 신문의 교육적 기능이 뒷걸음질쳤을 수는 있지만 이는 라디오나 텔레비전이 이어받았다고 주장한다. 공영방송이 생기면서 엘리트와 일반 공중의 지식 격차는 줄어들었고 사회 그룹 간 호혜적인 소통을 도와 이성적이고 민주적인 토론의 발전을 고양했다는 것이다.[21]

휴 치그넬Hugh Chignell은 이런 견해를 반박하는데 공영방송은 통속적인 저널리즘에 갇혀 있다는 것이다.[22] 통속화되었다는 이런 주장은 1970년대 BBC 라디오 4에서 좀 더 분석적이며 연구에 바탕을 둔 저널리즘이 발전하는 것을 예로 드는 엘리트 비평가들의 격렬한 반발을 샀다. 이 연구의 함의는 BBC가 서로 다른 청중의 성향에 부응해 다른 유형의 저널리즘을 발전시켜왔다는 것이다.

자유주의적 미디어 사가들은 비판을 무시하는 방법으로 대응했다. 햄프턴과 치그넬은 주류적 견해 밖에서 발원한 비판적인 견해를 부분적으로 수용함으로써 변화를 보여주고 있다. 그렇게 함으로써 좀 더 비판에 내성이 있고 설득력 있는 자유주의적 미디어 역사관을 발전시키는 데 기여할 수 있을 것이다.

여성주의의 도전

자유주의적 이론의 아성은 여성주의 미디어 사관의 성장으로 도전을 받고 있다. 이 입장은 미디어가 정부로부터 풀려났을 때도 여전히 남자의 통제 아래 놓여 있었기 때문이 충분히 '독립적'이지 않았다고 주장한다. 또 미디어는 사람에게 권능을 부여하기는커녕 인구의 절반을 억압하는 데 기여했다고 주장한다. 이런 여성주의 관점은 자유주의 관점과 다를 뿐 아니라 정반대이기도 하다.

여성주의 미디어 사관은 근대 초기 여성의 종속을 기록해온 역학에 뿌리를 두고 있다. 이 시기 부인들은 이혼이 어려운 데다 남편에게 맞고 감금을 당하더라도 법적으로 구제받을 길이 없었다. 또 여성은 남성과 같은 사회적 위치나 법적 권리를 갖지 못했다. 여성주의는 해방과 진보를 향한 여성의 투쟁을 역사의 필연으로 묘사한다. 여성은 차츰 법적 보장을 새롭게 획득하고 좀 더 독립적이며, 기회를 좀 더 많이 갖게 된다. 하지만 여전히 완전한 성 평등은 이뤄지지 않게 된 전후 사정을 잊지는 않는다. 미디어사 연구는 여성주의의 관점을 수용해야 했다.

여성주의 미디어 역사는 미디어 역사 연구에서 가장 빠르게 발전하는 분야다. 이 논문 역시 그래서 초기 여성주의 미디어 연구를 계승·발전시키는 최근의 연구에 초점을 맞춘다.

최근 일부 연구자는 여성이 사회에서 종속적인 지위를 받아들이도록 대중매체가 세뇌했다고 주장한다. 기본적으로 미디어는 남성과 여성이 서로 다른 사회적 역할이 있는 것처럼 묘사한다 — 남자는 돈을 벌어오고 공적 활동에 참여하며 여성은 엄마나 주부로서 묘사된다. 주요 여성 잡지 ≪레이디스 캐비닛^{Ladies'} ^{Cabinet}≫은 1847년 다음과 같은 내용을 실었다. 여성은 '남성에게 좋은 천사로 주어졌다. …… 가정을 유쾌한 곳으로 만들고 인생을 즐겁게 만들고 세상을 위한 시민을 양성하는 어머니로서'의 역할을 한다.[23] 여성의 적절한 역할에 대한 이런 이해는 양성 사이의 내재적인(자연적인) 차이, 또 그 이전에는 신의 섭리라는 관점에서 정당화되었다. 19세기 내내 성 담론은 계급·진보 담론과 접합됨으로써 한층 강화되었다. 여성성의 이미지는 부유하고 우아한 사람의 이미지와 연결되었고, 가정에서의 의무에 대한 이해는 사회의 도덕성 향상과 연결되었다. 전통적인 성적 규범은 가족 관습, 동료의 압박 그리고 교육에 의해 받들어지고 대중오락에 의해 — 특히 여성을 위해 만들어진 미디어를 포함해 — 재생산됨에 따라 한층 억압적이 되었다.

또 이 관점은 19세기부터 20세기 후반에 이르기까지 성에 대한 가부장적 관념이 이어지고 있음을 강조했다. 여성의 주된 관심사는 구애, 결혼, 모성, 가정 꾸미기 그리고 예뻐 보이기 등으로 규정되었다. 수년 동안 약간의 변화만 있었을 뿐이다(예를 들어 1930년대 전문적인 주부와 엄마 되기에 대한 강조, 1940년대의 '옷 짓기와 수선하기', 1950년대의 '장보기와 소비하기'). 하지만 미디어의 핵심적인 메시지는 변치 않았다. 여성의 관심사는 기본적으로 낭만적이고 가정적인 것으로 얘기되었고 남성과 여성은 본질적으로 다른 것으로 묘사되었다. 그리고 성 규범을 위반하는 여성은 일반적으로 호의적이지 않게 묘사되었다. 이런 주장을 기능주의적으로 바라본 전형적인 연구는 전후 영화에 대한 재닛 두민^{Janet Thumin}의 작업이 있다. 그녀는 '대중 영화를 연구해보니 1945~1965년 영화 속에 나온 여성의 묘사는 일관되게 억압적인 기능을 수행했다'고 결론 내렸다. 가족과 관련해서도 자율적이고 독립적인 여성이 상처받지 않고 영화가 마무리되는 설정은 아예 존재하지 않는다.[24] 간단히 말해 대중 미디어는 일관되게 가부장제를 지탱해온 것이다.

하지만 변화가 없음을 강조하는 입장은 여성주의 내부에서 도전을 받고 있다. 무엇보다 수정주의 연구는 가부장적 지배에 대해 여성이 자신의 미디어를 만들어냄으로써 적극적으로 저항한 점에 관심을 기울인다.[25] 특히 미첼 투산 Michelle Tusan은 빅토리아 시기 영국에서 여성의 결사체나 단일 이슈 캠페인을 통해 여성 신문이 태동하는 것을 보여주는 획기적인 저서를 내놨다. 1850년 대 나오기 시작한 여성 신문은 1차 대전 이전에 상당한 규모의 독자를 확보함으로써 '여성은 쓰지 못하고 읽고 싶어 하지 않는다'[26]는 노스클리프Northcliffe 경의 말을 보기 좋게 반박했다. 주요 여성 신문들은 주류 매체가 다루지 않는 뉴스를 취재해 보도했고 여성 관점의 정치적 의제를 개발했으며 사회에 대한 대안적 이해를 촉진했다. 1920년대 여성 신문이 내리막길일 때도 풍자적인 ≪남자의 페이지Man's Page≫와 여성주의 지도자 버지니아 울프Virginia Woolf에서 레베카 웨스트Rebecca West에 이르기까지 지도적인 페미니스트의 통찰력 있는 시사평론을 내보냈던 ≪타임 앤드 타이드Time and Tide≫ 같은 훌륭한 매체가 여전히 있었다. 1930년대 이후 다소 침체했던 여성주의 신문은 1970년대에 부활했다.

둘째, 언론사 조직 안에서 여성이 두드러지게 약진했다. 데이비드 디컨David Deacon은 대부분 좋은 집안에서 태어나 영향력 있는 후견인을 둔 여성 기자들이 1930년대 전통적으로 남성의 영역으로 여겨지던 전쟁 보도에서 어떻게 활약했는지 기술했다. 그렇다 해도 여기자는 보통 사람들의 일상사에 초점을 맞추는 것이 좋다고 여겨졌고, 전쟁에 대해 쓰더라도 사람이야기의 확장된 형태로서 다루었다.[27] 아무튼 여성 언론인은 2000년대쯤에는 영국 언론사에서 상당히 높은 지위로 올라섰다.[28]

셋째, 수정주의 연구는 성적 표현이 사회의 광범위한 변화에 조응해 의미 있게 변화해왔다고 주장한다. 이런 맥락에서 아드리안 빙험Adrian Bingham은 1·2차 세계대전 사이에 대중 신문이 여권의 신장을 가로막았다는 일반적인 인식을 반박한다.[29] 그는 여성면에 협소하게 초점을 맞추면 대중적 일간지 전체에 표현된 관점의 다양성을 놓치게 된다고 주장한다. 비록 반동적인 의견이 실리긴 했지만 1·2차 세계대전 사이의 신문에 표출된 주된 의견은 전쟁 전 시대로의 복귀라 볼 수는 없다는 것이다. 여성이 억압적인 사회적 규약이나 복식에서 자유로워지는 것은 일반적으로 좋은 일로 받아들여졌다. 공직이나 전문직에서 성공한 여성은 지면을 통해 키워주고 긍정적으로 묘사되었다. '근대 여성'이 좀 더 독립적이며 단호해지고, 운동도 잘하는 것은 세대 변화의 일부이자 성적 통합으로 가는 불가피한 진전이라는 보도가 주류를 이뤘다. 연애결혼이 장려되었고 전통적인 행태가 변해야 한다는 점이 강조되었다. 여성은 (새롭게 투표권을 획득한 시민으로서뿐 아니라) 여러 가지 위신이 높아졌다.

하지만 이런 연구들은 변화가 일방적이거나 전면적이지는 않다는 것을 인정한다. 여전히 패션, 살림살이, 모성이 여성면의 대부분을 차지했다. 여성운동은 충분히 보도되지 않았다. 여성주의 그 자체는 자주 진부하다거나 '쓸데없는' 일이란 말을 들었다. ≪로더미어Rothermere≫지는 30세가 안 된 여성의 투표를 반대했다. 여성은 자주 성적인 방식으로 묘사되었는데 남성은 이런 식으로 묘사된 적이 없었다. 하지만 빙함의 평가가 복잡성과 다양성을 강조한다 해도 그의 결론은 1·2차 세계대전 사이에 신문이 전체적으로는 성에 대해 좀 더 계몽적인 견해를 채택했다는 것이다.

잠시 여기서 말해 둘 것이 있는데 수정주의자들이 전부 같은 의견을 가진 것은 아니라는 것이다. 마이클 베일리Michael Bailey는 빙함이 연구한 것과 같은 시기의 라디오가 '성적 근대화'에 대해 보인 반응을 관찰한 뒤 상당히 다른 결론에 이른다. 신문과 마찬가지로 BBC는 1·2차 세계대전 사이에 여성이 효율적인 주부이자 식견 있는 엄마가 되는 것을 고취했다. 하지만 BBC의 방송은 단순히 도움이 되는 조언을 넘어섰는데, 그 이유는 암묵적으로 여성이 가사의 의무감을 내면화하도록 하고 '근대 여성'으로서 기대되는 기준에 모자라면 죄

의식을 느끼게 하는 방법이었기 때문이라고 베일리는 주장했다. 그래서 그에게 BBC의 가정교육은 가정 내에서 여성의 자리를 재확인함으로써 심리적으로 위압감을 주며 강한 전통주의 성향을 가진 것이었다.[30]

넷째, 수정주의 연구는 미디어 표상의 모호성이나 '원문의 긴장'에 주목한다. 이런 관점은 새로운 것은 아니며 18세기 발라드,[31] 19세기 여성 잡지,[32] 그리고 20세기 여성 영화[33]를 비롯해 여성이 다른 성적 질서를 상상하거나 은폐된 형태의 저항을 표출할 수 있는 공간을 제공한 모든 미디어의 연구에서 확인된다. 예를 들어 데버러 필립Deborah Philips과 이언 헤이우드Ian Haywood는 여자의사를 주인공으로 한 1950년대 인기 여성 소설에 주목한다.[34] 이들 여주인공은 찬사의 대상으로 묘사되었고 1945년 이후의 복지국가로 표상되는 멋진 신세계의 건설자로 묘사되기까지 한다. 하지만 그들 또한 전통적인 여성이며, 그들의 직업 역시 암묵적으로 여성의 전통적인 돌봄 역할을 확장한 것으로 인식되었다. 필립과 헤이우드에 따르면 이들 소설은 일면 변화를 받아들이고 다른 한편 과거로 돌아가고 싶은, 충돌하는 욕구에 대해 신화적인 해결책을 제시해줌으로써 즐거움을 주었다.

데버러 필립은 이어지는 연구에서 이 주장을 확장했다.[35] 그녀에 따르면 1980년대 '성과 쇼핑sex-and-shopping'을 주제로 한 소설은 여성을 옥죄는 권력구조에 문제를 제기하지 않으면서 여성의 지위 상승을 노래했다. 1990년대의 '아가-사가Aga-saga' 소설은 비록 현대 남성에 대해 예외 없이 불만을 표시하지만 익숙한 로맨스로 해소하려고 한다. 그리고 2000년대 초의 '온라인 소설click-lit'은 한층 더 성공적인 남성을 찾는 성공적인 여성을 묘사한다. 필립에 따르면 이 모든 소설은 현대 여성의 감성이 가진 자가당착에 반응한 것이었다.

다섯째, 수정주의 연구는 여성주의 담론의 결론과는 다른 이야기를 제시한다. 언론의 성 표상이 근본적으로 변하지 않았다고 주장하는 대신, 1980년 이래 큰 변화가 누적적으로 일어났음을 보여준다. 갈수록 많은 텔레비전 시리즈 — 영국에서 만들어지거나 상영된 — 는 성공적인 직업을 가진 독립적인 여성을 강하고, 능력 있고 매력 있어서 닮고 싶은 사람으로 묘사한다.[36] 여성의 성적 관심을 새롭고 공개된 방식으로 표현하는 10대 잡지가 등장했다.[37] 하지만 성에 대한 전통적인 표현은 여전히 계속되었다.[38] 성 평등이 이뤄진 것처럼 암시하는 묘사는 왜곡을 부를 수 있다. 사실, 한 연구자가 비꼬듯 표현했듯이 텔레비전 속 허구 세계의 여성은 실제 여성보다 한층 더 진보적으로 보인다.[39] '진보적'으로 비치는 일부 라이프스타일 저널리즘은 저변에 보수성을 깔고 있었는데 여성에게 집단적인 행동을 통해 사회를 변화시키기보다는 개인적인 방식으로 생활을 통제하도록 요구한다.[40] 〈섹스 앤드 더 시티〉(1998~2004년) 같은 드라마 시리즈는 비록 여성이 삶에서 무엇을 보고 살아야 하는지에 대한 논의를 촉발하긴 했지만 보수적인 소비주의의 가치를 드러냈다.[41] 이 드라마의 성공은, 미디어가 20년 전보다 세기의 전환기에 훨씬 더 남녀 관계에 대해 문제의식을 갖고 있음을 보여준다.

이 변화된 형태의 여성주의 담론은 여성을 가부장제의 규범으로 사회화시키는 언론의 역사적인 역할에 의문을 품지 않는다. 하지만 담론의 논리와 결말은 새로운 연구가 나오면서 차츰 수정되어왔다. 남성성의 계발에 대한 종단 연구 역시 여성주의 담론을 약화시키기도 하고 지지하기도 한다.[42] 요약하자면, 미디어의 진화를 바라보는 새로운 방법이 생겨났는데 이는 지난 150년 동안 가장 중요한 사회의 진보, 즉 여성의 지위 상승을 고려하는 것이다. 이는 미디어 역사를 다시 쓰도록 했다.

급진적 도전

자유주의적 접근은 또 다른 쪽에서 공격을 받았다. 급진적 미디어 사가들은 여성주의 비판가들처럼 자유주의적 담론의 약한 부분을 공격했다. 즉 미디어가 정부의 통제에서 벗어나자 충성의 대상을 정부에서 국민들로 바꾸었다는 자유주의의 가정 말이다. 급진적 미디어 역사 연구자들은 이와 달리 유력 미디어는 기본적인 권력 구조에 통합되어 있었고, 사회질서를 계속 지지했다고 주장한다.[43]

이런 관점은 기본적으로 19세기 전반부에 조직된 노동계급 운동의 발달에 대한 역사적 연구에서 출발한다. 이 운동은 차츰 급진화되었고 점점 더 많은 지지를 받았으며 자체적으로 대중 신문을 발행했다. 이 신문은 노동계급의 조직과 급진적 명분에 대중성을 부여해줬고 독자가 사회를 좀 더 비판적으로 보도록 고취했다. 하지만 초기 노동계급의 투사와 그들의 후배들은 패배했다. 보통선거권을 획득해 동등한 시민권이 확립되었지만 그렇다고 곧바로 평등한 사회로 이행된 것도 아니었다.[44] 급진적 미디어를 다룬 역사는 미디어가 더 이상 정부의 통제를 받지 않는데도 어떻게 '길들여'졌는지에 초점을 맞춤으로써 이 문제를 조명하려 했다.

본질적으로 이에 대한 설명은 세 가지로 압축된다. 첫째, 시장이 통제 시스템으로 발전했다(자유주의자들이 주장하듯 자유의 엔진으로서가 아니라). 1850년부터 1918년 사이에 대중 신문 시장의 진입 비용이 상승함에 따라 대표권을 갖지 않은 자본가 연합체의 신문 지배가 시작되었다(나중에 음악과 영화·텔레비전 산업까지 이런 현상이 반복되었다). 미디어가 광고에 점점 의존하게 됨에 따라 좌파는 불리해졌고 미디어의 거대화는 다양한 목소리를 들을 수 있는 선택권을 좁혔다.

둘째, 한 사회의 엘리트들은 비공식적 과정을 통해 미디어에 영향을 끼쳤다. 1885년 로비 시스템의 '도입'을 시작으로 1980년대 이후 국가의 홍보가 엄청나게 커지면서 절정을 이루기까지 근대적 뉴스 관리 기구가 발전했다. 체임벌린Chamberlain과 대처 시절에 그랬듯이, 신문 사주社主와 정부 사이에 비공식적 동맹이 맺어졌다. 엘리트는 특히 의회 같은 국가기구에서 우세한 힘을 바탕으로 방송 정치 토론의 범위를 한정했다.

셋째, 지배 그룹은 사회의 문화에 영향을 끼쳤고 이를 통해 미디어 콘텐츠의 큰 틀을 만들어냈다. 18세기 민족주의의 부흥, 19세기 제국주의의 발흥, 냉전 시기 반공의 확산, 그리고 뒤이은 신자유주의의 득세 같은 시대를 풍미하는 아이디어는 암묵적이건 명시적이건 지배적인 사회적 질서를 지지하는 경향이 있었다.

이런 설명은 최근의 연구에서 유용하게 합성되었다.[45] 또한 추가 연구로 한층 다채로워졌다. 한 예는 잘나가던 차티스트 국면[46]의 급진적 신문에 대한 연구이다. 이 연구는 빅토리아 여왕이 '국민의 어머니'이자 제국과 산업적 성취의 상징이 되는 데 미디어가 한 역할을 조명했다.[47] 아울러 급진적인 푸코적 분석에 기초해 1930년대의 BBC가 어떻게 '실업자를 고분고분하면서도 능률적인 시민으로 훈련시키고 개혁했나'를 살핀 연구도 있다.[48]

이런 역사적인 연구들은 전통적인 자유주의 미디어사의 취약한 솔기를 뜯어냈다. 아울러 왜 영국에서 사회주의가 실패했는지를 역사적으로 이해하는 데 통찰력 있는 기여를 했다. 하지만 이는 한 가지 결정적 약점을 갖고 있다. 다름 아니라 초기 노동계급 운동의 후예인 개혁가들이 사회질서를 상당히 바꾸는 데 성공한 사실을 알아채지 못한 것이다. 더욱 주목할 것은 이들 진보적인 동맹은 미디어 시스템으로부터 광범위한 공명을 얻음으로써 ─ 심지어 지원을 얻기도 했다 ─ 성공할 수 있었다는 것이다. 위르겐 하버마스Jurgen Habermas의 고전적·급진적 설명[49]에서 볼 수 있는 종속적 미디어 시스템에 대한 매우 단순한 스케치sketch와 연계해서 1850년 이후 '사회의 재봉건화'를 얘기하는 주장은 잘못인데, 이런 관점은 심지어 저자 자신에게도 더 이상 만족스럽지가 않다.[50] 요약하자면, 전통적인 급진적 주장은 정치적 실패보다는 성공에, 그리고 미디어가 진보적 변화에 기여한 사실에 좀 더 주의를 기울여야 한다. 이점은 뒤에 더 검토할 것이다.

대중주의의 도전

대중주의 미디어 사학자들은 미디어의 발달을 지속적인 탈출의 이야기로 묘사한다 — 정부로부터의 탈출이 아니라 한때 미디어를 통제했고 사람들에게 취향과 문화적 판단을 은근히 끼워 팔려고 하는 문화적 엘리트로부터의 탈출이라는 것이다. 이들은 대중이 얼마나 정신적 고상함 대신 오락을 원했으며, 미디어가 상업화된 결과 이런 오락이 확산될 수 있었는지를 자세히 설명한다.

이런 견해는 영국 역사의 두 가지 주제를 서로 연결한다. 이들이 문화적 엘리트에 대한 반란을 묘사하는 것은 권위(출생, 부, 나이, 교육 또는 직업 등 무엇에 기반을 두었든)에 대한 복종이 약해지는 것에 대한 설명의 일부분이다. 아울러 이들이 미디어 소비자의 '평등주의적' 힘을 찬양하는 것은 소비자 사회의 성장과 소비자 주권에 의해 계급적 권위가 무너지게 된 것을 설명하는 좀 더 폭넓은 맥락과 연결되어 있다.

이런 미디어 담론은 고상한 빅토리안 엘리트와 그들의 상속자를 물리치고 오락을 추구하는 대중이 승리한 내용을 기록한 것이다. 예를 들어 1980년대 '뉴저널리즘'의 등장, 에드워디언Edwardian 공공 도서관에 가벼운 소설을 장서한 것, 1940년대 대중음악의 발달, 그리고 1960년대 라디오와 텔레비전 등이 그런 것들이다. 이런 관점은 사람들이 미디어에서 원래부터 즐거움을 추구했음을 강조한다..

후속 연구는 다음과 같이 이어진다. 19세기 영국 소비사회의 등장에 대한 최근의 연구는 '밝은 색, 전등 그리고 오락'의 개화와 일관된 흐름으로서 대중 저널리즘의 성장을 기술한다. 즉 유통 혁명과 축구, 대중 여행, 베스트셀러 책 그리고 음악홀 등으로 인생이 더 재미있고 충실하고 풍부해졌다는 것이다.[51]

마찬가지로 또 다른 대중주의 연구는 저렴한 음식, 전기 그리고 더 나은 주택이 그랬던 것처럼 1·2차 세계대전 사이 영국에서 축음기, 라디오 그리고 댄

스홀dance hall을 통해 대중음악이 확산됨으로써 삶의 질이 크게 높아졌다고 주장한다. 대중음악을 즐길 수 있게 된 것은 음악이 상업화된 것의 직접적인 결과라는 식으로 설명되었다. 제임스 놋James Nott은 '문화적 산물에 이윤 동기를 적용하는 것은 중요한 의미를 지니는데 왜냐하면 이는 민주적이기 때문'이라고 썼다.[52] 이는 때로는 속물적이고 인종차별적이기까지 한 까다로운 문화적 수문장의 생각보다는 사람들이 좋아하는 것을 좇아 음악이 만들어졌음을 의미한다. 놋은 이 시기 상업적 대중음악은 활기가 있었고 통속을 긍정했으며 대중의 낭만성을 담아냄으로써 오래 사랑받는 음률과 가사를 만들어냈다고 주장한다.

마찬가지로, 제프리 밀러드Jeffrey Milard는 1950년대와 1960년대 공영방송 체제(상업방송을 포함해)를 만들어낸 귀족적이고 온정주의적인 사람들을 21세기 다채널 디지털방송과 주문형 비디오가 만들어내는 만족 및 즐거움과 대비시킨다.[53] 미디어 역사를 이렇게 바라보는 흐름은 보통 사람의 실제 살아 있는 경험과 연결된 대중음악 콘텐츠에 대해서도 찬사를 보낸다.[54]

대중주의적 미디어사는 결점이 있고, 신자유주의 전성기 때 보여준 역동적인 힘을 잃었다. 이 관점은 오락의 성장이 어떻게 미디어의 민주적 역할을 제한했는지에 대해서는 말하지 않는다. 이는 소비자와 시민으로서의 평등을 사회적·경제적 평등과 동일시하는 우를 범한다. 아울러 문화의 질이라는 문제를 제대로 다루지 못한다. 그럼에도 불구하고 이런 관점은 미디어의 발달이 인생을 얼마나 즐겁게 만들었는지를 매우 잘 조명했다.

국가 만들기

자유주의, 여성주의, 급진주의 그리고 대중주의 전통은 생각해보면 하나의 가족 같은 지적 계보를 가졌다. 이들은 미디어 역사를 서로 다른 형태의 권력 — 정치적·경제적·사회적·문화적 — 과 관련해서 서술한다. 가까운 사이에 티격태격하듯이 그들은 서로 교차하고, 중첩되고 서로 맞선다. 그런데 이런 중심적인 미디어사의 흐름과는 결이 다른 세 종류의 학설이 있다. 이들의 관점 역시 중요하다.

'인류학적' 학설은 국가는 부분적으로 문화적 구성이라는 통찰력에서 영감을 얻는다. 따라서 국가 공동체라는 상상력을 고취하는 미디어의 역할을 탐구한다. 영국은 사실 상대적으로 '새로운' 국가이다. 이는 1707년 잉글랜드와 웨일스가 스코틀랜드와 정치적 연방을 이룸으로써(비록 역사적인 확립 작업이 있었지만), 또 브리튼과 아일랜드가 1801년 헌정적 연방을 만듦으로써(이후 1921년 북아일랜드를 제외한 대부분의 아일랜드와 혼란스러운 결별을 겪는다) 공식적으로 탄생했다. 새로 탄생하는 미디어 시스템은 이런 국가적 복합체를 만들어내고 '영국인'이라는 의식을 형성하는 데 중요한 역할을 했다는 것이다.

즉 신문은 기본적으로 프랑스 가톨릭(영국은 가톨릭의 나라 프랑스와 여러 세기에 걸쳐 전쟁을 벌였다)에 대한 반감과 18세기 깐깐한 프로테스탄티즘에 기대어 영국의 국가정체성을 조성하는 데 일익을 담당했다.[55] 여기에 19세기에 국민성이라는 오만한 생각으로 표현된 제국주의적 우월성이 더해지고 20세기 전반기에는 아르카디아arcadia(조용하고 소박한 생활을 하는 전원적 이상향)로서의 영국 이미지가 더해졌다.[56] 하지만 청교도주의의 쇠퇴와 1945년 이후 제국의 위축으로 영국다움이란 전통적인 개념은 퇴색했다. 영국이 EECEuropean Economic Community(1973년)에 가입하고 갈수록 커지는 세계화의 영향에 노출되면서, 약한 형태의 국민 정체성이 1970년대 이후 논란과 반론 속에서 모습을 드러냈다. 이는 다문화적·다인종적이며 영국다움에 대한 다원적 이해의 형태를 띠었다. 그래서 처음 종교적 반감과 인종적 제국주의를 통해 형성되었던 영국 정체성이, 다른 종교 또는 무신앙인을 받아들이고 다른 인종적 배경을 가진 사람을 포용하는 쪽으로 진화했다는 긍정적인 해석도 있다.

최근의 연구는 상대적으로 새로운 이 학설을 확장하고 깊이와 세밀함을 더했다. 예를 들어 1930년대부터 1990년대 사이 영국 역사를 다룬 영화를 연구한 제임스 채프먼James Chapman은 이들 영화가 과거만큼이나 그것이 만들어진 시대에 대해 얘기하고 있다는 점을 설득력 있게 제시한다.[57] 무엇보다 그의 연구는 국가가 쇠퇴하고 있다는 1950년대의 의식에 주목한다. 리처드 웨이트Rechard Weight가 수행한 1940년대부터 2000년대 사이의 애국주의 연구는 특히 신문과 합세해서 국가 쇠퇴 인식을 뒤집으려 했던 1980년대의 노력을 조명한다. 이런 노력은 영국을 기운을 되찾은 나라로 그려내거나 포클랜드Falkland 전쟁에서의 짧고, 짜릿한 승리 등을 통해 이뤄졌고, 전통적인 가치(단일 인종에 대한 암시를 가진)로의 회귀를 통해 한층 활기를 띠었다.[58] 하지만 이런 노력은 국가적 상상력을 오래 사로잡지 못하고 1990년대 이후 영국적인 것에 대한 느슨하고 좀 더 포용적이며 다양한 이해에 길을 비켜주게 된다고 웨이트는 주장했다. 하지만 영국적인 것에 대한 의식은 늘 계급, 성, 지역 그리고 스코틀랜드, 웨일스 그리고 얼스터 등 다른 연방에 대한 소속감과 같은 다른 정체성에 의해 매개되어왔다. 폴 워드Paul Ward가 주장했듯이 1870년부터 현재까지 분절되고 매개된 것처럼 보이는 영국 국가정체성의 한가운데에는 연속성이 기본적으로 자리 잡고 있다.[59]

　　하지만 기존 연구를 계승한 최근 연구를 보면 '영국이란 나라를 하나로 보는 데 대해 좀 더 비판적인 주목을 함으로써 시각 전환twist의 계기를 마련해준다. 리처드 콜스Richard Colls는 잉글리시로서의 인식Englishness이 '앵글로-브리티시 제국'이라는 신화화의 내면에 묻혀 들어갔으며, 브리티시로서의 인식Britishness과 동의어로 보이게 되었다고 주장한다. 하지만 잉글랜드와 브리튼을 동일시하는 것은 우선 제국주의가 종말을 고하면서, 다음은 자치권이 넘어가면서 빛이 바랬다. 영국인들은 그들의 국가적 정체성을 표현하는 데 어려움을 겪었는데, 이는 부분적으로 잉글랜드의 과거 이미지가 너무 낡았기 때문이기도 하다. 리처드 콜스는 이런 과거의 이미지를 잘 정리했는데 '섬사람, 정원을 가꾸는 사람들, 산업적 정경, 교회가 있는 마을, 고정된 자산, 계급화된 관계, 원주민, 문화적 부흥, 북쪽의 근성, 남쪽의 매력, 법을 잘 지키는 브리타니아' 등이다 — 이 모든 담론이 살아는 있지만 확신은 적어졌다.[60] 이같이 묻혀 있고 표현되지 않은 공통 의식으로서의 잉글리시다움에 대한 서술은 크리샨 쿠마^{Krishan Kuma}의 후속 연구와 합치하는데, 그는 잉글리시의 정체성은 제국적·국가적 단결을 위해 의도적으로 억제되었다고 주장한다(아우스트로-헝가리안과 러시아 제국의 관계와 확실히 유사하다).[61]

영국 국가정체성에 대한 역사적 탐구에 이어 웨일스와 스코틀랜드의 국가정체성 연구에 대한 관심이 새롭게 일었다(아울러 이 논문의 검토 대상은 아니지만 아일랜드 국가주의에 대한 훌륭하고 수정주의적인 책이 붐을 이뤘다). 웨일스 미디어에 대한 연구는 특별히 주목할 만하다.[62] BBC(라디오) 웨일스는 1937년에 설립되었다. 웨일스 ITV는 1958년에 설립되었다. 웨일스 연합 BBC 텔레비전은 1964년에 방송을 시작했다. 그리고 웨일스 텔레비전 채널인 S4C^{Sianel Pedwar}는 1982년에 설립되었다. 이 모든 노력은 부분적으로 웨일스의 민족주의 압력이 높아진 결과 이루어진 것이었고 이로 인해 독특한 웨일스 정체성이 만들어지는 데 도움을 주었다. 특히 S4C는 사라져가는 웨일스 언어(현재 이는 웨일스인의 20퍼센트만이 사용한다)를 살리는 데 기여했다.

그럼에도 이런 것들이 브리튼(영국 연방을 구성하는 네 개의 국가 가운데 중심적인 국가 — 옮긴이)의 미디어 시스템이 (특히 영어가) 전국을 장악하고 있다는 사실을 은폐해서는 안 된다. 발로우^{David Barlow}와 동료들은 2002년 웨일스에서 읽히는 조간신문의 85퍼센트가 웨일스 밖에서 들어오는 신문이라고 지적했다.[63] 2003년에 BBC1,BBC2 그리고 ITV(HTV)의 프로그램 가운데 웨일스 시청자를 위해 제작된 것은 10퍼센트도 되지 않았고 그나마 대부분은 뉴스였다.[64] 이 연구는 국가적 정체성을 유지하는 데 복잡한 요인이 작용하는 것을 강조하면서도 영국의 미디어 시스템을 전국적으로 통일하는 것이 모든 것을 포괄하는 영국의 국가정체성을 지탱하는 데 얼마나 중요한지를 잘 드러내준다.

인류학적인 연구가 진전되다 보면 '지역적 민족주의'에 대한 관심이 높아지는 것은 중요한 특징 중 하나다.[65] 부분적으로 이는 분리주의의 재등장과 1999년 스코틀랜드·웨일스 의회 수립에 대한 반응이기도 하다.

문화 전쟁들

자유론적libertarian 미디어 학설이 영국 사회의 다른 갈래에서 태어났다. 19세기 후반부터 종교적 믿음과 참례는 지속적으로 내리막길을 걸었다. 점증하는 영국의 탈기독교화는 자본주의에 의해 조장된 개인주의화와 결합해 1960년대 사회적 자유주의social liberalism의 약진에 기여했다. 시계를 뒤로 돌리려는 전통주의자들은 이에 맹렬히 저항했다. 계속된 사회보수주의자와 사회진보주의자의 전쟁은 20세기 후반부에 대한 자유론적 학설의 주된 주제가 되었다.

이런 학설 중 가장 우수한 것은 1960년대 사회적 자유주의에 대항해 일어난 사회적 반동에 대한 연구였다. 이 연구는 1960년대부터 1980년대까지 일련의 일탈 그룹과 관련된 도덕적 패닉을 만들어내는 데 미디어가 한 역할에 초점을 맞춘다. 미디어는 이들 그룹을 틀에 박힌, 과장된 방식으로 표상하고 잠재된 사회병리 현상의 일부로서 재현했다. 그리고 권위적인 방식으로 이들을 응징해야 한다는 여론을 조성하고 다양한 방식으로 사회적 보수주의를 재충전했다.[66]

최근의 자유론적 학설은 논점을 좀 더 보완한 다음 새로운 결론을 제시한다. 이런 연구는 1980년대 미디어에서 상징적으로 왜소화된 도시 좌파의 출현 ― 마르크시즘Marxism이나 감리교 때문이라기보다는 1960년대의 반反문화의 영향을 받은 ― 을 점검한다. 하지만 1960년대 세대가 주요 공적 제도를 장악하게 된 2000년대 초에는 이들의 정치적 의제나 한때 논란거리였던 정책은 거의 주류가 되었다. 이는 '미국과 달리 영국에서는 물밑에서 진행된 문화 전쟁의 주요 전투에서 진보가 승리했기 때문'이었다.[67]

이 연구는 불온한 사회적 기운이 1980년대 이후 퇴조했음을 보여주지만 (이 논의가 2000년대 초 이민이나 테러리즘과 연관된 이슈로 발전하지는 못했다), 다른 연구는 급진 자유주의적 학설의 데우스 엑스 마키나deus ex machina(고대 그리스극에서 자주 사용하던 극작술로 초자연적인 힘을 등장시켜 긴장을 타개하고 결론으로 이끌어가는 전개 방식 – 옮긴이)라 할 수 있는 도덕적 패닉의 개념을 재검토한다. 차스 크리처Chas Critcher는 일부 도덕적 패닉이 부정적인 여론과 전문가의 개입(1980년대 에이즈AIDS 관련)에 의해 미연에 방지되었다고 주장한다. 1990년대에 있었던 소란 피우기나 마약 엑스터시ecstasy의 복용같이 일탈이긴 하지만 사회에 미치는 해악은 최소화함으로써 권위적 통제를 피해 간 경우도 있다. 크리처는 도덕적 패닉의 개념은 '이상형'이어서 실제 세계에서는 형태도 다르고 그로 인한 결과도 다르게 나온다고 결론을 내린다.[68] '통제 문화'의 재확인 기제로서의 도덕적 패닉이라는 그의 초기 입장과는 상당히 다른 것이다.[69]

자유론적 학설은 아직 초기적 형태로 존재하며 좀 더 많은 연구와 분명한 개념 규정을 필요로 한다. 하지만 미디어가 '경계선 밖out'의 사람들을 어떻게 재현하는지를 연구함으로써 이것이 과거에 어떻게 투영되었는지를 엿볼 수 있다. 이런 것들은 한 사회에서 무엇이 수용 가능한지를 가르는 경계선을 만드는 데 도움이 되었다.

1880년대에 신문은 게이에 대한 매도outcry를 거듭었고(처벌 입법을 강화하는 것을 포함해서) 1920년대에는 레즈비언에 대한 성전crusade을 치르기도 했다. 1960년대에 미디어의 동성애 공포증이 누그러질 때까지 성적 소수자에 대한 재현은 상당히 적대적이었다. 그래도 1970년대까지 영국 텔레비전에서 게이는 바보 같거나 위험한 존재로 묘사되었다. 1980년대 TV 드라마는 양분된 모습을 보였다. 남자 게이가 긍정적으로 묘사될 때는 성적 특성이 없어 안도감을 주는 사람으로 국한되었다. 반면 성적 특징을 가진 사람은 자주 부정적인 방식으로 묘사되었다. 게이가 비로소 '정상인'으로 묘사된 것은 21세기로 접어들면서였다.[70] 전환점은 맨체스터의 게이 마을을 무대로 펼쳐지는 영국 텔레비전 연속극 시리즈 〈내 이웃의 게이Queer As Folk〉(1999~2000년)였다. 이 연속극은 신세대 남자 게이를 기본적으로 밝은 톤으로 묘사했고, 지적이고 매력적이며 혼성이지만 '정상인'으로 묘사했다. 부끄러워하거나 숨기지 않았으며, 과거의 비현실적인 표현이 부여한 낙인에서 상대적으로 자유로웠다. 이 시리즈물의 관점, 카메라 응시, 심지어 성행위 장면은 게이를 병적인 대상이 아니라 정상인으로 취급했다. 이 TV 시리즈는 사회 변화의 이정표가 되었고, 2000년대 초 게이와 레즈비언에 대한 차별을 마감하는 일련의 입법으로 이어졌다.

자유론적 학설이 계속 확대 적용될 만한 다른 분야는 미디어에 대한 도덕적 규제를 연구하는 것이다. 20세기 초에는 검열이 가혹했으나(특히 성, 순결 그리고 언어 순화와 관련해) 후반부에는 전체적으로 약해졌다.

기술 결정론

미디어 역사에 대한 대안적 해석 가운데 마지막은 기술 결정론이다. 이 학설은 미디어를 변화에 부수된 것으로 보지 않고 변화의 근원이자 원천이라고 말한다.

이런 관점에 서 있는 몇 가지 고전적인 연구가 있다. 해럴드 이니스Harold Innis는 새로운 커뮤니케이션 매체는 각각 시간과 공간의 범위를 바꿈으로써 사회의 구조를 변화시켰다고 주장했다.[71] 엘리자베스 아이젠슈타인Elizabeth Eisenstein

은 인쇄술이 과거의 지적인 성취를 보존하고 좀 더 널리 활용되게 해 근대 초기 유럽의 문화적 발전에 기여했다고 밝혔다.[72] 마셜 매클루언Marshall McLuhan은 전자 미디어가 인간의 감각을 융합시킴으로써 '미분화 상태로 회귀하고' 통합된 문화를 만들어냈다고 주장했다.[73] 조슈아 메이로비츠Joshua Meyrowitz는 텔레비전의 광범위한 보급으로 '타자other'의 신비성이 사라짐으로써 사회적인 관계가 변했다고 주장했다.[74]

이런 연구 경향은 최근 인터넷이 세상을 근본적으로 바꾼다는 주장으로 다시 태어났다. 인터넷은 전통적인 사업 전략을 뒤흔들고 있으며[75] 민주주의에 새 활력을 주고[76] 국민에게 힘을 주고[77] 전 지구적 계몽의 시대를 열었고[78] 인간의 감성을 변화시켰고[79] 공동체를 재건하며[80] 자기를 표현하는 문화를 낳고[81] 쌍방향 텔레비전을 통해 기성 미디어 제국을 위협[82]한다고 했다.

이런 연구와 관련해 이 글에서는 지면 관계상 두 가지 점만 간략히 논의해 보자. 증거들을 살펴보면 온라인 세계가 오프라인 세계에 영향을 주는 이상으로 오프라인 세계가 온라인 세계에 영향 — 특히 콘텐츠와 이용의 측면에서 — 을 주는 것을 알 수 있다. 하지만 이런 관점이 기술 결정론의 반사 이미지로, 최근 지지자가 늘어가는 사회 결정론으로 이어져서는 안 될 것이다. 사회 결정론은 인터넷을 — 함의상 모든 새로운 상호작용 기술을 — 단순히 닫힌 고리 안에서 그 사회의 문화와 사회적 관계를 재생산하는 사회의 연장으로 본다. 이런 관점은 인터넷 기술의 특별한 속성(세계적인 도달, 저렴한 비용, 상호작용성 그리고 하이퍼텍스트hypertext)이 차이를 만들어내는 것을 간과한다. 사회 결정론은 인터넷의 구성·내용·사용 그리고 영향이 진화하고 변화하는 사회 세력들이 상호작용하고 대립하는 과정에서 구성되는 것으로 파악하기보다는 사회를 단순한 추상으로 이해하려는 경향이 있다.[83]

뉴미디어의 발달에 대한 연구는 광범위하다. 예를 들어 패디 스캐널Paddy Scannell은 통신 기술이 더 나은 세상을 만들었다고 의미심장하게 서술한다. 하지만 그의 에세이는 대부분 일반적인 기술(원자탄에서 세탁기까지)이기에 미디어 발전에 대해 논하기에는 적절치 않다.[84] 그레이엄 머독Graham Murdock과 마이클 피커링Michael Pickering은 근대주의자의 주장 가운데 한 측면을 논했는데, 전보와 사진술이 거리를 사라지게 함으로써 상호 작용과 상호 이해를 자동으로 촉진한 것은 아니라는 것이다. 사실, 그들은 통제를 확대하는 데 이용되었다.[85] 같은 맥락에서, 메나헴 블론드하임Menahem Blondheim은 통신 기술을 독립적인 것으로 이해하는 기술 결정론의 출발점은 사실을 호도하는 것이라고 주장했다.[86]

뉴미디어 기술이 사회를 연속적으로 변환시켜왔다는 주장에 기반을 둔 기술 결정론적 미디어사는 상당히 영향력이 있었다. 하지만 이는 한계가 있는 주장이며 학문적인 교정을 요한다.

잃어버린 학설

다음 단계는 명백히 메타 학설의 전투에 등장한 학설 일곱 개를 종합하는 대안적 학설을 만들어내는 것이다. 하지만 정리한 내용을 반복하기보다는[87] 이런 점검에서 무엇이 빠졌는지를 반추해보는 것이 한층 유익할 것이다.

처음에 이 논문을 쓰기 위해 먼저 종이 한 장에 영국 역사의 핵심 흐름을 열거하고 그 뒤에는 그 각각에 대해 미디어사 연구들이 무어라고 언급했는지를 조명해봤다. 일부 흐름은 생략되었는데 이는 '학설'을 지탱할 만한 적합한 미디어사 연구가 없었기 때문이다. 이런 선별 과정을 거쳐 남은 흐름은 ① 국가의 통일, ② 대중민주주의, ③ 사회주의의 패퇴, ④ 여성 지위의 향상, ⑤ 소비사회의 등장, ⑥ 종교적·도덕적 전통주의의 쇠락 등이었다.

하지만 이는 미디어가 중요한 역할을 한 영국 역사의 중요한 진전을 생략하는 것이다. 특히 이 리스트에 들어가지 못한 '잃어버린 학설' 네 개를 주목할 필요가 있다.

　가장 명백한 누락은 미디어 발달에 관한 '개혁주의' 학설과 연관된 복지국 가의 건설이었다. 사회민주주의 이론가였던 토머스 험프리 마셜Thomas Humphrey Marshall[88]의 유명한 에세이를 다소 임의로 변형해서 말하자면 영국 역사는 인 권을 확보하려는 점진적이고 집단적인 투쟁의 과정이었다고 볼 수 있다. 시민 권(특히 결사와 평등권), 정치적 권리(투표권), 사회적 권리(무상 의료와 사회보장 을 포함해), 그리고 문화적 권리('문화적 특권, 공적 사안에 대한 정보 그리고 상징 적 재현)가 이런 인권의 대표적인 내용이다. 이들 투쟁 가운데 첫 번째와 두 번 째는 1918년에 대체로(완전히는 아니지만) 승리를 쟁취했다. 1918년부터 현재 까지는 사회적·문화적 권리 확보를 위한 집단적인 전투가 격화된 시기다. 19 세기 말과 20세기 초에 등장한 사회보장은 1940년대에 국가가 '요람에서 무 덤까지'를 책임질 정도로 확대되었다. 문화 영역에서는 19세기에 이룬 무상 기초 교육, 공공 도서관, 공원, 박물관 그리고 미술관 같은 성취들이 20세기 에 더욱 확장되었는데 무상교육이 확대되었고 공영방송이 등장했으며 예술 보조금이 생겼고 자유롭게 이용할 수 있는 인터넷이 등장했다.

　이런 역사적 관점은 그레이엄 머독이 제시한 것과 유사하다.[89] 로스 매키빈 Ross McKibbin의 연구는 대중오락의 도움을 받은 연대주의적 노동계급 문화가 1940년대에 자신감과 영향력을 절정으로 끌어올리는 과정을 보여준다.[90] 요 소들은 제임스 커런James Curran과 장 시턴Jean Seaton의 연구에서도 비슷한 논의 가 나오는데, 이 연구는 1940년대에 대부분의 미디어 시스템(전시의 급진적인 섹션을 포함해)이 복지국가를 강화하는 합의를 만드는 데 기여했다고 밝혔다.[91] 이 연구는 또한 공영방송과 인터넷의 긍정적인 역할(규제를 받는 상업방송을 포 함해서)과 저급해진 신문의 부정적인 역할을 구분했다. 이런 관점은 다른 역사 가들도 일부 공유한다.[92] 공영방송에 대한 비판적인 재조명은 다른 연구들에 의해 뒷받침되었다. 이는 혁신적인 공영 TV 저널리즘의 발달,[93] 집요한 공격으로부터 공적 서비스의 가치를 방어하려는 BBC의 노력,[94] 20세기 후반 공영 방송 TV의 표현 영역의 확대,[95] 그리고 빼놓을 수 없는 아사 브리그스$^{Asa Briggs}$의 BBC 역사(1961~1985년)[96]가 그것이다. 좀 더 일반적으로는 미디어를 개혁하거나 신자유주의적 전환에 저항하려 한 시도 중 성공한 것과 실패한 것을 정책 측면에서 분석한 강한 역사적 전통이 있다(비록 일부 저자들은 '개혁주의적' 사학자로 단정 내려지는 데 맹렬히 반대하겠지만 말이다).[97] 특히 20세기에는 개혁주의적 미디어 역사의 발달과 관련해 활용할 수 있는 2차 자료가 풍부하다.

두 번째로 누락된 측면은 권력, 지위 그리고 물질적 보상의 측면에서 사회 계급 간의 분배 투쟁을 기술하고 이와 관련해서 미디어의 변화하는 역할을 탐구한 학설이다. 지난 200년간 영국의 역사에는 주요한 패자가 둘 있다. 영국을 지배해왔던 귀족들과 한때 정치적·경제적·문화적으로 강력한 세력이었지만 현재는 위축·분화되고 무엇보다도 지지를 잃고 있는 노동계급이다. 반면 가장 큰 승리자는 지구화되는 경제에 가장 잘 적응한 부르주아의 핵심 영역들이다. 계급 미디어 학설은 19세기에 만들어졌으나 연구 동향이나 변하는 유행 때문에 20세기 후반에는 응집력을 잃었다. 근본적으로 이는 우리가 전개하는 학설의 야심 어린 버전일 것이다.

세 번째 누락된 측면은 영국 경제의 성장(관련된 생활수준의 상승과 일자리 창출)과 결부해서 영국 미디어의 경제적 역할을 논하는 학설일 것이다. 영국은 '최초의 산업국가'였지만 미국에 추월당한 뒤 서비스 기반의 경제로 변해갔다. 이는 영국 미디어의 발달과도 일맥상통하는 것 같다. 대영제국은 전신 기술의 발달과 통신사 발달에 핵심적인 역할을 했다. 하지만 산업화되고 대중화된 저널리즘을 개척해간 것은 영국이 아니고 미국이었으며 할리우드는 1910년에 영국 영화 산업을 앞질렀다. 또한 영국은 1944년 초기의 디지털 계산기 개발에 충분한 투자를 하지 못했고 1960년대에 패킷 전환 네트워크 기술 개발에서도 선두에 서는 데도 실패했다. 하지만 영국은 세계에서 두 번째로 많이 텔레비전 프로그램을 수출하는 나라가 되었다(현재도 그렇다). 영국 경제의 성공과 실패, 그리고 영국 문화 산업의 성공과 실패 사이에 어떤 연관이 있는지를 찾아보는 것은 흥미로운 작업이 될 것이다. 스테판 슈바르츠코프Stefan Schwarzkopf는 영국 광고대행사들이 상업방송의 등장 이후 속수무책으로 있을 때 미국이 영국 광고 업체 상당수를 인수한 것을 조사함으로써 잠재력 있는 '학설'의 물꼬를 트기도 했다.[98]

네 번째 주제는 이 글에 절반은 들어 있고 절반은 빠져 있다. 이는 새로운 통신 기술에 대한 기술 결정론적 시각을 초국가적인 맥락에서 검토한다. 기존 연구의 속성을 고려할 때 영국 맥락에서 이런 관점의 대안적인 버전을 제시하는 것은 가능하지 않다. 이 분야에 대한 여러 좋은 연구가 있었지만 통신 기술이 만들어내는 영향을 대부분 다른 나라의 사례를 통해 연구하는 데 그쳤다.[99] 하지만 새로운 통신 기술이 어떻게 영국의 정치·문화·사회관계를 변화시켰는지 일국 차원의 설명을 탐색하는 것은 흥미로운 작업일 것이다.

회고

필자가 언급한 것들은 불가피하게 대단히 선택적이었다. 필요한 것보다는 활용 가능한 것에 제한해서 부분적인 설명만을 제공했을 뿐이다. 하지만 ─ 서로 경쟁하는 일련의 학설로서 ─ 어떻게 미디어가 근대 영국을 형성하는 데 기여했는지를 기술한 것이 추가 논의를 촉발하고 미디어사가 빈번히 범하는 협소함에 해독제가 되기를 기대해본다.[100]

물론 전문적인 연구는 모든 질문 영역에 논의의 기초를 제공해줄 것이다. 하지만 미디어에 대한 역사적인 연구를 좀 더 광범위한 사회적 맥락에 놓는 미디어사 연구의 야심적인 전통을 발전시키는 것이 중요하다. 당연히 이런 연구는 비교 연구를 통해서 좀 더 넓은 맥락을 고려해야 한다.[101]

09

사회통제 기구로서의 신문

Press as an agency of social control

도입

역사학자는 그 수를 알 수 없을 만큼 다양한 방식으로 신문의 사회적·정치적 역할을 개념화해왔다. 이를테면 다음과 같다. 사회 개혁의 기구로서, 생각을 교환하는 포럼으로서, 공적 정보의 확산자로서, 정부의 권력 남용 견제자로서, 기분 전환과 오락의 수단으로서, 정치인-사주의 개인적인 도구로서, 문화적 저속화의 기구로서 등이다. 이런 목록은 끝이 없고 앞에서 든 예는 잘 알려진 것들일 뿐이다. 그런데 이런 통속적인 역사적 설명에서 빠진 것은 사회적 통제 기구로서 영국 근대 신문이라는 개념이다.[1]

이런 누락은 우연이 아니다. 신문을 이런 개념으로 파악하는 것은 신문을 다루는 통상적인 분석의 틀에 도전하는 것이다. 신문을 사회통제의 수단으로 보는 것은 권위주의 사회에나 해당하는 것이고 자유세계에서 신문은 표현의 자유라는 민주주의 원리를 구현한 제도였다. 결국 자유 언론은 서구의 민주주의를 자유롭게 한 것의 일부였다.

사회통제 역할을 뺀 것은 전혀 놀라운 것이 아니었다. 신문이 국가의 손아귀에서 벗어났을 때 신문이 더는 사회통제 기구가 아니라는 생각은 당연시되었다. 따라서 상식적으로 영국 언론의 역사적 발전은 세 개의 하위 국면으로 나눠볼 수 있다. 신문이 국가의 허가를 받아 국가를 지원하는 첫 번째 국면, 두 번째로 신문이 국가로부터 차츰 독립하던 전환 국면, 신문이 공중에 봉사하는 완전히 자율적인 기구가 된 세 번째 국면 등이다.

이 세 국면이 언제 시작해 언제 끝나는지는 역사학자마다 의견이 다르다.[2] 물론 일부 역사학자는 각 국면이 진보라는 암묵적 전제를 거부한다. 이들은 정부가 통제의 끈을 놓는 것과 상업적 통제가 공고화되는 것 사이에 이른바 멋진 간격이 있던 후기 빅토리아기를 저널리즘의 황금기로 본다.[3] 많은 사학자들은 또 근대 신문의 상업화에 비판적이다.[4] 하지만 역사적 관행의 기본 가정에 도전하는 목소리는 거의 들리지 않는다. 이른바 신문이 국가의 통제에서 시장의 통제로 전환된 것은 종속에서 상업적 자율성으로의 전환이며, 국가기구이었던 것이 통치자와 통치를 받는 자 사이의 독립적인 소통의 채널로 변화한 것이란 이야기이다.

유일한 불협화음은 이런 역사적 전설을 노래했던 사람들에게서 나온다. 신문에 대한 억압에 직접 맞서 싸운 초기 급진적 언론인의 용기와 자유 언론에 대한 그들의 헌신과 관련한 많은 연구가 있다.[5] 이들 연구는 신문에 대한 경제적 통제에 맞선 19세기 의회의 캠페인이 자유주의적인 열정의 영감을 받은 것으로 묘사해, 중산층 자유주의자로 자주 인용되는 리처드 코브던Richard Cobden의 말은 단지 메아리나 확인 정도로 들릴 정도이다. 이는 '지식에 대한 과세'에 저항한 의회의 캠페인이 밀턴John Milton, 로크John Lock, 밀John Stuart Mill과 계몽주의에 뿌리박은 자유주의 사상에 영향을 받았다는 믿음으로 이어졌다. 물론 여기에는 《더 타임스》의 힘을 빼려는 '권모술수low politics'도 작용했다.[6]

그런데 앞으로 살펴보겠지만 '지식에 대한 과세'에 대한 의회의 저항이 실제 무엇을 뜻했는지를 알면 자유주의 역사 속에서 그들이 알려진 바와 상당히 다름을 느끼게 될 것이다. 그래서 이런 논의는 자유 언론의 등장과 공중의 주권 강화라는 장엄한 역사적 드라마의 타당성에 의문을 제기한다.

급진적 신문의 등장

신문세에 대한 의회의 반대 캠페인을 살펴보기 전에 나폴레옹 전쟁기에 생겨난 급진 신문의 첫 세대는 사회질서에 위협으로 받아들여진 점을 상기할 필요가 있다. 일반 병사나 영국 대저택의 계단 아래서 하인들이 급진 신문을 읽는다는 정보기관의 보고서가 무장봉기의 두려움을 불러일으켜 의회의 격렬한 논쟁 주제가 되었다.[7] 이런 걱정은 기우였지만 급진적 저널리즘의 발달은 사람들이 사회 질서의 정당성에 의문을 품게 해서 장기적으로는 사회질서에 위협을 가했다. 한 국회의원이 다음과 같이 불평한 것처럼 말이다:

> 이들 싸구려 신문이라는 수치스러운 출판물은 사회의 틀 그 자체를 해체하는 경향이 있다. …… 이들 신문은 빈자의 현재 상태와 그들의 미래라고 주장되는 것을 대비시킴으로써 그들의 욕망에 불을 붙이고 그들의 이기심을 일깨운다. 이런 조건이란 인간의 본성과 양립하기 어렵고 아울러 하느님이 시민사회를 규율하기 위해 만든 불변의 법칙과도 양립하기 어렵다.[8]

급진 신문은 신성에서 나온 자연적 질서라는 지배 이데올로기를 부자가 가난한 사람을 속이기 위해 발명한 동화라고 가차 없이 비웃었다. 이들은 풍요와 자연적 정의가 넘쳤던 신화적인 과거를 강조했으며, 또한 귀족정의 착취를 제거함으로써 빈곤에서 탈피하고 구원을 받을 수 있다는 점을 설파해 정치적 수단으로 사회를 변화시킬 수 있음을 계속 강조했다. 이들 신문은 전통적 지도층의 사회적 특권을 지속적으로 공격하면서 왕족, 귀족 그리고 성직자를 생산적인 사회에 빌붙어 사는 기생충 같은 패거리라고 욕했다. 이들은 국가 제도가 단지 부패한 체제의 압제적 기구일 뿐이라 묘사하며 이들의 정당성에 직접적으로 도전했다. 아울러 ≪투페니 트레시Twopenny Trash≫나 ≪블랙 드워프Black Dwarf≫ 같은 좀 더 급진적인 신문은 조화로운 사회적 계층과 신분 위계라는 전통적 관념을 명확히 거부하는 사회관 아래 '생산적인 계급'을 급진적 변화의 주역으로 지목했다.

비록 초기의 급진적 신문이 위협으로 비쳤지만 그들은 여전히 물질적 그리고 이데올로기적인 한계에 갇혀 있었다. 배포망은 잘 짜여 있지 않았고 노동자 중에서도 보는 사람이 제한적이었다. 특권층에 대한 그들의 공격은 '구악old corruption'에 대한 18세기 자유주의의 개념틀에 입각해 있었다. '생산 계급'은 직공과 그들의 고용주를 포함해서 귀족주의자가 아닌 계층으로 정의되었다. 분쟁은 기본적으로 민주주의와 귀족정 사이의 투쟁이란 정치적 개념으로 정의되었다. 아울러 현대 사회에 대한 비판의 초점은 고위층의 부패와 이른바 생산적인 공동체를 가난하게 만드는 역진적인 직접세에 맞춰졌다. 그들의 공격의 초점은 그래서 사회의 보상 구조를 근본적으로 흔드는 것은 아니었다.

하지만 1830년대에 급진적 신문이 부활했을 때 이는 새롭고 좀 더 전투적인 양식을 들고 나왔다.[9] ≪푸어 맨스 가디언Poor Man's Guardian≫과 같이 전투적인 신문은 노동과 자본, 노동계급과 귀족 연합, '대농장주'와 '상점주들' 사이에 근원적인 갈등이 있다고 주장했다. 이런 분석을 뒷받침하는 것은 사회를 경제-사회적인 착취의 기제로 보는 급진적 관점이었다. 전투적인 신문들은, 가난은 기본적으로 노동자가 생산한 부를 자본가가 전유하도록 해주는 소유권에서 연유한다고 주장했다. 이후 이런 경제적 착취 시스템은 '자산가들이 뽑은 국회의원이 만든 법률과, 법원, 그리고 그들이 통제하는 군대와 경찰, 그들이 소유한 친자본 신문과 그들이 지배하는 교회와 자선학교에 의해 정당화되고 유지된다고 주장했다. 한마디로, 급진적 신문은 귀족들의 정치적 지배에서 경제적 착취와 이런 착취를 유지하는 이데올로기적이고 강압적인 기구들로 공격의 방향을 전환했다. 비록 대헌장(투표권을 요구하는)은 당연히 급진적 신문의 당면 목표가 되었지만, 이는 최종 목표 그 자체로 생각되지는 않았다. 정치체제를 바꾸는 것은 사회를 변화시키는 첫걸음으로 인식되었다.[10]

새롭게 태어난 급진 신문은 새로운 감각의 계급의식을 계발하는 데 도움을 주었다. 그들이 강조하는 노동 가치론은 노동계급을 국부의 창조자로 추켜세웠다. 사회의 가장 하층계급을 가장 중요한 구성 요소로 자리매김함으로써 전통적인 신분 위계를 뒤집었다. 또한 급진 신문은 다른 신문들이 싣지 않는 뉴스와 견해를 실었는데 노동계급의 일반적인 고통을 부각시켰으며, 지역에 국한된 투쟁 — 노조를 설립하거나, 임금 삭감에 저항하거나, 나은 노동조건을 요구하거나 새로운 빈곤법에 반대하는 등 — 이 전국의 광범위한 투쟁의 일부임을 보여줬다(아울러 갈수록 많은 나라가 같은 모습을 띠고 있음을 보여줬다). 전국적인 독자를 확보함에 따라 새로운 급진 신문은 전국적인 노동계급 운동이 조직되는 것을 막아온 지역주의와 맞서 싸우는 데 도움을 주었다. 차티스트 지도자 퍼거스 오코너Feargus O'Connor에 따르면 이들 신문은 '산업 계급을 한데 묶는 고리였다'.[11]

또한 초기 급진 신문은 상당한 독자를 확보했고 점점 늘려가는 데도 성공했다(신문 낭독 모임을 열거나 돌려 읽는 독자의 증가에 힘입어). 인지세가 폐지된 뒤 급진적 신문 가운데 규모가 큰 것들은 1830년대 초 구독 기록을 연이어 갈아치웠다. 이들 뒤를 이어서 ≪노던 스타the Northern Star≫나 ≪레이놀즈 위클리 뉴스페이퍼Reynold's Weekly Newspaper≫처럼 훨씬 더 많은 독자를 가진 신문이 나왔다. 이 신문들은 1838년에서 1856년 사이에 50만 명에 가까운 독자를 확보해 절정을 이루었는데 이 당시 잉글랜드와 웨일스의 14세 이상 인구는 약

1,000만 명을 조금 넘는 수준이었다.[12]

1850년대 급진적 신문은 20년 전 비슷한 신문이 가졌던 압도적인 지위를 갖지는 못했다. 전투적인 신문이 내놓은 급진적 분석은 때로 혼재된 논리 속에서 오래된 자유주의적 비판과 결합했다. 하지만 핵심은 아마도 정치 시스템으로부터 차단된 사회의 한 분파가 자신의 신문을 통제하게 된 것이다. 그래서 그들은 사회에 관해 대안적 인식을 개발하고 집단적 조직을 지원하며 급진적 하위문화를 풍부하게 하는 제도적 자원을 보유하게 되었다. 이는 장기적으로 사회질서에 대한 도전으로 인식되었다.

신문 통제에 대한 의회의 반대

당국은 급진적 저널리즘을 통제하는 데 두 가지 방법에 의존했다. 첫째는 사회질서에 대한 근원적인 비판을 범죄로 규정해 선동과 모독죄를 적용하는 것이다. 그런데 이 방법은 배심원이 유무죄를 판정하게 한 폭스의 명예훼손법이 1792년 통과되면서 효과가 적어졌다. 재판 관련 소식이 독자를 늘리는 효과를 낳고 배심원이 갈수록 유죄선고를 기피함에 따라 선동적 비방죄는 급진적 신문을 견제하는 데 별로 효과가 없었다.

당국은 그 대신 급진적 신문을 제어하는 수단으로 신문세에 의존했다. 인지, 종이 그리고 광고세는 신문 가격을 높였는데 일반인들이 사기에 신문이 너무 비싸도록 만들려는 의도였다. 신문세는 또한 발간 비용을 높였는데 이는 자산계급이 신문을 통제하려는 의도에서 나온 것이었다.

보수당 정부가 급진적 저널리즘의 발흥에 대응한 것은 1819~1820년에 인지세(사실상 신문 판매에 부과되는 세금)의 부과 대상을 확대한 것과 선동적 비방죄를 강화한 것, 그리고 신문이 공식적으로 발행되기 전에 당국에 공탁금을 맡기도록 하는 보증금 제도를 도입한 것 등이었다. 이런 조처에 대한 휘그당

자유주의자의 반대는 약했을 뿐 아니라 때로는 모호했다.[13] 휘그당이 정권을 탈환했을 때도 이런 조처는 폐지되지 않았다. 의회는 1820년대에 신문세를 폐지하는 데 별다른 지원을 하지 않았다. 인지세를 폐지하려는 1827년 요세프 흄[Joseph Hume]의 시도 − 세 번째 시도 − 는 단지 10표를 얻었을 뿐이고, 그나마도 순전히 분파적인 이유로 지지한 것이었다.[14] 이렇게 지지가 적었던 것은 급진적 신문이 급격히 위축되었고 신문세가 '선동'에 대한 보호막 역할을 하는 것처럼 보였기 때문이었다. 휘그당의 법무장관인 제임스 스칼렛[James Scarlett] 경이 1827년에 인지세를 옹호하며 '인지세는 국가의 안녕을 보전하는 유용한 수단임을 보여줬다'고 말했다.[15]

급진적 저널리즘은 1830년대에 신문세를 내지 않는 지하신문이라는 좀 더 조직된 형태로 재등장했고 판매 조직망의 도움을 받았다(발행자가 투옥되면 이 판매 조직이 가족을 돌봐줬다). 급진적 저널리즘의 성장은 점점 경각심을 불러일으켰는데, 이는 경쟁지에 비해 잘 팔린 데에도 일부 이유가 있다. 하지만 배심원들이 선동적 명예훼손 기소를 주저했기 때문에 다시 한 번 효과가 없음이 입증되었다. 환멸을 느낀 법무장관은 1832년에 '명예훼손자는 자신의 주장을 널리 알리는 기회로 공개 재판을 활용하기 위해 혈안이 되어 있을 뿐'이라고 불평했다.[16] 신문을 통제하려는 국가의 시도는 실패했다.

이는 1830년대에 신문세를 유지할지를 놓고 의회가 벌인 일련의 토론으로 이어졌는데 대체로 급진적 신문을 어떻게 하면 실질적으로 무력화할지가 논점이었다.[17] 전통주의자들은 정부가 인지세를 내지 않고 선동을 일삼는 신문을 법정에 세워야 한다고 주장했다. 아울러 그들은 공안 당국의 처벌과 신문세는 출간 비용을 높임으로써 신문을 '부유하고 특권 있는 남자의 통제 안에' 두는 효과를 거뒀다고 말했다. 또 '극악한 출판'에 대항하는 방벽으로서 불완전했지만 인지세 부과는 그런 신문의 가격을 높임으로써 유통을 최대한 억누르는 효과가 있었다며, 필요한 것은 법의 변경이 아니라 좀 더 강력한 적용임을 강조했다. 개혁론자는 반대로 조직적인 대중의 저항 때문에 그 법은 강제력을 잃었다고 주장했다. 또 이는 대중적인 신문을 그 법을 위반하는 것만 생각하는 '절박한 운명의 사람' 손에 통제를 맡기는 것이라고 강조했다. 아울러 인지세는 해로운 내용으로 가득 찬 몰래 만든 신문이 세금 다 내고 발행되는 훌륭한 신문의 반값에 팔리는 문제를 낳았다고 보았다. 그들은 무엇보다 '싸고 위험한 출판물을 견제하지도 못하면서' 책임 있는 사람이 이런 출판물에 '부담 없이 대응할 여지만 앗아갔다'고 주장했다. 다른 한편, 신문세를 폐지(또는 완화)하는 것은 값은 저렴하지만 책임 있는 저널리즘을 고취할 것이라고 주장했다. 이렇게 되면 성장하는 시장에 돈을 가진 사람이 투자하도록 고무하고 '최고의 신문'에 광고가 더 많이 실리도록 하며, 좀 더 온건하고 공평무사한 독자를 만들어낼 것이라고 강조했다.[18]

이 논의의 양 당사자들이 얻으려는 목표를 볼 때 그들이 근본적으로 다른 것을 추구하는 것은 아니었다. 이들은 사회질서를 지지해줄 책임 있는 신문을 원했다.[19] 사실 방법에 대한 이견은 별개로 하고 개혁주의자를 전통주의자와 구별 지은 것은 사회 안정을 도모하고 계몽을 촉진하는 기구로서 신문의 역할에 대해 좀 더 자신감 있고 낙관적인 태도를 갖고 있었다는 것이다. 국가의 통제에 집착하는 일부 전통주의자가 어떤 형태의 대중 저널리즘이라도 의심스러운 눈초리를 보내는 데 비해 개혁주의자는 값싼 신문이 사회질서를 다시 안정시킬 수 있다고 주장했다. 에드워드 불웨어-리턴Edward Bulwer-Lytton은 '우리는 교수대와 감옥선hulks이라는 성과 없는 실험을 오래도록 해왔다'고 인지세를 반대하는 연설에서 밝혔다.

이제 인쇄기와 활자가 간수나 교수형 집행자보다 자유로운 국가의 평화와 명예를 더 잘 제공할 수 있을지를 생각할 때가 아니겠는가? 즉 값싼 지식이 값비싼 처벌에 비해 더 나은 수단인지 아닌지를 얘기할 때가 아니겠는가?[20]

의회 주변에서 신문세에 반대한 사람들 대부분은 신문세 지지자만큼이나 자신의 행보를 저울질하고 있었다. 사실 1830년대 개혁주의자의 핵심 의제 중 하나는 사업가가 소유한 저가 신문은 노동자를 순화시키리란 점이었다. 인지세 폐지 촉진 협회의 사무국장인 프랜시스 플레이스Francis Place는 1832년 의회 특별위원회에서 만일 인지세가 몇 년 전에 폐지되었다면 '잉글랜드와 스코틀랜드에서 단 하나의 노동조합도 존재하지 못했을 것'이라고 말했다.[21] 불웨어-리턴은 하원에서 '최근 도싯셔Dorsetshire 노동자 사례'는 만일 인지세가 폐지되었다면 '아마도 일어나지 않았을 것'이라고 확신했다. 그는 '법의 강력한 집행력이 아니라 교육이 그들(노동조합)을 진정시키는 유일하고 효과적인 수단이었다'고 했다.[22] 신문 자유를 위한 불굴의 운동가인 조지 그로테George Grote는 한 걸음 더 나아가 '노조라는 악마'뿐 아니라 '임금 문제를 놓고 해외 노동 계급 사이에 나타나는 불온한 기운은 상당 부분' 자유로운 신문을 억압함으로써 '그들의 진짜 이익에 대한 적절한 교육과 정확한 정보의 욕구'가 제대로 제공되지 못한 데 기인한다고 밝혔다.[23]

블웨어-리턴, 플레이스 그리고 그로테는 의회에서 신문세에 반대하는 모임을 이끈 지도자였다. 그들에게 신문의 규제 완화의 이유는 조직화된 노동을 물리치는 것과 동의어였다.

이와 관련해 휘그 정부는 신문세를 폐지하는 것은 너무 위험하다고 판단했다. 그 대신 효과가 떨어지는 시스템을 재정비하는 데 초점을 맞춘 새로운 조처를 1836년에 도입했다. 인지세는 4d에서 1d(d는 과거의 페니penny로 240분의 1파운드 ― 옮긴이)로 인하되었는데 이는 탈세의 이점을 낮추기 위해 고안된 전략적인 양보였다. 하지만 신문을 등록하는 데 필요한 공탁금은 크게 인상되었고 단속하고 압수하는 권한이 강화되었다. 아울러 인지가 없는 신문을 소지하다 적발되었을 때 내야 하는 벌금도 올랐다. 재무장관인 스프링 라이스Spring Rice는 이런 조처의 목적을 공개적으로 밝혔는데 '인지 없는 신문을 소탕하고'

'자본가를 보호하며' 아울러 '나라와 국왕에게 책임을 지는 신문'이 되도록 하려는 것이었다.[24]

비록 이런 조처가 의도와 효과 양 측면에서 억압적이긴 했지만 이를 반대한 의원은 거의 없었다. 이런 개혁 조처가 나온 뒤 지하신문이 사라지고 급진적 신문이 세금을 내기 시작하는 등(그리고 가격을 올렸다) '효과가 있다는 것이' 드러나면서 의회가 신문세에 대해 계속 반대할 명분도 많이 약화되었다. 인지세를 폐지하려는 뜨뜻미지근한 시도가 1837년 한 번 있은 뒤 의회의 반대운동은 사실상 막을 내렸다.

되살아난 운동

매우 다른 상황에서 인지세 폐지를 위한 운동이 인민헌장동맹People's Charter Union의 형태로 재구성된 것은 1848년이 되어서였다. 이 캠페인이 지향했던 목표는 첫 번째 대중연설에 명확히 드러나 있는데, 여기서 이들은 부의 생산과 분배를 지배하는 '자연법칙'에 대한 교육을 강조했다.

> 인지세로 인해 …… 교육받고 자산을 가진 사람이 우리를 교육하는 기회를 잃게 되었다. …… 우리는 부의 생산과 분배를 인도하는 자연법칙을 알기를 원하며 이렇게 될 때 조용히 이 법칙에 순응하고 다른 모든 것에 저항하게 될 것이다.[25]

인민헌장동맹(여기에는 일부 노동계급의 활동가도 가담했다)은 1849년 신문인지세 폐지위원회로 전환했고 이어서 지식세 폐지 연합Association for the Repeal of Taxes on Knowledge으로 전환해갔다. 1850년대 들어 이 조직이 누구에 의해 움직이는지 운영자들은 굳이 감추려 하지 않았다. 코브던이 개인적으로 썼듯이

'점진적이고 건전한 중산층 개혁주의자 거의 대부분을 포괄한다.'[26]

만일 세금이 줄어들어 신문 가격이 반값으로 줄어들면 신문이 엄청나게 늘어나리란 점은 인지세 폐지운동의 호소력을 크게 높여주었다. 이는 매우 다양한 집단에 영향을 줄 수 있겠다는 희망을 주어 사람들이 폐지운동의 깃발 아래로 모여들게 하는 이유가 되었다. 지방의 어떤 사업가와 정치인은 지방신문을 확장하면 지역사회에서 리더로서 자신의 위치가 올라갈 것으로 기대했다.[27] 디즈레일리[Benjamin Disraeli] 같은 보수주의자는 광고세를 폐지하면 신문에 대한 광고가 늘어나 당을 대중화하는 데 도움을 줄 것이란 점을 간파했다.[28] 자유주의 정치 원로들 상당수는 인지세 폐지가 ≪더 타임스≫의 위세를 잠식하고 지역 신문의 성장을 촉진할 것으로 기대했다.[29] 코브던 같은 급진적 자유무역주의자는 새로운 저널리즘이 노동계급의 '분발'과 이동을 촉진하리라 기대했다.[30] 교육주의자는 인지세 폐지가 성인교육을 확대하는 길이라고 생각했다.[31] 아울러 경찰 간부는 염가의 저널리즘이 범죄와 처벌 보도를 좀 더 광범위하게 읽히도록 해 범죄를 억제하고 법과 질서를 유지하도록 도움을 줄 것이라 주장했다.[32]

따라서 이들 각각의 그룹은 신문 보급의 확대가 그들의 특수한 관심사를 고양할 기회라고 보았다. 그들은 이렇게 영향력을 높이기 위해 경쟁하면서도 1830년대와 1840년대 영국에서 폭력 소요가 빈발하고 1848년 유럽 대륙에 불길한 혁명의 기운이 감돌 때 사회체제를 단속하려 노력했다. 사회통제는 원래부터 주장했든, 나중에 마음을 바꿨든 관계없이 의회 인지세 폐지 운동가들의 핵심 관심사였음은 명약관화했다.[33] 파머스턴[Henry Palmerston]은 인지세 폐지를 지지하면서 '우리가 일반 교육의 마당을 넓힐수록 하층계급의 질서와 충성 그리고 좋은 행실이 의존할 기반이 튼튼해진다'고 주장했다.[34] 아일랜드의 정치인 존 매과이어[John Maguire]는 지식세를 폐지하면 '사람들을 좀 더 좋은 시민으로 만들고, 좀 더 법을 준수하고 좀 더 충성스럽고 충직한 신민이 되게 하며, 아울러 나라의 명예를 위해 단호히 일어서도록 할 것'이라고 주장했다.[35] 글래드스턴[William Gladstone]은 '신문의 자유는 단지 허용되거나 용인되는 것이 아니라 높이 고양되어야 한다. 왜냐하면 모든 국가의 관심사를 한데 모으고 나라의 제도를 보존하기 때문'이라고 주장했다.[36]

하지만 인지세 폐지 운동의 기본적 목표가 사회적 통제를 확장하는 것이었음에도 1850년대 들어 새로운 수사법이 등장했다. 인지세 지지자들을 자유의 적이자 신문을 검열한 법원의 후계자라는 낙인을 찍기 위해 휘그당의 역사가 환기되었다. 인지세에 대한 반대도 좀 더 높은 원칙을 강조하는 형태로 빈번히 강조되었다. 표현의 자유에는 과세를 하면 안 된다. 누구든 의견을 전파할 수 있어야 한다. 공개적인 토론에서 진실이 오류를 물리칠 것이다. 공정하고 공개된 경쟁에서 양질의 출판물이 나쁜 것을 몰아낼 것이다. 심지어 진실은 아이디어의 자유 시장에서의 상호작용을 통해서만 드러날 수 있다.[37]

그렇다면 운동가들이 어떻게 한 입으로 동시에 자유와 통제를 얘기할 수 있었을까? 해답은 무지와 계몽, 개인과 국가의 대립을 상정할 뿐, 계급 간 대립을 감안하지 않은 지적 인식틀 안에서 이들 두 가지 개념이 어떤 긴장도 없다고 생각된 데 있다. 그래서 최초의 언론 전문지 편집자인 알렉산더 앤드루스[Alexander Andrews]는 인지세가 폐지된 직후 자유주의자의 위대한 책무는 '정치 지식이 아직 너무 부족해서 매우 위험한 계급을 교육하고 계몽하는' 것이라 썼다. 교화는 부지불식간에 자유와 연결되어 있었다. 앤드루스는 '우리 대중 신문의 이름은 자랑스럽고 참신한 명단이다 — 모든 도시에 재집결지를 가진, 자유의 군대에 대한 점호이다. 이는 안전을 위한 정책이며 공적 도덕의 파수꾼이다'[38]라고 썼다. 이런 지적인 세계에는 두 가지 위협이 있었다. 적절한 정치적 교육이 필요한 대중과 거들먹거리는 국가였다. 따라서 자연스럽게 신문은 공중을 보살피는 보호견이자, 정부를 감시하는 감시견이 되어야 한다.

신문에만 붙는 세금에 반대하는 운동을 전개하는 것은 아울러 자유로운 교환이란 대의에 헌신하는 것이었다. 1846년 곡물법 철폐로 이어진 농업 보호에 반대하는 운동은 자유로운 경쟁의 이점을 불러일으켰다.

이는 또 1850년 사회적 연줄을 통한 공직 임용을 공격해 중산층이 보수가 괜찮은 군인이나 공무원 일자리에 접근할 수 있도록 할 때도 다시 한 번 환기되었다. 따라서 자유무역은 전문직과 중산층의 이해를 정당화하고 확장하는 것과 연결되었다.

신문 규제가 완화되면 중산층 계몽이 확대될 것이라는 암묵적 믿음이 있었다. 이는 신문이 상의하달식 커뮤니케이션 시스템으로서 발전해나갈 것이라는 전제를 깔고 있었다. 반대운동의 지도자인 윌리엄 힉슨William Hickson은 저가 신문의 성장은 언론인을 노동계급보다 '두세 단계 위에서' 계몽시키는 위치에 올려놓을 것이라고 설명했다.[39] 글래드스턴에게 인지세 폐지의 가장 큰 매력은 '품격을 갖춘' 사람들이 신문을 통해 좀 더 많은 사람들을 교육할 수 있게 된 것이었다.[40] 변호사인 스티븐James Fitzjames Stephen은 '완벽한 자유 언론은 평화와 질서를 지키는 최고의 수호자 중 하나'라고 했는데 왜냐하면 유능한 기자는 '사회의 안락한 분야' 출신일 것이며 '자신의 이익을 등한시하기보다는 차라리 이익을 너무 많이 챙기는 측면에서 실수를 할 것'이기 때문이라고 비꼬아 말했다.[41]

1850년대 자유 언론 운동의 지도자들은 그 전의 지도자들과 달리 자유 시장이 특정 분야를 다른 분야보다 더 좋아한다는 것을 좀 더 분명히 깨달았다. 신문세 폐지 연합의 회장인 토머스 밀너-깁슨Thomas Milner-Gibson은 신문세 폐지가 훌륭한 덕성을 갖추고 책임감이 있으며 자본도 풍부한 사람의 손으로 염가 신문이 만들어지도록 할 것이라고 선언했다.[42] 미국에서 인기 있는 신문의 발행 비용이 높다는 것을 아는 그는[43] 다른 운동가와 마찬가지로 국가의 규제 완화가 '자본도 있고 책임감도 있는 사람에게 신문을 통해 …… 노동계급의 마음에 접근하는 힘을 줄 것'이라고 말했다.[44] 자유주의적 재무장관인 조지 루이스^{George Lewis} 경은 자유 시장은 '대중 광고를 위해 자주 선택되는' 신문을 도울 것이라고 말했다.[45] 아울러 신문을 볼수록 더 찾게 되기 때문에 시장 원리에 기반을 둔 신문의 증가는 독자의 증가를 수반할 것이란 기대를 피력했다.[46]

하지만 아마도 신문세 반대운동이 성공한 핵심 요인은 아마도 이제는 사람들을 '신뢰해도' 괜찮다고 차츰 느끼게 되었기 때문일 것이다 ─ 혼란스러웠던 1830년대에는 이런 것이 부족했다. 차티스트 운동은 1848년에 절정에 이르렀고 그 뒤에는 급격히 위축되었다. 고참 하원의원은 한 명은 '사람들의 지성이 크게 높아졌다'고 힘주어 말했다.[47] 선동적인 생각과 그 원인이 되는 무지는 어디에서나 퇴각하고 있었다. 파머스턴 같은 휘그당의 정치인이 인지세를 폐지해도 '나라의 도덕과 충성에 실질적인 위험이 없다'는 것을 마지못해 수용한 것은 이와 같은 분위기를 진단한 때문이었다.[48] 노동계급이 '나라의 평화에 영광이 될지 무척 위험한 것으로 드러날지' 잘 확신하지 못했던 브라이트^{Bright}, 로벅^{Roebuck} 그리고 토머스 스펜서^{Thomas Spencer} 같은 다른 정치인들은 그럼에도 대중 신문을 통해 좀 더 성숙해진 사람들이 만들어낸 공간을 활용할 필요가 있다고 역설했다.[49] 하지만 '신분이 낮고 가난한 계급'은 '사회 일반의 이해'와 일치하지 않는 '편견'에 사로잡혀 있다고 확신하는 사람들은 인지세 폐지에 적대적이었다.[50] 이들 중에는 보수적 전통주의자뿐 아니라 생활의 다른 영역에서 자유로운 거래를 강하게 옹호하는 정치경제학자인 매컬로^{John Ramsay McCulloch} 같은 자유주의자도 섞여 있었다.[51]

인지세를 결국 폐지하도록 이끈 것은 점증하는 낙관론의 물결이었다. 이런 물결은 경험 많은 운동가에 의해 능숙하게 활용되었는데 이들은 하원특별위원회^{Common Select Committee}를 꾸리고(그리고 대체로 이 위원회의 보고서를 쓰고), 공무원 가운데 동료를 규합하고, 잘 모르는 각료를 몰아붙이고, 대중 집회를 열고, 청원을 내고, 대표단을 조직하고, 신문에 로비했다(신문은 신문세를 놓고 분열되어 있었다).[52] 그들의 능력은 1853년 광고세 폐지, 1855년 신문세 폐지,

1861년 용지세 폐지 그리고 1869년 보증금 제도 폐지로 보상을 받았다.[53]

한마디로 국가의 경제적 통제에서 벗어난 자유 언론을 만들기 위한 위대한 운동은 현대적 의미에서 표현의 자유나 다양성에 대한 헌신에서 나온 것은 아니었다. 그렇기는커녕, 의원들이 1819년부터 1820년까지 신문에 대한 경제적 제재를 강화하고 1836년 급진적 신문을 탄압한 것과 1850년대에 통제를 해제한 마음가짐은 본질적으로 다르지 않다. 국가의 통제를 찬성한 쪽이나 반대한 쪽이나 신문이 사회질서를 유지하는 데 도움이 되는 제도가 되어야 한다는 데 관심이 있었다. 변한 것은 염가 신문을 통해 하층민을 좋은 방향으로 교화할 수 있다는 믿음이 커간 것이고, 자유로운 거래와 규범적 통제가 국가가 나선 통제보다 보통 더 낫고 효과적인 통제 시스템이라는 데 더욱더 확신을 갖게 된 것이다. 이런 전환의 근저에 있는 것은 빅토리아 시기 중산층 개혁자들의 힘과 자신감이 커진 것인데 이들은 신문세 폐지를 위한 의회 운동을 주도했고, 커져 가는 신문이 그들의 이해를 관철하는 데 필요한 강력한 도구라는 것을 발견했다.

저널리즘의 변화

신문세를 폐지한 뒤에 영국의 저널리즘은 변화했다. 많은 급진주의 신문이 문을 닫거나 자유주의적 주류 저널리즘으로 흡수되었다. 종종 지역 유지가 운영하는 새로운 세대의 지역 일간지가 만들어졌고 새로운 전국지 — 대부분은 우익지 — 가 출범했다. 의회의 신문세 폐지 운동가들이 신문을 사회질서에 복속시키는 데 국가의 통제보다 자유 시장이 효과적이라는 것을 믿었다는 점에서 그들은 전적으로 옳았다.

초기 전투적인 신문이 자율적인 노동계급 운동을 지원했고 '가짜 급진 야바위꾼', '11시 반에 반쯤 차티즘Chartism으로 개종한 자비로운 중산층'[54] 같은 비판의 공세로 중산층 개혁주의자들에 대한 의구심을 증폭시켰지만, 인지세 폐지 직후 생겨난 지역 일간지들은 두 개의 정당(보수당과 휘그당 — 옮긴이)과 밀접히 연관되어 있었다. 이 새 신문은 두 정당에 대한 대중의 지지를 이끌어 내는 데 큰 역할을 했고, 이에 따라 노동계급 활동가들을 정치 시스템 안으로 통합하는 데 직접적으로 기여했다.

또한 새로운 지역 신문은 지역사회를 사회적·문화적으로 통합하는 중요한 역할을 했다. ≪노던 스타≫ 같은 급진적 신문은 분쟁 소식에 초점을 맞추고 이를 증폭하는 지역 뉴스를 요약해 제공했다('레스터에서 중산층과 노동계급의 화해를 얘기하는 것은 지금부터 광대극이 될 것'이라는 기사[55]는 그래서 이 신문의 흑백논리에 비춰 이례적인 것이 아니었다). 이와 반대로, 그 뒤에 나온 신문은 분쟁을 차단하고 경제적 차이를 최소화하며 지역사회, 지역의 전통 그리고 중산층 지도자들과 독자가 긍정적으로 동화가 되도록 고취했다. ≪리즈 머큐리Leeds Mercury≫(≪노던 스타≫와 같은 도시에서 발행되었다)의 전형적인 기사는 지역의 국회의원, 시장 그리고 신문 사주가 리즈 기술자 기구Leeds Mechanics Institute 연례 모임의 밤에서 '모든 계급의 단합된 노력으로 유지되는 이들 대중적인 기구들 …… 따라서 공동체의 미덕과 행복 그리고 평화를 고양한다'는 내용의 연설을 했다는 것이었다.[56]

다양한 신문을 일반화하기 어렵고 주류 신문들 사이에 여성의 권리, 노조 보호 그리고 전쟁 등의 이슈에 대해 상당한 의견 차이가 생겨났다는 사실을 지적하는 게 중요하지만, 그럼에도 1856년 이후 급진적 주제가 사라지거나 옅어지는 경향을 보였다. 이는 빅토리아 여왕이 묘사되는 방식의 차이를 보면 가장 잘 알 수 있을 것이다. 1837년부터 1855년 사이에 급진적 신문들은 맹렬한 공화파였다. 여왕은 정치적으로 파당적이고 반동적이며, 구조화된 부패의 우두머리이자 왕실 '식충이' 무리들의 어머니이며, 유럽 대륙의 압제적 제왕들의 친구이자 친척이라는 욕을 들어야 했다. 여왕이 '퇴위'를 미루었을 때처럼 주류 신문이 특별히 비판적이었던 전환기가 있었다. 하지만 1870년대 중반부터 여왕은 의무에 충실하고 온화한 여자 가장으로 묘사되었으며 그녀가 치세 중에 이루어낸 도덕적·물질적 성취가 특히 강조되었다. 이런 보도의 기조는 당시 영국에서 가장 많이 읽히는 자유주의 계열 신문이었던 ≪로이즈 위클리Lloyd's Weekly≫에 나타나 있다.

여왕이 재위한 지난 60년을 되돌아볼 때, 그녀는 위대한 제국의 성장, 식민지의 증가, 국민의 부와 안녕의 증대, 그리고 우리와 영어를 쓰는 모든 민족의 연방이 유대가 강화되어 영국 깃발 아래 뭉치는 것을 지켜봤다.[57]

신문의 구조 전환

이런 상전벽해와 같은 변화의 주요인은 빅토리아 시기 영국에서 일어난 정치적 격변 때문이었다. 1850년대 차티즘이 붕괴되고 난 뒤 의회의 정당들은 대중운동, 투표권 확대, 진보적인 사회 개혁의 도입, 좀 더 실용적인 노조 지도력의 발전, 성공적인 경제가 만들어내는 실질 소득의 증가, 그리고 대중적인 제국주의 성장에 집중하는 쪽으로 변해갔다.

하지만 영국 저널리즘의 재정비는 신문 산업의 구조 변화의 결과이기도 했다. 국가의 규율 시스템이 실패한 뒤 자유 시장이 신문의 소유권을 규율하는 데 성공했다. 앞에서 언급한 것처럼, 정부는 1819년 출판업을 하려는 사람에게 보증금을 맡길 것을 요구했는데 이는 명목상으로는 명예훼손이 유죄로 판명될 경우 배상금을 지불하려는 것이었다. 하지만 사실은 캐슬레이Castlereagh 경이 1819년 공언한 대로 '신문의 영향력을 휘두르는 사람이 책임감 있고 재산도 있는 사람'이 되도록 하기 위한 것이었다.[58] 보증금은 런던에서 발행되는 신문은 300파운드였고, 지방지는 200파운드였는데, 일부 야당 의원은 너무 비싸다고 항의하기도 했다. 이 보증금은 1836년에 지역에 따라 30~50퍼센트 정도 올랐는데 다시금 목적은 '존경할 만한' 사람이 소유권을 갖도록 하려는 것이었다. 사실 보증금은 너무 낮아서 급진적 신문이 성장하지 못하게 막기에는 역부족이었다.

하지만 그 뒤 신문이 산업으로 발전해감에 따라 발간 비용은 100배도 더 증가한다. 신문 독자의 증가에 발맞춰 거대한 라이노타이프와 두루마리 신문 용지를 쓰는 윤전기와 같은 값비싼 설비가 도입되었다. 발행 면수가 늘어나고 직원을 더 고용하며, 더 많은 간접비를 지출하게 되면서 신문사 경영의 규모가 엄청나게 증가했다. 외주 인쇄소를 활용함으로써 초기 설비비를 줄일 수는 있었다(이는 1912년 설립된 급진적인 신문사인 ≪데일리 헤럴드Daily Herald≫가 채택한 전략이다). 하지만 바로 운영비 자체가 치솟아 한 신문사가 수지 균형을 맞추기 위해 확보해야 하는 독자 수가 증가하게 되었다. 대중 시장에서 신문을 내고, 특히 신문사를 차리는 것은 엄두를 내기 어려울 만큼 비싸졌다.

그 정도가 어땠는지는 두 사례를 통해 알아볼 수 있는데, 하나는 신문의 산업화 초기의 사례이고 다른 하나는 마무리 시기의 사례이다.[59] 당시 맥락에서 두 사례는 비슷했다. 1837년에 설립된 ≪노던 스타≫는 1839년, 영국에서 두 번째로 많이 팔리는 주간 신문이 되었다. 1918년에 설립된 ≪선데이 익스프레스≫는 곧 영국에서 두 번째로 잘 팔리는 '주간지'가 되었다. 하지만 이걸로 닮은 모습은 끝이다. ≪노던 스타≫는 신문 발행을 시작하는 데 고작 690파운드가 필요했고 초기에 400파운드의 경비가 추가로 들어갔다. 수지를 맞추는 데 필요한 부수는 6,200부였고 한 달 안에 이익을 내기 시작했다.[60] 이와는 대조적으로 ≪선데이 익스프레스≫는 수익을 내기 전에 250만 파운드를 들여야 했다. 25만 부나 팔리는데도 적자였고, 이익을 내기까지 몇 년이 지나야 했다.[61] ≪노던 스타≫를 내는 데는 북부의 도시에서 주로 들어오는 일정한 규모의 구독자와 설립자인 퍼거스 오코너Feargus O'Connor가 내는 약간의 자금만 더 있으면 되었지만, ≪선데이 익스프레스≫가 비슷한 일을 하려면 비버부룩Beaverbrook이 이끄는 국제적인 재벌의 재원이 필요했다.

1830년대에는 웬만한 재원이 있는 사람이면 전국적으로 성공한 신문을 낼 수 있었지만 1920년대에는 이미 오래전에 불가능한 일이 되어 있었다. 이런 변화는 중요한 결과로 이어졌다. 19세기 전반기의 일부 유력 신문은 노동계급 출신이거나 그들에게 동정적인 사람이 소유했다. 인지세가 폐지된 뒤에는 대중적인 신문은 부유한 사업가들이 압도적으로 소유했다.

두 번째 중요한 경제적인 변화는 신문이 광고에 의존하게 된 것이다. 1856년까지 급진적인 신문들은 대체로 구독료만으로 수익을 낼 수 있었다.[62] 그들은 상당량의 광고를 끌어들이는 경쟁지와는 다른 길을 갔다.[63] 하지만 인지세 폐지 이후에는 대중 시장에서 가격으로 경쟁해야 하는 모든 신문은 광고를 많이 확보해야 했다. 이로 인해 두 가지 결과가 나타났다. 앞에서 살펴본 비용의 증가와 신문값이 계속해서 떨어진 것인데 1850년대 초 평균 5d이던 것이 1890년대에는 0.5d로 하락했다. 이는 신문세를 인하한 결과만이 아니라 1853년부터 신문광고가 빠르게 늘어났기 때문이다.[64] 하지만 급진적인 신문들은 심한 광고 차별을 겪어야 했으므로 이런 새로운 경제적 환경에서 제대로 된 경영을 하기 어렵다는 것을 알게 되었다.

필자가 다른 곳에서 주장한 대로 이런 유형의 차별은 초기 급진 신문이 문을 닫거나 제대로 크지 못하고, 또는 흡수되는 핵심적인 이유가 되었다.[65] 이는 다섯 가지 명백한 결과를 낳았는데 급진적인 신문이 경쟁지보다 구독자가 훨씬 많은데도 문을 닫을 수밖에 없었고, 일부는 신문 가격을 높게 받고, 일부는 손해를 보되 독지가의 기부로 이를 메우면서 소규모 독자의 섬에 갇히거나, 다른 곳은 고급 시장으로 이동하면서 살아남기 위해 급진주의를 완화했다. 이는 부분적으로 광고주가 원하는 부유한 독자에게 어필하기 위해서였다. 아울러 다른 곳은(초기 ≪데일리 헤럴드≫처럼) 재단의 지원 같은 대체 재원에 의존해서 살아남았다.

신문 산업에서 이런 두 가지 핵심적인 변화는 — 비용의 증가와 광고 의존 증가 — 빅토리아 시기 신문을 완전히 바꾸어놓았다. 1914~1918년 전쟁(제1차 세계대전 — 옮긴이)이 일어나기 20년 전부터, 좌익이 세를 얻었을 때도 급진 신문은 이런 구조적인 제약 때문에 상대적으로 사정이 취약했다.[66] 사실 노동당(실질적으로1900년에 결성됨)이 1918년 총선에서 22퍼센트의 지지를 획득했을 때도 전국지 가운데 한군데서도 지지를 받지 못했다.[67]

사회 시스템의 개혁

1918년 영국 성인 대부분은 투표권을 갖고 자신의 정치적 지도자를 선출할 수 있게 되었다. 이로써 중도 좌익은 선거에서 지지를 얻어 사람들이 위험에 노출되는 것을 줄이고, 기본적인 공적 서비스를 제공하고, 불우한 계층에 자원과 기회가 갈 수 있게 재분배하도록 국가의 역할을 확대할 수 있었다. 사실 1940년대에 일어난 변화를 분수령으로 사회 시스템이 변모했다.

신문은 복지 민주주의에 관한 새로운 정치적 합의에 적절히 적응했고 이에 대한 규범적인 통합에 기여했다. 신문은 집단적인 가치(예를 들면 '국가이익')나 집단적인 동일시 대상(예를 들어 영국인 스포츠 선수)을 강조함으로써 사회적으로 분화되고 지역적으로 떨어져 있는 사람들을 하나로 연결했다. 신문은 정치 시스템이 돌아가는 규칙을 의례적으로 확인했다(예를 들어 총선거를 중요시함으로써). 또한 신문의 보도는 현실을 다소 개별적인 일련의 사건들로 재구성했는데 이는 사회나 정치적 구조가 당연히 그래야 하는 '자연스러운 것'이라는 믿음을 고취했다.

하지만 대부분의 시기에 신문의 균형추는 복지국가 합의에 대한 중도나 좌파의 입장보다는 우파의 입장에 기울어져 있었다.[68] 이는 정당에 대한 선호를 나타낸 신문의 판매와 총선에서 얻은 득표를 비교하면 입증이 된다. 1945년 부터 1992년 사이에 치러진 모든 총선에서 영국의 신문은 일관되게 보수당 편이었다.[69] 가장 큰 편차가 벌어진 것은 장기간 파업의 뒤끝에서 피 터지게 싸운 1977년의 총선으로 여기서 보수당은 '누가 영국을 운영할까?'를 결정해 달라고 유권자에게 호소했다. 제3차 왕립 신문위원회는 이 선거에서 '보수당 을 지지하는 신문의 독자 수 비중이 보수당이 얻은 득표율보다 71퍼센트 많 았다'고 추산했다.[70] 이런 보수당 우세는 1997년부터 2005년 사이에 잠시 멈 추었는데, 이는 언론재벌 루퍼트 머독과 신노동당의 지도자인 토니 블레어 사 이의 비밀 합의의 결과였다. 그럼에도 새 노동당을 지지한 머독의 신문들은 여전히 우익 정치를 선호했다. 2010년 총선은 보수당 싹쓸이가 재현된 선거 였다.[71]

영국 신문의 친우익 경향은 다른 방식으로도 드러났다. 신문은 좌파의 여 러 그룹에 낙인을 찍었다. 1차 대전에서는 양심적인 반대자들, 1926년 총선 에서는 노동조합 운동가들, 1930년대 실업자 운동Unemployed Worker's Movement, 1940년대 공유지 무단 거주 운동, 1950년대 전투적 군비 축소 운동가들, 1960년대 베트남전 반대 시위자들, 1970년대 전투적 노조원들 그리고 1980 년대 '도시 극좌' 등이었다.[72] 이들은 보통 비이성적이고 대표성이 없으며 다 수에 위협을 주는 것으로 표상되었다.

그와는 반대로 신문들은 우익의 아이디어에 좀 더 개방적이었다. 이는 1980년대에 한층 두드러졌는데 이 당시 대다수 전국지는 대처 정부가 자유주 의적 조합주의(1940년대부터 1979년까지 영국이 운영되어온)와 결별하고 민영 화, 반노조 그리고 작은 정부 정책을 쓰는 것을 지지했다. 하지만 이때에도 국 가보건서비스National Health Service: NHS와 같은 복지국가의 핵심 제도는 공격하지 않았다. 로더미어Rothermere 경의 신문이 영국 파시스트 정당을 지지한 1930년 대의 짧은 시기를 제외하면 영국 신문은 – 유럽의 다른 나라 신문과 달리 – 반

민주적인 우익에 일관되게 비판적이었다.

부분적인 적응

전국지가 압도적으로 중도 우익 성향을 보이는 것은 빅토리아 시기부터 내려온 유산이었다. 높은 발행 비용이 시장에 새로운 신문이 진입하는 것을 방해했으므로 변화 가능성이 제한적이었다. 1914년부터 1977년 사이에 공산주의자가 만든 ≪데일리 워커Daily Worker≫·≪모닝 스타The Morning Star≫(1930년대 만들어짐) 등 일부 예외를 제외하고는 영국에서 전국지가 새로 설립된 것은 없었다. 1980년대의 떠들썩한 신문 혁명은 살아남은 하나의 전국지를 유산으로 남겼는데 지금은 러시아 재벌이 인수한 ≪인디펜던트≫가 그것이다.

하지만 뉴스 환경에는 중요한 변화가 일어났다. 시장 시스템은 고정된 것도 불멸의 것도 아니며 여기에 뿌리박은 통제도 변치 않는 것은 아니었다. 빅토리아의 유산은 한 가지 매우 중요한 변화를 겪었다. 이제 이것을 알아보고자 한다.

광고라는 보조금 제도

Advertising as a bounty system

도입

빅토리아 시대 중반에 이르러 급진적인 출판물은 경제적·정치적 편견이란 고약한 복합 장애에 맞닥뜨려야 했다.[1] 급진적 출판물의 독자들은 경제적으로 여유롭지 않다는 이유로 광고가 들어오지 않았다. 1856년 한 거대 광고 회사의 대표가 썼듯이, '유럽에서 널리 읽히는 저널은 광고하기에는 가장 적절치 않다. 그런 독자는 소비자가 아니다. 그래서 이런 데 쓰는 돈은 버리는 거나 마찬가지'라는 생각이 퍼져 있었다.[2] 반대로 좀 더 나은 계급의 독자에게 읽히는 신문은 판매 부수가 적더라도 광고주들이 선호했다. 1851년 광고 핸드북에 나온 권고문처럼 '상류층이나 중산층 독자에게 1,000부 팔리는 신문이 하류계급에게 10만 부 팔리는 신문보다 더 나은 매체'였다.[3]

또한 급진적 출판물은 정치적 편견 때문에 광고 유치에 어려움을 겪었다. 1856년에 나온 대표적인 광고 지침서는 런던과 지방의 주요 신문을 정치적 입장에 따라 분류하면서 '광고주들은 이 지침서가 나오기까지 어떤 신문이 "그 자신의 견해에 가장 부합하고 그의 이익을 가장 잘 도모해줄지"를 정확히 판단할 수단이 없었다'고 자랑스럽게 밝힌다(강조 추가).[4] 자유주의 계열의 ≪데일리 뉴스≫가 아일랜드 자치 법안을Irish Home Rule 지지하자 일부 광고주가 광고를 거부했다.[5] 마찬가지로 자유주의 계열의 ≪폴 몰 가제트Pall Mall Gazette≫는 편집자 윌리엄 스테드William Stead가 이 신문이 벌이는 어린이 매춘 반대운동의 일환으로 13세 소녀에게 매춘을 '주선하자' 상당한 광고를 잃어야 했다.[6] 1893년, 차기 자유당 정권의 내무장관 허버트 애스퀴스Herbert Asquith는 '정부의 정치적 성향에 부합하도록 광고를 집행하는 것은 관행'이란 조언을 들어야 했다.[7] 좌파인 광고주가 없었기 때문에 좌익 신문들은 이런 정치화로 가장 큰 타격을 입어야 했다.

1920년대 초반

이런 사정은 1920년대쯤에는 달라진다. 대중 시장을 위한 생산이 확산되면서 일부 광고주는 판매 부수가 많은 신문과 잡지에 눈길을 돌렸다. 광고는 1850년대에 비해 덜 정치화되었다. 그렇다 해도 ≪데일리 메일≫ 같은 보수당 계열 신문은 1920년대 말 광고주에게 보낸 판촉물에서 여전히 '모든 수단과 방법을 동원해 두려움 없이 지원하는 것은 영국 기업들에게 도움이 될 것'이라고 공치사를 하는 것이 나쁘지 않다고 생각했다.[8]

광고주의 편견은 보통 독자나 영향력에 대한 주관적인 평가로 나타났다. 1920년대에는 거물 토머스 러셀Thomas Russell로 대표되는 광고계의 주관주의가 만연해 있었다. 그가 쓴 여러 책은 널리 읽혔고[9] 광고 전문지 기자들 사이에서 그는 '죽을 때까지 광고계의 지도자'로 기억되었다.[10] 러셀의 견해는 즉흥적 관찰과 설득력 없는 의견을 섞은 것이었다. 그는 ≪데일리 텔레그래프≫

는 '악기를 광고하는 데 최상의 미디어'라며 '이는 유대인이 많이 보기 때문인데 모두들 알다시피 유대인은 세계에서 가장 음악성이 뛰어난 민족'이라고 주장했다.[11] ≪더 타임스≫의 진지함은 독자가 소매상을 통해 주문하는 경향을 부추기는 반면 ≪데일리 메일≫의 스타일은 우편 주문 광고에 관심을 기울이도록 고무하는데, '왜냐하면 ≪데일리 메일≫을 읽을 때 마음에 ≪데일리 메일≫의 틀 ─ 다소 열망하고, 다소 흥분하며, 다소 에너지가 넘치지만 위엄을 갖추거나 딱딱하지 않은 ─ 이 만들어지기 때문'이라는 것이다.[12]

다른 사람과 마찬가지로 러셀 역시 믿을 만한 자료가 부족해 불확실성이 만연한 상황에서 일을 했다.[13] 전쟁 직후에는 종종 판매 부수가 파악이 안 되거나 오해의 소지가 많았고,[14] 설문에 기반을 둔 독자 조사는 나오지 않았다. 광고주들은 그래서 즉흥적이었다. 피트먼Pitman의 광고 안내문이 설명하듯이 '각 신문을 읽는 독자의 계급은 보통 신문의 일반적인 겉모습과 내용의 특징을 보면 상당히 정확하게 판단할 수 있다'고 했다.[15] 이는 신문의 독자들을 경솔하게 획일화할 우려가 있었다. 광고학 교수인 세실 프리어Cecil Freer는, '지루한 신문은 지루한 사람이 읽는다. 사회주의 신문은 세상에 부를 함께 나누자고 설득할 위인이 못 되는 사람들이 보고 있다'고 썼다. 신문의 편집 내용물로부터 독자의 특성을 단순히 추정해내는 이런 방식은 하류층 대상 출판물을 광고 계획에서 제외하는, 경제적 구실을 제공해줄 수 있었다. 프리어는 이어서 '"사람 구함"이라는 난을 훑어보기 위해 신문을 사는 누추한 행색의 사람만이 읽는 신문에 광고를 할 여력은 없다'고 썼다.[16]

가난한 사람과 그들이 읽는 신문을 배제하려는 생각은 초기의 시장조사에 의해 도전을 받기보다는 한층 강화되었다. 1926년 한 시리얼 제조업자가 '가볍고, 영양이 풍부하며 실속 있는 식사를 원하십니까?'라고 묻자 보고서는 이런 질문은 북부 (공업─옮긴이) 지역에서는 '매우 묻기 어렵고, 어떤 경우 잔인하다는 것이 밝혀졌다'고 퉁명스레 기술했다.[17] 가난한 사람을 배제하는 것이 상업적 감각으로 타당하다 해도 초기 시장조사는 잘못된 샘플링sampling 절차 때문에 노동계급의 시장 규모를 과소평가했다. 예를 들어, 한 대규모 시장조사는 중산층이 1928년 영국 인구의 53퍼센트를 차지한다고 밝혔다.[18] 이 조사를 수행한 시장조사 회사의 대표는 모든 슬럼slum과 가난한 지역을(샘플링에서 – 옮긴이) 제외하는 것이 합당하다고 생각했다.[19]

광고주들의 변형된 경제적·정치적 차별은 신문이 광고에 의존하는 상황에서 1920년대 급진적 저널리즘의 성장에 가공할 만한 장애물이 되었다. 예를 들어 좌파 ≪데일리 헤럴드≫가 1919년에 전국지로 출범했을 때 독자 수는 급증했지만 결과는 비참했다. 경쟁지와 같은 수준으로 가격을 책정했는데 광고가 충분하지 않아서 비용을 충당하지 못했다. 편집자인 조지 랜스버리George Lansbury는 많이 팔수록 더 손해가 커졌으므로 '판매 부수의 증가는 우리를 거의 재난으로 몰아갔다'고 한탄했다.[20] ≪데일리 헤럴드≫가 가격을 두 배로 올렸더니 판매 부수의 증가가 멈칫했다. 1922년 이 신문은 영국 노동조합회의Trade Union Congress: TUC에 의해 인수되었다. 이는 새로운 형태의 통제를 부여했는데 ≪데일리 헤럴드≫가 온건한 노조 지도자의 압력에 반응해 종전의 급진주의를 일부 누그러뜨린 것이다.[21]

광고 차별은 1920년대 좌파의 세력 확대가 이에 상응한 급진적 저널리즘의 발전으로 이어지지 않았는지를 부분적으로 설명한다. 대부분의 노동자는 일간지가 아니라 주말판을 읽었고 이는 좌파의 견해가 지면에 덜 반영되는 결과를 낳았다. 노동당은 1922년 총선에서 29.5퍼센트를 득표했다.[22] 하지만 전국지 독자 중에서는 기껏해야 4퍼센트의 지지를 받았을 뿐이었다.[23]

점진적 전환

광고 집행을 직감에 의존하던 방식은 차츰 좀 더 객관적인 평가로 대체되었다. 이런 변화는 꾸준한 것은 아니었고 반세기에 걸쳐 일어났다. 하지만 핵심적인 전환기는 1920년대 말에서 1930년대 사이로, 이때 매체 선택과 시장 조사의 발전이 중요한 시장 변화와 맞물려 광고가 할당되는 방식을 바꾸었다.

변화의 주도자는 양차 대전 사이의 주요 광고대행사들이었다. 이들은 신문사들과 '양해' 각서를 맺으면서 커갔는데, 이 각서는 신문사가 광고주에게 똑같은 우대 조건으로 광고 지면을 팔지 못하도록 했고, 수수료를 고객과 나누던 기관들의 기반을 잠식했다. 가격이 아니라 서비스로 경쟁하면서 광고 선택에 전문성이 증대하게 되었다.

선도적인 광고대행사의 전형은 1892년에 세워진 런던 신문교환소London Press Exchange: LPE였다. 1927년에 런던 신문교환소는 마케팅과 소비자 조사를 위해 조사부를 만들었고, 미디어 데이터 분석과 광고 계획을 짜는 통계부를 만들었다. 1920년대에서 1930년대 초 사이에 런던 신문교환소의 매체 광고 계획을 진화시킨 것은 대체로 이 두 부서의 힘이었음이 회사 기록에 나타나 있다.

좀 더 믿을 만한 자료가 제공되면서 변화가 가속화되었다. 1차 세계대전 이후 영국 광고대행사 협회the Association of British Advertising Agents: ABAA는 판매 자료 공개 캠페인을 벌였고 독자적인 검사 기구를 만들기까지 했다.[24] 이런 노력은 1931년 광고주, 대행사 그리고 일부 출판업자의 지원 아래 발행부수공사기구Audit Bureau of Circulation: ABC의 설립으로 한층 공고화되었다. 그러나 많은 유력지들이 여전히 ABC와 협력하길 거부했고 이들이 내세우는 판매량은 사실을 상당히 오도하는 것이었다.[25] 하지만 ABC는 1936년까지 186개 출판물의 판매 부수를 조사했다. ABC가 조사하지 않더라도 신뢰성의 차이는 별도로 하고 대부분의 중요한 출판물에 대해 활용 가능한 추정 판매 자료가 나오고 있었다.[26] 판매 조사 자료의 활용도와 신뢰성이 증가하면서 독자 1,000명당 비용이 광고매체 선택에서 좀 더 중요한 기준이 되었다. 이런 변화의 최대

수혜자는 정치적 입장이 무엇이든, 많은 독자를 보유하면서도 광고비가 저렴한 신문이었다. 런던 신문교환소의 기록을 보면 《데일리 헤럴드》가 1927년에 처음으로 대중 시장에 초점을 맞춘 주요한 광고매체로 등장했음을 알 수 있다.

신뢰할 만한 판매 데이터를 제공하는 것 외에도 한층 더 중요한 변화가 일어났다. 독자 조사의 발전이었다. 비록 개별적인 초기 조사는 많았지만 첫 번째 '공식적인' 독자 조사는(광고 법인사업자 연합의 지원을 받았다) 1930년에 실시되었다.[27] 이런 발전에 뒤이어 광고업계의 단체·대행사·출판업자가 의뢰한 여러 독자 조사가 이후 9년 동안 지속적으로 나왔다.[28] 비록 독자 조사가 초기에는 불신을 받았지만(아울러 '판매'와 '구독'이 혼재되어 사용된 것이 초기의 혼란을 보여주지만) 이런 저항은 차츰 극복되었다. 독자 조사는 — 표집 방법이 1930년대 중반에 개선되었을 때 특히 — 신문이나 잡지 독자의 사회적 구성을 내용에서 주관적으로 유추하던 것보다는 훨씬 믿을 만한 통계 정보를 제공했다. 1930년대 광고 교과서의 고전은 '광고매체로서 신문에 늘 적용되어야 할 첫 번째 시험은 단위당 독자 수에 일정한 크기의 광고를 게재하는 비용'이라고 밝히고 있다.[29] 이런 지침은 새로운 것은 아니었지만 독자 조사가 발전한 결과 이를 객관적으로 이행하는 능력은 새로운 것이었다.

이런 새로운 방식들이 신문 독자에 대한 전통적인 고정관념을 뒤집어놓았다. 예를 들어 런던 신문교환소의 임원은 1935년 '농부의 영광'이란 제품을 만드는 제조업자에게 '비록 이 신문이 기본적으로 직공이나 중하위권 시장에 어필하고 있지만 약간 수입이 높은 독자도 상당수 읽고 있다'며 광고하기를 권유한다.[30] 이런 관찰은 그 전해의 공식적인 독자 조사를 활용한 것이었다.[31]

혁신적인 업계의 연구자들은 미디어 영향력을 숫자로 측정하는 방법을 개발하려 노력했다. 1933년부터 1939년 사이에, 전국지를 대상으로 광고 위치별 주목도의 정도에 대한 조사가 적어도 다섯 차례 이루어졌다 — 두 번은 2만

명 이상의 응답자를 대상으로 했다.[32] 일부 기관은 광고에 특정한 항목을 배치한 뒤 이에 대한 반응을 대규모로 분석했다. 이는 비록 경쟁 매체의 우편 주문이 얼마나 실속이 있는지를 측정하려 할 때만 유용한 것이었지만 광고 집행을 새롭고 과학적으로 하는 데도 많은 도움을 주는 것이었다.

경제와 대중 소비가 성장하면서 전국적인 광고 집행 규모가 상당히 증가했다.[33] 소비자 1인당 지출이 불변가격(1913년)으로 1921년 42파운드에서 1930년 49파운드로, 그리고 1938년 54파운드로 늘어났다.[34] 이로 인해 일부 대중 소비자 제품은 호황을 맞았다. 예를 들어, 1924년부터 1935년 사이에 가전제품에 대한 소비자 지출은 138퍼센트 증가했고, 목재 가구나 라디오, 전축 그리고 여성 의류의 지출 증가율은 이보다 더 컸다.[35] 이런 증가는 대공황 시기에 직업이 있었던 노동계급의 실질소득이 증가한 데 기인한 것이었다.[36] 사실 노동계급의 소비 증가는 노동계급 소비자들이 읽는 매체에 대한 광고를 증가시켰다.

중요한 것은 객관적인 변화뿐 아니라 이런 변화를 읽어내는 수단의 발전이었다. 시장조사가 좀 더 정교화되고 중요성이 높아지면서 노동계급 시장과 이들이 읽는 미디어의 중요성에 대한 인식이 높아졌다. 이런 변화의 전형은 1920년대 후반 월터 톰슨 사J. Walter Thompson: JWT가 주요한 고객인 선메이드 레이신Sun-Made Raisins에게 제공한 확실히 다른 조언이었다. 월터 톰슨 사 메모에는 '조사를 해보면 월 소득이 400파운드 이하인 가구가 전체 영국 가구의 91.2퍼센트이다. …… 우리는 가능하면 최대한, 거대한 D급 시장에 도달하기 위해 집중해야 한다'고 밝히고 있다.[37] 월터 톰슨 사는 노동계급 소비자의 중요성에 대해 인식하고 1924년부터 1929년 사이 선메이드 레이신의 광고 캠페인 주축을 '상류층 여성 잡지'에서 대중성을 가진 신문과 잡지로 바꿀 것을 권고한다.

대중 시장을 주목하면서 그 복잡성이나 크기를 좀 더 많이 이해하게 되었다. 유명한 마케팅 안내서에서 해리슨^{George Harrison}과 미첼^{Frank C. Mitchell}은 '몇몇 사람에게 엄청난 부가 집중된 것을 인식한 것은 "대중 시장"의 중요성을 간과하는 결과로 이어졌다'고 썼다. 그들은 또 '소비의 불평등은 소득의 불평등보다는 약하고, 소득의 불평등은 자산의 불평등보다는 약하다'고 밝혔다.[38] 비슷한 내용을 ≪데일리 헤럴드≫, ≪존 불^{John Bull}≫과 다른 노동계급이 주로 읽는 매체를 발행하던 오담스^{Odhams}가 좀 더 구체적으로 표현했다. 한 대표적인 광고는 '만일 ≪존 불≫을 읽는 주부가 내년에 돈을 모으면, 그들은 지아콘다^{Giaconda} 다이아몬드나 다빈치의 '모나리자'를 수백 번이나 살 수 있고 그 나머지는 런던의 본드 스트리트^{Bond Street}나 파리 뤼드라뻬^{Rue de la Paix}의 값비싼 보석에 쓸 수 있을 것'이라고 했다.[39]

아울러 시장조사 보고서는 소비자로서 여성과, 여성들이 주로 보는 매체에 광고하는 것의 중요함을 강조했다. 1920년대 치점^{Shirley Chisholm}의 선구적인 마케팅 교과서와 대조되게도 그의 저명한 후학들은 여성 소비자의 중요성을 강조했다.[40] 심지어 이들은 '여성이 이 나라의 소매점에서 팔리는 물품의 80퍼센트를 구매한다'고 주장하기도 했다.[41] 1934년 공식적인 독자 조사에서 여성은 처음으로 남성과 구분되었다. 1930년대 광고 전문지에서 발행인들은 자신들의 매체가 여성에게 호소력이 있다는 점을 점점 더 강조했다.

이런 변화는 급진적 저널리즘이 상업적으로 살아남는 능력을 갖추는 데 크게 이바지했다. 무엇보다 먼저 친노동 성향의 ≪데일리 헤럴드≫가 손익분기점을 맞추었다. 이 신문은 상업 출판계의 거물인 오담스가 영국 노동조합회의와 손잡고 300만 파운드를 투자함에 따라 1929년 발행을 재개했다. 지면의 부피가 종전보다 두 배로 늘었고, 런던뿐 아니라 북부 공업지대에도 인쇄소를 갖추고 엄청난 홍보를 한 결과 ≪데일리 헤럴드≫의 독자는 1928년 30만 명을 약간 넘던 수준에서 1933년에는 200만 명에 이르게 된다.[42] 1933년 이 신문이 서구에서 가장 많이 팔리는 일간지가 되었을 때도 여전히 한 주에 1

만~2만 파운드의 적자를 기록하고 있었다.[43] 사실 1930년대 내내 이 신문은 적자를 기록했다.[44] 1936년에 한 부당 광고비 수입은 0.66달러였는데 ≪데일리 메일≫의 경우는 한 부당 1.18달러였다.[45] 그런데 과거와 달리, 광고 부족 때문에 갑자기 신문 가격을 올려 사람들을 놀라게 하지는 않았다. 사실 ≪데일리 헤럴드≫는 1932년부터 1936년 사이에 전국지 가운데 두 번째로 광고가 많이 늘어난 신문이었다.[46] 이 신문은 1936년까지 170만 파운드의 총 광고 매출을 올렸다.[47] 이 신문이 더 이상 광고에서 버림받은 자식이 아니라는 것은 신문 성장의 핵심 전제 조건이 되었다.

경제 환경의 변화는 또한 ≪데일리 미러Daily Mirror≫의 변모로 이어졌다. 1930년대에 ≪데일리 미러≫는 한 해 7만 명씩 독자가 감소해 기울어져 가는 우파 신문이었다. 이 신문은 또한 '삽화가 많이 들어가는' 타블로이드여서 읽기보다는 보는 신문으로 여겨졌다. 그래서 주로 중산층과 상류층이 주 독자층이었음에도 광고는 제한적이었다.[48] 문 닫을 것이 예상되자, 소유주인 로더미어 경은 남은 주식을 1935년 4월 매각했다.[49] 지배적인 주주가 없을 때 사실상 고위 경영진에게 통제권이 넘어가기 때문에 이는 변화의 기회가 되었다.[50]

1935년 이 신문은 대중 시장을 겨냥하는 결정을 신중하게 내렸다. 이는 발행자들이 등한시했던 시장이었다. 하지만 점점 더 많은 노동계급의 가구들이 처음으로 신문을 구독하기 시작했고 광고주들은 그들에게 접근하기를 원했다. 대중 시장을 겨냥하는 것은 편집 방향을 바꾸는 것을 의미했는데, 편집 이사인 해리 바르톨로뮤Harry Bartholomew나 피처feature(심층 보도 또는 기획 기사 — 옮긴이) 기사의 편집자인 휴 커드립Hugh Cudlipp처럼 대체로 좌익 성향의 언론인들이 어쨌든 선호하는 그런 방향이었다. 하지만 그들이 원하는 것은 이제는 시장 논리에 의해 보강되었다. 이 신문의 광고 국장인 세실 킹Cecil King은 다음과 같이 지적했다.

그래서 우리가 가장 바라는 것은 젊은 노동계급의 남자와 여자에게 매력적으로 보이는 것이다. …… 이게 목적이라면, 정치 성향이 이에 조응해야 한다. 1930년대의 경기 침체기에 저소득층 젊은이들에게 우익 정치를 설파하는 것은 미래가 없다.[51]

이런 변화는 월터 톰슨 사가 도왔는데 이 회사는 변화를 조언하고, 고객들에게 재탄생한 신문을 돕도록 요청하면서 빌 코너Bill Connor와 바질 니콜슨Basil Nicholson이라는 두 명의 임원을 추천했다. 이들은 이 신문을 좌익 쪽으로 재편하는 데 중요한 역할을 담당한다. ≪데일리 미러≫의 판매 부수는 1935년 70만 부에서 1939년에 160만 부로 늘어난다.[52] 초기에는 어려움을 겪었지만 광고 역시 상당히 증가한다. 이 신문은 런던에서 발행된 다른 일간지가 위축되었던 1938~1939년에 광고 칼럼이 670개 증가했다고 자랑스레 밝혔다.[53] 이 신문이 광고주에게 보낸 선전물에는 노동자 계급의 신문으로 인식되지 않기를 바라는 생각이 드러나 있다.[54] 사실 1939년 ≪데일리 메일≫은 광고주들에게 '대중적인 전국지 여섯 개 중에서 오직 한 개만이 좀 더 많은 'A'(상류층) 독자를 확보하고 있다고 주장할 수 있다'며 자랑스레 밝혔다.[55]

≪데일리 미러≫의 자매지인 ≪선데이 픽토리얼Sunday Pictorial≫은 신중하게 대중 시장을 택함으로써 앞서 말한 경제적 기회와 제약에 대응했다. 이런 변화는 1937년 새로 임명된 편집자 휴 커드립이 시도했고 1939년까지 판매 부수가 10만 부 늘어나는 결과로 이어진다.[56]

신문의 균형 변화 — 대중적 노동당 성향 일간지의 성장과 상업신문 두 개가 보수당 진영을 떠난 것 — 는 부분적으로 대공황기 여론의 기류 변화 때문이기도 했다.[57] 비록 1930년대는 보수당이 정치적으로 우세해지는 시기였지만 노동당도 1930년대 지방정부에서 상당히 위세를 키웠고 1935년 총선에서는 35퍼센트의 지지를 받았다.[58] 신문의 정치적 무게 중심이 변화한 것은 ≪데일리 미러≫와 ≪선데이 픽토리얼≫의 좌파 언론인들이 편집에서 성공한 때문이기도 했다. 하지만 양차 대전 사이에 나타난 신문의 변화는 노동계급의 수입이 증가하고 광고매체 선택방법의 변화로 광고의 재배분이 있었기에 가능했다. 대중적 급진 신문을 가로막던 바위가 치워졌다.

전시의 해방

하지만 노동계급과 동일시된 신문은 중간층 신문에 비해 불이익을 당했고, 그에 따른 광고의 불평등은 여전히 급진적 저널리즘의 성장을 제한했다. ≪데일리 미러≫와 ≪선데이 픽토리얼≫은 2차 대전 무렵에야 한층 더 왼쪽으로 이동할 수 있었다. 이런 변화는 플리트 스트리트Fleet Street(신문사와 출판사가 밀집한 런던의 구역 — 옮긴이)와 많은 대중들이 전시에 급진화된 것을 반영하는 것이었다. 스미스Anthony Charles H. Smith에 따르면 ≪데일리 미러≫의 급진화는 독자 편지의 영향력 증가와 통속적인 문체로 쓰이고 평범하게 편집된 다큐멘터리 스타일 보도의 영향 때문이었다. 그는 다음과 같이 주장했다.

> ≪데일리 미러≫는 '독자가 무엇을 느끼고 생각하는지를 듣고 조리 있게 표현해주는 (지금까지 행해진 저널리즘의 복화술 가운데 가장 대표적인 사례로 들어야 할) 것을 자신의 임무로 삼았다. 그래서 어떤 의미에서 (1945년) 선거가 다가옴에 따라 노동당을 지지하는 입장이 된 것을 나중에 깨닫게 된 것이다.[59]

하지만 이런 명석한 분석이 설명하지 못하는 것은 전시의 규제가 ≪데일리 미러≫와 늘어나고 있는 이 신문의 노동계급 독자 사이에 진보에 대한 공감대를 넓히도록 고무한 사실이다.

1940년 도입된 신문용지 배급에 따라 신문들은 전전 규모에 비해 3분의 1

로 발행 부수를 줄여야 했다. 또 자율적인 광고 배급이 뒤따랐고 1942년에는 이것이 의무화되었다. 광고 지면이 부족해짐에 따라 대중 신문 전체에 균등하게 광고가 배분되었다. 또 신문용지 배급은 비용도 줄여서 전례 없이 이익을 많이 내는 시기가 왔다.[60]

≪데일리 미러≫와 ≪선데이 픽토리얼≫의 편집 방향 수정을 가로막던 브레이크가 풀린 것은 오로지 이런 변화된 경제 환경 덕분이었다. 두 신문은 광고 수익을 잃을 염려 없이 프롤레타리아 독자를 공고히 확보할 수 있었다. ≪데일리 미러≫는 1939년 영국 사회의 사회 구성을 잘 반영한 독자를 보유한 가장 계급 중립적인 전국지에서 1947년에는 대체로 노동계급의 신문이 되었다.[61] ≪선데이 픽토리얼≫은 1939년 중산층 독자에게 압도적으로 쏠려 있던 신문에서 1947년에는 노동계급의 독자 기반을 공고히 갖춘 신문이 되었다.[62]

≪데일리 미러≫의 독자는 1940년에서 1947년 사이에 180만 명에서 350만 명으로 늘어났고, ≪선데이 픽토리얼≫은 그보다 좀 더 늘어 같은 기간에 170만 명에서 400만 명으로 증가했다.[63] 이 친노동당 신문 두 개는 ≪데일리 헤럴드≫, ≪데일리 워커≫ 그리고 ≪레이놀즈 뉴스≫(1920년대에 협동조합운동이 인수했다)와 같은 노동운동 신문과 손을 잡았고, 중도 좌익 주간지로 1938년 출범한 ≪픽처 포스트Picture Post≫의 부수적인 도움을 받았다. 인지세 시대 이후 좌파 신문이 이렇게 강했던 적은 없었다. 사실 1945년 총선에서 투표한 사람 가운데 친노동당 일간지 구독자는 전체 전국 일간지 구독의 35퍼센트를 차지했고, 노동당은 전체 투표의 48퍼센트를 획득했는데[64] 선거를 분수령으로 복지국가가 상당히 팽창했고 국가를 경영하는 방식으로 전쟁기의 자유주의적 조합주의가 지속되었다.

전후의 공고화

1920년대 시작된 광고매체 선택의 변화는 전후에도 계속 이어졌다. 발행부수 공사기구는 거의 모든 주요 출판물의 전폭적인 협조를 얻어냈다. 전국지를 다루는 독자 조사는 1947년 이후 합동으로 조사해 싼 가격에 할 수 있었고 미디어 전략 수립에서 불가결한 것으로 받아들여졌다.[65] 1960년대 초 미디어 스케줄링scheduling을 컴퓨터화한 것은 서로 다른 미디어를 배합해서 특정한 시장에 도달하는 비용을 빠르고 효율적으로 계산할 수 있게 했다. 전후에 오드햄Odhams, 애투드Attwood, BMRBBritish Market Research Bureau(1933년 설립된 영국에서 가장 오래된 시장조사 기관 ─ 옮긴이), 등이 개발한 제품-미디어 분석(소비자 행동의 관점에서 독자를 분류하는 것)은 1968년 목표집단지수Target Market Index를 도입하면서 널리 채택되기 시작했다. 이런 여러 가지 진전은 주관적인 판단의 범위를 좁히고 미디어 선택의 근거로서 양적 계산을 좀 더 중요하게 만들어 좌파 신문에 도움이 되었다.

하지만 급진적 신문에 대한 노골적인 정치적 편견은 완전히 사라지지 않았다. 일부 광고 대행 기관은 1961~1962년 왕립신문위원회Royal Commission on the Press에 '극단적인 견해'를 가진 간행물,[66] '보통 사람의 생각과 우리가 정당하다고 생각하는 기준에 비춰볼 때 정치적 신조가 국익에 어긋나는'[67] 출판물, 또는 '특정 산업[68]에 해로운 편집 정책'을 '무분별하게' 추구하는 곳에는 광고를 하지 않는다고 밝혔다. 하지만 벤슨S.H. Benson Ltd사를 빼고는 모두 조그만 기관들이었는데 벤슨은 공산주의 계열의 ≪데일리 워커≫의 편집 정책이 '너무 기업과 대척점에 있어서 광고의 성공을 방해하는 편견이 있다'고 했다.[69] 다른 소수의 기관들도 정치적 편견이 영향을 미칠 때가 있다고 했지만 이는 늘 그들의 고객에게서 나오는 것이라고 밝혔다.[70] 이런 종류의 노골적인 검열이 종종 집요하게 남아 있었던 것은 일부 사례로 입증된다. 예를 들어 1975

년 한 사업가가 잠시 발행되다 만 좌파적인 ≪스코티시 데일리 뉴스Scottish Daily News≫에 자신이 왜 광고를 의뢰하지 않는지를 다음과 같이 설명한다. '내가 파업에 맞닥뜨렸을 때 그 파업을 지지할 신문이 살아남도록 하지 않을 것이다.'[71]

정치적 편견이 작동할 때 이는 늘 은밀하게, 영향력에 대한 평가로 정당화되었다. 그래서 1940년대 말의 한 대행사는 제품 광고의 호소력을 깎아먹는 편집 방침을 가진 매체에는 광고를 하지 않는 것이 방침이라고 공개적으로 밝히기도 했고,[72] 다른 곳은 '어떤 제품이나 생각을 광고하는 전달자로서 신문의 적합성'을 늘 고려하고 있다고 밝혔다.[73] 1960년대 가장 큰 대행사였던 영 앤드 루비캄Young and Rubicam은 이런 점을 까다롭게 중시했는데, 이 회사는 '간행물의 "분위기" ― 여기에는 정치적 성향도 포함될 것이다 ― 가 늘 고려된다'고 밝혔다.[74]

하지만 이때쯤에는 정치적 선호가 광고매체를 선택하는 데 큰 영향을 주지는 않게 되었는데, 그 이유는 어필하고자 하는 독자에게 노출할 때 드는 광고의 가격이 광고 계획 수립의 기본이 되었기 때문이다. 이런 변화가 확실히 자리 잡게 된 것은 광고 집행자 기구의 출판허가 아래 간행된 공식적인 광고 안내서에도 반영되어 있다. 홉슨John Waller Hobson이 쓰고 1955년부터 1968년까지 다섯 번 개정된 이 책의 초판은 광고매체의 '특성과 분위기', 편집과 광고를 아우르는 '보이지 않는 효과'를 다루는 짧은 챕터를 두었다.[75] 애덤스James R. Adams가 쓴 후속판은 이런 질적인 접근을 줄이고 다음과 같이 비판한다.

분위기, 맥락, 그리고 영향력. 이 세 단어는 한때 매체 계획에서 아주 중요했지만 갈수록 관심이 줄어들고 있다. 이는 대체로 이것들을 측정하는 데 따른 어려움 때문이다.

아울러 애덤스는 이런 것들이 심한 오해를 불러일으킬 수 있다고 주장했다.[76]

시장 재해석하기

제2차 대전 이후 매체 계획에 직관적인 접근을 덜 활용하면서 시장조사가 빠르게 성장했다. 1947년 시장조사협회The Market Research Society는 회원사가 고작 23개에 불과했지만 1972년에는 2,000개가 넘었다.[77] 시장조사는 갈수록 복잡해졌고 연이어 나온 여러 교과서에 실렸다.[78] 비록 전후에 시장조사가들은, 제조업자가 자신들의 일을 '비싸기만 한 마법'으로 폄훼한다고 입맛 쓴 불평을 해댔지만[79] 이런 회의적 시선은 1970년 무렵에는 대체로 사라졌다.

시장조사가 성장하면서 노동계급 시장의 중요성은 계속 강조되었다. 시장조사의 권위자인 마크 에이브럼스Mark Abrams는 1950년 다음과 같이 서술했다. '구매력의 확산'이란 점에서 볼 때 노동계급의 선호와 자원이라는 탄탄하고 실질적인 발판이 마련됨에 따라 우리는 훨씬 더 평등한 경제를 이루었다.'[80] 시장조사로 인해 의견이 이렇게 변화하게 된 전형적인 예는 광고업계지에 실린 ≪데일리 미러≫에 대한 다음과 같은 평가였다:

> 독자 수가 많지만 광고매체로서 불가피하게 주저하게 하는 측면이 있다. …… 독자의 일부는 '하층민'이라 불리던 사람들로 이뤄져 있다. …… (하지만) 그들은 한 해 600파운드도 못 벌지만 자신이 버는 것으로 분명히 잘살고 있다. …… 나라 전체 텔레비전의 55퍼센트, 자동차의 49퍼센트, 식기세척기의 58퍼센트 그리고 이륜차의 72퍼센트를 갖고 있다.[81]

시장조사의 발달은 대중 시장을 좀 더 복합적으로 개념화할 수 있게 해 '하층계급' 같은 분류를 차츰 쓸모없게 했다. 1950년대까지만 해도 시장조사는 연령 주기를 강조하고 가족 구조를 매우 중시했으나 제품이 수요 패턴에 미치는 영향은 등한시했다.[82] 시장 세분화가 진행되면서 사회계급은 점점 더 소비자 행동을 보여주는 예측 지표로 부적절해졌고 가족의 가처분소득을 보여주는 지표로는 두말할 필요 없이 오해를 불러일으키는 것으로 받아들여졌다.[83] 시장에 대한 이런 인식은 여성과 젊은이에게 매력 있는 매체에 도움이 되었고 이런 독자를 많이 보유한 매체에 좀 더 많은 광고가 몰리도록 했다.

무엇보다, 좌파 신문이 만들어내는 시장에 대한 긍정적인 평가가 높아진 것은 노동계급이 풍요로워졌기 때문이다. 1939년에서 1965년 사이에, 1인당 지출은 불변가격으로 49퍼센트 증가했다.[84] 화장품에서 자동차, 통조림에서 청소용품에 이르기까지 광고를 많이 하는 제품에 대한 지출이 크게 늘어났다.[85] 이것은 비록 경제가 계속 성장한 덕분이었지만, 또한 1938~1939 회계연도와 1973~1974 회계연도 사이에 세후 개인소득이 노동계급에게 유리하고 우호적으로 재분배된 덕분이기도 했다.[86] 노동계급의 구매력이 상당 폭 늘면서 노동계급의 출판물은 광고매체로서의 가치가 조금 더 증대했다.

보조금 체계의 비인격적 속성

광고매체 선택에서 전문성의 증가, 시장조사의 발달 그리고 노동계급의 수입 증가는 모두 급진적 저널리즘의 발전에 상서로운 조짐으로 보였다. 하지만 사실 신문용지 할당 정책이 1956년에 끝나자 광고 지출은 상대적으로 대중 신문에서 중산층 신문으로 이동했다. 대중 신문이던 ≪데일리 헤럴드≫와 ≪선데이 픽토리얼≫은 1945년에 경쟁지보다 한 부당 더 많은 광고 수익을 올렸다. 10년 뒤에는 더 적어졌고 20년 뒤에는 아주 적어졌다(표 10.1 참조)[87].

사실 1955년까지, 아주 확실한 위계 서열이 만들어졌다. 각 신문이 얼마나 매출을 올리느냐는 부분적으로 그 신문이 어떤 계급적 속성을 갖고 있느냐의

표 10.1 **선택된 전국 신문 1,000부당 광고 매출** (단위: 파운드)

구분		1945	1955	1965	1975
일간지	고급지: 《더 타임스》	10.20	24.40	40.51	90.64
	중간지: 《데일리 익스프레스》	0.38	4.61	10.05	16.25
	대중지: 《데일리 헤럴드》, 《선》	0.52	3.86	4.28	11.81
주말판	고급지: 《선데이 타임스》	4.18	22.83	116.38	232.90
	중간지: 《선데이 익스프레스》	0.91	7.60	24.77	53.56
	대중지: 《선데이 픽토리얼》, 《선데이 미러》	1.14	3.69	9.28	19.92

주: 《선》을 제외한 나머지 신문의 광고 수입 통계는 신문사에서 제공받았다. 1975년 《선》의 기록은 왕립신문조사위원회 보고서인 *The National Newspaper Industry*(London: HMSO, 1976)에서 추정했다. 광고 관련 통계는 회계연도이며, 구독 통계는 연도 기준이다. 전체 구독 통계는 ABC 협회에서 얻었다. 단 1945년 《데일리헤럴드》와 《선데이 픽토리얼》의 통계는 회사의 추정에 따랐다.

문제가 되었다. 독자가 상층 시장에 있으면 한 부당 더 많은 광고 수익을 올렸다. 독자들이 더 많은 돈을 소비할 수 있다면 그들을 광고업자에게 연결해주고 발행인들은 더 많은 광고료를 챙길 수 있었기 때문이다.[88]

광고비 배분의 변화는 규제가 완화된 시장이 과거와 달라진 모습이었다. 하지만 광고 점유율이 감소하던 신문에는 이런 변화가 특히 문제가 되는 좀 더 큰 이유가 있었다. 텔레비전이 발달하고 두 개 이상의 신문을 병독하는 사람이 줄어들면서 전국지의 구독이 1957~1958 회계연도 이후 지속적으로 감소했다.[89] 1955~1956 회계연도에 시작된 상업방송도 신문의 광고를 잠식했다. 텔레비전은 필시 전체적인 광고 파이를 키웠고(1956년부터 1960년까지 국내총생산 대비 디스플레이 광고display AD 지출액 비중은 상당히 증가했다), 이 때문에 신문이 입은 타격이 조금은 완화되었다.[90] 그렇다 해도, 대중 신문은 텔레비전과의 광고 경쟁에서 가장 큰 타격을 입었는데 이는 텔레비전이 유독 노동계급 독자의 관심을 빼앗아갔기 때문이었다. 무엇보다 신문용지 할당이 끝난 뒤 격심한 경쟁에 노출된 신문은 버는 것보다도 더 많이 썼고 1960년대 이후 산업의 비용과 수입 구조가 전반적으로 망가지는 결과를 가져왔다.[91]

이런 복합적인 압박은 '소수파' 독자로 이루어진 신문의 종말을 재촉했는 데[92] 비국교도 중도좌파의 ≪뉴스 크로니클News Chronicle≫(1960년), ≪데일리 헤럴드≫(1964년), 종전에 ≪레이놀즈 뉴스≫라 불리던 ≪선데이 시티즌Sunday Citizen≫(1967년)의 폐간으로 이어졌다. 문을 닫던 해에 이들 세 신문사는 모두 930명의 독자를 갖고 있었다.[93] 그들은 대중 구독 신문이란 견지에서만 '소수 파' 신문이었다. 이들의 폐간으로 이들이 지지하던 사회민주적 하위문화도 약해졌다.

비록 이들 신문의 폐간에는 여러 요인이 영향을 미쳤지만 광고 수입의 감소가 특히 심각했다. 이는 ≪데일리 헤럴드≫에서 분명히 드러나는데, 이 신문은 독자 중 노동계급이 압도적으로 많다는 것뿐 아니라 노인이 상당수라는 것 때문에 타격을 입었다. 이 신문에서 광고와 조사를 담당하던 직원들은 어설펐지만 최선을 다했다. 그들은 ≪데일리 헤럴드≫ 독자가 주로 소비하는 물품으로 시리얼, 소고기 통조림, 그리고 보존식품을 들었고, ≪데일리 헤럴드≫가 지방정부의 지출을 통제하는 많은 지방의회 의원에게 접근하는 수단이라고 표방하기까지 했다. 하지만 그들의 노력은 효과가 갈수록 떨어졌다. 1955년 ≪데일리 헤럴드≫는 전국지 판매의 11퍼센트, 일간지 광고 매출의 11퍼센트를 담당했다. 하지만 1964년에는 독자 점유율이 8퍼센트 정도로 떨어졌고 광고 비중은 3.5퍼센트로 급락했다.[94]

≪데일리 헤럴드≫는 좀 더 여유 있는 독자에게 접근해서 광고 문제를 극복해보려고 시도했다. 이런 노력은 1960년에 시작되어 1964년 ≪선≫으로 재탄생했을 때 절정에 이르렀는데, 이는 중산층의 사회적 급진파와 노동계급의 경제적 급진파 사이에 제휴를 이루어보려는 목표를 가진 것이었다. 이 두

집단은 매우 달랐다(이 신문의 자체 조사에서 명시된 것이지만 무시되었다). 예상
컨대, 이런 이종교배는 새로운 중산층 독자를 끌어들이는 데도 기존의 노동계
급 독자를 만족시키는 데도 실패했을 것이다.[95] 이 신문은 1969년 루퍼트 머
독에게 헐값에 팔려서 성공적인 우익 대중지로 전환한다.

≪데일리 헤럴드≫는 슬프고 아쉬운 종말을 고했다. 1958년까지만 해도,
독자 152만 3,000명을 갖고 있었고 이들은 다른 어떤 대중 신문의 독자보다
충성스러운 독자였다.[96] 신문은 먼저 허약해진 다음 머독의 ≪선≫으로 바뀌
었는데 이 신문은 ≪데일리 헤럴드≫가 반대한 모든 것을 상징하게 되었다.

광고 재배분이 노동계급의 소수 신문이 문을 닫게 된 요인이었을 뿐 아니
라 ≪데일리 미러≫와 ≪선데이 픽토리얼≫의 탈급진화를 불러왔다. 이 두 신
문 편집 방침의 전환은 1950년대 급진주의의 퇴조에 적응하는 과정이었다.
이는 또한 큰 영향을 끼친 두 인물인 휴 커드립과 세실 킹이 유연해진 때문
이기도 했다. 그들의 정치적 변화는 1950년대에 정치적 입장을 조언하는 데
서 드러난다. 세실 킹은 1968년 노동당 정부를 얼 마운트배튼 오브 버마[Earl]
[Mountbatten of Burma](영국 귀족계급의 작위 중 하나 ─ 옮긴이)가 이끄는 연립 정부
로 교체하고 싶어 했으며, 휴 커드립은 중도파가 사민주의 정당에서 이탈하는
것을 지지했다.

광고를 통한 훈육도 ≪데일리 미러≫와 ≪선데이 미러≫의 편집 방침이 재
검토되는 요인이 되었다. 이들은 광고주들이 접근하고 싶어 하는 젊은 독자와
여성 독자에 초점을 맞춤으로써 광고 비중의 감소에 대응하고자 했다. 이들
신문사의 조사에 따르면 이런 목표 집단은 남성과 나이 든 독자에 비해 공적
이슈에 관심이 적음을 보여줬다. 이 때문에 논조의 변화가 일어났고 이는 신
문용지 배정이 해제되면서 한층 가속화되었다. 1946년부터 1976년 사이에
≪데일리 미러≫ 지면에서 공적 사안에 대한 뉴스와 해설은 25퍼센트에서 13
퍼센트로 줄었고, ≪선데이 픽토리얼≫과 ≪선데이 미러≫는 같은 기간에 26

퍼센트에서 11퍼센트로 줄었다.[97]

1960년대 초 ≪데일리 미러≫는 목표 그룹을 젊은 상류층 독자로까지 확대했고 이는 큰 성공을 거두었다. 하지만 신문의 사회적 기반을 이렇게 넓히는 것은 무엇을 써야 하는지에 대해 제한을 가하는 것으로 여겨졌다. 당시 미러 그룹의 회장이었던 세실 킹은 1967년 다음과 같이 설명했다.

> 오늘날 신문은 모든 계층과 다양한 정치적 견해를 가진 사람들이 한데 섞이는 일이 되었다. 아주 싫은 명분을 전파하려는, 그것도 일부 독자에게 전파하려는 관리자는 …… 그의 사업을 위기에 빠뜨릴 것이다.[98]

다양한 독자의 공통분모를 반영하려는 생각은 이 신문이 1940년대의 사회적·정치적 뿌리에서 벗어나 표류하도록 했다. 세상을 '우리와 그들'로 보는 계급 구분은 1950년대와 1960년대에 낡은 것에 반대되는 '젊은 심장'이라는 수사에, 전통에 대립하는 근대에, '지친 육신' 대신 '새로운 아이디어'에 자리를 양보했다.

광고 확보 경쟁이 치열해지면서 1945년부터 1975년 사이에 전국지 아홉 개 가운데 여덟 개에서 광고와 관련 있는 콘텐츠가 증가했다[같은 페이지나 인접 페이지에 나온 광고나 서비스와 같은 제품을 다루는 기사를 말함(표 10.2 참조)]. 이는 광고주에게 잘 팔리도록 독자를 유형화해 집중화된 소비자 그룹을 조직하는 것인데 신문 판형이 커지면서 한층 가속화되었다. 이는 1956~1966년 사이에 중간계급과 상류계급을 대상으로 한 신문에서 두드러졌다. 이는 기본적으로 여행, 미용·패션, 집 꾸미기, 정원 가꾸기, 부동산, 잔디 깎기, 식음료, 예술, 애완동물, 약품과 산업·금융 등에 좀 더 많은 지면을 할당하는 형태로 나타났다.

편집의 독립성은 위태로워졌다. 광고와 연관된 기사가 늘어나면서 광고도

표 10.2 **전체 지면 중 광고와 연계된 콘텐츠의 비율**

구분	1946	1956	1966	1976
≪더 타임스≫	14	18	36	30
≪데일리 텔레그래프≫	3	11	14	22
≪데일리 메일≫	6	6	10	11
≪데일리 익스프레스≫	1	5	8	10
≪데일리 미러≫	2	0	3	5
≪선데이 타임스≫	18	23	38	33
≪옵서버≫	13	22	13	24
≪선데이 익스프레스≫	2	11	12	9
≪선데이 미러≫	6	2	5	5

주: 샘플은 기사 336개.

따라서 늘어났다. 독자 조사로 판단하건대 이런 것들은 독자가 관심이 있기 때문이란 말로는 정당화되지 않을 때가 종종 있었다. 광고를 따내려는 미끼로서, 일부 후원 페이지는 그들의 역할을 충분히 해내지 못했다. 예를 들어, 1976년에 산업면과 금융면은 주가와 기업의 실적에 집중했는데 이는 금융 광고와 연계된 것이었고, 특히 고급지에서 기업 뉴스와 피처 기사는 경영자 구인 광고와 연계되어 있었다. 이는 일반 경제와 금융 뉴스를 다룰 공간을 줄였는데, 열 개 샘플 신문 가운데 일곱 개 신문의 경우 금융·산업 섹션의 16퍼센트밖에 되지 않았다. 이런 추세에 저항하는 곳은 ≪가디언≫, ≪선데이 타임스≫ 그리고 ≪선데이 텔레그래프≫ 등이었다.[99]

광고가 수익에서 중요해지면서 전국지의 구조가 변하는 결과를 가져왔다. 여유 있는 독자를 위해 공적 사안을 충분히 다루는 신문과 대중을 위한 오락 중심의 신문이 나뉘어야 할 자연스럽거나 불가피한 이유가 있는 것은 아니었다. 50년간 매체들의 독자 조사를 보면 고급지와 대중지 독자 사이에 선호에서 아주 큰 차이는 없었다. 2만 명 이상의 전국 독자를 대상으로 1933년 실시된 조사를 보면, 고급지에서 가장 많이 읽은 뉴스는 재판·이혼 보도였다 — 이는 같은 기간에 대중지에서 사고와 재난 기사가 가장 많이 읽힌 것과 특성상 별로 다르지 않다. 두 부류의 신문에서 가장 덜 읽히는 기사 역시 국제정치와 산업·상업 뉴스로 같았다.[100] 마찬가지로 1933년 고급지 한 개와 대중지 네 개를 비교해서 사람들이 무얼 많이 읽는지 비교한 조사에서도 신문 다섯 개 모두에서 가장 많이 읽은 기사는 같았다 — 평범한 사람의 비극이나 유명인 이야기였다. 가장 안 읽은 뉴스 범주도 같았다 — 도시·금융 뉴스, 국제 뉴스, '특수한 뉴스' 및 산업 뉴스였다.[101] 마찬가지로 1969년부터 1971년까지 ≪선데이 타임스≫, ≪선데이 텔레그래프≫ 그리고 ≪옵서버Observer≫에서 사람들이 무얼 읽는지를 알아본 일련의 조사에 따르면 고급 일요 신문에서 많이 읽히는 뉴스는 보통 사람들의 살아가는 이야기와 유명인에 관한 기사였다[102] — ≪선데이 미러≫와 ≪피플People≫도 같은 기간에 가장 많이 읽은 기사는 정확히 일치했다.[103]

물론 고급지 독자 중에는 공적 사안에 관심을 갖는 독자들이 있다(이들은 남자로, 나이든 사람인 경향이 있다). 그렇지만 대중지 독자들 가운데도 공적 사안에 관심을 보이는 소수 그룹이 있고, ≪데일리 헤럴드≫의 경우 독자의 상당 부분이 이런 사람이어서 이 신문은 이례적으로 공적 사안을 많이 다루었다. 이런 소수 그룹은 그 숫자가 결코 적지 않다. 문을 닫을 당시, ≪데일리 헤럴드≫는 독자가 126만 5,000명이었는데 이는 1964년 ≪더 타임스≫ 독자의 다섯 배에 해당하는 것이었다.[104]

하지만 광고 수익은 두 가지 방식으로 양극화를 촉진했다. 소규모 신문은 부유한 독자에게 읽혀서 많은 광고 수입을 끌어들일 때만 재정적으로 살아남고, 광범위한 취재망을 유지할 수 있었다. 소득이 낮은 그룹이 읽는 소규모 신문은 상업적 재원을 끌어들이지 못해서 살아남지 못했다.

둘째, 광고의 압력은 고급지와 대중지의 간격을 넓혔다. 고급지는 자신들의 광고 가치를 유지하기 위해서는 그들 독자의 계급적 기반을 흐리게 하는 일을 피해야 했다. 이는 ≪더 타임스≫가 1965년부터 1969년 사이에 부주의하게 독자를 69퍼센트나 늘렸을 때 비싼 값을 치르고 배운 것이었다. 일부 독자는 저소득층이었고 광고주들은 이들에게 도달하기 위해 높은 광고료를 치르려 하지 않고 이탈했다. 그래서 ≪더 타임스≫는 광고 시장 내 입지를 지키기 위해 가격을 인상하고 판촉을 변경하며 신문 내용을 변경하는 등 1969~1971년 사이에 원치 않는 독자를 떨어내기 시작했다.[105] 이와 달리 ≪데일리 메일≫은 판매를 끌어올리고 적정한 광고를 받기 위해 1950년대와 1960년대에 응집력 있는 독자를 확보해야 하는 경제적 압박에 시달렸다.

이런 양극화의 결과는 1973년 전국지의 실태를 보면 알 수 있다. 전국 신문 시장(독자 수 기준)의 16퍼센트만이 '고급지' 네 개의 독자였다. 나머지 84퍼센트는 대중적 일간지 다섯 개를 구독했다.[106] 엘리트 신문은 70퍼센트의 매출을 광고에서 얻는다. 대중지는 36퍼센트만을 얻는다.[107] 다른 말로 표현하면 영국 사회의 경제적 불균형은 광고를 매개로 신문 시장의 구조에서도 나타났다.

출판에서의 사회적 분열은 정치적 결과를 낳았다. 엘리트는 시민이 알아야할 내용을 효과적으로 전해주는 신문 서비스를 받았다. 이는 그들에게 여론을 형성하는 '말깨나 하는 계층'으로서 무게를 더해줬다. 엘리트는 또한 신문이 공적 사안을 엘리트의 관심·의제·이해의 관점에서 구조화해서 폭넓게 취재해 제공함에 따라 한층 더 목소리를 크게 낼 수 있었다.

회고

100년 이상 좌파의 주장은 광고주가 재정적으로 지배해 편집 콘텐츠를 통제한다는 것이었다. 이런 관점에서 광고주는 광고를 하지 않음으로써 자신이 정치적으로 좋아하지 않는 신문을 약화시킨다. 자신들을 화나게 하는 견해와 뉴스의 출판을 막기 위해 협박성 압력을 가한다. 기자들에게 공격적이지 않도록 스스로를 검열하게 한다.[108]

이런 주장은 1차 세계 대전 이후 발전해온 전국지와 관련해서는 굉장한 오해를 불러일으킬 수 있다. 광고주와 신문 사이의 매개자로서 광고대행사의 성장, 광고매체를 선택하는 기본 원칙으로서 원하는 독자에게 노출되는 양적인 계산법의 발전, 적절한 데이터의 지원 등은 신문이 광고주의 정치적 압력에 직접 노출되는 것을 상당 부분 줄여주었다. 광고주의 협박에 저항하는 형태의 저널리즘이 발전했다는 것도 명심할 필요가 있다.[109] 전국지 발행인이 다양한 광고주의 지원을 받고 있었다는 점 역시 자신들의 힘을 남용하려는 개별 회사의 압력에 저항하기 쉽게 만들어주었다.

그러나 광고주는 좀 더 연구가 필요한 방식으로 신문에 부정적인 영향을 끼쳤다. 이는 적의나 음모의 산물이거나 광고주가 의식적으로 노력한 것은 아니었다. 이런 부정적인 영향은 일부 독자가 돈이 좀 더 있고 소비 성향이 높았으며, 좀 더 높은 광고 수입을 만들어냈고 매체에 좀 더 가치가 있었다는 것 때문에 발생한 것이었다. 이는 신문의 구조와 편집 전략 그리고 신문 내 지면 배정을 왜곡시켰다.

제5부 미디어와 문화

11

문화 전통 관리자로서 미디어

Media as custodians of cultural tradition

영국 소설에는 앙갚음score-settling의 전통이 있다. (영국 픽션은) 문학평론가를 문단 주류를 편드는 머리가 빈 허풍쟁이, 과장 광고를 하는 주정뱅이, 부패한 속물, 무기력한 잔소리꾼, 아내가 바람난 무능력자, 비정한 감시꾼으로 묘사한다. 이러한 격렬한 전통은 ─ 토머스 하디Thomas Hardy, 러디어드 키플링Rudyard Kipling, 헨리 제임스Henry James, 조지 기싱George Gissing, 서머싯 몸Somerset Maugham, 그레이엄 그린Graham Greene, 마틴 에이미스Martin Amis가 기여했던[1] ─ 은 서평이 최소한 한 부류의 구독자, 즉 책의 저자와 상관있다는 점을 상기시켜준다.

전통적 문학연구에 기반을 둔 또 다른 계열 역시 비판적이긴 마찬가지이다. '작당해서 벌이는 파렴치한 오도'는 리비스Frank Raymond Leavis가 상업신문의 서평가들에 대해 내놓은 평결이다.[2] '반대 입장을 취해야 할 때 망설이는 무기력하고 소심한 동인 그룹'은 서덜랜드J. A. Sutherland의 더없이 신랄한 평가이다.[3] 마찬가지로 테일러David John Taylor는 '문단 주류'의 '파벌, 맹종, 잘못된 기준'을 고발한다.[4] 이러한 비판을 관통하는 주제(그들이 공식적으로 이니셜을 사용한 것은 엄격하고 고집스러운 스타일을 나타낸다)는 서평가들이 친분 때문에 타락했고, 부적절한 서평을 쓰며, 문학적 지도력을 발휘하는 데 실패했다는 것이다.

이 장은 다른 출발점에서 시작해 다른 결론에 도달한다. 서평이 충분히 비판적인가 혹은 문학적 수준을 높이는가는 관심사가 아니다(물론 부수적인 관심을 보이긴 하지만). 여기서는 문학 편집자가 어떻게 자기 직무를 수행하고, 그리고 그들의 판단이 한 사회에서 지식의 위계를 어떻게 반영하며 영향을 미치는지를 이해하고자 한다.[5]

숙명과 우연

1989~1999년에 전국 일간지와 주간지에서 문학을 담당하는 편집자 11명을 인터뷰했다.[6] '문학 편집자literary editor'라는 용어를 고수했는데, 그 이유는 부분적으로 '도서 편집자books editor'라는 대체 가능한 직함이 출판사의 편집자와 혼동을 일으키기 쉬웠기 때문이다. 하지만 한 전국지의 문학 편집자가 다음과 같이 지적했다. '도서 편집자가 더 나을 수 있다. …… 문학 편집자라는 말이 의미하는 핵심은 모든 종류의 도서에 대해 광범위하게 촉각을 세우고 있어야 한다는 것이다.'

인터뷰에 응한 문학 편집자들이 보인 상투적인 반응은 책들이 스스로 '선택하고', '선출하고', '고르고', '나타내며', '대변한다'는 것이다. 문학 편집자들은 단순히 외부 세계에 반응할 뿐이라는 주장이 나왔다. 이미 이름이 나 있고 성공 경험이 있는 중요한 작가들이 있다. 독자들이 무엇에 관심을 가지는지, 어떤 이야기들이 오가고 있는지에 따라 미리 정해진 의제도 있다. 문학 편집자의 일은 사실 복잡할 것이 전혀 없으며 개입의 필요성은 제한적이라는 것이다.

그러나 이러한 확실한 대답들의 표면 아래에는 언뜻언뜻 불확실한 것들이 눈에 띄었다. 어떤 책은 다른 책보다 쉽게 선택되는 것으로 드러났다. 신인 작가의 소설은 특히 뽑히기 어렵고 대체로 논픽션보다 픽션이 더 문제가 많다고 여겨졌다. 실제로 문학 편집자들은 자신들의 의사결정 과정을 설명하라는 압박을 받으면 받을수록 우발적인 고려 사항들을 강조했다. 출판 주기가 들쭉날쭉한 가운데 어떤 책들이 손에 들어왔는가, 누가 비평할 시간이 있는가, 어떤 제목의 책이 삽화에 적합한가, 서평을 어떻게 조합하면 내적 균형이 이뤄지는가, 신문의 다른 부분들과의 중복을 피해야 할 필요성 등등이었다. 이러한 제2단계 설명은 문학 편집자들의 삶이 임의적이고 복잡하며 예측 불가능함을 강조하는 것으로, 단순히 일반화하기 어렵다는 것을 보여준다. 한 문학 편집자는 이렇게 설명한다. '그중 절반은 완전히 우연적이다. …… 누구든 전화를 받는 사람, 순간적으로 떠오르는 생각, 심지어는 이름과 주소록을 죽 훑으며 내려가거나, X가 Y앞에 오거나…….' 도서 편집자들이 하는 일을 일반화해서 얘기할 수 있다는 바로 그 생각은 '웃기는 아이디어'이며 잘 '에누리해서 들어야' 할 필요가 있다고 그녀는 말한다. 또 다른 전국지 문학 편집자는 나를 엘리베이터로 안내하면서 '사회학의 문제는'이라며 꼭 집어서 얘기하기를, '유동적인 것을 분류하고 단순화하는 데 있습니다'라고 했다.

이처럼 문학 편집자들은 같은 인터뷰에서 그들이 하는 일에 대해 종종 서로 다른 설명을 해서 당황하게 만든다. 한쪽의 설명은 책들이 선택된 것이 아니라 책들이 스스로 선택했다는 숙명론을 불러온다. 또 다른 쪽은 분명한 패턴은 없지만 본능과 통찰에 의해 지배되는 행동이란 의미에서 즉흥과 임의성이란 이미지를 불러들인다.

좋은 의도

이러한 모순을 조명하는 한 가지 방법은 편집자의 목표를 이해하는 것이다. 서평의 목적에 대해서는 — 심지어 다른 종류의 출판물에서 일하는 문학 편집자들 사이에서도 — 광범위한 동의가 있다. 핵심 목표의 하나는 '독자가 알아야 하는 책'을 놓치지 않게 하는 일이라고 여겨졌다. 문학 편집자들은 몇 번이고 이 주제로 돌아왔다. 서평란은 '무엇이 새롭고 중요한 것인지 알리는 게시판'이어야 한다. 서평란은 '무엇이 있었고 무슨 생각이 전개되었는지 사람들이 접하게 해야'한다. 서평란은 또 '현재 진행되는 지적·문화적 생활을 모니터해야' 한다.

서로 다른 지적 전통에서 비롯한 다양한 주장이 전개되어 문화적-지적 감시 수단으로서 서평란이란 개념을 정당화했다. 서평란은 기록자journal of record 로서 신문이 갖는 역할을 수행한 것이다. 이것은 모든 지식과 문학 영역의 중요한 노작들에 대한 관심을 불러일으켜 독자의 폭을 넓혔다. 이는 '만약 특집으로 다루기 위해 회의에 올렸다면 검열을 통과하지 못했을 온갖 종류의 일들을 서평이라는 구실로 다룰 수 있었기에' 신문의 지적 범위를 확대시켰다. 그런데 이런 접근법에 대해 가장 흔하게 듣는 정당화는 그것을 독자들이 원했다는 것이다. 특히 '책을 읽는 대신 서평을 많이 읽었다'는 믿음이 보편적인데 이럼으로써 서평란은 독자들이 다양한 영역의 주요한 발전 동향에 뒤떨어지지 않도록 했다는 것이다. 따라서 지식의 감시자라는 서평의 개념은 널리 공유되었고 문학 편집자들은 이를 강하게 옹호해왔다. 이는 그들이 자신의 일에 접근하는 데 핵심이 되는 것이다.

서평의 또 다른 주요 목표는 독자들의 관심을 끌고 그들을 즐겁게 해주는 것이다. 한 문학 편집자는 자신의 서평란을 마치 사람들과 관심사들을 잘 섞어서 만든 '훌륭한 저녁 파티'처럼 구성한다고 말했다. 다른 이는 '빛과 그림

자, 심각함과 약간의 경박함이 대조'를 이루는 '지적 카바레'의 이미지가 떠오르도록 했다. 세 번째 편집자는 '기표signifier들의 흐름 속에 길게 떠다니'지만 '그 안에서 흥분되고 재미있고 첨벙거리기'를 하는 것에 대해 말했다. 타블로이드 신문의 문학 편집자는 좀 더 날카롭게 '종종 재미있는 평론을 써내기 위해 관점을 찾아본다'고 설명한다. 다른 타블로이드 신문사에 근무하는 그녀의 경쟁자는 지식인 취향인 바이어트Antonia Susan Byatt(영국의 소설가. 대표작으로 『아이들의 책The Children's Book』이 있다 — 옮긴이)가 테리 프래쳇Terry Pratchett(영국의 유명 판타지 소설가. 대표작으로 『디스크월드Discworld』 시리즈가 있다 — 옮긴이)을 칭찬하는 것과 같이 어울리지 않는 결합을 통해 독자들의 흥미를 불러일으키려고 한다.

세 번째 목표는 책에 대한 비평을 제공하고 가치를 평가하는 것이다. 하지만 이는 최우선적인 목표라기보다 협상의 여지가 있는 문학 형태로서 서평이 가지는 한 측면으로 이해되었다. 학구적인 문학연구 전통에 속한 이들의 관심과 문학 편집자의 태도 사이에는 미묘하지만 적지 않은 차이가 있다. 전자는 서평이 선과 악을 구별하고, 맥락이 있는 의미를 찾아내고, 대중이 잘 이해하도록 안내하며, 문학의 규범[7]을 조율하는 것으로 기대하지만 후자는 책을 특집 기사 — 책을 단서 삼아 재미를 느끼고 지식을 쌓으려 하는 이들을 위한 플랫폼 — 로 생각한다. 사실 전통적 문학연구 접근방법에 대해 표면적으로 드러난 것보다 종종 더 많은 저항이 있었다. '발랄'하고 저녁 파티에 온 좋은 손님이 되길 요구하는 것은 원문에 의존하는 학문으로서의 문학을 방해한다. 중요한 새로운 아이디어와 책 세상의 변화를 추적하는 레이더radar 화면으로서 서평란의 개념은 저널리스트적인 접근에 가깝다. 이는 칭찬과 혹평을 통해 규율한다기보다는 보도의 문제이다.

실제 관행

그런데 이렇게 문학 편집자들 사이에 서평의 목적에 대해 상당한 정도의 합의가 있는 게 그들이 일하는 데 따른 혼란을 덜어주는 것이 아니라 오히려 가중시킨다. 그들이 당초 의도한 것과 실제로 하는 일이 일치하지 않는 것이다.

그들의 목표 가운데 하나가 중요한 책을 발굴하는 것이지만 그들은 여지없이 실패하고 만다. 그들의 레이더 화면은 심각하고 반복되는 결점을 지니고 있다. 가장 큰 결점은 과학과 기술 분야에서 중요한 작품을 알아보지 못하는 것이다. 실제로 과학과 기술은 조사한 모든 전국지의 서평란에서 기껏해야 2퍼센트의 면적을 차지하는 데 그쳤다(표 11.1).[8] 이 비중은 주간지 역시 약간 높을 뿐이었다(표 11.2).

상대적으로 적은 관심을 받는 또 다른 분야는 사회과학(사회학, 경제학, 심리학, 인류학, 사회행정·정치학)과 경영학이다. 이 분야에서 유독 주목을 끈 책은 정치에 대한 것으로 정치학자가 아니라 정치인과 언론인이 쓴 것이다. 이를 제외하면 사회과학에 대한 관심은 매우 적다.

중요하다고 판단되는 서적은 전기, 문학 소설(대중 소설과 구별되는 – 옮긴이), 역사 그리고 인문학(이 가운데 가장 중요한 카테고리는 문학비평이다) 등 네 가지 분야에 집중되어 있다.

1997년 이러한 네 가지 장르는 표본추출된 전국지 서평란의 75퍼센트 내지 90퍼센트를 차지했고, 표본추출된 타블로이드 신문의 61퍼센트 내지 76퍼센트를 차지했다.[9]

일반적으로 전국지, 타블로이드 그리고 주간지의 서평 의제를 비교하면 비슷하다. 타블로이드는 소설에 더 비중을 두며(비록 1997년에 여전히 30퍼센트에 지나지 않았지만), 주간지는 정치학에 더 비중을 둔다. 1984년과 1997년 사이에 변화가 있었지만 그렇게 대단한 것은 아니었다.

표 11.1 전국지의 서평란 지면 크기 분포 (단위: %)

범주	《옵서버》		《선데이 타임스》		《선데이 익스프레스》/《익스프레스 온 선데이》		《가디언》		《데일리 텔레그래프》		《데일리 메일》	
	1984	1997	1984	1997	1984	1997	1984	1997	1984	1997	1984	1997
문학 소설	19	14	17	19	6	21	22	23	14	15	14	11
대중 소설	4	4	2	4	4	14	3	4	4	6	11	14
소계: 소설	23	18	19	23	10	35	25	27	18	21	25	25
전기	34	28	34	44	41	44	29	25	32	43	28	36
역사	8	18	14	10	13	6	16	12	19	11	12	9
인문 일반	16	15	9	15	1	5	13	18	6	11	4	5
시각 및 행위 예술	5	7	8	-	3	-	2	4	10	2	3	1
정치, 사회과학, 경영	8	8	9	7	6	-	7	7	9	8	10	10
과학, 의학 및 기술	1	2	1	2	*	-	-	2	2	1	1	-
어린이 도서	1	-	-	-	-	-	-	2	2	3	1	1
일반교양	4	2	4	*	25	-	7	3	4	1	17	12
(음성 도서)	(-)	(-)	(-)	(1)	(-)	(-)	(-)	(9)	(-)	(6)	(-)	(4)
(문고판)	(-)	(6)	(-)	(7)	(-)	(13)	(-)	(-)	(-)	(-)	(-)	(5)

(*=1% 이하, 샘플= 180호)

표 11.2 주간지의 서평란 지면 크기 분포 (단위: %)

범주	《스펙테이터 The Spectator》		《뉴 스테이츠먼 New Statesman》		《이코노미스트 The Economist》	
	1984	1997	1984	1997	1984	1997
문학 소설	19	16	15	16	-	-
대중 소설	2	3	3	-	1	10
소계: 소설	21	19	18	16	1	10
전기	31	35	28	29	35	24
역사	14	12	8	27	7	25
인문 일반	14	14	18	3	4	15
시각·행위 예술	2	4	4	1	5	-
정치, 사회과학, 경영	11	10	19	14	34	21
과학, 의학·기술	-	-	2	7	4	3
어린이 도서	1	-	✳	-	9	-
일반교양	6	4	4	4	1	2

주: ✳ = 1퍼센트 이하, 샘플 = 90호.

이러한 분석 결과는 인터뷰에서 일부 문학 편집자들이 밝힌 주장 – '아주 많은' 또는 '수많은' 과학 서적을 비평한다는 주장 – 과 상충된다. 아무리 잘 안다고 해도 주관적 인상은 세심한 조사에 기반을 둔 체계적 분석만큼 믿을 만하지 않다. 또한 이 분석에서 규명된 서평의 패턴이 영국에서 수행되었던 주요한 통계 분석 중 유일한 D. H 노블D. H. Noble과 E. M. 노블E. M. Noble의 것과 일치한다는 것도 언급하고자 한다.[10]

스스로 드러난 또는 선택적인

도서 편집자들이 보기에 스스로를 '드러낸' 책들은 서적 생산과 소비와의 관계에서 고려해볼 때 선택의 결과인 측면이 좀 더 드러난다.

영국에서 새로 출판된 책은 1978년과 1992년 사이에 두 배로 증가했고,[11]

이후 계속해서 증가해 1996년에만 8만 8,032종이 출판된 것으로 집계되었다.[12] 따라서 문학 편집자들은 어마어마하게 광범위한 선택의 폭을 갖고 있는 것이다.

과학과 사회과학 서적에 관심이 적은 것은 책이 부족해서가 아니다. 1999년 영국에서 과학 또는 의학 서적이 1만 1,198종 나왔고 주요 사회과학을 다룬 책은 5,275종이 출판되었다.[13] 이 책들의 생산은 말하자면 다양한 주제 영역을 가로지르는 강에 의해 삼각주로 세분화되는 거대한 흐름의 일부일 뿐이다. 도서 편집자들은 특정한 강둑에 자리 잡고 역사, 전기 그리고 소설 같은 고기군을 낚는다. 하지만 이는 1996년 출판된 서적의 27퍼센트만 차지할 뿐이었다.[14] 어떤 큰 물고기는 놓쳐버렸는데 왜냐하면 광대하게 펼쳐진 강둑, 즉 지식의 방대한 영역은 거의 밟아보지 않았기 때문이다.

서적 생산이란 측면에서 이처럼 서평이 선택적이라면 사람들이 실제로 무엇을 읽는가와 관련해서는 한층 더 선택적이다. 대중은 주로 반양장본paperback을 읽는다. 반면 1997년 전국 신문 서평의 90퍼센트 이상이 — 하나를 제외하고 — 양장본hardcover을 대상으로 했다(표 11.1).[15] 좀 더 최근에 공개된 조사에서[16] 독자의 66퍼센트는 소설을 읽고 있었다.[17] 하지만 1997년 서평란의 3분의 2 이상은 비소설에 할애되었다.

비평하는 것과 독서하는 것 사이의 이격은 소설을 보면 한층 두드러진다. 1997년 현재 독자의 58퍼센트가 대중 소설을 읽고 있었던 것과 대조적으로 단 5퍼센트만이 '일반 소설'을 읽었으며 고전은 3퍼센트만 읽고 있었다.[18] 다시 말하면, 사람들은 문학 소설보다 대중 소설을 읽고 있을 가능성이 일곱 배 많다는 것이다. 그렇지만 분석을 보면 하나를 제외한 모든 신문에서 대중 소설은 문학 소설보다 덜 다루어졌다(표 11.1).

대중이 무엇을 선호하느냐에 대한 또 다른 정보원은 판매 실적이다. 완전히 신뢰할 수는 없지만 시장조사 기관인 유로모니터Euromonitor는 1992년 과학 서적과 기술·의학 서적은 역사 서적이나 자서전보다 61퍼센트 더 팔렸고, 가장 잘 팔리는 분야는 논픽션 범주라고 평가한다.[19] 이는 지난 몇 년간의 패턴과 유사했다. 어떤 과학 서적 판매는 참고서일 수도 있고 소비자가 아니라 기관에서 사들인 것일 수 있다. 만약 그렇다 하더라도 과학 서적에 상당히 많은 비용을 지출하는 것은 대중이 이 주제를 싫어한다는 얘기를 할 수 없게 만든다. 도서-소비 데이터는 사람들이 픽션과 논픽션 − 요리와 여행부터 로맨스와 범죄에 이르기까지 − 의 넓은 범위에 걸쳐 골고루 책을 구입한다는 것을 보여준다. 제한된 범위의 도서에 집중해서 관심을 쏟는 서평과 달리 대중의 도서 선호는 매우 다양했다.

정론지broadsheet와 미들마켓지middle-market press* 독자는 중산층이 압도적으로 많다는 점에서 일반 대중과 다르다는 반론이 있을 수 있다. 많은 문학 편집자들은 실제로 이런 주장을 제기한다. 하지만 이는 두 가지 점에서 오해의 소지가 있다.

첫째, 독서는 높은 수준의 교육, 사회적 계층과 강력하게 관련되어 있다.[20] 다시 말하면 사회적 배경은 독자들의 구성을 왜곡하는데 이는 고급 신문만 그런 것은 아니다. 둘째, 계층은 일부 문학 편집자들이 상상하는 것과는 다른 복잡한 방식으로 독서에 영향을 미친다. 예를 들어 역사 소설은 사회경제적으로 수준이 높은 그룹에게 강하게 어필한다. 로맨스는 (사회경제적으로) 낮은 계층이 좋아한다. 범죄·스릴러·전쟁·모험 서적은 광범위한 계층에게 인기를 끈다.[21] 고급 신문의 독자들이 대중의 기호와 동떨어진 엘리트 문화의 섬은 아닌 것으로 보인다.

---

* 신문에서 정치, 경제 등의 진지한 뉴스 외에도 오락도 원하는 독자에 맞춘 신문으로 시장에서 고급지와 황색지인 타블로이드 사이에 자리 잡고 있다. 미국은 ≪유에스에이 투데이≫가 대표적이며, 영국에서는 ≪데일리 메일≫이나 ≪데일리 익스프레스≫가 이에 해당한다 − 옮긴이.

따라서 전국지가 서평할 책을 어떻게 채택하느냐는 더 설명이 필요 없을 만큼 자명한 것은 아니다. 이는 무엇이 출판되었는지를 반영하지 않는다. 이는 무엇이 중요한가를 조명하지 않는다. 그리고 무엇이 대중적인가에도 부합하지 않는다. 그렇다면 어떻게 해서 이렇게 되었을까?

문화적 가치

도서 편집자를 둘러싼 첫 의문점은 쉽게 풀린다. 책이 스스로 선택한다고 그들이 말할 때, 이것이 정말 의미하는 것은 그들로서 의심할 필요가 없다고 여겨지는 가치 체계 안에서 책을 고른다는 것이다. 일부 문학 편집자들이 자신들의 행동을 결정하는 수없이 많은 예측 불가능한 일들에 대해 얘기할 때, 이들은 환경을 통제하기 위해 스스로 받아들인 관행이나 상당히 정형화되고 일관되며 예측 가능한 방식으로 책을 선택하도록 이끄는 물고 물리는 영향의 사슬을 완전히 인식하지는 못하는 듯하다.

문학 편집자가 책을 선택할 때 그들이 가진 문화적 가치는 선택에 영향을 끼친다. 그것들은 획일적이지도, 변치 않는 것도 아니다. 하지만 모든 문학 편집자들은 1986년과 1999년 공히 문학을 위계적인 것으로 인식하고 있었다. 그 정점에는 글솜씨, 독창적인 관점, 통찰력과 관찰의 깊이가 배어 있는 뛰어난 문학적 가치를 지닌 작품들이 있다. 밑바닥에는 다양한 장르의 소설이 있는데 이들이 가진 문화적 가치는 상투적인 공식을 되풀이하는 탓에 훼손된다. 보통 로맨틱 소설은 유난히 평이한 것으로, 범죄 소설은 '다른 결점을 보충할 만한 장점'을 보여주는 것으로 여겨졌다.

이러한 위계적 관점은 대중 소설과 문학 소설에 대한 관심의 차이를 낳는다. 문학작품은 특권을 누리는데, 이는 관심이 집중되고 흥미로운 비평이 뒤따르기 때문이다. 낮은 수준이라고 생각되는 책들은 제한된 가치를 지니고 재미없는 비평이 뒤따를 것이라 생각되기에 지면 배정이 제한된다. 고급 신문의 독자들은 이런 가치 체계를 널리 공유할 것으로 가정된다. 한 일요판 정론지 문학 편집자가 설명했듯이, 그의 신문 독자들은 '질리 쿠퍼Jilly Cooper의 작품을 해변에서 읽을 수 있다. 하지만 그들은 우리가 그녀에게 지면을 할애하는 것을 바라지 않을 것이다.' 그는 '좋지 못한 곳에 드나들지 않는 것'이 독자의 바람을 존중하는 것이라 주장했다.

대부분의 문학 편집자들은 포스트모더니즘, 페미니즘 그리고 신식민주의 이론의 등장에 직면해 대학교 문학 전공자들이 겪은, 번민에 찬 시각 교정의 영향을 거의 받지 않았다. 이런 시각 교정은 대다수 문학 편집자들이 집착한 단순한 위계 모델과 달리 다중심적 가치 '체계들'을 등장시켰다.[22] 덧붙여 문학 편집자들은 영국 대학교의 미디어·문화 연구 학과에서 대중문화에 대한 긍정적 재평가 작업이 시작된 것에도 영향을 거의 받지 않았다.[23]

문학 편집자가 이처럼 오래된 문화적 가치를 고수하는 것을 일부 설명해주는 것은 그들의 나이와 교육이다. 1999년 문학 편집자들은 ─ 1986년 그들의 선배들이 그랬듯이 ─ 대부분 중년이었으며 엘리트 대학에서 교육받았다. 대부분 문학을 사랑해서 문학 저널리즘의 길을 걸었다. 특히 이들 가운데 1999년 설문 조사에서 어떤 책을 널리 알리는 데 즐거움을 느낀다고 답한 거의 모두는 논픽션이 아니라 문학 소설이나 시에 대해 그렇다고 답했다.

예술 지향

많은 문학 편집자들은 독자들도 마찬가지일 것이란 가정 아래 그들이 흥미를 느끼는 책을 선택한다고 말한다. 하지만 실제로 그들은 전혀 독자들의 전형이 아니었다. 이들은 대부분 옥스퍼드 대학교나 케임브리지 대학교를 나왔고 영어나 역사 중 하나를 전공한 특징이 있었다. 실제 대학을 졸업한 18명을

표 11.3 문학-학술 담당 편집자의 대학 교육　　　　　　　　　　　(단위: %)

대학교	옥스브리지	시빅	뉴	해외	고졸, 파악 불가
1999	64	27	-	-	9
1986	55	-	-	18	27

학위	영어	역사	기타 예술·인문	예술·인물 총계	사회과학	과학
1999	70	20	10	100	-	-
1986	37	37	19	94	6	

주: 샘플은 1986년 22명, 1999년 11명의 문학 편집자. 대학 졸업을 하지 않은 경우 전체 전공 분
류에서 제외. 영어와 철학 전공(각각)은 영어로 분류하고 옥스퍼드의 PPE(정치·경제·철학
부 ─ 옮긴이) 과정의 반은 사회과학, 반은 인문학으로 분류.

표본조사해보니 17명은 인문학·예술을 전공했다(표 11.3). 어느 누구도 과학
또는 정통 사회과학을 전공하지 않았다.

　독자들이 자신들과 같을 것이라는 믿음은 일부 문학 편집자들이 상대적으
로 난해한 또는 특정한 책들에 호의적인 관점을 갖도록 했다. 왜냐하면 이는
그들 자신이 공부했거나 흥미를 가졌던 분야였기 때문이다. 예를 들어 한 정
론지 문학 편집자는 잘 알려지지 않은 아시아 국가에서의 셰익스피어 수용 연
구를 '많은 사람들이 흥미로워할 것'이라며 신문의 첫머리 평론으로 올렸다.
문학연구 박사과정을 이수했던 사람으로서 그가 주목하지 않을 수 없었던 것
이 독자에게는 똑같은 중요성으로 다가오지 않을 수 있다.

　이런 지적 호의가 예술학·인문학이 아닌 다른 분야의 벅차고 난해한 책으
로 확대되는 일은 많지 않았다. 실제로 사회과학 분야의 모든 책은 기술적이
고 전문적이라 여겨졌고, 1999년 조사에서는 권위가 떨어지는 것으로 받아들
여졌다. 이 분야를 의도적으로 피했던 한 일요 신문의 편집자는 '사회과학은
좀 지겹다'고 말했다. 또한 그는 '참 못 썼고 …… 전문용어와 통계 투성이고,
좀 재미가 없다'고 말했다. 또 다른 일요판 편집자에 따르면, 문제는 비평할
만한 재미있는 사회과학 서적을 찾는 것일 뿐 아니라 '이해할 수 없는 말들,

평소 쓸 수 없는 갑갑하고 특수한 용어로 이루어진 글'을 쓰지 않는 적당한 인물을 찾는 것이라고 했다. 또한 (경제학을 제외한) 사회과학은 일반 독자에게 의미를 줄 합당한 이유가 부족하다고 여겨졌다. 사회과학 책은 아무리 인기가 있어도 피했던 한 대중지의 문학 편집자는 '무슨 일이든 신문에 등장하기 전에 문화 속에서 제법 인정을 받아야 한다'고 말했다. 하지만 가장 인상적인 논평은 아마 1988년 대중적 사회과학 주간지 ≪뉴 소사이어티New Society≫를 인수한 잡지인 ≪뉴 스테이츠먼New Statesman≫의 문학 편집자로부터 나온 말일 것이다. '사회과학은 무엇을 의미하는가?'라고 그가 물었다. 누군가 그 용어를 설명했을 때 그는 '그건 문화 연구 안에 포함된 것 아닌가요?'라고 응수했다.[24]

과학은 사회과학보다 더 큰 지적 권위를 갖고 있다고 이들은 여긴다. 1986년부터 1999년 사이에 문학 편집자들의 생각이 상전벽해와 같이 변했는데, 과학책의 비평을 늘려야 한다는 의견이 많아졌다. 1980년대를 돌아볼 때 흔한 불평은, 고故 테런스 킬마틴Terence Kilmartin의 말을 빌리면 과학도서는 '기술적이고 이해할 수 없다'거나 '대중적이고 깊이가 없다'는 것이었다. 1990년대 비평가들의 극찬을 받고 대중적으로 성공한 많은 과학책이 이러한 편견을 바꾸어놓았다. 하지만 내용 분석이 보여주듯이 과학책 서평을 꺼리는 흐름은 계속 이어졌다. 이는 부분적으로 미지의 땅에 대한 두려움에 뿌리를 박고 있다. 과학은 선과 악을 구별하거나 누구를 신뢰해야 할지 알기 어려운 매우 방대한 영역으로 여겨졌다. 과학에 대한 문화적인 불편은 때로는 공개적으로 그리고 솔직하게 표출되었다. 예를 들어, 한 문학 편집자는 '밀려들어 오는 이 모든 책들, 유전자니 하는 이런 것들에 겁을 먹었었다'고 고백했다. 그녀는 이어서 다음과 같이 말한다.

나는 과학이 매우 어렵다. …… 우리 입장에서는 과학을 서평보다 '기사' 방식으로 다루는 것이 더 쉽다. 이는 내가 생각해도 약점이다. 왜냐하면 내가 이

분야를 충분히 알지 못하기 때문이다. 우리의 독자들도 잘 모르리라 생각하는
데 그렇다면 그것은 더더군다나 우리가 그들에게 알려주어야 할 이유인 것이
다. 그 분야의 서평가를 어떻게 선정할지를 결정하는 것은 꽤 어려운 일이다.

또한 과학에 대한 대중의 관심은 실제로 꽤 피상적이라는 의심도 여전히
남아 있었다. 결과적으로 과학은 신문의 다른 부분에 맡기는 것이 최상이었다
(제대로 조사해 어디서 다룰지를 판단하는 것 역시 등한시되었다).[25]

요컨대 문학 편집자들은 상당히 전문화된 교육 시스템 안에서 예술학·인
문학을 교육받았으며 이러한 전통 밖의 책에 대해 저항하는 경향을 갖게 했
다. 이는 소수의 문학 편집자들이 어림짐작으로 만든 금지 목록에 반영되었
다. 그래프나 표가 포함된 책들은 일반 독자에게 흥미가 없는 '기술' 도서이므
로 서평에 적합하지 않다.

직업적 가치

서평은 저널리즘의 직업적 가치에 의해서도 영향을 받는다. 문학 편집자
22명 중 기자 경험이 없는 사람은 한 명뿐이었다. 턴스톨John Tunstall이 말한 대
로 이들은 대체로 엘리트 코스를 밟아 성장했고,[26] 다소 특이한 기자들이었지
만(특히 1986년 조사에서) 모두 언론인의 규범을 내면화한 사람들이었다. 이들은
즉시성을 강조하는데, 슐레진저Philip Schlesinger가 저널리즘의 '스톱워치stopwatch'
문화라고 표현한 대로 시시각각 일어나는 새로운 일을 전적으로 우선시하는
태도다.[27] 왜 반양장본 보급판 책이 제대로 다뤄지지 않는지 이를 통해 부분
적으로 설명할 수 있다. 양장본의 책은 새로운 무엇과 관련 있다고 생각되었
고, 반양장본은 어제 뉴스를 새로운 표지로 데워 나온 옛날이야기로 인식했
다. 새 책들이 초판을 반양장본으로 펴내는 일이 늘어남에 따라 이런 편견이

이제 약해지는 것은 의미 있는 일이다. 전통적인 뉴스 가치는 변화를 겪으면서도 살아남는다.

저널리즘의 또 다른 금언은 '사물보다 사람이 재미있다'는 것이다. 이는 신문 서평에 가장 자주 등장하는 것이 왜 전기인가를 알려주는 열쇠다. 전기는 사람에 관한 것이고 '이야기가 담겨 있기' 때문에 선호된다. 전기에 대한 서평은 쓰기 쉽고 삽화를 넣기 쉬워 재미있을 것이라는 생각이 퍼져 있다. 이런 서평은 신문 시장에서 두루두루 호평을 받으며 차츰 지면이 늘어나는 분야인 "인간적인 관심을 끄는 이야기human interest story"에 필적하는 것이다.[28]

하지만 문학 편집자들은 문인이자 기자인데 이런 이중성이 가치의 충돌을 불러일으킨다. 많은 문학 편집자들은 판에 박힌 소설을 싫어하면서도 대체로 저널리스트적인 공식을 따르는 서평을 낸다. 그들은 소설의 시장 가치를 무시하지만 시장에서 경쟁한다. 그들의 첫사랑은 보통 문학이지만 그들은 전기에 더 많은 공간을 할애한다.

문학과 저널리스트적 전통의 공통점을 강조하는 것을 통해 긴장 상태는 완화된다. 두 가지 전통이 공히 가치 있다고 여기는 것은 "잘 쓴 글"이며 이는 맹목적 숭배의 대상으로까지 승화된다. 따라서 논리적으로 서평뿐 아니라 그것이 평가하는 책도 글이 좋아야 한다고 생각한다. 한 문학 편집자는 '당신은 우리가 잘 쓰지도 못한 책의 리뷰를 쓸 거라고 기대해서는 안 된다'고 잘라 말하며 그의 신문은 '미문으로 정평이 나 있다'고 자랑스레 덧붙였다. 이러한 문장의 숭배는 위르겐 하버마스처럼 잘 쓰지는 못하지만 중요한 말을 하는 작가들을 배제하는 결과를 낳는다.

또한 문학 편집자들은 문학적 또는 저널리스트적인 면에서 성공한 책에 끌린다. 예를 들어 윌슨Andrew Norman Wilson이 쓴 힐레르 벨록Hilaire Belloc의 전기는 1984년 정론지 세 개, 대중지 한 개, 대표적인 잡지 두 개에서 서평면 머리기사로 다루어졌고 다른 여러 곳에서 상당히 비중 있게 언급되었다. 이 책은 결국 베스트셀러도 아니고 획기적 연구서도 아니었다. 하지만 유명한 기자가 문인에 대해 잘 쓴 연구로서 문학-저널리스트 커뮤니티에서 핵심 저서로 고려되는 기준에 정확하게 일치한다. 마찬가지로 1973년 신문 서평의 가장 많은 주목을 받은 세 권의 책은 D. H. 노블과 E. M. 노블에 의하면[29] 모두 '유명인이 유명인을 다룬' 책으로 문학적이자 저널리스트적 관점을 가진 것이었다.[30]

사전 선정

개인적 선호와 문학 편집자의 가치는 어떤 책이 서평 대상이 되는지를 설명하는 일부분일 뿐이다. 미디어 연구에서 데이비드 매닝 화이트^{David Manning}^{White}에 의해 처음 제기된 '게이트키퍼^{gatekeepe'} 논의는 좀 더 넓은 문화적·제도적 영향력에 거의 관심을 갖지 않는 경향 때문에 기성 언론인의 관점과 경험의 중요성을 과도하게 강조한다.[31] 이러한 좀 더 넓은 영향력의 본질을 이번 사례연구를 통해 조명해본다.

책은 문학 편집자에 이르기 전에 필터링^{filtering}을 거쳐 관심을 받을 만한지가 결정된다. 실제로 문학 편집자의 선택은 복잡한 사전 선정 과정의 결말일 뿐이다.

첫 번째 필터는 출판사들이 경쟁에서 활용 가능한 자원의 차이이다. 큰 출판사는 일반적으로 작은 출판사보다 더 많은 예산과 더 큰 명성을 가지고 있다. 몇몇 문학 편집자들은 원칙적으로 작은 출판사들을 도와주려 노력한다고 강조하지만, 크고 명망 있는 출판사에서 나온 책들이 무명의 출판사에서 나온 것보다 접근하는 데 '더 큰 희망'이 있다는 것이 일반적인 인식이다. 이는 정상급 출판사들이 최고의 보상을 제공해 최고의 작가들을 끌어 모을 것이란 인식에서 기인하며, 실제 그들 가운데 일부는 판매 실적을 통해 판단력이 뛰어남을 보여주고 있기 때문이기도 하다.

책 표지는 두 번째 필터이다. 일반적으로 표지는 책에 대해 많은 것을 말해준다고 여겨진다. 왜 그런 것인지는 한 문학 편집자가 표지에 뭔가를 써 놓은 벽장 두 개 분량의 책들을 인내심을 가지고 살펴보기 전까지 모호한 상태로 남아 있었다. 늘 하는 광고 문구, 작가에 대한 지지의 글과 비망록이 서평을 주로 이끌어낸 것은 아니었다. 책을 서로 다른 범주로 구분해주는 시각적인 코드가 있다는 것은 금세 명확해졌다. '도서관용 도서', 평범한 책, 장르 도서, 전문가용 도서, 돈과 시간을 쏟아 부어 독특하고 잘 디자인된 외양의 도서 등이다. 내부자들은 책 표지를 우리와는 다른 방식으로 '읽었다'. 이는 책 광고가 보여주는 것과 달리 출판업자가 이 책에 대해 실제로 어떻게 생각하는지 단서를 줄 수 있다.

세 번째 필터는 출판인의 책에 대한 헌신의 수준이다. 시장성을 예측하기 어려운 출판인들은 최대한 많은 종류의 책을 발행한다.[32] 그들은 이러한 방법으로 베팅에서 오는 손실에 대비하고 실패할지도 모를 몇몇 책에 과하게 투자하는 것을 피한다. 하지만 그들은 또한 성공할 것이라는 판단이 들면 그 책에는 더 많은 노력을 기울인다. 조직 내부의 결정은 자기실현적 행로를 걷는다.

마음을 끄는 서평을 위해 쏟는 자원은 굉장히 다양하다. 강도가 약한 순서대로 말하면 처음에 이는 출판인의 카탈로그catalog에 눈에 잘 안 띄는 알림 문구일 수 있다. 서평 홍보문의 주기적 발송, 책이 도착했는지 체크하는 건성 전화, 책의 장점에 관심을 갖게 만드는 개인적인 메모, 문학 편집자뿐 아니라 작가 또는 출판인들이 잘 아는 평론가에게 무료로 책 보내기, 특정한 문학 편집자에게 제본 전의 교정본 발송하기, 문학 편집자와의 사적인 만남을 통해 책에 대해 계속해서 칭찬하기(보통 점심을 하거나 파티에서), 계획된 TV 캠페인·라디오 노출·언론 인터뷰·출판 파티·연재 그리고 유료 광고에 상당한 투자, 잠시후 묘사할 방식으로 문학-저널리스트 커뮤니티의 총동원 등이다.

영향의 순환

문학 편집자들은 불확실성을 통제하고 실수를 피해 작업이 반드시 원활하게 진행되도록 몇 가지 잘 알려진 방법을 따른다. 이러한 통상적인 방법 가운데 하나는 주요 출판사와 정기적으로 만나는 것이다. 그들은 문학 편집자들에게 '출입처' ─ 향후 계획을 위한 정보, 가십gossip, 데이터의 핵심 자원 ─ 나 마찬가지이다. 보통 출입처처럼 전문적인 홍보쟁이들이 정보 유통을 촉진한다. 큰 출판사들은 10여 명 또는 그 이상이 일하는 홍보 부서를 두고 있고, 그들의 임무 중 하나는 문학 편집자들을 도와주고 그들에게 영향을 미치는 것이다.

문학 편집자들을 이러한 홍보 기구의 연장으로, 출판업계 내의 사전 선택 과정에 반응하는 단순한 이차적인 행위자로 보는 것은 솔깃한 일이다. 하지만 이러한 관점은 오해를 부를 수 있다. 왜냐하면 홍보 담당자와 문학 편집자 사이의 불균등한 관계를 고려하지 못하기 때문이다. 궁극적으로 보면 홍보 담당자는 논리를 만들고 문학 편집자들은 그것을 들을지 말지 결정한다. 결과적으로 홍보 담당자는 효과적인 홍보를 위해 문학 편집자들이 선호하는 것에(간혹 그들의 개인적 짜증에) 맞추어야 한다. 그래서 문학 편집자들이 좋아하는 것에 도전하기보다 대체로 이를 보강하는 홍보 활동으로 귀결된다.

예를 들어, 출판업자들이 펴내는 책들 중 서평을 위해 한 권의 증정본도 전국지에 보내지 않는 책이 많다. 이렇게 홍보가 부족한 책들의 대부분은 학술적 사회과학 책인데, 문학 평론가들은 이런 이유를 들어 왜 이런 종류의 책에 대한 서평이 드문지를 설명한다. 그런데 서평용 증정본을 전국지에 보내지 않는 이유는 우선 그것이 대체로 시간과 돈의 낭비라는 것을 출판인들이 경험을 통해 배웠기 때문이다. 따라서 판촉 활동의 패턴은 서평 의제를 좌우한다기보다 그에 순응하는 편이다.

같은 논리가 전국지를 대상으로 한 또 다른 측면의 홍보에도 적용된다.

1986년 출판사 11곳의 홍보 담당자들에게 목록을 제시한 뒤 어떤 유형의 책이 전국지에서 리뷰용으로 선정되기 쉬운지를 순서대로 평가해달라고 요청했다. 첫 번째로 선택된 책은 4, 두 번째는 3으로 내림차순으로 가중치가 주어졌다. 홍보 담당자들이 지목한 책들은 실제로 리뷰 기사가 나오는 경우와 꽤 일치했다. 그들은 무엇이 먹힐지 알았고 우선순위에 따라 노력을 기울였다.

하지만 도전하기보다 순응하는 홍보 활동을 하더라도, 관심을 특정한 책으로 유도할 수 있다. 즉 잘나가는 분야에서 특정한 책이 논평되도록 영향을 미칠 수 있다는 것이다. 예를 들어 1984년 이언 뱅크스Iain Banks의 첫 소설 『말벌 공장The Wasp Factory』의 출판이 보여주듯이 어떤 첫 소설이 진지하게 다뤄져야 할지에 영향을 미칠 수 있다. 하루 종일 사무실에서 일하고 밤새 소설을 썼다는 변호사 사무실의 한 무명 직원이 자청해서 보낸 글이 훌륭한 소설로 '드러났다'는 소문이 맥밀란Macmillan(세계적 출판 그룹 – 옮긴이) 사무실에 퍼지면서 성공은 시작되었다. 이 이야기는 출간 6주 전 ≪런던 이브닝 스탠다드London Evening Standard≫에 "쓰레기 원고 더미에서 도약하기"[33]라는 제목 아래 전면 기사로 실렸다. ≪런던 이브닝 스탠다드≫ 기사의 복사본이 배포되었다. 업계에는 책의 교정본이 넘쳐났다. ≪퍼블리싱 뉴스Publishing News≫는 주요 기사로 다룰 생각을 하고 있었다. 그리고 광고 캠페인이 시작되었다. 이 무렵 밤에 걸작을 쓰는 무명 직원의 신화적인 이야기는 문학-저널리스트들 사이에서 입에서 입으로 퍼지는 소문의 일부가 되었다. 고정 서평 필진으로부터 부정적인 애기를 들은 뒤 『말벌 공장』 서평을 쓰지 않기로 한 어떤 문학 편집자는 상관이 소문을 듣고 흥분해서 전해줬을 때 마음을 바꾸었다. 이렇게 이구동성으로 전해진 홍보의 결과 이 책은 전국지 열 곳, 전국 잡지 여덟 곳에서 (비록 혼합된 방식으로) 이 책의 서평을 게재했고, BBC2의 ⟨북마크Bookmark⟩, TVS와 유명 라디오 프로그램(⟨만화경⟩과 라디오4의 ⟨미드위크Midweek⟩)에서 소개되었

표 11.4 출판인들이 보는 서평 가능성

전기	38
문학 소설	25
문학·비평	17
역사	14
정치·사회과학	8
예술	7
대중 소설	7
과학·기술	0

주: 출판사 11곳의 홍보 임원(1986년). 가장 가능성이 높다고 본 것에 4점을 주고 그다음은 3점, 2점, 1점순으로 배점. 최고 점수는 44점.

으며 그 외에도 신문에서 600칼럼(신문 편집을 위한 행을 말함 - 옮긴이)이 넘는 특집 기사를 게재했다.[34] 이 책은 나오자마자 거의 매진되었고 재판을 찍었다.

이 경우 메이저 출판사의 홍보력은 혁신적인 첫 번째 소설에 주목하도록 만들었다. 하지만 문학 편집자와 주요 출판사가 밀착하면서 해외에 있는 소규모 출판사들이 배제되는 보수적인 측면도 있다. 예를 들어 나기브 마푸즈Naguib Mahfouz의 주요 작품은 트랜스월드Transworld의 자회사인 더블데이Doubleday에서 1991~1993년에 출판되었을 때 많은 서평이 나왔다. 그러나 그 책들이 원래 아메리칸 대학교가 영역하고 카이로Cairo 출판사가 펴냈을 때는 거의 주목받지 못했다.

변화를 꾀하기보다 기존 것들을 공고하게 하고 연줄을 활용하는 홍보의 이런 측면은 과학 홍보에도 적용된다. 양자역학에 관한 내용을 포함해 1980년대 중반에 과학책이 인기를 끌었다.[35] 1988년 대형 출판사인 트랜스월드는 홍보 역량을 스티븐 호킹Stephen Hawking의 『시간의 역사A Brief History of Time』에 쏟아부었다. 출판계의 호의적인 반응에 힘입어 초판을 5,000부에서 7,500부로 늘렸다. 이런 이야기가 문학 편집자의 귀에 들어가 이 책이 재미있을 것 같다는 생각이 일반 대중이 들도록 했다. 그러나 이 책이 많은 주목을 받고 여러 서평이 나오게 된 것은 출판업자 마크 바티-킹Mark Barty-King에 따르면『말벌 공장』과 마찬가지로 '이야기' — 이 경우 운동 뉴런증motor neuron disease을 앓는 장애인 영국 천재의 걸작이라는 — 때문이었다. 이 책은 전국 언론에서 엄청나게 보도되었으며 나중에 베스트셀러가 되었다. 이 책으로 말미암아 과학 분야의 다른 베스트셀러가 나오는 계기가 되었고 문학 편집자들이 과학책을 고르는 데 따른 심리적 문턱을 낮추긴 했지만, 사실 서평 관행을 근본적으로 바꾸지 못했다. 트랜스월드가 해오던 관행을 벗어나는 것은 흔치 않은 일이다. 홍보 담당자들은 대체로 문학 편집자들이 이럴 수도 저럴 수도 있다고 보며 이 과정에서 편견이 강화된다. 만약 문학 편집자들의 반응이 없으면 출판인들은 다른 방식의 홍보에 주력해서 이를 우회한다.

네트워크

문학 편집자에게 영향을 미치는 핵심적인 네트워크는 서평가들이다. 서평가들은 한 분야에 전문성을 지닌 전업 작가, 언론인, 학자로 구성되어 있다. 서평을 외부 인사에 의존하면서 지난 몇 년 사이 이들의 영향력은 증가했다. 방송사는 더는 전업으로 고용된 스타 서평가에 의존하지 않는다. 대중지들도 사실상 모든 책을 전담하는 문학 편집자들을 이제 활용하지 않는다.

하지만 서평가들의 증가는 미리 정해진 의제를 강화하는 경향이 있었다. 문학 편집자들은 서평가들을 물려받고 시간을 두고 그들을 솎아 내거나 추가한다. 따라서 서평가들은 편집 전통과 문학 편집자들 자신이 지닌 서평 성향의 연장이라 할 수 있다. 이 비공식적 팀들은 정기적으로 논평되는 책의 범주와 관련해서 지식과 능력을 갖추고 있다.

이는 자기 복제의 전통을 낳는다. 서평가들은 간혹 그들이 평론하고 싶은 책을 제안한다. 그들은 문학 편집자들의 제의를 부정적 혹은 긍정적으로 응답할 수 있다. 그들은 특정한 종류의 책 — 전기, 역사, 문학 소설 그리고 문학 비평 — 에 치우친 경향을 보이게 되는데 왜냐하면 그들 대부분은 그런 종류의 책을 평론하는 데 전문성을 갖고 있기 때문이다. 따라서 서평팀이 어떻게 구성되느냐에 따라 평론 대상이 되는 책도 달라진다.

또 다른 핵심적인 영향의 네트워크는 턴스톨이 말한 '경쟁자-동료들'[36]인데 경쟁 신문에서 비슷한 일을 하는 언론인들이다. 문학 편집자들은 (특정 신문을 '진정한 경쟁자'로 의식하면서) 남들이 어떻게 내 것을 참고하는지 확인하기 위해 종종 다른 신문의 문학 페이지를 훑어본다. ≪선데이 텔레그래프≫와 ≪파이낸셜 타임스≫에서 문학 편집자로 오래 일한 앤드루 커티스Andrew Curtis는 서로를 의식해 노심초사하는 심정을 잘 묘사했다. 커티스는 그의 신문이 베도스Beddoes라는 빅토리아 시대 무명 문인의 전기를 다룬 서평을 머리기사로 올리는 상황을 가정한다. 이런 서평을 올린 것은 그가 유일했고, 그는 '이것으로 특종을 했는데 정말 특종감이었을까?'라며 걱정한다. 아마 그는 다른 중요한 책을 머리기사로 올리지 않았다는 비판을 받을 수 있다. 그리고는 '2주 또는 그 이상이 지나 기쁘게도 그의 뒤를 이어 베도스의 전기에 대한 긴 서평이 다른 신문들에 실리는 것을 발견한다'.[37] 이런 가상의 상황은 경쟁자-동료 관계의 핵심 역학 — 처음으로 쓰되 다른 곳에서 따라와 줘야 하는 — 을 잘 보여준다.

1980년대 중반 이런 군집 행동은 ≪가디언≫의 문학 편집자인 윌리엄 웨브William Webb의 도전을 받았다. 다른 문학 편집자들은 그를 '나 홀로 스타일'이라 생각했고, '모호하고' '지루한' 책을 평론한다고 비판했다. 하지만 그는 문학 저널리즘 영역에서 어느 정도 입지를 확보했다. 웨브가 잘못한 것이라면 서평을 쓰는 분야의 틀을 흔든 것이 아니라(그가 다루는 분야는 경쟁자들 것과 비슷했다) 그의 동료들이 무시해버리곤 했던 특정한 책, 특히 중부 유럽과 라틴 아메리카의 소설, 급진적인 사회사와 여성주의 서적들을 부각시켰기 때문이었다. 하지만 1999년에는 전국지 문학 편집자들로부터 존경받는 아웃사이더가 없었다. 남들과 다르게 행동해서 공격을 받거나 분노를 사는 사람은 없었다. 이 그룹은 순종의 정신으로 지탱되었다.

또 다른 핵심 네트워크는 문학 공동체이다. 이 공동체의 한가운데는 우정, 성적 교류, 일, 학벌, 클럽 회원 또는 이웃과 같은 사회적 연계로 결속된 작가, 출판인, 문학 에이전트와 문학 담당기자들이 있다. 예를 들어, 이 책을 쓰는 현재, 소설가 줄리안 반스Julian Barnes는 시인 크레이그 라인Craig Raine의 딸의 대부이다. 크레이그 라인은 소설가 이언 매큐언Ian McEwan과 같은 동네에 사는데 이언의 아내는 《파이낸셜 타임스》의 문학 편집자이기도 하다. 《파이낸셜 타임스》는 크레이그 라인에게 서평을 맡겼다. …… 등등의 이야기가 이어진다. 작가, 서평가 그리고 전국지 문학 편집자 사이에 존재하는 두터운 상호 연계망을 기록하려면 방대하고 복잡한 사회측정 도표가 있어야 할 것이다.

또한 문학계는 어떤 의미에서 기업 후원에 의해 유지되므로 특유의 응집력과 호혜성을 보인다. 회원들은 출판 기념회에 정기적으로 초대받고 출판사의 홍보비에서 나오는 수당을 받는다. 그렇다고 문학 공동체 안에 존재하는 경쟁 ─ 서평에 나타날 수 있는 ─ 을 무시하는 것은 아니다. 그래도 이 공동체는 문학적 가치에 대한 헌신으로 뭉쳐 있고 이런 것을 지키고 유지하기 위해 문학 편집자들을 적극적으로 지원한다.

이 문학-저널리스트 네트워크는 런던에 기반을 두고 정치, 학문, 언론 그리고 공연예술 같은 인접 분야와 연결되어 있다. 이런 확장된 '공동체'의 구성원은 반드시 서로 잘 안다고는 할 수 없지만 서로 아는 사이일 때가 많고 같이 아는 친구나 지인이 많다. 주요 구성원들은 한 해를 빛낸 책을 신문이 요약해 소개할 때 서로의 책을 추천한다. 이런 신분 공동체는 전국 신문의 서평란을 지원하고 아울러 그것의 지원을 받는다.

문화적 전통

문학 편집자들은 문화적 전통의 전달자이다. 그들의 문학적 가치와 책에 대한 선호는 오래전에 형성된 특정한 유형의 사고에서 비롯된다. 빅토리아 시대의 신문은 이를 확연히 보여준다. 1870년의 ≪에든버러 리뷰^{Edinburgh Review}≫와 ≪블랙우드^{Blackwood}≫는 1997년의 ≪뉴 스테이츠먼≫이나 ≪스펙테이터 ^{The Spectator}≫와 공통점이 거의 없지만 이들 출판물 네 개는 본질적으로 같은 종류의 책을 평론했다. 마찬가지로 1870년의 ≪선데이 타임스≫는 1997년과 동일하게 문학 소설, 역사, 전기 등의 리뷰가 전체 공간의 절반을 차지했다. 신문 리뷰의 사각지대도 동일했다. 빅토리아 시대의 ≪선데이 타임스≫도 요즘 신문들만큼이나 과학·기술에 관심이 없었다. 빅토리아 시대와 오늘날의 서평 의제는 조금 다르지만 그 차이가 매우 작다는 것이 주목을 끈다.[38]

서평의 의제는 엘리트 교육과 사회 시스템이 뒷받침하는 일정한 지식의 위계가 있을 때 형성되었다. 1870년의 인문학(고전, 역사, 신학, 법학, 현대 언어·철학)은 젊은 신사들이 배우기에 적합한 주제로서 의심의 여지가 없는 영향력을 행사할 수 있었다. 게다가 시와 문학 소설에 대한 편애는 학식 있는 '인문' 문화의 일부로서 받아들여졌다.

언론의 과학도서 배척과 장르 소설의 무시는 이 시기 속물근성에 뿌리를 두고 있다. 자연·물리과학은 위신의 위계에서 아래쪽에 있었다. 이것들은 사회적으로 낮은 기관 — 스코틀랜드 대학교, 북부 고등교육 학교, 대안학교 그리고 일부 사립 중고등학교 등 — 이 개발하고 가르쳤다. 과학은 무신앙과 연관이 있었고 상업·제조업과 동일시되었다. 1870년 케임브리지 대학교는 한 해 20명의 과학자만 졸업시켰다.[39] 대중이 즐겼던 장르 소설은 가치의 등급에서 더 낮은 축에 속해 있었다.

하지만 더 설명하기 어려운 것은 왜 그렇게 오래전에 고착된 서평의 관행

이 유지되었는가이다. 결국 지식의 생산은 그동안에 변모했다. 과학은 1870
년대 이후 케임브리지 대학교와 옥스퍼드 대학교에서 약진했고, 좀 느리긴 했
지만 사립학교public school(영국은 public school이 사립학교임 - 옮긴이)에서도
마찬가지였다. 과학은 대학교 전체 시스템에서 중요성을 인정받았는데 과학
을 다른 학문보다 의도적으로 특별 배려한 1940년대는 그 백미에 해당한다.[40]
과학의 승리에 이어 1960년대와 1970년대 사회과학, 1980년대 경영학 그리
고 1990년대 융합 학문의 약진이 이어졌다. 학문의 세계는 훨씬 확대된 대학
교 시스템 내에서, 영국 빅토리아 절정기 때와는 몰라볼 만큼 달라졌다.

영국의 문화적 지형과 권력 구조 역시 이 시기에 변화를 겪었다. 1870년
영국은 여전히 토지에 근거를 둔 엘리트가 지배적이었지만 한 세기 이후에 상
당히 달라져 있었다.[41] 영국 사회의 문화는 더욱 상업화되고 다양화되고 개인
화되고 민주화되었다.[42] 단지 문학 편집자들만이 후기 에드워드 시대의 프록
코트frock coat(무릎길이까지 내려오는 코트 - 옮긴이)를 벗어 던진 것이 아니었다.
영국 사회 전체가 전통에 얽매이는 일이 줄어들고 있다.

서평 레퍼토리repertory가 놀라울 만큼 연속성을 갖는 이유를 엘리트 그룹의
역사와 관련해서 설명할 수도 있다. 한 고발적 설명은 현대 지식인들이 결정
적으로 1850년대와 1860년대 상류 계층의 고상한 가치에 의해 영향을 받았
고, 그 이후 사라진 시골의 목가적인 것에 대한 정서적 애착과 함께 반反과학·
반反생산적·문학적 틀 속에 고착화되었다고 본다.[43] 두 번째 관점은 빅토리아
시대의 지식인을 귀족 계층의 문화적 식객이라기보다는 개혁자로 보고 그들
의 후계자들이 현대 과학을 차츰 포용해간 것을 강조하며, 그들이 진보적이고
윤리적으로 사회에 영향을 끼친 것을 높게 평가하는 것이다.[44] 세 번째 관점
은 자유주의 지식인 내부의 차이점과 근대 초창기로 거슬러 올라가는 몇 가지
태도의 깊은 뿌리를 강조함으로써 상황을 흐려버린다.[45] 이러한 논쟁의 세세
한 부분에 얽혀 들어가지 않더라도 문학-인문학-정치학의 요점이 빅토리아

시대부터 오늘날까지 지식인의 공적인 문화를 형성했고 서평면의 의제에 강력하게 영향을 미친 것은 분명하다.[46]

한편 문학 편집자들이 왜 영국 대학의 변화에 더 충분히 화답하지 못했는가에 대한 설명의 일부는 대학 그 자체의 결점과 관련이 있다. 학문의 전문화는 — 1950년대 후반 스노우Charles Percy Snow가 탄식했듯이 — 과학과 예술이란 '두 개의 문화'를 만들어냈을 뿐 아니라, 각각 자기 참조적 토론, 전문 용어와 구획된 지식 영역을 갖춘 학문의 파편화로도 이어졌다. 배움의 공동체로서의 대학교는 많은 공중에게는 말할 것도 없고 (알아듣기 힘든 첫 강의의 희생자들이 증언하듯) 내부 구성원에게조차 이해할 수 없는 것이 되었다. 부분적으로 전문화의 불가피한 산물이라고 할 수 있지만, 이는 대학교의 공적 기능이 쇠퇴하면서 한층 심해진 것이기도 하다. 대학교의 보상 시스템은 안으로 오그라드는 문화를 조장했다. 보상 시스템은 학문적 연구를 엘리트들이 비평하는 것을 중심으로 만들어졌는데, 이런 비평은 더 많은 대중이나 심지어 학생들이 읽는지 여부는 별로 고려하지 않는 것이었다. 결과적으로 교수들은 기본적으로 자기들끼리 보기 위해 글을 쓰게 되었다. 1990년대의 잇따른 베스트셀러 과학책은 대학교의 과학자들(참고하는 저널 너머로 그들의 시야를 넓힐 의지가 있는 이는 거의 없다)이 쓴 것이 아니라 사이먼 싱Simon Singh처럼 재주 있는 과학 저널리스트가 쓴 것이다. 두드러진 예외는 있으나 교수들은 거의 전적으로, 협소한 전문적 대중을 위해 아주 적은 부수를 찍은 출판물(논문 또는 책)에 집중함으로써 내적 망명을 자발적으로 택했다.

독립

전국지의 서평 의제가 빅토리아 시대 이후 별 변화가 없다는 것이 문제인가? 마지막 단락에서 이에 대한 답을 하기 전에 잠시 곁길로 나가볼 것이다.

첫째, 다양성과 독립의 문제를 완곡하게 짚어보고 둘째, 지금 일어나는 주요 변화를 찾는 것이다. 비록 간행물들의 수렴 현상이 주목을 받았지만 전국지의 서평란은 독자, 편집 전통 그리고 개성의 차이를 반영해 어느 정도의 다양성이 있다. 예를 들어 ≪이코노미스트≫에 선정된 책들의 범위는 다른 주류 주간지보다 코스모폴리탄cosmopolitan적인데 무엇보다 독자 대부분이 해외에 있기 때문이다.

리뷰가 되는 책들이 상당히 겹침에도 불구하고 평가는 절대로 같지 않다. 1999년 14종의 전국지가 서평을 정기적으로 실었고[47] ≪런던 리뷰 오브 북London Review of Books≫이나 ≪리터러리 리뷰Literary Review≫와 같은 주요 전문 문학잡지와 교육적 주간지 같은 보완적인 매체도 있었다. 이는 (인터넷이 나오기 전) 서평이 제한된 일부에 의해 엄격히 제한되는 미국과 극명하게 대비되는 부분이다.[48]

서평은 이 분야의 쟁쟁한 사람의 영향을 받기도 하지만 이는 또한 편집의 독립성이라는 이상의 영향을 받기도 한다. 1986년 문학 편집자들은 서평은 그들 신문의 편집 기조에 의해 영향을 받지 않았고 또 받아서도 안 된다고 강조했다. 이 주장은 1982년과 1983년에 나온 포클랜드 전쟁에 관한 두 권의 책 ― 거의 모든 신문사의 적대적이고 호전적인 입장과는 달리 쓰인 ― 에 대한 신문 서평의 검토를 통해 확인되었다.[49] 전국 신문이 이 책에 대해 쓴 짧은 서평 13개 가운데 12개는 중립 혹은 긍정적 서평이었다. 어떤 경우는 서평가들이 자신들의 반전 또는 전쟁에 대한 비판적인 입장을 분명히 했다. 이러한 리뷰는 분명히 편집국 입장을 따르지 않았다. 이는 자유주의 지식인들 사이에 포클랜드 전쟁에 대한 유보적 태도가 광범위하게 퍼져 있는 것을 반영하는 것 같았다.

1999년 문학 편집자들은 다시금, 그러나 이번에는 좀 더 유보적인 방식으로 자신들의 편집 독립성을 강조했다. 어렴풋이 보이는 편집장의 존재를 더 많이 언급했고 통제의 내면화가 좀 더 자유롭게 인정되었다. 한 대중지 문학 편집자는 '당신이 일하고 있는 공간에 대해 알게 되면서' 오는 '본능적 제약'에 대해 얘기하면서, '급진적 여성주의 관점의 책을 평론하기 위해 급진적 여성주의자를 쓰지는 않을 것'이라고 덧붙였다. 이와 비슷하게, 한 주간지의 문학 편집자는 그녀 사무실의 '문화'는 '미래의 비전으로서 자동차나 사회주의 없는 사회에 찬동하는 서평을 …… 쓰기는 매우 어렵다'라고 말했다.

문학 편집자들이 제약을 많이 받는다고 느끼는 중요한 이유는 그들의 입지가 불안정하기 때문이다. 1986년의 문학 편집자 대부분은 장기근속을 했고 어떤 경우 20년이 넘기도 했다. 그와 대조적으로 1999년 인터뷰한 문학 편집자 11명 가운데 두 명만이 6년 이상 같은 직업에 종사하고 있었다. 그들이 더 많은 압력에 노출되었다고 느끼는 또 다른 이유는 그들의 직업의 성격이 바뀌고 있기 때문이다.

주된 변화들

지금까지 제공된 그림은 과거와의 연속성을 강조했다. 하지만 1980년대와 1990년대는 책과 신문 모두 변화가 시작된 과도기로 보아야 한다.

1980년대 중반 저가 인쇄 기술이 보급되면서 신문 두께가 엄청나게 늘어났다. 전국 일간지의 평균 페이지 수는 1985년과 1995년 사이에 3분의 2 이상 증가했다.[50] 신문은 넓어진 지면을 채워야 했기에 값싼 기사 거리를 발굴했는데 이야깃거리 기사가 특히 그런 것들이었다.

1980년대와 1990년대에 출판사들은 글로벌 복합 기업에 인수되었다. 레인[M. Lane]에 따르면 '자신의 과업은 책을 출판하는 것이지, 파는 것이 아니라고' 여긴 소규모 출판사들은 시장 지향적 조직으로 변화했다.[51] 책 홍보와 무료 홍보를 얻어내는 일(서평 등에 반영되도록 해서 — 옮긴이)이 주요 업무인 사람들을 채용하는 데 대규모 투자가 처음으로 이루어졌다.

따라서 문학 편집자들은 변화를 겪고 있는 두 산업의 접점에 있었다. 한쪽은 새로운 소재를 열망했고, 다른 쪽은 그것을 제공하기 위해 새로운 진용을 갖췄다.[52] 소설은 점차 저자를 위주로 구축된 '이야기들'이 됐고, 이 저자는 나중에 인터뷰의 대상이 되었다. 책을 풀어서 기사화하는 것이 싸게 먹히는 방법이란 걸 깨닫고는 비소설류들이 자주 신문 기사로 재가공되었다. 문학 편집자의 역할은 서평을 의뢰하는 것에서 책을 읽을거리, 연재물, 발췌, 인터뷰 또는 심지어 뉴스 기사로 바꾸는 아이디어를 내거나 이를 이행하는 중개인으로 재정의 되기 시작했다. 이런 진화는 전국지에서 일관되게 일어난 것은 아니었는데 어떤 문학 편집자들은 여전히 옛날 방식으로 일하고, 다른 사람들은 새로운 것을 상징했다. 후자를 대표하는 것은 자신의 업무를 '돼지 도축'에 비유하는 한 일간지 문학 편집자다. 그녀는 '설사 잡지로 가야 하는 돼지 족발일지라도 우리가 용도를 찾지 못하는 (논픽션) 책은 없다'고 자랑한다.

서평 페이지들 또한 서평에 한정된 우리의 내용 분석이 담아내지 못하는 방식으로 변화하기 시작했다. 어떤 신문의 경우 저자와의 인터뷰, 저자에 대한 기사, 전통 서적 기사(예를 들어 '내가 사랑한 책'), 출판에 관한 뉴스와 책 판매에 대한 정보 등 새로운 종류의 기사를 도입했다.

문학 편집자를 맡는 기자의 유형도 달라졌다. 1986년 대다수 문학 편집자들은 자신의 책을 출판한 적이 있는 저자였다. 그러나 1999년에는 응답자 중단 한 명만이 그러했다. 1980년대 문학 편집자들은 문학 저널리즘 출신이 압도적이었다. 오늘날은 좀 더 다양한 배경을 가지고 있는데 종종 주류 저널리즘에서 폭넓은 경험을 쌓은 사람이 많다. 1980년대 문학 편집자들은 홍보 담당자에 대해 다소 적대적이었다. 오늘날은 좀 더 긍정적이다(매우 영향력 있는 한 문학 편집자는 일주일에 4~5일 홍보 담당자와 점심을 같이한다고 말한다). 1986년 일부 타블로이드 문학 편집자들이 표출한 반항적인 어조(한 명은 그의 일이 '동인도 창고 극장의 발레 선생'이 되는 것과 비교했다)는 더는 들리지 않았다. 요약하자면, 문필가로서 문학 편집자에서 전문적 저널리스트로서 문학 편집자로의 변화가 있었다.

또 다른 변화는 남성이 문학 편집자 중 압도적 우위를 점하는 시대가 갔다는 것이다. 1986년 인터뷰 대상자 11명 가운데 두 명만이 여자였지만 1999년에는 절반 이상이었다.[53] 하지만 이러한 성비의 전환이 어떤 큰 변화를 불러왔는지는 불분명하다. 여성은 여러 가지 집안일을 담당했기 때문에 남성에 비해 초저녁의 문학 행사에 덜 참여하는 편이었다. 이러저러한 이유로 여성 문학 편집자들은 문단에 덜 얽혀 있고 내적 위계질서의 영향을 덜 받는다는 몇 가지 징후는 있었다. 어떤 여성들은(그러나 단지 일부) 남성보다 여성 작가와 여성 독자들에게 특히 흥미를 끄는 이슈를 더 좋아했다. 하지만 서평란은 이런 성비의 전환에도 불구하고 여전히 전래의 남성 중심주의의 영향이 남아 있다.[54] 예를 들어 남성 팬들이 상당히 많은 범죄 소설은 여성 팬이 많은 낭만 소설보다 더 주목을 받는다.

어떤 책이 서평 대상이 되는 것이 중요하느냐는 이 논문의 주된 논점으로 돌아가보자. 이에 대한 보통의 서평이 소비자들의 행동에 어떤 영향을 주는지 살펴보는 것이다. 서평이 책 판매에 영향을 미치는 것을 보여주는 증거가 있는데, 한 전국 조사에서 서평을 읽는 것이 최근의 책 구입에 영향을 미쳤다고 응답한 비율이 24퍼센트였다.[55] 서평은 공공 도서관에서 어떤 책을 갖춰놓고, 빌려갈지에 영향을 줄 수 있고,[56] 또 서평이 나올 것으로 보일 때 초기의 서점 주문이 분명히 영향을 받는다.[57] 출판사의 홍보와 작가와의 인터뷰, 기사, 토크쇼talk show의 증가로 서평의 중요성은 아마 줄어들었을 것이다. 서평에서 배제되는 책들은 다른 방식으로 홍보되었다. 예를 들어 출판사의 카탈로그, 통신 판매, 전문 책 서점, 증정본과 광고 등이었다.

하지만 소비자의 행동에 미치는 '효과'로서 서평의 영향력을 측정하려는 이러한 전통적인 접근은 좀 더 폭넓은 문화적 중요성을 충분히 반영하지 못한다. 언론 리뷰는 작가가 다른 작가를 판단하는 동료 평가의 한 형태로 상징적 등급 매기기symbolic grading라는 공적인 과정이라 할 수 있다. 피에르 부르디외Pierre Bourdieu가 지적했듯이, 19세기 말 프랑스의 맥락에서 이는 개인 작가들이나 예술가뿐 아니라 경합하는 문학과 미학 조류의 평가에도 영향을 미칠 수 있다.[58] 이는 결국 이러한 조류의 생산과 대중의 수용에 영향을 미칠 수 있다.

부르디외의 통찰은 지식의 영역으로 확장될 수 있다. 전국 신문에서 서평은 작가뿐 아니라 그들이 작업하는 영역 사이의 위신을 할당한다. 정기적인 비평은 이러한 평가가 행해지는 분야의 가치를 확인해준다. 이는 그 지식의 분야가 중요하고 의의가 있으며, 교양인이라면 이에 대해 뭔가를 좀 알아야 한다는 것을 나타내는 공적 인식의 한 형태이다. 이는 또한 교육받은 사람이라면 그 분야를 이해하기 위해 필요한 특정한 능력(전문용어, 개념, 문화적 참고 문헌, 관련된 분석 도구에 대한 지식과 같은 것)을 가져야 한다는 걸 함의한다. 그 반대 또한 사실이다. 상대적으로 서평에서 드러나지 않는 지식의 영역은 기술적이고 어렵고 중요하지 않다는 뜻에서 변방에 따돌려진다. 이는 '알 필요가 있는' 대중 지식에 속하지 않으며, 그것을 이해하기 위해서는 특별한 기술을 필요로 한다.

전국지의 서평란은 인문학을 부각시키고 과학과 사회과학을 상대적으로 보이지 않게 함으로써 등급을 정하는 공개적 과정에 관여하고 있다. 이들은 문학, 역사, 전기, 문예평론과 정치학은 읽고 쓰는 문화의 핵심에 있음을 보여준다. 다른 주제들은 지식 사회의 핵심 문화 커리큘럼curriculum의 외부에 있다는 것을 함축한다. 그것들은 의미가 덜하며, 덜 중요하거나 대중적 흥미가 떨어진다. 이들 주변적인 주제를 이해하기 위한 능력, 즉 간단한 회귀분석을 읽는 능력 같은 것은 그다지 중요하지 않다는 것이다.

특정한 지식 분야에 사회적 가치를 부여하는 것은 이런 지식을 가진 이들에게 지위를 부여하는 것이다. 서평란에서 문학과 인문학을 부각해 드러내는 것은 주로 인문학 교육을 받고 영국의 공적 생활을 지배하는 엘리트의 위상을 강화한다. 이는 또한 특정한 직업을 염두에 두지 않는 교육은 모든 직업을 위한 준비라는 믿음(적어도 리더십 수준에서) 아래 '제너럴리스트^{generalist}'(스페셜리스트^{specialist}의 대응 개념으로 — 옮긴이) 문화를 떠받친다. 거꾸로 과학의 상징적 주변화는 훈련된 과학자와 기술자의 문화적 지위를 손상시킨다.

서평이 어떤 책을 다루고 어떻게 다루는가는 책을 쓰는 방식에도 영향을 줄 수 있다. 인문학적인 학문 풍토는 전국 신문의 서평을 주로 읽는 비전문적인 독자가 있기에 갈수록 심화된다. 불행하게 그 반대도 적용된다. 학술적 사회과학의 지식은 일반 독자가 거의 없고 대중적 평가가 없기에 갈수록 자기들끼리만 어울리고 글쓰기도 쓸데없이 모호해진다.

그런데 전국지 서평란이 가져온 가장 중요한 결과는 지식에 대한 접근을 협소하게 한다는 것이다. 서평란이 사회과학을 주변화시킴으로써 사회과학의 중심적 통찰을 흐리게 만든다. 그 통찰이란 상당수 언론 보도 (그리고 많은 전기물)가 전개하는 개인 중심적·이상주의적 세계관과 달리 개인은 구조의 제한을 받는다는 사실이다. 그리고 과학을 격하함으로써 문학 편집자들은 어떤 책은 '문화'로 떠받들고, 다른 것들은 단순히 기술적이고 실용적인 것으로 치부하는 전통적 분류 시스템을 인정하게 된다. 사실 과학은 역사나 문학 못지않게 우리와 세상, 그리고 이 둘 사이의 관계를 이해하는 데 중요하다. 이는 '문화적' 이해에 핵심적이다. 문학 편집자가 서평란의 지적 지평선을 협소하게 하는 것은 독자를 위한 길이 아니다.

요약하면, 언론에서 무슨 책에 대해 서평을 냈느냐가 특정한 책 판매에 어떻게 영향을 미칠 것인가의 문제로 축소되지 않아야 한다. 이 글의 서두에서 인용했듯 전통적 문학 비평가들이 설정한 조건으로만 판단해서는 안 된다. 어떤 책이 서평 대상이 되는가는 다양한 지식의 영역을 어떻게 이해하고 접근할지에 영향을 끼친다.

시장 자유주의 시대의 미디어와 문화 이론

Media and cultural theory in the age of market liberalism

도입

미디어·문화 연구는 독특한 수사법을 발전시켜왔다. 주기적으로 새로운 '전환'이 나타나 이 분야를 더 잘 이해하는 새로운 관점이 생겼다는 주장이 제기되었다. 독자들을 안심시키기 위해 명망 있는 학자들을 인용했다. 그들이 이러한 새로운 '전환'에 합류하기만 하면 최신의 지적 패션이라는 휴양지에서 좋은 친구들과 함께 여행하게 될 것이라고 하면서 말이다. 뒤에 남은 사람들은 낡은 사고에 갇히게 될 것이며 이 영역을 변화시키는 선두에서 배제될 것이라는 함의가 담겨 있다.

이러한 수사법은 몇 년 있으면 구식이 될 법한 권위자와 지적 입장의 일시적인 채택으로 이어졌다. 또 지적 발전은 사상의 내적 논리에 의해서만 추동될 것이란 잘못된 가정을 하게 된다. 새로운 '전환'은 항상 그 영역의 핵심적 결점과 공백의 자각에 대한 응답, 또는 신선한 통찰에 의한 일깨움으로 제시되었다. 이러한 수사법이 놓치는 것은, 사상은 그것이 태동한 맥락과 시대 배경에 의해 형성되며 어떤 '전환'은 진전보다는 퇴보일 수도 있다는 인식이다.

그렇다면 진보의 확산이란 관점에서 미디어·문화 연구의 발전을 설명할 때 누락된 맥락은 무엇인가? 가끔 다른 곳도 들여다보겠지만 답변은 영국에 초점을 맞춰서 어쩔 수 없이 짧고 선택적인데, 무엇보다 이것이 네 가지 중요한 발전의 영향을 강하게 받았다는 것을 들 수 있다. 이들은 이 영역(미디어·문화 연구 — 옮긴이)의 관심사, 참조하는 용어들 그리고 연구 의제를 만들어냈다.

네 가지 핵심적인 영향

한 가지 핵심적인 영향은 자본주의에 기반을 둔 민주주의의 역사적 승리였다. 1989년 베를린 장벽이 무너졌다. 이는 동독 — 그리고 함축적으로 소련 연방 — 에서 공산주의가 자신들이 위한다던 인민들에 의해 거부당했음을 상징했다. 1991년 소련 연방은 해체되었고 공산주의 체제는 권위주의적 시장 민주주의에 의해 대체되었다. 유일하게 남아 있는 주요 공산주의 권력인 중국은 1980년대 이후 열정적으로 시장 개혁을 수용했다. 왜냐하면 개혁의 지도자인 덩샤오핑의 말처럼, '가난은 사회주의가 아니다. 부자가 되는 것은 영광스럽'기 때문이었다.[1] 중국은 경제적인 의미에서 더 이상 공산주의 사회가 아니다.

이러한 발전은 우파의 신자유주의 헤게모니를 강화했다. 1980년대는 우익 정권의 시대였는데 미국의 레이건 행정부, 영국의 대처 행정부와 다른 많은 선진국에서 비슷한 사람들이 집권했다. 공산주의의 몰락은 역사의 종말, 영원한 종착역에 도착한 것으로 표상되었다.[2] 이는 자유 시장이 사회를 조직하는 데 유일하게 성공 가능하고, 생산적이며 효율적인 방법임을 보여줬다는 것이다. 공공 소유의 경제에 기반을 둔 체제는 실패했으며 그들의 경쟁자인 자본주의자들은 승리했다. 시장은 자유와 선택의 지지대로서, 자유 민주주의라는 도덕적으로 우월한 시스템의 기반으로 간주되었다. 이런 수사법이 지닌 매력의 일부는 규제를 벗어난 자본주의와 민주주의가 쌍둥이라는 그럴싸한 논리에서 나온 것이다.

반면, 사회민주주의는 — 일부의 시각으로 볼 때 — 1990년대와 2000년대 초반 대단한 선거 승리에도 불구하고 사람들을 결집시키는 계기를 만들어내는 데 실패했다. 사회민주주의의 출발점은 더 공정하고 충만한 사회를 만들기 위해 국가가 부자로부터 가난한 자에게, 운이 좋은 사람에게서 그렇지 못한 사람에게로 자원을 분배해야 한다는 것이다. 하지만 냉전이 종료된 뒤 사회민주주의 정부는 수많은 어려움 — 조세 저항, 노동자계급 기반의 축소, 신자유주의 사상의 약진, 그리고 무엇보다 탈규제화된 글로벌 자본주의 시대에 경제를 운영하는 국민 정부의 능력 감소 등 — 에 시달렸다. 북유럽의 사회민주주의 나라와 라인란트Rheinland 모델 같은 사회민주주의의 진열장이란 곳마저도 분배를 경시했고 2000년대 초반까지 시장 논리에 점점 더 순응해갔다.

그래서 냉전 이후 시대는 좌파에게 방향 감각의 상실과 영향력 상실의 시대였다. 이는 유럽에서 — 미국에서는 훨씬 덜 했지만 — 공산주의의 역사적 패배에 대한 좌파의 복잡한·주관적 반응에 의해 강화되었다. 1930년대의 지식인들과 대조적으로, 1980년대 서유럽의 급진적 지식인 가운데 소비에트 연방에 대한 환상을 갖고 있는 사람은 비교적 소수였다. 대부분은 공산주의의 몰락을 민주주의의 승리로서 환영했다. 하지만 공산주의의 퇴조는 좀 더 평등한 사회를 만들겠다는 열망에 바탕을 둔 역사적 실험의 종말을 의미하는 것이었다. 애처로운 종말은 — 특히 나이 많은, 급진적 세대에게 — 가능성의 문이 닫히고, 무엇을 바라는 것이 가능한지를 한정 짓는 것을 의미했다. 이는 영국의 극작가 데이비드 에드거David Edgar(1948년생)가 잘 묘사했다. 그는 "나는 한 번도 공산주의자였던 적이 없고 소비에트 연방이 나의 동료라고 느껴본 적이 없다"

고 했다. 그러나 "(베를린) 장벽이 무너졌을 때, 나는 나와 관계가 있는 이상의 죽음이라는 것을 느꼈다".[3]

미디어·문화 연구의 진화에 영향을 준 또 다른 중요한 발전은 좀 더 일찍 일어났다. 영국에서 이런 진화의 선구자들은 1960년대에 어른이 되었고 그 시기의 문화적 저항의 영향을 깊이 받았다. 이러한 저항의 핵심에는 개인주의에 대한 주창이 있었다. 이는 민족주의, 인종주의, 사회적 위계, 관료주의, 순응주의 그리고 성적 억압에 대한 노골적인 거부의 형태를 띠었기 때문에 당시에는 진보인 것으로 널리 받아들여졌다. 하지만 이는 동시에 전통적인 사회 민주주의에 의해 대표되는 집단주의의 거부임을 분명히 했다. 정치적 모호함은 1980년대와 1990대에 우파가 개인주의를 자신들의 우세를 유지하기 위해 차용했을 때 좀 더 분명해졌다.[4]

1960년대 문화적 저항의 애매함 — 진보적 수사법, 개인주의, 반국가주의 그리고 의회 정치로부터의 단절, 이상주의 — 은 영국 문화 연구가 시간이 흘러 발전해가면서 모호해진 이유였다. 비록 이 사조가 좌파적 기원을 갖고 있고 계속해서 좌파와 동일시되었지만 1980년대와 1990년대 영국 문화 연구는 출발점으로부터 정치적으로 상당히 멀어졌다.

세 번째 핵심적인 발전은 여성의 부상이다. 경제 구조의 변화로 여성의 취업이 1970년대 이후 빠르게 늘어났다. 영국에서는 1970년과 1975년 여러 분야에서 성적 차별을 금지하는 새로운 규제가 만들어졌다. 무엇보다 페미니스트 운동은 1960년대 말 이후 전통적인 성 규범에 지속적인 공격을 가했다. 권력, 책임, 수입 그리고 기회의 측면에서 극명한 성별 차이가 남아 있었지만 그 정도는 줄어들었다.

학계에서도 여성의 지위가 점진적으로 개선되었다. 1976년 조사를 보면 버밍엄 대학교, 리즈 대학교, 레스터 대학교의 선구적인 미디어·문화 연구 센터 그리고 런던의 종합기술대학Polytechnic의 미디어 학부에 고용된 전일제 정규직 교원 20명 가운데 여성은 단 두 명이었다. 이러한 터무니없는 성 불균형은 차츰 개선되었다. 덧붙여서 말하면, 영국에서 거의 처음부터 미디어·문화 연구를 공부하는 학생의 대다수는 여성이었다. 영국 문학처럼 미디어·문화 연구는 주로 여성들이 선택하는 과목이었다. 사회와 대학 사이에 서로 연관된 이런 변화는 미디어·문화 연구에 전환을 가져왔다. 1980년 이전과는 대조적으로 성gender이 이 분야의 중요한 관심사가 되었다.

네 번째 핵심 영향은 세계화의 심화였다. 이는 미디어 역사를 재고하는 데 영향을 미쳤는데, 여기에서 국가는 '주어진 것'5이라기보다는 문화적으로 구성된 것으로 간주된다. 또한 종전에 이 분야는 강한 지역성6 이 특징이었지만 이제는 세계화가 가장 중요한 관심사로 등장했다.

따라서 네 가지 핵심 영향 — 시장 자유주의의 정치적 부상, 확산되는 개인주의의 사회적 역동성, 여성의 지위 상승과 가속화하는 세계화 — 은 지난 25년간 영국의 미디어·문화 연구의 발전을 규정했다. 이 장에서는 이 가운데 첫 번째 영향에 대해 초점을 맞출 것이다.

출구 전략

영국의 미디어·문화 연구는 학계의 주변부에서 발전했다. 1970년대 '2차 물결'의 선두자들은 교육적·정치적 측면에서 비순응주의적인 경향이 있었다.7 실제로 그들 중 다수는 의식적으로 다른 곳, 특히 미국의 '커뮤니케이션 연구'의 정의와는 다른 영국식 새 학문을 모색했다.

1970년대 중반에 확립된 영국식 새 학문은 다른 학문 분야의 지적 유산을 전용했는데 그중에도 마르크시즘이 대표적이었다. 그렇지만 이런 '마르크스'의 유산은 1980년대와 1990년대 초반 여러 미디어·문화 연구 학자들의 숙고 끝에 밀려나게 된다. 이는 개성이 강한 두 급진적 이론가들의 연구를 옹호하고, 무력화시키고 그리고 버리는 것으로 완성되었다.

스튜어트 홀Stuart Hall은 이탈리아의 마르크스주의자 안토니오 그람시Antonio Gramsci의 저작 — 대부분 1920년대와 1930년대 쓰인 — 을 소개한 잘 알려진 에세이[8]에서 의미 있는 2차 해석을 제시했다.[9] 그람시와 그람시의 견해를 채택한 이들은 사회 질서가 단지 억압뿐 아니라 적극적 동의에 의해서 유지된다고 강조했다. 헤게모니 사회에서 이러한 동의는 사회 지배 집단의 문화적 리더십에 의해 확보된다. 이는 대부분의 사람들이 지배적 그룹의 생각의 틀 안에서 사회를 이해하는 것으로 귀결된다. 하지만 이러한 헤게모니는 생각의 '대중 전선'이 만들어지면서 허물어진다고 주장했다. 즉 다양한 반대파가 결집하고 사람들의 사회적 경험과 정체성이 서로 연결되고 다른 상징적 형태로 표현됨으로써 사회에 대한 일관된 대안적 이해가 만들어지면서 헤게모니의 붕괴가 시작되는 것이다.

이러한 논쟁들은 미디어를 전쟁터로 재인식하는 방법을 제공했다. 이는 사회의 갈등과 대립의 근원에 대한 새로운 개념적 지도를 제공했다. 이는 음악에서 패션에 이르는 대중문화가 '경합'의 중요한 영역으로 인식되는 결과를 가져왔다. 1980년대 내내, 그람시의 관점은 영국 문화 연구에서 거의 새로운 정설이 되었다. 하지만 (그람시 관점이) 정설로 확립되고 적극적으로 재해석되는 과정에서 어떤 주제는 뒤로 밀려나고 다른 것들은 소개되었다. 경합을 통한 고양ascendency이란 원래의 주안점은 단순한 경합의 강조로 바뀌었고, 미디어는 갈수록 열린 광장(자유주의적-다원주의적 미디어관과 상당한 유사성이 있는)이란 의미로 제시되었다. 성과 민족은 특별히 중시된 반면 사회계급은 시야에서 사라졌다. 무엇보다 — 그리고 이는 원래 이론과의 결정적 단절을 보여준다 — 문화적 투쟁과 국가에 대한 정치적 통제권을 확보하기 위한 대중 전략의 연결이란 그람시의 강조점은 사라졌다. 1990년 무렵, 그람시는 원래 저작과 별로 유사하지 않은 방식으로 재해석되었고[10] 2000년쯤에는 더 이상 인용되지 않았다. 한때 그람시는 존경받는 거장이었다. 그 이후 그는, 어제의 팝스타처럼 거의 언급되지 않았다.

독일 철학자이자 사회 이론가인 위르겐 하버마스와 관련해서도 — 덜 극단적인 형태였지만 — 이와 비슷한 일이 일어났다. 니콜라스 간햄Nicholas Garnham은 이전부터 조금씩 읽히던[11] 하버마스의 저작을 영국 미디어 학계에 소개했다. 하버마스는 18세기에 이성적-비판적 토론의 '공론장'이 나타났고 신문, 커피하우스, 상류층의 살롱salon을 통해 존속했다고 주장했다.[12] 이는 정부에 영향을 미치는 독자적·이성적 '여론'을 등장시켰다. 하지만 이러한 공론장은 그다음 시기에 확장된 국가와 강력한 기업의 이해관계에 의해 이른바 식민화되었다. 하버마스의 관점에 따르면 현대 미디어는 홍보, 광고, 대기업의 지배하에 떨어졌고 얕은 소비지상주의, 공허한 정치적 구경거리와 미리 포장된 편의적인 생각을 제공한다.

이러한 분석은 흥미롭게도 잡종이다. 18세기 공론장의 묘사는 전통적 휘그(자유당의 전신 — 옮긴이) 역사에서 많이 빌려온 반면, 현대 미디어의 비관적 설명은 마르크스주의적 프랑크푸르트학파의 작업에서 아주 많이 끌어온다. 간햄은 18세기 공론장에 대한 하버마스의 개념을 이후 시대에 투영한 반면, 프랑크푸르트학파에 대한 그의 비관은 경시함으로써 하버마스의 분석을 선택적으로 끌어왔다. 간햄은 경제와 국가 사이의 공간으로 보면 가장 이해가 잘되는 현대적 의미의 공론장이 있다고 주장했다. 이는 — 공영방송이 개발한 목표인 — 이성적·보편적 그리고 포괄적인 형태의 공적 논쟁 공간이어야 한다.

간햄이 하버마스에서 선택적으로 외삽extrapolation한 것은 그의 뒤를 따른 다른 사람들에 의해 확대되었다. 간햄이 공론장을 이상적 전형으로 묘사했지만 이는 실재하는 것으로 논의되기에 이르렀다. 간햄이 정치 정당을 공론장의 핵심 구성 요소로 본 것은 정확했지만, 그 개념은 공중으로 모인 개인의 집합이란 의미를 띠고 있었다. 사람들이 하버마스에게서 점차 추출한 것은 이성적이고 호혜적인 토론으로 사람들을 끌어들이는, 방송이란 제도였다.[13] 이는 하버마스가 그의 독창적인 연구에서 주장한 것과 정확히 반대되는 것이었다.[14]

한때 하버마스에 대한 언급은 몇몇 부류에겐 거의 종교적 의식 행위였는데 1990년대 후반에는 다소 시들해졌다. 영국 미디어 연구자 가운데 현대적 맥락에서 공론장의 본성과 역할을 (급진 민주주의적으로) 재개념화한 작업의 중요성을 알아차린 사람은 거의 없었고, 토론은 더군다나 적었다.[15] 지적 유행 — 그리고 지적인 유행 의식 — 은 계속 변했다.

개성이 강한 급진 이론가들 두 명의 저작을 매우 자유롭게 재해석하며 채택하고 버리는 과정은 과거 부채를 청산하는 길이었다. 서로 다른 두 개의, 하지만 겹치는 그룹 — 하나는 문화 연구(그람시)를, 다른 하나는 미디어 연구(하버마스)를 중심으로 하는 — 에게 이것은 좀 더 넓은 영국 좌파의 환경에서 희미해지는 마르크시즘의 빛에 대응하는 방법을 보여주었다.

포스트모더니즘

영국의 선도적인 급진적 사조의 긍정적 측면은 대중매체와 대중문화를 좀 더 넓은 사회 맥락과 연관을 지으려 한 것이다. 예를 들어 '폭력 행위'에 대한 도덕적 공황의 연구는 20여 년에 걸친 영국 국가, 정치적·경제적·문화적·사회적 과정에 대한 개관적 분석 속에 놓였다.[16] 비록 이 유명한 연구가 1970년대 기준에서도 유별나게 광범위했지만 이는 미디어가 근원적인 권력 구조, 폭넓은 사회적 과정과 맺는 관계를 검토하고자 했던 '전체론'적 전통에서 비롯되었다.

미디어·문화 연구 연구자들 가운데는 1980년대 후반과 1990년대 초반에 이러한 총체적 접근을 버리는 이들이 늘어났다. 이는 자신들이 살고 있는 세상의 빠른 변화를 이해하는 것이 갈수록 어렵다는 것을 발견했기 때문이다.

어떤 사람은 포스트모던 작가의 저작(이 가운데 어떤 것은 10년도 훨씬 전에 출판되었다)의 강점을 열렬히 알림으로써 당혹감을 지적 미덕으로 바꾸었다. 특히 사회 세계의 파편적 특징, 어떤 보편적 진실을 주장하는 것의 불가능성, 그리고 모든 기초적인 사회 이론과 역사 일반 해석의 한계(포스트모더니즘을 제외한)를 강조한 프랑스 철학가 장 프랑수아 리오타르Jean François Lyotard는 영향력이 컸다.[17] 다른 존경받는 포스트모더니스트인 장 보드리야르Jean Baudrillard는 미디어 이미지의 대량 유통은 세상을 거울 방으로 변모시키고 의미의 파괴를 초래했다고 주창했다. 보드리야르는 '미디엄과 현실은 단일한 불가해한 성운을 형성'하고 이는 '극단의 완화, 모든 의미 분화 시스템의 단락, 미디어와 현실 사이의 구별을 포함한 용어들 간의 구별과 반대의 말소'로 귀결된다고 썼다.[18]

어지러운 안개 같은 포스트모더니스트의 이런 언어는 전통적 급진주의에 대한 '해체적' 공격을 수반했다. 어떤 연구자들은 방향 감각을 잃었고 혼란스러워했다. 한 보드리야르 제자는 '아무도 지배하지 않고, 아무도 지배받지 않고 지배로부터 해방되는 원칙이 존재할 근거가 없는 상황에서' 사회를 비판적으로 인식하기 어렵다고 한탄했다.[19]

한 가지 응답이 급진성이 거세된 좌절이었다면 다른 것은 신중함이었다. 마르크시즘부터 전통적 사회주의적 여성주의에 이르기까지 '오래된' 사상이 망망대해에서 배를 조정하기에는 미덥지 않은 캠퍼스 방위각을 제공했기에, 해안선에 딱 붙어 항해하는 것이 낫겠다고 판단되었다. 한 영향력 있는 논문은 포스트모더니즘이 '단순화할 수 없는 사회적 삶의 복잡성과 끈질긴 이질성'을 강조하는 점을 지적한 뒤, '손쉬운 범주화와 일반화란 두드러진 특징을 가진 주류 사회과학(대중매체 이론과 연구를 포함해서)이 가진 위험은 일관된 개별주의의 장점보다 크다'고 경고했다.[20] 조심스러운 열거가 경솔한 일반화보다 혼란스러운 시대에는 안전해보였다.

이러한 포스트모던 시대의 핵심 인물은 역사가이자 사회철학자인 미셸 푸코Michel Foucaul(자신은 포스트모더니스트라는 것을 적극적으로 부정했다)이다. 1990년대 미디어·문화 연구에서 그의 강력한 영향력은 총체적인 접근을 더욱더 약화시켰다. 병원이나 감옥과 같은 여러 기관에 대한 절충적이고 역사적인 연구는 권력이란 다양하고 구체적인 관계들과 이 관계가 작동하는 담론적 맥락에 의해 구성된다고 제시했다. 그는 권위와 담론 사이의 상호작용은 다층적이며 동시에 역동적이라고 주장했다. 푸코는 '지식 영역의 상호 구성 없는 권력-관계란 없으며 권력-관계들을 동시에 전제하거나 구성하지 않는 지식도 없다'고 썼다.[21] 이러한 복잡성을 알아내려고 했던 푸코 계열의 연구자들은 좁게 초점을 맞춘 미시 연구 쪽으로 차츰 더 이끌려갔다.

포스트모더니즘의 확산은 1990년대 초 정점에 이르러, 많은 연구자들이 한낮의 뜨거움을 피해 회의론과 배타주의의 그늘진 출입구로 피하려 했다. 이는 급진적 확신을 잠식했을 뿐 아니라 우익이 기세를 더해가는 시대에 무력감을 확산시켰다. 1970년대 버밍엄 대학교에서 시작된 급진적 문화 연구는 절박함과 헌신성을 공유했다. 보드리야르의 포스트모더니즘은 그 반대로 모든 인간의 노력은 환상에 의해 고무된 것임을 함의했고, 푸코의 저작은 단순히 권력의 인식적 기반을 드러내면 인간 해방으로 이어진다고 제시하는 것 같았다. 문화 연구에서 포스트모더니즘의 등장은 중요한 전환을 보여주었다. 이는 선봉에서 전위파로, 집단주의에서 미학적 정치학으로의 이동을 가장 잘 압축하고 있다.

시장에 대한 사랑

하나의 길이 포스트모더니즘으로 향했다면, 다른 길은 온정주의적 포퓰리즘populism으로 향했다. 후자의 이행은 폴 윌리스Paul Willis[22]라는 버밍엄 문화 연구의 선구자이자 청년 노동자계급에 대한 고전적 연구[23]로 알려진 인물의 저작이 전형적인 예이다. 그가 1990년 내놓은 『평민 문화common culture』는 여러 훌륭한 비판적 문화 연구자들이 함께한 굴벤키안Gulbenkian 연구 프로젝트 의 결과물이었다. 이는 문화적 포퓰리즘의 핵심 주제를 특징적인 언어로 표현하기 때문에 이를 간략하게 살펴볼 가치가 있다.

이는 전승된 풍부한 문화 자원과 일상사의 사회적 관행에 뿌리를 둔 민중의 지혜와 자율성을 찬양하는 것에서 출발한다. 폴 윌리스는 '평범한 의미와 정체성 만들기가 서로 교직하는 사회적이고 문화적인 매체 전체가 지금 바깥에서 오거나 위에서 아래로 주어지는 커뮤니케이션을 무지르거나, 방향을 틀거나, 잘게 잘라내거나 변화시키고 있다고 밝혔다. 특히 엘리트 또는 "공식적" 문화는 그 권위를 잃었다'고 밝혔다.[24]

이러한 움직임 아래서 시장은 해방으로 받아들여진다. 시장은 '의미의 적극적 생산자로서' 수용자가 수행하고, 변형시킬 원재료를 제공한다. 나아가 '무질서한 시장'은 새로운 전망을 열어놓는다. 이는 공식적 문화에 의해 구속받지 않으며 기존의 확실성과 관습을 뒤엎는다.[25] 이는 자기실현을 추구해가는 과정에서 '안정과 일관성을 만들어내는 더 우수하고 자유로운 재료'를 공급한다.[26]

시장에 관한 이런 긍정적 관점은 공적인 공급에 대한 한층 비판적인 관점과 대비된다. '매력적이고 유용한 상징 자원을 제공하는 데 공공 부문은 일반적으로 민간 부문보다 낮지 않다'고 폴 윌리스는 밝혔다.[27] 사실 그가 보기에 자기실현을 용이하게 한다는 관점에서 시장은 다른 모든 대안을 능가한다. 그는 '일관성과 정체성의 결합은 직장이 아니라 여가 속에서, 정당이 아니라 상품을 통해, 집단적이 아니라 사적으로' 일어난다고 말한다.[28]

윌리스는 사회민주주의를 경시하는 극좌적 전통에서 출발했다. 그는 자신이 비록 미래에 민중에 의해 결정되어야 하는 '예시되지 않은' 형태이지만 '사회주의'에 여전히 열성적이라고 강조한다. 그렇다면 무엇이 그를 자유 시장의 미덕으로 개종하게 했는가? 한 가지 실마리는 그의 반국가주의적 성향과 개인적 자기완성에 대한 집중 — 1960년대 급진적 문화의 한 가닥으로 1980년대에 정치적으로 유동적인 것으로 드러난 — 에서 찾을 수 있다. 다른 하나는 전년도에 베를린 장벽의 붕괴를 암시하는 '최근 무너진 동구의 벽, 탑, 그리고 사상'에 대한 그의 언급이다. 하지만 어떤 면에서 더욱더 흥미로운 것은 그가 '많은' 급진적 대안을 엘리트적이고 사회적으로 부적절한 것으로 묵살한 것, 그리고 '그 전 10년간의 대처식 "개혁"이 일부 불가피하다는 점'을 인정한 것이다.[29]

문화적 대중 추수주의

문화적 대중 추수주의 계열은 보통 시장에 대해 폴 윌리스처럼 확실하게 미덕을 칭송하기보다는 암묵적으로 우호적인 관점을 취했다. 냉전시대가 종말을 향해 가던 과도기에 이런 흐름의 주된 옹호자는 아마 존 피스크[John Fiske]일 것이다. 피스크는 확신에 차서 '민중은 자본주의 상품'을 이용하지만 '그것이 일반적으로 담고 있는 이데올로기를 거부한다'고 말한다.[30] 수용자들은 일상적으로 미디어의 의미를 진보이거나 반항적인 방법으로 비틀어본다.[31] 이 관점에 따르면 수용자의 힘은 원하지 않는 이데올로기적 박테리아로부터 사람들을 보호하는 면역 시스템과 같은 것이다.

수용자는 자신만의 해석을 내세울 수 있다. 이는 부분적으로는 미디어의 내용이 다양한 해석에 열려 있기 때문이라는 설명이다. 시장의 압력은 미디어 소유주의 관점이나 사회의 지배 담론과 상관없이 미디어가 사회적 경험과 사람들의 관심사를 연결하도록 만든다. 이는 '미디어 텍스트'의 모순과 긴장을 불러일으켜서 수용자의 독립적인 해석을 용이하게 할 수 있다. 무엇보다 수용자들은 그들의 일상 세계의 사회적 담론을 끌어옴으로써 미디어에 선택적으로 반응한다.

이러한 주장은 1990년대 '문화제국주의' 논의에 다시 채용되면서 새로운 생명을 얻었다. 존 톰린슨[John Tomlinson]이 기존 연구를 종합함으로써 이런 논의가 정교하게 조직되었다.[32] 그는 글로벌 자본주의는 단일한 자본주의 문화를 촉진시키지 않는다고 주장했다. 왜냐하면 전 세계에 보급된 문화 상품의 상징적 의미는 각 지역의 문화적 전유[appropriation]를 통해 변환되기 때문이다. 급진적 비평가들이 코카콜라를 미국 자본주의의 상징으로 보지만, 연구를 해보면 많은 소비자들이 이를 지역 상품으로 생각하고 있다고 톰린슨은 밝힌다. 실제로 다른 나라에 사는 사람들은 코카콜라에 서로 다른 마술적인 속성을 부여한다(예를 들어 러시아에서는 주름 방지용으로, 아이티에서는 죽은 자를 일으키는 것으로). 마찬가지로 같은 TV 프로그램이라도 세계 곳곳에서 서로 다른 방식으로 이해된다.

이러한 전 세계 서로 다른 사람들의 다양한 전통에 뿌리를 둔 대중문화 권력의 찬양은 글로벌 미디어 경제의 역동성이라고 하는 다른 주제와 연결되어 있다. 세계 곳곳에서 다른 언어를 쓰는 시장에 공급되는 새로운 TV 생산 센터가 생겨나 헐리웃의 전 세계 TV 지배에 성공적으로 도전했다. 이런 사실들을 '미디어는 미국이 지배한다'는 개념이 간과했다는 것이다.[33] 글로벌 미디어 재벌은 지역 소비자의 요구에 적응해야만 했다. 예를 들어 MTV-유럽은 서유럽에 단일한 서비스를 밀어붙이려던 계획을 접고 다양한 언어와 음악적 취향에 맞추기 위해 네 개의 지역 서비스로 분할했다.[34] 글로벌 미디어 시장은 때로는 예외도 있지만 역동적이고 경쟁적이며 차이를 고려하는 것으로 그려진다.

이렇게 재활용된 문화적 대중 추수주의의 핵심 결론은 글로벌화는 압도적으로 긍정적인 발전이라는 것이다. 이는 서구의 이해관계와 필연적인 관련성이 없는 '탈중심적' 과정이다.[35] 가장 중요한 결과는 민족주의적 편견을 약화시키고 다른 사상과 민족에 대해 새로운 개방성, 즉 '세계주의자적인 경향'을 촉진한 것이다. 비록 톰린슨 자신은 신중한 편이지만 이런 분석의 함의는 미국의 제국주의 권력이나 심화되는 소비 가치 주입과 같은 1970년대식 구닥다리 우려는 실러Herbert I. Schiller가 밝힌 대로,[36] 의미심장한 미소와 함께 매장될 수가 있다는 것이다.

행복한 날들

현대 미디어·문화 연구 이론의 긍정적 경향은 세상이 서로 다른 두 가지 중요한 측면에서 더 나아지고 있다는 관점에 의해 강화되었다. 첫째로 여성의 지위, 신분, 경제력의 개선은 성에 대한 미디어의 재현에 영향을 미치기 시작했다. 1970년대 급진적인 여성주의 연구는 미디어가 여성을 늘 부정적으로 묘사하고 '단란한 가정'과 동일시되도록 조장했다는 주장을 하곤 했다.[37] 1980년대와 1990년대 초, 여성주의 미디어 연구자들은 여성에 대한 미디어 재현이 지닌 모호함에 주목하는 경향이 있었는데, 연구자들은 미디어의 재현이 때로 강한 여자를 '나쁜' 여자와 간접적으로 동일시하거나[38] '여성이 이례적으로 높은 지위에 있는 것에 의문을 제기'하거나 또는 '여성의 관습적 자리매김과 그 반대의 즐거움 사이의 긴장'을 극대화했다고 주장했다.[39] 미디어 속 여성은 그런 면에서 다소 전복적일 수 있었다.

이러한 '은밀한 진전' 논의가 최근에는 여성의 미디어 재현이 개선되었다는 주장에 자리를 내줬다. 즉 영국 대중잡지 사례연구는 잡지가 현대 여성이란 무엇인지에 대해 힘을 북돋우는 관점을 제공했다고 보고했다.[40] 주요 미국 일간지의 분석은 1980년과 1996년 사이에 여성 정치인에 대한 보도가 '압도적으로 긍정적'이었다고 결론지었다.[41] 그리고 광범위한 검토 결과, 모든 것을 감안할 때 미디어의 여성 묘사가 좀 더 해방적으로 되었다고 결론지었다.[42] 또 제인 샤턱Jane Shattuc는 이슈 지향적인 주간 TV 토크쇼가 여성 노동자들에게 새로운 목소리를 주었고, 1967년에서 1993년 사이 미국 TV 역사에서 '가장 급진적인 대중주의의 계기'를 제공했다고 주장했다.[43] 이러한 여러 작업의 하위 주제는 시장이 변해가는 여성의 — 좀 더 해방된 — 자의식에 미디어가 응답하도록 부추겼다는 것이다.

두 번째는 인터넷, 웹 그리고 디지털 혁명의 등장을 해방인 듯이 찬양한다. 뉴미디어는 미디어의 다양성을 확장한다.[44] 뉴미디어는 사용자 중심의 '당기는pull' 문화를 촉진해 미디어 복합기업이 밀어내는push 것을 독자들이 더 이상 수용하지 않도록 한다.[45] 웹은 일반인에게 권력을 이전해주고 있으며 해방된 자의식을 구축하도록 돕는다.[46] 이는 글로벌 행동주의와 새로운 형태의 진보적 정치를 낳는다.[47] 인터넷은 '전자 민주주의'라는 신나고 새로운 실험을 촉진했다.[48] 이는 '세계 게이 마을' — 핍박받거나 기피되는 세계 성적 소수자에 대해 감정적이고 실천적인 지원을 하는 온라인 피난처 — 을 가능하게 했다.[49] 이는 네트워크 세계와 역동적인 '신경제'의 등장을 촉진했다.[50] 이런 설명에 이론이 없는 것은 아니다. 예를 들어 마지막 논의의 경우 새로운 커뮤니케이션 기술이 주는 이익에 대한 접근이 세계적으로 불균등하다는 점을 강조한다. 이러한 문헌의 일반적 취지는 미디어 시스템이 뉴미디어의 추가로 놀랍도록 풍부해진 것은 의심할 여지가 없다는 것이다.

따라서 이 분야는 그람시와 하버마스를 자유로이 변용하고 포스트모더니즘이 등장하면서 1970년대의 급진적 정신으로부터 전환을 경험했다. 새로운 주제 — 수용자 권력, 개선된 성 재현, 세계화의 이득 그리고 뉴미디어 — 는 새로운 단계로 접어들었다. 간략히 하려고 제쳐놓은 논의까지 포함해서, 영국의 미디어·문화 연구의 일반적 경향 (다른 많은 나라에서와 마찬가지로)은 우리가 살고 있는 세계에 대해 좀 더 긍정적이며 더 인정하는 방향이었다.

득과 실

이러한 전환은 연구자들이 변하는 세계의 새 이슈와 관심사에 응답하는 진보의 전개 과정 중 일부인가? 아니면 보수적인 생각들이 점점 큰 영향력을 발휘함에 따라 연구의 비판적 성격이 무뎌진 것인가? 이 문제에 직접 대답하는 대신 (그리고 예측 가능한 양극화된 답변을 늘어놓는 대신), 영국 미디어·문화 연구의 전개 과정에서 얻은 것과 잃은 것의 대차대조표를 간단히 그려보는 것이 아마도 더욱 유익할 것이다.

자산 항목에서 (먼저) 여성주의의 등장은 급진적인 미디어 연구가 지닌 중요한 맹점을 지적했다. 갈등과 수용자의 자율성을 (다소 과장되긴 했지만) 강조한 1980년대 미디어 연구는 급진적 기능주의 단순함을 효과적으로 파고들었다. 1990년대 세계화에 대한 점증하는 관심과 최근의 비교 미디어 연구의 등장은 여러 미디어와 문화 이론의 지역주의를 조금씩 잠식했다. 새로운 커뮤니케이션 기술과 관련해 인기를 끄는 책들은 신화화된 것이면서도 시사하는 바가 있는 것이었다. 여기에다 또 다른 수입 항목을 추가할 수 있을 것이다. 바로 영화 연구와 의미 분석의 방법에 대한 중요한 발전이 그것이다.

하지만 부채 항목에 넣어야 할 여러 요소들이 있다. 이 분야의 수많은 유명한 논의들을 섭렵하려면 이 부분은 조금 더 상술할 필요가 있다. 이런 통념들이 미디어에 대한 대중의 힘을 과대평가할뿐더러 공중에 대한 미디어의 영향을 과소평가한다는 것은 이미 밝혔다.[51] 여기서 이 점을 반복할 필요는 없을 것이다. 그 대신 여기서는 신자유주의의 부상이 시장에 대한 호의적인 인상을 불러일으킨 방식에 초점을 맞추어보겠다.

시장에 대해 비판의 칼을 들이대는 쪽은 주로 급진적인 미디어 정치경제학이다.[52] 영국에서 미디어 정치경제학은 '환원주의reductionist'적(이 말은 곧 복잡한 현상들을 단순한 경제적 설명으로 환원시킨다는 뜻이다)이라는 이유로 대대적으로 평가절하되었다. 누차 제기된 이런 건강에 대한 경보는 미디어 정치경제학 연구 작업을 주변화하고, 이 분야 연구자들이 고유한 근본 문제를 제기하는 것조차 가로막았다. 즉 비판적 경제학 연구가 과연 미디어와 대중문화 연구에 무언가 기여할 점이 있는가 하는 질문이 그것이다. 영국 문화 연구의 성과물 대부분은 이 질문에 대해 암묵적으로 '아니오'라고 응답한다. 하지만 실제로 그것은 '잘 모르겠다'임에 틀림없다. 왜냐하면 헤스몬달프Hesmondhalgh[53]와 같은 몇몇 뛰어난 예외를 제외한다면 대부분의 영국 문화 연구자들의 작업 속에는 경제적인 고려가 결여되어 있기 때문이다.

이에 대한 부분적인 위안은 미국의 아이러니한 뒤집힘의 역사 속에서 찾을 수 있다. 영국의 미디어 연구는 원래 미국의 미디어 연구의 무비판적 속성에 대한 대안으로 스스로를 자리매김했다.[54] 그런데 미국은 현재(1990년대 말 이후 – 옮긴이) 경제적 관점을 채용한 비판적 미디어 연구의 중심지이다. 허친스 위원회의 개혁 전통을 계승해 미국의 미디어 산업에 공익적 문화를 이식하고자 하는 노력이 갈수록 많은 저항적 학술 연구를 낳았다. 그것의 주요 테마는 바로 '과도한 상업주의hypercommercialism'가 미국 저널리스트들의 의사결정 능력과 자율성을 침해하고 직업적 규준을 약화시키며, 비용 삭감으로 편집의 질을 약화시키고, 미국 사회에 해를 끼치는 부적절한 저널리즘이 늘어나게 한다는 것이다.[55]

이런 광범위한 연구 중 한 가지만 예시하는 것으로 충분할 것이다. 탈규제와 가중되는 경쟁 상황에서 '시장 수익에 대한 기대'를 실현하라는 압력이 날로 증가함으로써, 1990년대 미국 TV의 범죄 보도는 (다른 어떤 요인들보다도) 놀랄 만큼 증가하게 되었다.[56] 이는 특히 1992~1993년에 그러했는데 이 시기에 미국의 전국 네트워크 TV 뉴스에서 범죄 보도는 세 배나 증가했다.[57] 1990년대 중반이 되면 미국 도시 56곳의 모든 지역 TV 뉴스의 3분의 2가 범죄 보도에 할애되었다.[58] 하루에 보도되는 범죄 보도량이 이렇게 늘어난 것은 비용이 적게 들면서도 인기가 있기 때문인데, 이로 인해 미국인 가운데 범죄가 국가가 직면한 가장 심각한 문제라고 말하는 사람들의 비율이 놀랄 만큼 증가했다. 하지만 이 시기에 실제 범죄율은 떨어지고 있었다.[59] 또한 지역 TV 뉴스는 흑인 일탈자들이 저지르는 탈맥락화된 폭력적 범죄에 초점을 맞추는 경향이 있는데 이럴 경우 인종적 적대감이 높아지고 또 강력한 처벌을 요구하는 목소리를 키우게 된다.[60] 이는 미국 사회의 전통적인 우익에 좀 더 힘을 실어주게 된다.

미디어·문화 연구가 세계화를 한쪽 측면에서만 보는 지배적인 경향도 시장 이슈에 맞서는 것을 꺼리는 데서 이유를 찾을 수 있다. 지배적인 (미디어·문화 연구의) 정설은 '문화'를 광범위하고 인류학적인 관점에서 삶의 방식으로 이해하는 것이다. 하지만 세계 시장의 불공평한 본질 — 이것이 사람들의 일상 생활을 깊이 영향을 주고 있음에도 — 에 대해 부차적인 고려 이상의 관심을 기울이는 경우는 별로 없다. 세계 시장의 통합으로 부가 더 늘어났지만 그 이득은 매우 불공평하게 분배되었다. 1990년대 후반 세계 인구의 5분의 1에 해당하는 상위 부자들이 전 세계 국내총생산의 86퍼센트를 차지한 반면, 가장 가난한 5분의 1은 1퍼센트만을 차지했다.[61] 부자와 가난한 자 간의 격차는 1990년대에 급격하게 증가했다. 이것이 세계화가 야기한 전 세계적인 부의 양극화를 향한 장기적 추세의 정점이었는지 여부는 뜨거운 쟁점이자 복잡한 이슈이다.[62] 그렇지만 여기서 심각하게 논의되지 않은 점은 바로 1990년대에 세계 경제가 지속적으로 성장했음에도 이런 극심한 빈곤 속에 살아가는 사람들의 수가 늘어났다는 점이다.[63] 세계적 준정부 기구들은 전 세계의 불평등을 적절히 제어하는 데 실패했다. 이는 이들이 부유한 국가들에 의해 지배되고, 이들 국가의 호의적인 규칙과 지배를 지지했고, 서구의 금융 엘리트들의 영향을 강하게 받은 반면 민주적인 책무는 지지 않았기 때문이다.[64]

그렇지만 세계화는 전 세계를 기반으로 작동하는 새로운 정치적 힘을 만들어내지 않는가? 이들은 새로운 정치적 의제(환경주의, 인권, 세계의 빈곤과 평화)를 설정하고 새로운 커뮤니케이션 기술에 접속되어 있으며, 민족주의의 한계를 뛰어넘어 지역과 세계를 서로 결합시키며 공동의 행동과 사회적 목적의 새로운 토대를 확고히 하고 있지 않은가? 이는 이 분야에서 지속적으로 반복되는 주장이다. 이는 중요한 주장인데 몇 가지 증거가 명백하기 때문이다. 하지만 이런 긍정적인 견해에 대한 반론 역시 고려해야 한다. 첫째, 규제를 벗어난 세계적인 금융 시장의 등장은 국민 정부의 경제적 효능을 약화시켰으며, 이는 인민의 권력 약화를 뜻하게 되었다.[65] 둘째, 세계 시민사회는 발전이 지체되어 있고 파편화되어 있으며, 대표성을 가지지 못하기에 군사·경제 권력의 구조에 단지 제한적인 영향만 끼칠 뿐이다.[66] 실제로 일부 문화 이론가들이 예견했던 확실하고 긍정적인 미래보다는 오히려 훨씬 불확실한 결과만을 보여주는 전환기적 단계를 지나고 있는 것 같다. 민주주의적 권력과 국민 정부의 특정한 형태, 그리고 진보적 전통과 사회 민주주의의 특정한 형태는 약화되었다. 하지만 새로운 형태의 민주주의적 권력과 새롭고 진보적인 정치는 싹으로만 남아 있다. 그것은 매우 강화된 글로벌 기업과 금융의 영향 속에서, 그리고 미국이란 '비공식적' 제국의 부상 속에서 아직 충분히 꽃피우지 못하고 있다. 아마도 발전하는 복합적 층위의 지배 체제는 민주주의적 통제력을 강화해줄 것이며 장차 인류의 복지에 기여할 것이다.[67] 그렇지만 이를 위해서는 좀 더 구체적일 필요가 있으며 또 이를 위해 투쟁할 필요가 있다. 그것은 글로벌화의 자동적인 귀결이 아니다.

달리 말해서 글로벌화는 불균형한 글로벌 시장과 민주주의의 약화라는 부정적 형상이 '문화적 글로벌화' 분석에서 확인되는 긍정적 형상을 주변으로 밀쳐내고 있다. 덧붙여서 뉴미디어 연구 문헌에서 이와 유사한 일방향성이 팽배한데 상당수는 뉴미디어의 기술적 가능성을 찬양하고 호들갑스러운 용어들로 그것의 해방적 이용을 기술하는 데 바쳐져 있음을 지적할 필요가 있다.

인터넷의 개방된 구조와 다채로운 활용을 당연시하곤 하는데 이러한 접근은 역사적으로 학술적인 과학 연구, 미국의 대항문화와 유럽 공공 서비스의 가치에 기반을 두고 형성된 것이다. 이러한 유산은 2000년대의 사회적이고 협동적인 네트워크의 발전에 의해 새롭게 갱신되어왔다. 하지만 이런 유산은 나로 강화되는 시장 근본주의의 도전을 받고 있는데, 이 근본주의는 새로운 감시 기술 그리고 웹 공간에 대한 국가적인 검열 강화라는 원군을 갖고 있다.[68] 이러한 도전의 역사적 성격은 매우 중요한데 그것의 결과가 사이버 공간의 미래를 결정할 것이기 때문이다. 그럼에도 이 점은 최근까지도 무시되어왔다. 왜냐하면 가상의 세계가 정치·경제를 가지고 있다는 생각 자체가 뉴미디어 연구에서 여전히 낯설기 때문이다.

타협적 헤게모니

시장 자유주의의 이데올로기적 우위는 미디어·문화 연구에서도 관철되는데, 바로 사회를 이해하는 방식에 영향을 미치는 것을 통해서다. 시장 자유주의는 사회를 사회집단이라는 추상적인 용어보다는 근본적으로 개인의 집적으로 바라본다. 여기서 중요한 점은 사람들이 이제는 계급과 결부된 경직성에서 탈피한 개방된 사회를 살아가고 있다는 것인데, 이는 시장이 바로 능률을 극대화하고 기회의 평등을 고양하는 평등주의적인 힘이기 때문이다. 근면, 재능 그리고 진취적 기업은 시장 사회 내에서 보상을 받음으로써 모두를 위해 부를 창출하도록 장려된다.

이러한 내용들의 일부는 미디어·문화 연구에서 일어난 재평가라는 것과 맥을 같이한다. 생산관계로 규정된 사회계급 사이의 갈등이라는 전통적인 마르크스주의적 견해는 점차 거부되고 있다. 대체로 이는 마르크시즘이 한층 복잡하게 다층화되고 분화된 현대 사회의 본성을 고려하지 못한다는 이유 때문이다. 계급과 노동의 세계는 사회적 정체성의 원천으로서도 중요성이 줄어들고 있다는 주장이 거세졌다. 이러한 재평가는 종종 사회적 유동성과 변화를 강조하는 것으로 이어졌다. 예컨대 증가하는 사회적 분절화, 복합적인 사회적 정체성의 강화, 세계화의 결과로서 공간과 심적 지평의 재구조화, 전통의 쇠퇴가 그것이다. 성, 민족성 그리고 섹슈얼리티가 차츰 계급을 대신해 사회적으로 불우한 사람들을 개념화했듯이, 스스로 규정한self-defined 개인이 이런 재개념화 속에서 크게 부상한다. 세계를 바라보는 이런 방식은 개인과 사회적 유동성을 강조하고 계급적 관점은 점점 부차적이 된다고 보는 신자유주의적 논지를 되풀이하는 것이다. 하지만 이는 또한 결코 자유 시장 전통에서 존재하지 않았던 비판적인 테마들을 배양했는데 이들은 페미니즘과 게이 이론에서 유래했다. 따라서 이는 재생산되었다기보다는 '타협적인' 신자유주의적 사회의 비전에 해당한다.

이러한 새로운 논의들은 발달된 현대 사회에서 인생의 기회, 경험과 보상의 분배에서 계급이 여전히 강력하게 영향을 끼치는 것을 보여주는 많은 경험적인 증거들을 무시한다. 영국과 미국을 포함한 경제협력개발기구OECD 회원국들은 실상은 유동적이고 열린사회가 아니다. 사회적 이동성은 제한적인데, 그것이 세대 간의 혹은 한 세대 내에서의 문제로 정의되든, 사회계급들 간의 혹은 '수입 집단income group'(이는 경제학자들이 흔히 사용하는 용어법이다) 간의 문제로 정의되든 마찬가지다.[69] 이동성은 사회의 중간층에서 훨씬 큰 편이며 사회의 최하층이나 최상층에서는 적은 편이다. 하지만 영국의 중간계급 어린이가 중간계급으로 남을 수 있는 기회는 노동계급 어린이가 중간계급이 될 수 있는 기회보다 대략 네 배나 크며, 훨씬 더 큰 격차를 보여주는 자료도 있다.[70]

사회적 이동성이 제한적인 이유는 복잡하다. 상층 사회계급은 수많은 이점들 — 자존심, 확신, 기대, 자신의 운명에 대한 통제력, '교양 있는' 언어의 사용, (수많은 테스트 점수 속에 반영되는) 인지적 발달, 교육적 성취도, 사회적 기술, 사회적 네트워크, 정보에 대한 접근과 돈과 신용에 대한 접근 - 을 가지고 있다. 이들의 영향은 상호 보완적으로 작동하면서 한 개인의 삶에서 일찌감치 알아볼 수 있는 역동성을 창출하는 경향이 있다.

따라서 '근면, 재능 그리고 진취적 정신'에 대한 보상이라는 수사는 계급의 영향을 은폐하기 때문에 매우 잘못된 것이다. 그럼에도 이 수사는 수입과 부의 분배에서 보이는 엄청난 불균형을 그럴듯하게 정당화하고 있다. 예컨대 미국의 경우, 상위 20퍼센트가 하위 20퍼센트보다 아홉 배나 많이 번다.[71] 계급 차이는 동시에 또 다른 형태의 불평등을 창출한다. 영국에서 미숙련직 그리고 반半숙련직 종사자들은 관리직과 전문직 종사자들보다 더 일찍 죽거나 직장을 잃거나 범죄의 희생자가 되거나 아니면 심각한 질병이 있는 아이를 가질 개연성이 크다.[72]

불평등은 특히 신자유주의적 정책과 태도가 뿌리내린 나라에서 신속하게 확산된다.[73] 즉 소득 불평등도는 지난 20세기 말 25년 동안 크게 악화되었고 심지어 1980년대와 1990년대 일부 기간에는 블루칼라 계층의 절대 소득 자체가 감소하는 결과를 빚었다.[74] 영국은 1976년 상위 10퍼센트 계층의 수입이 하위 10퍼센트 계층의 수입보다 2.9배 많았지만, 2001년에는 이 격차가 4.1배로 증가했다. 또한 같은 기간에 중간medium 소득의 40퍼센트 이하를 버는 가구 수가 220퍼센트나 증가했다.[75]

간단히 말해서, 미디어·문화 연구는 시장 자유주의의 담론에 유혹되어 계급을 삭제해버렸다. 그들은 공모해서 특권의 상속을 은폐하고 불평등을 정당화하는 신화를 만들어냈다. 또한 시장 자유주의 사회 속에서 불평등의 증가에 미디어가 어떤 역할을 했는지 탐색하는 일에 제대로 집중하지 않았다.

모든 시장 체제는 불평등을 창출한다. 이러한 불평등은 민주적 국가가 돈과 자원을 재분배함으로써 완화된다. 이러한 '사회적 이전'의 범위와 성격은 정치에 의해 결정된다. 그렇다면 미디어는 계급 불평등이 날카롭게 증가한 것으로 인정되는 지난 30년간의 정치에서 과연 어떤 역할을 떠맡았는가? 때때로 빼어난 연구가 있긴 했지만 그럼에도 영국에서 이 문제에 대해 적절히 답하기는 매우 힘들다. 이는 그레이엄 머독Graham Murdock[76]이나 스케그스Beverley Skeggs[77] 같은 중요한 예외를 제외하면 미디어·문화 연구자 대부분이 계급 불평등에 더는 관심을 갖지 않았고, 모든 종류의 공공 정책에 대해 실상 대단히 제한적인 관심만을 보여주었기 때문이다. 조직화된 정치에 대해서보다 개인적인 정치에 더 관심을 쏟았고, 국가 차원의 재분배보다는 사회적 인정을 더욱 중요시했기 때문이다.

회고

미디어·문화 연구의 발전에 대한 수많은 특별한 내러티브는 새로운 통찰, 의제 또는 '전환turn'을 주장한다. 일반적으로 이러한 내러티브는 이기적이다. 이들은 또한 지성의 발전을 좀 더 넓은 세상의 맥락과 연관 지으려 전혀 시도하지 않는 사고들이다. 그들은 대신 오류가 계몽에 의해 바로 잡히는 단순한 진보를 이야기한다.

맥락화된 미디어·문화 연구는 좀 더 복잡한 그림을 제공한다. 한편에서 사회의 변화들은 이 영역에 새롭고 중요한 생각과 의제를 불어넣는다. 그렇기에 페미니즘의 등장은 성을 미디어·문화 연구의 중요한 관심사로 확립시키는 데 기여했다. 인종적·성적 소수 집단이 스스로 효과적으로 조직화함으로써 사회의 이질성뿐 아니라 소수 그룹의 내적인 차이들 모두를 강조하는 다원주의 이론을 부활시켰다. 세계화의 진전은 서구적이고 편협한 문화적 가치와 미디어 이론의 정의에 의문을 던졌으며 초국적주의, 세계 시민사회와 민족 정체성의 쇠락과 관련된 새로운 관심을 불러일으켰다.

다른 한편으로 사회 내의 좀 더 광범위한 변화들이 미디어·문화 연구의 맹점들을 부각시켰다(이 장에서 강조한 대목이다). 지난 30년 동안 신자유주의적 사고는 영국에서 19세기 이후의 어떤 시기보다 더 크게 위세를 떨쳤다. 이 헤게모니는 미디어·문화 연구 내부적으로도 시장에 대해 암묵적인 긍정적 관점, 곧 그것이 수요와 공급을 조화롭게 조정하는 중립적인 메커니즘이라는 관점을 확대했다. 이는 물론 단순화되고 잘못된 것이다. 또한 이는 계급이 현대사회에 끼치는 영향을 과소평가하고 심화된 계급 불평등과 미디어·대중문화 사이의 관계를 무시하게 되는 결과를 가져왔다. 신자유주의는 우리가 알아차리지 못하는 상황에서 미디어·문화 연구의 대동맥 속에 깊숙이 들어와 버렸다.

간단히 말해, 연구의 발전을 더 넓은 사회적·정치적 변화 속에 위치 짓는다는 것은 축적된 통찰과 지혜라는 단순한 주장을 허무는 경향이 있다. 그 대신 그것은 이익과 손실을 함께 기록하고, 좀 더 긴 호흡으로 내다볼 수 있게한다. 두 번째로 이러한 역사적 관찰이 강조하고자 하는 것은 바로 미디어·문화 연구의 유행 추종적인 특성이다. 혁신과 차이를 자랑하던 분야가 다소 순응적으로 변했다. 사실 이처럼 떼로 몰려다니는 경향은 훨씬 깊게 뿌리박혀 있다. 아마 다음번에 어떤 집단적인 '전환'이 주창된다면 지금보다 더 적은 수의 사람들만 이 새롭고 확실한 목적지를 향한 대상隊商의 무리 속에 합류할 것이다. 일부가 정반대의 방향으로 여행하기로 마음을 먹는다면 훨씬 나은 결과가 있을 것이다.

감사의 글

이 책의 각 장은 아래와 같이 발표된 바 있다.

- 제3장: J. Curran, S. Iyengar and A. Lund, *European Journal of Communication*, Vol.24, No.1(2009).
- 제4장: J. Curran(ed.), *Media and Society*(London: Bloomsbury Academy, 2010).
- 제5장: N. Fenton and T. Witschge(eds.), *New Media, Old Nes* (London: Sage, 2010).
- 제6장: N. Fenton and T. Witschge(eds.), *New Media, Old News* (London: Sage, 2010).
- 제7장: *Journalism Studies*, Vol.11, No.4(2010).
- 제8장: M. Baily(ed.), *Narrating Media History*(London: Routledge, 2009).
- 제9장: G. Boyce, J. Curran and P. Wingate(eds.), *Newspaper History* (London: Constable, 1978).
- 제10장: H. Christian(ed.), *The Sociology of Journalism and the Press*(Sociological Review Monograph 29, 1980).
- 제11장: J. Curran(ed.), *Media Organization in Society*(London: Arnold, 2000).
- 제12장: J. Curran and D. Morley(ed.), *Media and Cultural Theory* (London: Routledge, 2006).

이 글들을 재출간하도록 허락해준 아널드^Arnold(제11장), 블룸즈버리 아카데믹^Bloomsbury Academic(제4장), 컨스터블^Constable(제9장), 루틀리지^Routledge(제7·8·12장), 세이지^Sage(제3·5·6장), 킬 대학교 출판부(제10장)에 감사드린다. 공저인 에세이 두 편을 제외한 나머지 글들은 이 책을 위해 새로 손봤다.

　민주주의는 기본으로 주어진 것이란 믿음이 순진했다는 생각이 드는 요즘이다. 많은 희생을 치르고 어렵게 쟁취했지만, 잠시 방심하면 비탈길을 거꾸로 굴러 내려가는 게 민주주의인 것 같다.

　민주주의는 공공재다. 우리 모두가 함께 만들고 함께 향유한다는 의미에서 그렇다. 우리가 힘을 모아 품질 좋은 민주주의를 만들면 나와 후손이 행복하고, 그렇지 않으면 불신과 갈등이 끊이지 않는 타락한 사회가 된다.

　민주주의란 공공재를 만드는 언론의 소임은 막대하다. 언론은 서로 다른 의견을 광장으로 불러내 토론 붙이고, 정확한 사실과 지혜로운 논평을 제공해 민주주의가 실질적으로 돌아가게 만든다. 사회적 제도로서 언론이 제 기능을 하지 못하는 사회에 민주주의가 꽃피길 바라는 것은 부질없는 일이다.

　하지만 민주주의와 언론의 관계는 그리 간단하지 않다. 이는 언론이 초월적인 제도가 아니라 사회 안의 여러 제도와 사람들의 관계 속에서 작동하기 때문이다. 그런 점에서 이 책은 값지다. 시장 시스템, 문화, 새로운 기술 등 언론이 작동하는 구체적인 맥락과 연관 지어 언론의 민주적 역할을 짚어보기 때문이다.

　번역을 소득 없는 일로 치부하는 한국 학계의 분위기를 모르지 않는다. 사실 회사를 다니면서 학술 서적을 번역을 하는 것이 쉬운 일이 아님을 절감했다. 그럼에도 그만두지 않은 것은 사십 줄에 접어들어 가족까지 이끌고 공부하겠다고 온 역자에게 '제대로 질문하고 정직하게 탐구하는 자세'를 몸소 보여준 지도 교수 제임스 커런의 최근 저작 한 권을 내 손으로 국내에 소개하고 싶었기 때문이다.

그런데 마치고 보니 서툰 번역으로 오히려 스승의 이름을 어지럽히는 게 아닌가 하는 두려움이 앞선다. 번역 오류는 계속 수정해나갈 것을 약속드린다.

2014. 2
이봉현

주

들어가며

1   J. Curran, *Media and Power* (London: Routledge, 2002).

2   각 에세이의 원문 출처는 '감사의 말' 부분에 적혀 있음.

3   R. McChesney, *Rich Media, Poor Democracy* (Urbana: University of Illinois Press, 1999); M. Schudson, *Why Democracies Need an Unlovable Press* (Cambridge: Polity, 2008); P. Dahlgren, *Media and Political Engagement* (Cambridge: Cambridge University Press, 2009); C. Edwin Baker, *Media, Markets and Democracy* (Cambridge: Cambridge University Press, 2002); J. Rowbottom, *Democracy Distorted* (Cambridge: Cambridge University Press, 2010); J. Street, *Mass Media, Politics and Democracy* (Basingstoke: Palgrave, 2001); L. Van Zoonen, *Entertaining the Citizen* (Lanham, MD: Rowman & Littlefield, 2004); H. Gans, *Democracy and the News* (Oxford: Oxford University Press, 2003); N. Couldry, S. Livingstone and T. Markham, *Media Consumption and Public Engagement* (Basingstoke: Palgrave Macmillan, 2007); M. Prior, *Post-Broadcast Democracy* (Cambridge: Cambridge University Press, 2007); J. Keane, *The Media and Democracy* (Cambridge: Polity, 1991); J. Lichtenberg(ed.), *Democracy and the Mass Media* (Cambridge: Cambridge University Press, 1990); H. Milner, *Civic Literacy* (Hanover, NH: Tufts University Press, 2002); J. Alexander, *The Civil Sphere* (Oxford: Oxford University Press, 2006); B. McNair, "Journalism and democracy," in K. Wahl-Jorgensen and T. Hanitzsch(eds), *The Handbook of Journalism Studies* (Abingdon: Routledge, 2009); C. Christians et al., *Normative Theories of the Media: Journalism in Democratic Societies* (Urbana: University of Illinois Press, 2009) 등등.

4   C. Christians et al., *Normative Theories of the Media*.

5   J. Curran, *Media and Power*, ch.1; and J. Curran, "Media and the making of British society, c. 1700-2000," *Media History*, vol.8, No.2(2002), pp.135~154.

6   이에 대한 비판적 평가는 J. Curran, D. Freedman and N. Fenton, *Misunderstanding the Internet* (London: Routledge, 2012).

7   J. Turow, *Breaking Up America* (Chicago: University of Chicago Press, 1997).

8   문화경제학적 접근의 예로는 D. Slater "Capturing markets from the economists," in P. du Gay and M. Pryke(eds), *Cultural Economy* (London: Sage, 2002); D. Slater and F. Tonkiss, *Market Society* (Cambridge; Polity, 2001); L. Moor, *The Rise of Brands* (Oxford: Berg, 2007); J. Carrier(ed.), *Meanings of the Market* (Oxford: Berg, 1997).

9   이런 접근은 뿌리가 깊다. 예를 들어, 유명한 역사학자인 테일러(A. J. P. Taylor)는 *English History*를 집필하던 1914~1945년에 편집자에게 이렇게 편지를 썼다. '과학을 포함할 수 는 없을 것 같다. 나는 그것을 이해하지 못한다'[A. Sisman, *A. J. P. Taylor*(London: Sinclair-Stevenson, 1994), p.321에서 인용].

10   G. Overholser and K. H. Jamieson(eds), *The Press*, The Institutions of American Democracy Series(New York: Oxford University Press, 2005).

제1장

1   "Commission on the Freedom of the Press(Hutchins Commission)," *A Free and Responsible Press*(Chicago: University of Chicago Press, 1947). 대단한 현인들 — 역사학자인 아서 슐레진저(Arthur Schlesinger), 정치사회학자인 해럴드 라스웰(Harold Laswell), 철학자인 라인홀드 니부어(Reinhold Niebuhr) 같은 사람들 — 로 구성된 이 위원회는 매우 뛰어난 보고서를 내놨다. 하지만 그들의 현명함에도 불구하고 기술 전문가들이 제시한 신문의 미래에 대한 터무니없는 예측을 받아들이게 된다(제6장 참조). 커뮤니케이션 기술에는 현명한 사람마저 헷갈리게 하는 무언가가 있다.

2   *Ibid.*, p.80.

3   *Ibid.*, p.77

4   *Ibid.*, p.96.

5   D. Nord, *Communities of Journalism*(Urbana: University of Illinois Press, 2001).

6   이 보고서는 대학이 전문적 저널리즘 문화를 배양하려는 노력을 충분히 하지 않고 있다 고 공격했다. 그리고 이 보고서는 이런 문화를 바꾸는 데 도움을 주었다.

7   D. Mindich, *Just the Facts*(New York: New York University Press, 1998), p.142.

8   H. Gans, *Deciding What's News*(London: Constable, 1980), p.101.

9   *Ibid.*, p.257.

10   *Ibid.*, p.235.

11   M. Schudson, *Discovering the News*(New York: Basic Books, 1978); D. Schiller, *Objectivity and the News*(Philadelphia: University of Pennsylvania Press, 1981); D. Mindich, *Just the Facts*.

12   G. Tuchman, *Making the News*(New York: Free Press, 1978); M. Fishman, *The Manufacture of News*(Austin: University of Texas, 1980); P. Kaniss, *Making the News* (Chicago: Univeisity of Chicago Press, 1991); M. Schudson, *The Sociology of News* (New York: Norton, 2003); R. Entman, *Projections of Power*(Chicago: University of Chicago Press, 2004); W. Bennett, R. Lawrence and S. Livingstone, *When the Press Fails*(Chicago: University of Chicago Press, 2007).

13 예를 들어 M. Parenti, *Inventing Reality*, 2nd edn(New York: St. Martin's Press, 1993).

14 고전적인 설명은 G. Lang and K. Lang, *The Battle for Public Opinion* (New York: Columbia University Press, 1983).

15 이 부분은 다음을 많이 참고했다. D. Protess et al., *The Journalism of Outrage* (New York: Guilford Press, 1991)의 5장. 이 장은 이 놀라운 책의 결론을 반박하거나 또는 적어도 상당히 인정했다.

16 O. Burkeman, "Chicago police 'tortured black suspects'," *The Guardian*, July 21, 2006.

17 *All the President's Men* (Alan J. Pakula, Warner Bros., 1976).

18 P. von Zielbauer, "As health care goes private, 10 days can be a death sentence," *NewYork Times*, February 27, 2005; P. von Zielbauer, "In city's jails, missed signals open way to a season of suicides," *New York Times*, February 28, 2005; P. von Zielbauer, "A spotty record of health care in city detention," *NewYork Times*, March 1, 2005.

19 *New York Times*, Editorial, March 10, 2005 cited in J. James, "Prison health care: *NewYork Times* series brings attention," *The Body.Com*, April 8, 2005. Online. Available http://www.thebody.com/content/art31623.html(accessed January 10, 2010).

20 Democracy Now syndicated broadcast discussion on March 4, 2005 on 'Harsh medicine' 원고는 http://www.democracynow.org/article.pl?sid=05/03/041437213(accessed June 20, 2006)에서 얻을 수 있음.

21 이 신문은 조사를 수행하기 위해 엄청난 자금뿐 아니라 정치적 영향력도 활용했다. 즉 이 신문은 시장실로 압력을 넣어 청소년 정의국이 5개월간의 저항 끝에 인터뷰를 하도록 했다.

22 이 신문은 이 폭로 이후에도 계속해서 감옥의 의료 현실에 대해 비판적인 보도를 했다(예를 들어 *New York Times*, April 4, 2005; May 11, 2005; June 10, 2005; August 11, 2005; December 26, 2005). 이런 보도의 결과와 다른 규제 당국의 개혁 압력은 뉴욕에 사는 학생들의 좋은 석사 논문 주제가 될 것이다.

23 Cited in J. Street, *Mass Media, Politics and Democracy*, p.105에서 인용.

24 Reporters sans frontières, "Journalist jailed for having informed jazira of the repression of Ismaelis in the kingdom," February 1, 2003. Online. Available http://arabia.reporters-sans-frontieres.org/article.php3?id_article 4853 2003 (accessed January 13, 2010).

25 D. McCargo, *Media and Politics in Pacific Asia* (London: RoutledgeCurzon, 2003).

26 Open Society Institute(OSI), "Albania," in *Television across Europe: Regulation, Policy and Independence*, vol.1(Budapest: OSI, 2005); N. Sakr, *Arab Television Today* (New York: LB. Tauris, 2007).

27 C. Sparks (with A. Reading), *Communism, Capitalism and the Mass Media* (London:

Sage, 1998); OSI, *Television across Europe*, vols 1~3(vol.1, Overview and Albania to Estonia; vol.2, France to Poland; vol.3, Republic of Macedonia to UK), (Budapest: OSI, 2005). 하지만 이런 간접적인 통제는 일부 동유럽 국가에서 느슨해지고 있다. K. Jakubowicz and M.Sukosd(eds), *Finding the Right Place on the Map* (Bristol: Intellect, 2008)을 보라.

28 G. Wacker, "The Internet and censorship in China," in C. Hughes and. G. Wacker (eds), *China and the Internet* (London: Routledge, 2003).

29 Reporters sans frontières, "Intimidation campaign targets opposition and liberal media," October 24, 2003. Online. Available http://www.rsf.org/Intimidation-campaign-targets.html (accessed January 13, 2010).

30 Y. Zhao, "Chinese media, contentious society," in J. Curran(ed.), *Media and Society*, 5th edn(London: Bloomsbury Academic, 2020).

31 S. Waisbord, *Watchdog Journalism in South America* (New York: Columbia University Press, 2000).

32 C. C. Lee, "State, capital and media: the case of Taiwan," in J. Curran and M. J. Park(eds), *De-Westernizing Media Studies* (London: Routledge, 2000).

33 B.-S. Lee, "The Media and Economic Crisis in Korea, c. 1993-2003," unpublished PhD thesis(Goldsmiths, University of London, 2006).

34 C. Lai, *Media in Hong Kong* (Abingdon: Routledge, 2007).

35 N. Sakr, *Satellite Realms* (London: I. B.Tauris, 2001).

36 H. Miles, *Al-Jazeera* (London: Abacus, 2005).

37 O. Koltsova, *News Media and Power in Russia* (London: Routledge, 2006).

38 R. Worthington, *Governance in Singapore* (London: RoutledgeCurzon, 2003); G. Rodan, *Transparency and Authoritarian Rule in southeast Asia* (Abingdon: RoutledgeCurzon, 2004).

39 J. Curran, I. Gaber and J. Petley, *Culture Wars* (Edinburgh: Edinburgh University Press, 2005).

40 N. Cohen, "Going nowhere fast," *Observer*, October 12, 2003에서 인용.

41 N. Medic, "Swan bake: making a meal of a myth," in R. Cookson and M. Jempson (eds), *The RAM Report: Campaigning for Fair and Accurate Coverage of Refugees and Asylum-Seekers* (Bristol: MediaWise, 2005), p.56.

42 *Ibid.*

43 N. Medic, "Making a meal of a myth," in M. Jempson and R. Cookson(eds), *Satisfaction Guaranteed?: Press Complaints System under Scrutiny* (Bristol: MediaWise, 2004), p.29에 인용된 PCC의 편지.

44 'Journalists speak out — "A grubby exercise in excusing the inexcusable",' MediaWise Refugees, Asylum-Seekers and Media(RAM) project. Online. Available http://www.ramproject.org.uk/bulletins/bulletin.php?story-45882(accessed June 19, 2006).

45 T. Boyce, *Health, Risk and News* (New York: Lang, 2007).

46 "Journal regrets running MMR study," BBC News Online, February 20, 2004. Online. Available http://news.bbc.co.Uk/l/hi/health./3508167.stm(accessed July 15, 2006).

47 N. Triggle, "MMR scare doctor 'acted unethically' panel finds," BBC News Online, January 28, 2010. Online. Available http://news.bbc.co.uk/l/hi/health/8483865.stm (accessed February 1, 2010).

48 *MRC Autism Review* (London: Medical Research Council, 2006); *MRC Review of Autism Research: Epidemiology and Causes* (London: Medical Research Council, 2001). Online. Available http://www.mrc.ac.uk/index/public-interest/public-topical_issues/public-autism_main(accessedJuly 15, 2006).

49 2001년 1월 27일간의 출판일 가운데 17일 동안.

50 *Sun*, January 26, 2001.

51 *Ibid.*, January 8, 2001.

52 Health Protection Agency의 표. Triggle, "MMR scare doctor"에서 인용.

53 런던의 접종률이 계속 저조한 가운데 지역별 편차가 컸다. Boyce, *Health, Risk and News*, p.207; and "Rise in measles 'very worrying'," BBC News Online, June 2, 2009. Online. Available http://news.bbc.co.uk/1/hi/health/7872541.stm(accessed March 1, 2010).

54 *Sun*, January 26, 2001.

55 *NHS Choices*, "Measles," 2010. Online. Available http://www.nhs.uk/condi-tions/measles/ages/Introduction.aspx(accessed March 1, 2010).

56 J. Curran and J. Seaton, *Power without Responsibility*, 7th edn(London: Routledge, 2010), p.337.

57 이는 앞에서 논의한 권위주의 사회의 예와는 다르다. 왜냐면 이탈리아는 언론을 활용할 수 있는 야당이 건재하고, 이들이 정부를 주기적으로 견제할 수 있는 자유가 있기 때문이다.

58 G. Mazzoleni, "Italy," in B. Ostergaard(ed.), *The Media in Western Europe*, 2nd edn(London: Sage, 1997), p.132, 표 1.

59 D. Lane, *Berlusconi's Shadow* (London: Allen Lane, 2004), p.43, p.149; G. Dallera, M. Vagliasindi and P. Vagliasindi, "Italy," in D. Goldberg, T. Presser and S. Verhulst (eds), *Regulating the Changing Media* (Oxford: Clarendon Press, 1998).

60 See P. Anderson, *The New Old World* (London:Verso, 2009).

61　C. Padovani, *A Fatal Attraction: Public Television and Politics in Italy* (Lanham, MD: Rowman & Littlefield, 2005), p.150(라틴어 문구를 원저자와는 다르게 번역했다 — James Curran).

62　P. Ginsborg, *Silvio Berlusconi: Televisiott, Power and Patrimony* (London: Verso, 2004), p.95.

63　이 주제에 대해 이탈리아에서 수행된 연구를 잘 요약한 것은 특히 C. Padovani, *Fatal Attraction*, pp.236~238를 참고.

64　D. Lane, *Berlusconi's Shadow*, p.79.

65　C. Sammut, *Media and Maltese Society* (Lanham, MD: Lexington, 2007).

66　S. Hughes, *Newsrooms in Conflict* (Pittsburgh: University of Pittsburgh Press, 2006).

67　C. Matos, *Journalism and Political Democracy in Brazil* (Lanham, MD: Lexington, 2009).

68　S. Waisbord, *Watchdog Journalism*.

69　D. Hallin and P. Mancini, *Comparing Media Systems* (Cambridge: Cambridge University Press, 2004).

70　*Rhodes Journalism Review*, founded in 1990 참고.

71　C. Edwin Baker, *Media, Markets and Democracy*; R. Horwitz., *Tlie Irony of Regulatory Reform* (New York: Oxford University Press, 1989).

72　P. Hirsch and T. hompson,"The stock market as audience," in J. Ettema and D. Whitney(eds), *Audiencemaking* (Thousand Oaks, CA: Sage, 1994).

73　J. Squires, *Read All about It: The Corporate Takeover of America's Newspapers* (New York: Random House, 1993).

74　P. Meyer, *The Vanishing Newspaper* (Columbia, MO: University of Missouri Press, 2004).

75　J. Hamilton, "The market and the media," in G. Overholser and K. Jamieson(eds). *The Press*.

76　D. Weaver and G. Wilhoit, *The American Journalist in the 1990s* (Mahwah, NJ: Lawrence Erlbaum, 1996); D. Weaver et al., *The American Journalist in the 21st Century* (Mahwah, NJ: Erlbaum Associates, 2007).

77　James T. Hamilton, *All the News That's Fit to Sell: How the Market Transforms Information into News* (Princeton: Princeton University Press, 2004), p.184.

78　D. Hallin, 'Commercialism and professionalism in the American news media' in J. Curran and M. Gurevitch(eds), *Mass Media and Society*, 3rd edn(London: Arnold, 2000), p.230; M. Schudson and S. Tifft, "American journalism in historical perspective," in Overholser and Jamieson(eds), *The Press*, p.35.

79   S. Murray, "The politics of reality TV: an overview of recent research," In J. Curran (ed.), *Mass Media and Society* (London: Bloomsbury Academic, 2010).

80   J. Hamilton, *All the News*, pp.176~177.

81   *Ibid.*

82   J. Shattuc, *The Talking Cure* (New York: Routledge, 1997); J. Gamson, *Freaks Talk Back* (Chicago: University of Chicago Press, 1998).

83   S. Iyengar and J. McGrady, *Media Politics* (New York: Norton, 2007).

84   M. Rogers, M. Epstein and J. Reeves, "The Sopranos as HBO equity: the art of commerce in the age of digital reproduction," in D. Lavery(ed.), *This Thing of Ours* (New York: Columbia University Press, 2002). 저널리즘 상업화가 부정적 영향뿐만 아니라 다양한 긍정적 영향도 있다는 영향력 있는 논의를 보려면 D. Hallin, "Commercialism and professionalism" 참고.

85   J. Hamilton, *All the News*; R. McChesney, *Rich Media, Poor Democracy*; T. Patterson, *Out of Order* (New York: Vintage, 1993); T. Patterson, *How Soft News and Critical Journalism are Shrinking the News Audience and Weakening Democracy* (Cambridge, MA: Shorenstein Center for Press and Politics and Public Policy, Kennedy School of Government, Harvard University, 2000); J. Wittebols, *The Soap Opera Paradigm* (Lanham, MD: Rowman & Littlefield, 2004).

86   N. Chenoweth, *Virtual Murdoch* (London: Seeker and Warburg, 2001); B. Page, *The Murdoch Archipelago* (London: Simon & Schuster, 2003); J. Curran and J. Seaton, *Power without Responsibility*.

87   S. Bird, *For Enquiring Minds* (Knoxville: University of Tennessee Press, 1992).

88   J. McManus, *Market-Driven Journalism* (Thousand Oaks, CA: Sage, 1994).

89   P. Klite, R. Bardwell and J. Salzman, "Local TV news: getting away with murder," *Harvard International Journal of Press/Politics*, Vol.2, No.2(1997), pp.102~112; F. Gilliam and S. Iyengar, "Prime suspects: the influence of local television news on the viewing public," *American Journal of Political Science*, Vol.44(2000), pp.560~573.

90   S. Iyengar and J. McGrady, *Media Politics*, p.66.

91   The Pew Research Center for People and the Press Survey Report, "News Audiences Increasingly Politicized," June 8, 2004. Online. Available http://people-press.org/report/? pageid=834(accessed March 31, 2010).

92   J. Lynch and A. McGoldrick, *Peace Journalism* (Stroud: Hawthorn Press, 2005), p.3에서 인용.

93   특히 다음을 참조. W. L. Bennett, R. Lawrence and S. Livingston, *When the Press Fails*, ch.1.

94 D. Hayes and M. Guardino, "Whose views made the news? Media coverage and the march to war in Iraq," *Political Communication*, Vol.27, No.1(2010), pp.59~87.

95 *Ibid.*, p.80에서 인용.

96 W. L. Bennett, R. Lawrence and S. Livingston, *When the Press Fails*, p.37에서 인용.

97 M. Dowd, "Woman of mass destruction," *New York Times*, October 22, 2005. Online. Available http://select.nytimes.com/2005/10/22/opinion/22dowd.html7_r=l&pagewanted=print(accessed April 13, 2010).

98 Lord Hutton, *Report of the Inquiry into the Circumstances Surrounding the Death of Dr. David Kelly C.M.G.*(London: HMSO, 2004), ch.12, par.46(5).

99 허튼 경의 기소장은 '섹스업'이 과장된 것인지 또는 '잘못되고 신뢰할 만하지 않아' 의도적인 기만을 의미하는지 여부가 쟁점이었다. 그는 후자로 생각했다. *Ibid.*, ch.12, par.467(80).

100 W. L. Bennett, R. Lawrence and S. Livingston, *When the Press Fails*.

101 BBC News, September 6, 2002.

102 Public Whip에 나타난 투표 기록으로부터 추정. "Iraq — case for war not established — rejected — 18 Mar. at 21:15." Online. Available http://www.publicwhip.org.uk/division.php?date=2003-03-18&number=117(accessed April 2, 2010).

103 C. Murray et al., "Reporting dissent in wartime: British press, the anti-war movement and the 2003 Iraq War," *European Journal of Communication*, Vol.23, No.1(2008), pp.7~28.

104 *Ibid.*; D. Hayes and M. Guardino, "Whose views made the news? Media coverage and the march to war in Iraq"; PIPA, "Americans on Iraq and the UN weapons inspections"(2003). Online. Available http://www.pipa.org/OnlmeReports/Iraq/IraqUNInspl_Jan03/IraqUNInspl%20Jan03%20rpt.pdf(accessed April 13, 2010).

105 J. Lewis and R. Brookes, "How British television represented the case for the war in Iraq" in S. Allan and B. Zelizer(eds), *Reporting War*(London: Routledge, 2004); R. Narasimhan, "Looking beyond flawed journalism: how national interests, patriotism, and cultural values shaped the coverage of the Iraq War," *Harvard International Journal of Press/Politics*, Vol.10(2005), pp.45~62.

106 이 점을 잘 논한 글은 B. Zelizer, *Taking Journalism Seriously*(Thousand Oaks, CA: Sage, 2004).

107 이 부분은 제3장에서 추가로 논의한다.

제2장

1 Google Scholar, http://scholar, google.co.uk/scholar?q=hallin+and+mancini&hl=en&btnG=
Search&as_sdt=2001&as_sdtp=on(accessed May 17, 2010).

2 D. Hallin and P. Mancini, *Comparing Media Systems*, p.xiii.

3 *Ibid.*, p.14.

4 F. Siebert, T. Peterson and W. Schramm, *Four Theories of the Press* (Urbana: University of Illinois Press, 1954).

5 D. Hallin and P. Mancim, *Comparing Media Systems*, p.247.

6 *Ibid.*, pp.247~248.

7 *Ibid.*, p.251.

8 *Ibid.*, p.234.

9 S. Perlo-Freeman et al., "Armaments, disarmament and international security," in *Stockholm International Peace Research Institute Yearbook 2009* (Oxford: Oxford University Press, 2009), ch.5. Online. Available http://www.sipri.org/yearbook/2009/05/05/?searchterm=umted%20states%20military%20expenditure(accessed November 29, 2009). 이런 추정은 약간 앞서서 C. Lutz, *The Bases of Empire* (New York: New York University Press, 2009)에 보도된 내용과 부합한다.

10 US Department of Defense Base Structure Report: Fiscal Year 2008 Baseline. Online. Available http://www.acq.osd.mil/ie/download/bsr/BSR2008Baseline.pdf(accessed May 17, 2010).

11 미국은 1998년 국제형사법원조약에 반대 표결을 한 일곱 국가 중 하나이며 중국, 북한, 미얀마와 함께 2002년 로마조약 체결에 반대했다. C. Smith and H. Smith, "Embedded realpolitik? Reevaluating United States' opposition to the International Criminal Court," in S. Roach(ed.), *Governance, Order, and the International Criminal Court* (Oxford: Oxford University Press, 2009), p.29; S. Roach, "Courting the rule of law? The International Criminal Court and global terrorism," *Global Governance*, Vol.14, No.1 (2008), 13~20, p.15.

12 이런 논점은 중요한 에세이 두 편에 제시되어 있다. L. Panitch and S. Gindin, "Global capitalism and American empire," in L. Panitch and C. Leys(eds), *The New Imperial Challenge* (London: Merlin, 2003); L. Panitch and S. Gindin, "Finance and American empire," in L. Panitch and C. Leys(eds), *The Empire Reloaded* (London: Merlin, 2004). 나는 후자보다는 브레튼우드 체제의 좀 더 우호적인 견해를 채택했다.

13 제국, 또는 부분적인 제국은 손해를 볼 수 있다. N. Ferguson, *Empire* (London: Penguin Books, 2004).

14 D. Hallin and P. Mancim, *Comparing Media Systems*, p.234.

15 *Ibid.*, pp.234~235.

16 *Ibid.*, p.287, cf. pp.253~254, p.288.

17 *Ibid.*, p.290.

18 *Ibid.*, pp.287~288.

19 이에 대한 문헌은 매우 많다. 우리는 다음을 참고해 미국 미디어와 군사 분쟁에 분석의 초점을 맞추었다(아래에 특별히 언급된 문헌은 제외). M. Baum, *Soft News Goes to War* (Princeton: Princeton University Press, 2003); S. Allan and B. Zellizer(eds), *Reporting War*; A. Hoskins, *Televising War*(London: Continuum, 2004); B. Nacos, *Terrorism and the Media*(New York: Columbia University Press, 1994); M. Morley(ed.), *Crisis and Confrontation*(Totowa, Nf: Rowman & Littlefield, 1988); E. Herman and N. Chomsky, (with new afterword) *Manufacturing Consent*(London: Bodley Head, 2008); R. Denton(ed.), *The Media and the GulfWar*(Westport, CT: Praeger, 1993); E .T. May, "Echoes of the Cold War: the aftermath of September 11," in M. Dudziak(ed.), *September 11 in History: A Watershed Moment?*(Durham, NC: Duke University Press, 2004); E. Herman, "The media's role in US foreign policy," *Journal of International Affairs*, Vol.47, No.1(1993), pp.24~45; D. Kellner, *The Persian Gulf TV War*(Boulder, CO: Westview, 1992); A. Calabrese, "Casus belli: media and the justification for the Iraq War," *Television and New Media*, Vol.6(2005), pp.153~175; D. Altheide, "The mass media and terrorism," *Discourse and Society*, Vol.1, No.3(2007), pp.287~308; J. Zaller and D. Chiu, "Government's litde helper: US press coverage of foreign policy crises, 1945-1991," *Political Communication*, Vol.13(1990), pp.385~405, among others.

20 할린(D. Hallin)을 그 자신과 맞싸움시키는 것은 무례한 일일 것이다. 하지만 『미디어 시스템 형성과 진화(Comparing Media System)』에서 베트남 전쟁은 단지 두 번, 지나가는 말로, 다소 오도하는 내용으로 언급이 되었을 뿐이다. 두 권의 뛰어난 책을 참고하는 것은 기쁜 일이다. D. Hallin, *The 'Uncensored War'*(Berkeley: University of California Press, 1989); D. Hallin, *We Keep America on Top of the World*(London: Routledge, 1994).

21 D. Hallin, *Uncensored*, p.193.

22 *Ibid.*, p.199, 표 9; cf. T. Gitlin, *The Whole World is Watching*(Berkeley: University of California Press, 1980).

23 D. Hallin, *We Keep*, p.51.

24 B. Nacos, *The Press, Presidents, and Crises*(New York: Columbia University Press, 1990), p.57, 표 2.1.

25 *Ibid.*, pp.61ff.

26 *Ibid.*, ch.6.

27 *Ibid.*, p.179, 표 6.12.

28 J. Mermin, *Debating War and Peace* (Princeton: Princeton University Press, 1999), p.45, 표 3.1, p.50, 표 3.3 및 p.51, 표 3.5.

29 *Ibid.*, p.49, 표 3.2.

30 *Ibid.*, p.101, 표 5.1.

31 *Ibid.*, pp.101ff.

32 위의 주석 28을 참고.

33 J. Mermin, *Debating War and Peace*, p.144.

34 R. Entman, *Projections of Power*, p.73.

35 *Ibid.*

36 Compare J. Mermin, *Debating War and Peace*, p.68, 표 4.1 및 p.73, 표 4.2, 그리고 R. Entman, *Projections of Power*, p.80, 표 4.1.

37 R. Entman, *Projections of Power*, pp.81ff.

38 *Ibid.*, pp.89~90.

39 D. Paletz, "Just deserts?" in W. L. Bennett and D. Paletz(eds), *Taken by Storm* (University of Chicago Press, 1994), p.282.

40 R. Entman, *Projections of Power*, pp.107ff.

41 24쪽을 보라.

42 W. L. Bennett, "Toward a theory of press-state relations in the United State," *Journal of Communication*, Vol.40(Spring, 1990), pp.103~127; W. L. Bennett, *News*, 5th edn(New York: Longman, 2003) 등의 글에서 이 논의를 확장하고 있다.

43 로버트 엔트만은 *Projections of Power*에서 '연속 활성화 모델'을 전개하고 있다.

44 T. Cook, "Domesticating a crisis: Washington newsbeats and network news after the iraq invasion of Kuwait" in W. L. Bennett and D. Paletz(eds), *Taken by Storm*, pp. 105~130.

45 특히 다음을 참고하라. *War and the Media* (Manchester: Manchester University Press, 1992); P. Seib, *Beyond the Front Lines* (New York: Palgrave Macmillan, 2004); S. Rampton and J. Stauber, *Weapons of Mass Deception* (London: Constable and Robinson, 2003); N. Storman, *War Made Easy* (Hoboken, NJ: Wiley, 2005); R. Entman, *Projections of Power*, p.204(이 문헌은 정부가 뉴스를 관리하는 한 수단으로 외교적 유인책을 만들어낼 수 있다는 중요한 논점을 전개한다).

46 D. Cannadine, *Making History Now and Then* (Basingstoke: Palgrave Macmillan, 2008), pp.223~224.

47 A. Dawson and M. Schueller, *Exceptional State* (Durham, NC: Duke University Press,

2007), p.2.

48 Cited in L. Panitch and S. Gindin, "Global capitalism and American empire," p.2에서
    인용.

49 *Ibid.*, p.3.

50 *Ibid.*

51 N. Ferguson, *Colossus* (London: Allen Lane, 2004), p.294.

52 G. J. Ikenberry, "America's imperial ambition," *Foreign Affairs*, Vol.81, No.5(2002),
    pp.43~60.

53 W. L. Bennett, R. Lawrence and S. Livingston, *When the Press Fails*, p.116.

54 *Ibid.*, pp.87ff.

55 *Ibid.*, p.107.

56 *Growing Unequal?: Income Distribution and Poverty in OECD Countries* (Paris: OECD,
    2008), ch.1, 그림 1.1. Online. Available http://www.oecd.org/document/53/0,3343,en_2649_
    33933_41460917_1_1_1,00.html#DATA(accessed September 12, 2008); Cf. N. Kelly,
    The Politics of Income Inequality in the United States (Cambridge: Cambridge University
    Press, 2009), p.8.

57 "Country Note: United States," *Growing Unequal?*, Online. Available http://www.oecd/
    els/social/inequality(accessed September 12, 2008).

58 *Ibid.*

59 *The Measure of America: The American Human Development Project 2008-2009
    Report* (New York: Social Science Research Council, 2010). Online. Available http://
    www.measureofamerica.org/2008-2009-repoTt/about/(accessed June 5, 2009).

60 A. Brandolini and T. Smeeding, "Income inequality in richer and OECD countries" in W.
    Salverda, B. Nolan, and T. Smeeding(eds), *The Oxford Handbook of Economic
    Inequality* (Oxford: Oxford University Press, 2009).

61 *Ibid.*

62 OECD, "Infant Mortality"(November 2009), in *OECD Health Data 2009*. Online. Available
    http://www.oecd.org/document/16/0,3343,en_2649_34631_2085200_1_1_1_1,00.html
    (accessed January 29, 2010).

63 빈곤을 측정하는 서로 다른 방법에 대한 유용한 논의와 평가는 다음을 보라. "Poverty
    using different measures of income," Institute for Research on Poverty, University of
    Wisconsin-Madison. Online. Available http://www.irp.wisc.edu/faqs/faq3.htm#diff
    (accessed 30 April, 2010).

64 M. Nord, M. Andrews and S. Carlson, *Household Food Security in the United States,
    2008* (Washington, DC: US Department of Agriculture, 2009), pp.i, iv, v.

65 *Ibid.*, p.4

66 *Ibid.*, pp.4~5.

67 *Ibid.*, p.5, p.9.

68 *Ibid.*, p.i.

69 M. Rank, "Rethinking the scope and impact of poverty in the United States," *Connecticut Public Interest Law Journal*, Vol.6, No.2(2007): 165~181, pp.170~ 171.

70 *Growing Unequal?*

71 M. Rank, "Rethinking the scope and impact of poverty in the United States."

72 T. Smeeding, "Poor people in rich nations: the United States in comparative perspective," *Journal of Economic Perspectives*, Vol.20, No.1(2006): 69~90, pp.79~80.

73 American Human Development Project, "Factoids"(New York: Social Science Research Council, 2010). Online. Available http://www.measureofamerica.org/2008-2009-report/factoids/(accessed January 31, 2010).

74 *Growing Unequal?*.

75 American Human Development Project, 'Factoids'.

76 S. Iyengar, "Framing responsibility for political issues: the case of poverty," *Political Behavior*, Vol.12, No.1(1990), pp.19~40, p.22, 표 1.

77 R. Entman and A. Rojecki, *The Black Image in the White Mind*(Chicago: University of Chicago Press, 2001), p.94. 위에서 언급한 아이엔거(S. Iyengar)의 "Framing responsibility" 같은 연구와 비교함으로써 그들이 정의하는 빈곤은 매우 협소해져 사례가 많지 않았다.

78 M. Gilens, *Why Americans Hate Welfare*(Chicago: University of Chicago Press, 1999), p.114.

79 R. Clawson and R. Trice, "Poverty as we know it: media portrayals of the poor," *Public Opinion Quarterly*, Vol.64, No.1(2000): 53~64, p.62.

80 J. Dyck and L. Hussey, "The end of welfare as we know it," *Public-Opinion Quarterly*, Vol.72, No.4(2008): 589~618, p.597.

81 R. Entman and A. Rojecki, *The Black Image in the White Mind*, p.96.

82 F. Gilliam et al., "Crime in black and white: the violent, scary world of local news," in S. Iyengar and R. Reeves(eds), *Do the Media Govern?*(Thousand Oaks, CA: Sage, 1997), p.292.

83 R. Entman and A. Rojecki, *The Black Image in the White Mind*, ch.5.

84 D. Kendall, *Framing Class*(Lanham, MD: Rowman & Litdefield, 2005); D. Belle, "Contested interpretations of economic inequality following Hurricane Katrina," *Journal of Social Issues*, Vol.6, No.1(2006): 1~16를 특히 참조.

85 M. Gilens, "Race and poverty in America: public misperceptions and the American

news media," *Public Opinion Quarterly*, Vol.60, No.4(1996): 515~541; cf. M. Gilens, *Why Americans Hate Welfare*.

86 이런 논의는 H. Bullock, K. Wyche and W. Williams, "Media images of the poor," *Journal of Social Issues*, Vol.57, No.2(2001): 229~246에 전개되어 있다. 아울러 H. Gans, *The War against the Poor*(New York: Basic Books, 1995); R. Clawson and R. Trice, "Poverty as we know it: media portrayals of the poor"; M. de Goede, "Ideology in the US welfare debate: neo-liberal representations of poverty," *Discourse and Society*, Vol.7, No.3(1996), pp.317~357를 참고.

87 M. Rank, "Rethinking the scope and impact of poverty in the United States."

88 위의 주석 56을 참고; D. Belle, "Contested interpretations of economic inequality following Hurricane Katrina."

89 S. Iyengar, "Framing responsibility for political issues: the case of poverty."

90 H. Bullock, W Williams and W. Limbert, "Predicting support for welfare policies: the impact of attributions and beliefs about inequality," *Journal of Poverty*, Vol.7(2003), pp.35~56.

91 H. Gans, *The War against the Poor*.

92 G. Wilson, "Toward a revised framework for examining beliefs about the causes of poverty," *Sociological Quarterly*, Vol.37, No.3(1996), pp.413~427. 하지만 구조적 설명을 기피하는 것은 이주자나 노숙인에 대한 보도에는 해당하지 않는다.

93 H. O'Donnell, *Good Times, Bad Times: Soap Operas and Society in Western Europe* (London: Leicester University Press, 1999).

94 D. Kendall, *Framing Class*, p.17.

95 A. McCarthy, "Reality television: a neo-liberal theater of suffering," *Social Text*, Vol. 25, No.4(2002), pp.17~41; L. Ouellette, "'Take responsibility for yourself': Judge Judy and the neoliberal citizen," in S. Murray and L. Ouellette, *Reality TV*, 2nd edn(New York: New York University Press, 2009); L. Ouellette and J. Hay, *Better Living through Reality TV*(New York: Blackwell, 2008). 이 주제에 대한 좀 더 심도 있는 논의는 124~125쪽을 참고.

96 S. Murray, "The politics of reality TV: an overview of recent research," in J. Curran (ed.), *Media and Society*.

97 W. L. Bennett, R. Lawrence and S. Livingston, *When the Press Fails*.

98 D. Belle, "Contested interpretations of economic inequality following Hurricane Katrina."

99 *Ibid.*, p.7.

100 A. Alesina and E. Glaeser, *Fighting Poverty in the US and Europe: A World of Difference*(Oxford: Oxford University Press, 2004), p.183.

101 H. Bullock, K. Wyche and W. Williams, "Media images of the poor."

102 D. Hallin and P. Mancim, *Comparing Media Systems*, p.245.

103 *Ibid.*, p.229.

104 G. Sussman, *Global Electioneering* (Lanham, MD: Rowman & Littlefield, 2005), p.203, 표 6.9.

105 Center for Responsive Politics, "Big picture, the money behind the elections"(Washington, DC: Center for Responsive Politics, 2009). Online. Available http://www.opensecrets. org/bigpicture/index.ph(accessed February 1, 2010).

106 C. Holtz-Bacha and L. Kaid, "Political advertising in international comparison," in L. Kaid and C. Holtz-Bacha(eds), *The Sage Handbook of Political Advertising* (Thousand Oaks, CA: Sage, 2006), pp.3~14, p.5.

107 L. Kaid, "Political advertising in the United States," in L. Kaid and C. Holtz-Bacha (eds), *The Sage Handbook of Political Advertisin*, pp.37~64, p.49.

108 미국 내 정치 광고의 효용성에 대한 유용한 요약은 위의 주석 107의 책을 참고.

109 특히 N. Valentine, V. Hutchings and D. Williams, "The impact of political advertising on knowl-edge, Internet information seeking, and candidate preference," *Journal of Communication*, Vol.54, No.2(2004), pp.337~354를 참고.

110 L. Kaid and C. Holtz-Bacha, "Television advertising and democratic systems around the world: a comparison of videostyle content and effects," in L. Kaid and C. Holtz-Bacha(eds), *The Sage Handbook of Political Advertising*, pp.445~458.

111 Center for Responsive Politics, "Big picture, election stats"(Washington, DC: Center for Responsive Politics, 2009). Online. Available http://www.opensecrets.org/bigpicture/ elec_stats.php?cycle=2008(accessed February 1, 2010).

112 G. Sussman, *Global Electioneering*, p.185.

113 Congressional Research Service Report for Congress, "Campaign finance in the 2000 federal elections: overview and estimate of the Bow of money," March 16, 2001, cited G. Sussman, *Global Electioneering*, p.189.

114 G. Sussman, *Global Electioneering*, p.189.

115 *Ibid.*, p.207.

116 *Ibid.*, p.184.

117 특히 R. DeFigueiredo and G. Edwards, "Does private money buy public policy? Campaign contributions and regulatory outcomes in telecommunications," *Journal of Economics & Management Strategy*, Vol.16, No.3(2007), pp.547~576; F. Monardi and S. Glantz, "Are tobacco industry campaign contributions influencing state legislative behavior?" *American Journal of Public Health*, Vol.88(1998), pp.918~923를 참고.

118 G. Sussman, *Global Electioneering*, pp.196~200, and *passim*.

119 A. Abramowitz, B. Alexander and M. Gunning, "Incumbency, redistricting, and the decline of competition in US House elections," *Journal of Politics*, Vol.68, No.1 (2006), pp.75~88.

120 Center for Responsive Politics, "Big picture."

121 오바마에게 많은 기부를 한 기업 명단은 다음을 참고. Online. Available http://www. opensecrets.org/pres08/contrib.php?cycle=2008&cid=N00009638(accessed June 20, 2010).

122 Kantar Media, "Election by the numbers"(CMAG: The Advertising Research Newsletter for Politics, Public Affairs and Advocacy Professionals, 2008). Online. Available http:// www.tnsmi-cmag.com/Publications/NL_20081218.pdf(accessed January 31, 2010).

123 Center for Responsive Politics, "Big picture."

124 C. Holtz-Bacha and L. Kaid, "Political advertising in international comparison," p.11.

125 *Ibid.*

126 L. Kaid and C. Holtz-Bacha, "Television advertising and democratic systems around the world: a comparison of videostyle content and effects," p.446.

127 M. Scammell and A. Langer, "Political advertising in the United Kingdom," in L. Kaid and C. Holtz-Bacha(eds), *The Sage Handbook of Political Advertising*, pp.65~82.

128 G. Sussman, *Global Electioneering*, p.152.

129 *Ibid.*, p.152.

130 *Ibid.*

131 *Ibid.*, p.204.

132 *Ibid.*

133 J. Curran and J. Seaton, *Power without Responsibility*, 7th edn, p.245, 표 16.1; "About PBS: corporate facts"(2008~2009). Online. Available http://www.pbs.org/aboutpbs/aboutpbs_corp_audience.html(accessed June 25, 2010).

134 동유럽 미디어 시스템에 대한 최근의 유용한 정보는 다음을 참고. B. Dobek-Ostrowska (eds), et al., *Comparative Media Systems*(Budapest: Central European University Press, 2010); K. Jakubowicz and M. Sukosd(eds), *Finding the Right Place on the Map*; B. Klimkiewicz(ed.), *Media Freedom and Pluralism*(Budapest: Central European University Press, 2010).

135 M. Kelly, G. Mazzoleni and D. McQuail(eds), *The Media in Europe*(London: Sage, 2004); P. Iosifidis, *Public Television in the Digital Age*(Basingstoke: Palgrave Macmillan, 2007).

136 Open Society Institute(OSI), *Television across Europe*, 3 vols(Budapest: OSI, 2005).

374

137 D. Freedman, *The Politics of Media Policy* (Cambridge: Polity, 2008); M. Kelly, G. Mazzoleni and D. McQuail(eds), *The Media in Europe*.

138 D. Held et al., *Global Transformations* (Cambridge: Polity, 1999).

139 M. Kaldor, H. Anheier and M. Glasius(eds), *Global Civil Society 2003* (Oxford: Oxford University Press, 2003).

140 아래 제5장을 참고.

141 D. Cannadine, *Making History Now and Then*.

142 아래 제5장을 참고.

143 A. Lijphart, *Patterns of Democracy* (New Haven: Yale University Press, 1999).

144 D. Hallin and P. Mancim, *Comparing Media Systems*, p.302.

145 예를 들어 다음을 참고. R. McChesney, *Rich Media, Poor Democracy*; C. Edwin Baker, *Media, Markets and Democracy*; J. Hamilton, *All the News That's Fit to Sell: How the Market Transforms Information into News*; D. Thussu, *News As Entertainment* (London: Sage, 2007); J. Hardy, *Western Media Systems* (London: RoutJedge, 2008); J. Wieten, G. Murdock and P. Dahlgren(eds), *Television across Europe* (London: Sage, 2000).

146 J. Curran, *Media and Power*.

147 D. Hallin and P. Mancim, *Comparing Media Systems*, pp.279ff.

148 Office of Communications(Ofcom), "International Communications Market"(London: Ofcom, 2010), figure 3.57 online. Available http://www.ofcom.org.uk/static/cmr-10/ICMR-3.57.html(accessed January 24, 2011).

149 T. Aalberg, P van Aelst and J. Curran, "Media systems and the political information envi-ronment: a cross-national comparison," *International Journal of Press/Politics*, Vol.15, No.3(2010), pp.255~271.

제3장

1 이 연구는 아래 기관의 공동 지원을 받았다. ESRC(UK), the Hoover Institution at Stanford University(USA), the Danish Research Council and the Helsingin Sanomat Foundation (Finland). Sharon Coen(UK), Gaurav Sood, Daniel Shih and Erica McClain(US), Kirsi Pere and Mirva Viitanen(Finland) and Mia Nyegaard, Kalle Marosi, Henrik Jensen and Vibeke Petersen(Denmark)의 솜씨 있는 도움과 연구 초기 유용한 조언을 제공한 폴 메사리(Paul Messaris)에게 감사하다.

2 이 첫 번째 연구를 따른다면, 물론 우리는 자유 시장을 기반으로 미디어가 조직된 것이 정부로부터 미디어의 독립을 증진했는지를 조사할 것이다. 한국, 타이완, 홍콩, 브라질, 멕시코, 몰타, 중동, 동유럽, 서유럽의 미디어 연구로부터 판단할 때 자유를 증진하는 시

장의 역할은 주장되는 것과 달리 복잡하고 모호하다. 다음의 예를 참고. B. -S. Lee, "The Media and the Economic Crisis in Korea c. 1993-2003," unpublished PhD thesis(Goldsmiths, University of London, 2006); C. Lai, *Media in Hong Kong*; C. Mstos, *Journalism and Democracy in Brazil* (Lanham, MD: Lexington Books, 2008); S. Waisbord, *Watchdog Journalism in South America*; S. Hughes, *Newsrooms in Conflict*; C. Sammut, *Media and Maltese Society*; N. Sakr, *Satellite Realms*; C. Sparks, *Communism, Capitalism and the Mass Media*; D. Hallin and P. Mancmi, *Comparing Media Systems*; J. Curran and M. -Y. Park(eds), *De-Westernising Media Studies* (London: Routledge, 2000).

3   S. Iyengar and J. McGrady, *Media Politics*.

4   D. Shanor, *News from Abroad* (New York: Columbia University Press, 2003).

5   M. Schudson and S. Tifft "American journalism in historical perspective," pp.17~46.

6   L. W. Bennett, *News*, 5th edn.

7   M. Dimock and S. Popkin, "Political knowledge in comparative perspective," in S. Iyengar and R. Reeves(eds), *Do the Media Govern?*, pp.217~224; S. Kull, C. Ramsay and E. Lewis, "Misperceptions, the media, and the Iraq War," *Political Science Quarterly*, Vol.118(2004), pp.569~598.

8   E. J. Dionne, *Why Americans Hate Politics* (New York: Simon & Schuster, 1991).

9   A. B. Lund, "Media markets in Scandinavia: political economy aspects of convergence and divergence," *Nordicom Review*, Vol.28(2007), pp.121~134.

10   T. Sauri, *Television, Statistics Finland Joukkoviestimet 2006* (Kulttuuri ja viestinta, Helsinki: Tilastokeskus, 2006), pp.143~177.

11   TNS/Gallup, "TV-Meter Denmark"(Copenhagen, 2007).

12   BARB(Broadcasters' Audience Research Board), "UK TV Facts." Online. Available http://www.barb.co.uk/tvfacts.cfm?fullstory=true&includepage-share&flag=tvfacts (accessed July 16, 2007).

13   S. Barnett, and E. Seymour, *A Shrinking Iceberg Travelling South* (London: Campaign for Quality Television, 1999).

14   E. Seymour and S. Barnett, *Bringing the World to the UK: Factual International Programming on UK Public Service TV, 2005* (London: Communication and Media Research Unit, University of Westminster, 2006), p.6, 표 2.

15   *Ibid.*

16   B. Winston, "Towards tabloidization? Glasgow revisited, 1975-2001," *Journalism Studies*, Vol.3, No.1(2002), pp.5~20.

17   J. Curran and J. Seaton, *Power without Responsibility*, 6th edn(London: Routledge, 2003).

18   이들 신문의 정치적 성향에 따른 편향을 점검하기 위해 우리는 통제 데이터로서 ≪가디
      언≫의 뉴스를 수집해서 분석했다. ≪가디언≫과 ≪데일리 텔레그래프≫ 사이에 연성·
      경성뉴스 그리고 다루는 주된 주제에 차이가 없음을 확인한 뒤 우리는 독자가 적은 ≪가
      디언≫을 빼고 ≪데일리 텔레그래프≫를 포함했다.

19   코더 간의 전반적인 일치도는 핀란드는 88퍼센트, 덴마크 82퍼센트, 영국 84퍼센트였으
      며 미국은 낮으면 72퍼센트, 높으면 91퍼센트였다.

20   이 조사는 2007년 5월 28일부터 6월 4일까지 8일간 실시되었다. 미국에서는 폴리메트릭
      스(Polimetrix: PMX)가, 영국은 유가브(YouGov), 핀란드는 자페라(Zapera)와 PMX가,
      그리고 덴마크는 카티닷넷(Cati.net)이 조사를 수행했다.

21   표본을 대조하는 기술적인 방법은 D. Rivers, "Sample matching: representative sam-
      pling from Internet panels," unpublished paper, Department of Political Science(Stanford
      University, 2005)를 참조.

22   우리의 표본이 일련의 인구통계적 특징에 따라 대조되었다는 것이 편향이 없다는 의미는
      아니다. 모든 표집 방법은 편향이 있으며 사전 동의하에 실시되는 인터넷 패널 역시 예외
      가 아니다. 미국의 경우 PMX의 대조 표본과 RDD 전화 표본, 그리고 면접 인터뷰를 비교
      한 결과 전화와 온라인 표본 사이에 경미한 차이가 있었고 면접 인터뷰와는 상당한 편차
      가 있었다(S. HiE, J. Lo, L. Vavreck and J. Zaller, "The opt-in internet panel: survey
      mode, sampling methodology and the implications for political research," unpublished
      paper, Department of Political Science(UCLA, 2007); N. Malhotra and J. Krosnick,
      "The effect of survey mode and sampling on inferences about political attitudes and
      behavior: comparing the 2000 and 2004 ANES to internet surveys with non-probability
      samples," *Political Analysis*, Vol.15, No.3(2007), pp.286~323. 일반적으로, 온라인 표본
      은 정치적 참여 의식이 높은 유권자 편향을 나타낸다. 예를 들어, 전국 투표 연구 응답자
      (면접 인터뷰)와 비교할 때, PMX 온라인 응답자는 미국의 부통령을 정확히 응답할 가능
      성이 8퍼센트 포인트 높았다. 이는 이 연구의 온라인 표본이 모든 나라에서 면접 응답자
      나 전화 응답자에 비해 공적 이슈에 대해 좀 더 많이 알 것이란 점을 말해준다. 하지만 표
      본의 편향은 비용과 관련해서 고려할 필요가 있다. 미국의 경우 개인 면접을 기반으로 한
      전국 표본은 응답자 한 사람당 1,000달러가 소요된다. 반면 온라인 표본은 대략 응답자당
      20달러면 가능해 더 많은 표집을 할 수 있고 따라서 표본 추정의 정밀도를 높일 수 있다.
      몇몇 분석에서 언급된 것과 같이 편향성이 있는 정밀한 추정은 사실 편향성은 없지만 정
      밀하지 않은 추정보다 낫다. 덴마크에서 이 연구에 사용된 온라인 조사는 전화번호부 표
      본과 대조 작업을 거쳤다. 그 결과 온라인 표본이 좀 더 정치의식이 높다는 앞서의 추세
      가 재현되었다. 하지만 이런 차이가 이 장의 연구 결과를 부정하는 것은 아니다. 이 두 가
      지 조사 방법을 비교하는 자세한 통찰은 별도의 방법론 논문이 요구된다(e. g. L. Bartels,
      "Alternative misspecifications in simultaneous-equation models," *Political Methodology*,

Vol.11(1985): pp.181~199.

23 핀란드에서 신문은 다른 세 나라보다 더 중요한 뉴스원이다. 성인 1,000명당 일간지 구
    독은 2005년에 핀란드 518부, 미국 250부, 덴마크 294부, 영국 348부 등이다[Anon.,
    World Press Trends (Paris: World Association of Newspapers-Zenith Media, 2006].

24 M. Dimock and S. Popkin, "Political knowledge in comparative perspective," pp.217~
    224를 보라. 이는 본 연구의 핵심 동인을 제공한 명석한 에세이이다.

25 예를 들어 EU 국가들 간의 비교 연구에서 상업방송 프로그램보다 공영방송 프로그램에
    대해 우호적으로 응답한 시민은 좀 더 풍부한 정보를 가진 것으로 나타났다.[C. Holtz-
    Bacha and P. Norris, " 'To entertain, inform, and educate': still the role of public
    television?" *Political Communication*, Vol.118(2001), pp.123~ 140].

26 Pew Research Center, *Trends 2005-Media: More Voices, Less Credibility* (Washington,
    DC: Pew Research Center, 2005). Online. Available http://pewresearch.org/assets/
    files/trends2005-media.pdf(accessed September 22, 2007).

27 Pew Research Center, *Public Knowledge of Current Affairs Little Changed by News
    and Information Revolutions: What Americans Know 1989-2007* (Washington, DC: Pew
    Research Center, 2007). Online. Available http://people-press.org/reports/print.php
    3?PageID=l137(accessed September 21, 2007); for similar results see T. Patterson,
    Young People and News, Joan Shorenstein Center on the Press, Politics and Public
    Policy Report(Harvard University, 2007).

28 예를 들어 BBC는 2007년 자사의 텔레비전 뉴스가 젊은이와 소수 인종에게 소구력이 떨
    어진다는 보고에 따라 이들 그룹의 관심사를 반영하기 위한 노력을 서둘렀다.

29 J. Curran and J. Seaton, *Power without Responsibility*; J. Turow, *Breaking Up
    America*; C. E. Baker, *Advertising and a Democratic Press* (Princeton: Princeton
    University Press, 1994).

제4장

1 J. Curran and J. Seaton, *Power without Responsibility*, 7th edn.

2 M. Hampton, *Visions of the Press in Britain, 1850-1950* (Urbana: University of Illinois
   Press, 2004).

3 M. Delli Carpini and B. Williams, "Let us infotain you: politics in the new media
   environment," in W. L. Bennett and R. Entman(eds), *Mediated Politics* (New York:
   Cambridge University Press, 2001). 이런 논점은 다음의 중요한 논문에서 더 다뤄졌다.
   B. Williams and M. Delli Carpini, "Media regimes and democracy," in J. Curran(ed.),
   Media and Society.

4   J. Wittebols, *The Soap Opera Paradigm*.

5   이 장은 미디어의 예능을 인간 실현이란 폭넓은 역할이 아니라 민주주의적 역할이란 측면에 한정해서 접근하고 있다.

6   T. Frank, *What's the Matter with Kansas?*(New York: Metropolitan Books, 2004).

7   World Values Survey(1999-2001). http://www.worldvaluessurvey.org(accessed July 10, 2010).

8   H. Milner, *Civic Literacy*.

9   T. Judt, *Reappraisals* (London: Vintage, 2009).

10 K. O. Morgan, *Britain since 1945*, 2nd edn(Oxford: Oxford University Press, 2001).

11 J. Curran, I. Gaber and J. Pedey, *Culture Wars*.

12 A. McCarthy, "Reality television: a neo-liberal theatre of suffering," *Social Text*, Vol.25, No.4(2007), pp.17~41.

13 *Ibid.*, p.30.

14 L. Ouellette, "'Take responsibility for yourself': Judge Judy and the neo-liberal citizen," pp.223~242, p.232.

15 *Casualty*, Season 16, Episode 9, "Distant Elephants"(transmitted BBC1, November 10, 2001).

16 C. Hay, *Why We Hate Politics* (Cambridge: Polity, 2007); A. Heath, R. Jowell and J. Curtice, *The Rise of New Labour* (Oxford: Oxford University Press, 2001).

17 K. Gelder, *Subcultures Reader*, 2nd edn(London: Routledge, 2005); J. Fornas, U. Lindberg and O. Sernhede, *In Garageland* (London: Routledge, 1995).

18 D. Hebdige, "Skinheads and the search for white working class identity," *New Socialist*, Vol.1, No.1(1981): pp.38~41.

19 L. Blackman, "'Inventing the psychological': lifestyle magazines and the fiction of autonomous selfhood" in J. Curran and D. Morley(eds), *Media and Culture Theory* (London: Routledge, 2005); A. McRobbie, *The Aftermath of Feminism* (London: Sage, 2008).

20 D. Kellner, *Media Culture* (London: Routledge, 1995).

21 E. Van Zoonen, *Entertaining the Citizen*; J. Steet, *Politics and Popular Culture* (Cambridge: Polity, 1997).

22 S. Iyengar, *Is Anyone Responsible?*(Chicago: University of Chicago Press, 1991).

23 J. D. Slocum(ed.), *Hollywood and War* (New York: Routledge, 2006).

24 J.-M. Valentin, *Hollywood, Pentagon and Washington* (London: Anthem Press, 2005). 발렌틴(Valentin)에 의하면 미 국방부는 지원을 해주기 전에 늘 영화의 줄거리를 미리 알려달라고 요구했다.

25   R. Brooks, "Don't tell these guys torture is wrong: the GOP debate was a Jack Bauer impersonation contest," *Los Angeles Times*, May 18, 2007. Online. Available http:// www.coinmondreams.org/archive/2007/05/18/1284(accessed October 12, 2009).

26   A. Sullivan, "Scala and torture," *The Daily Dish* (2007). Online. Available http:// andrewsullivan.theatlantic.com/the_daily_dish/2007/06/scalia_and_tort.html (accessed October 14, 2009).

27   Anon., "24: Bill Clinton OK with Jack Bauer's torture tactics," *Buddy TV* (2007). Online. Available http://www.buddytv.com/articles/24/24-bill-clinton-ok-with-jack-b-117533.aspx(accessed October 14, 2009); M. McAuliff, "Torture like Jack Bauer's would be OK, Bill Clinton says," *NY Daily News. Com* (2007). Online. Available http:// www.nydailynews.com/news/national/2007/10/01/2007-10-01_torture_like_jack_bauers_would_be_ok_bil.html(accessed October 14, 2009).

28   A. Buncombe, "US military tells Jack Bauer ⋯ cut out the torture scenes ⋯ or else!," *Independent*, February 13, 2007. Online. Available http://www.independent.co.uk/news/world/americas/us-military-tells-jack-bauer-cut-out-the-torture-scenes--or-else-436143.html(accessed October 13, 2009).

29   B. Meyer, "Jesus vs.Jack Bauer," Cleveland.com(2009). Online. Available http://www.cleveland.com/.../torture_debate_prompts_evangel.litml(accessed October 12, 2009).

30   예를 들어 Anon., "Andrew Sullivan criticizes Jack Bauer cartoon," *Neveryetmelted.com* (2007). Online. Available http://neveryetmelted.com/2007/05/03/andrew-sullivan-criticizes-jack-bauer-cartoon-torture/(accessed October 14, 2009).

31   2009년 10월 16일 현재 이 논의는 '잭 바우어(Jack Bauer)와 고문(Jack Bauer-torture)'이란 주제로 구글에서 3만 9,100건이 논의되었다. 가장 두드러진 것은 미국의 많은 뉴스와 피처(feature)기사들이다.

32   Pew Research Center, "Public Remains Divided over Use of Torture"(Washington, DC: Pew Research Center, 2009). Online. Available http://people-press.org/report/510/public-remains-divided-over-use-of-torture(accessed October 14. 2009).

33   고문이 '때로' 필요하다는 응답이 약간(4퍼센트 포인트) 상승한 것을 빼고는 고문에 대한 태도는 2007년 11월부터 2009년 4월 사이에 별다른 변화가 없었다(*Ibid*.).

34   이 두 가지 주제는 제8장에서 좀 더 충분하게 논의할 것이다. 이 장의 논의에 필수적이라고 판단되어 그 내용의 요약을 여기에 서술했다.

35   L. Gross, "Minorities, majorities and the media," in T. Liebes and J. Curran(eds), *Media, Ritual and Identity* (London: Routledge, 1998).

36   G. Evans, "In search of tolerance," in A. Park et al.(eds), *British Social Attitudes: The 19th Report* (London: Sage, 2002).

37   G. Gleeber, *Serial Television* (London: British Film Institute, 2004).

38   S. K. Kent, *Gender and Power in Britain, 1640-1990* (London: Routledge, 1999); D. Gorham, *The Victorian Girl and the Feminine Ideal* (London: Croom Helm, 1982).

39   M. Tusan, *Women Making News* (Urbana: University of Illinois Press, 2005).

40   A. Bingham, *Gender, Modernity and the Popular Press in Interwar Britai* (Oxford: Clarendon Press, 2004).

41   G. Murphy, "Media influence on the socialisation of teenage girls," in J. Curran, A. Smith and P.Wingate(eds), *Impacts and Influences* (London: Methuen, 1987), pp. 202~217.

42   J. Thumim, *Celluloid Sisters* (New York: St. Martin's Press, 1992).

43   A. Lotz, *Redesigning Women* (Urbana: University of Illinois Press, 2006).

44   R. Crompton, M. Brockman and R. Wiggins, "A woman's place ··· employment and family life for men and women," in A. Park et al.(eds), *British Social Attitudes: The 20th Report* (London: Sage, 2003), p.164.

45   *Ibid.*, pp.164~165.

46   A. Henry, "Orgasms and empowerment: *Sex and the City* and the third wave feminism," in K. Akass and J. McCabe(eds), *Reading Sex and the City* (London: I. B. Tauris, 2004), pp.65~82.

47   A. McRobbie, *The Uses of Cultural Studies* (London: Sage, 2005).

48   특히 E. Hobsbawm, *Age of Extremes* (London: Michael Joseph, 1994); C. Leys, *Market-Driven Politics* (London: Verso, 2001)를 참고.

49   D. Held and A. McGrew, *Globalization tAnti-Globalization* (Cambridge: Polity, 2007).

50   J. Stiglitz, *Making Globalisation Work* (London: Penguin Books, 2006); L. Sklair, *Globalization* (Oxford: Oxford University Press, 2002).

51   D. Held, *Global Covenant* (Cambridge: Polity, 2004); D. Held and A. McGrew, *Globalization tAnti-Globalization*.

52   H. Wessler, et al., *The Transnationalization of Public Spheres* (Basingstoke: Palgrave Macmillan, 2008).

53   M. Albrow et al.(eds), *Global Civil Society 2007/8* (London: Sage, 2008).

54   N. Fraser, "Transnationalizing the public sphere: on the legitimacy and efficacy of public opinion in a post-Westphalian world," *Theory, Culture and Society*, Vol.24, No.4(2007), pp.7~30.

55   Internetworld.stats. Online. Available http://www.internetworldstats.com(accessed August 20, 2009).

56   영국 데이터는 Office of Communications(Ofcom), *New News, Future News: Research*

and Evidence Base (London: Ofcom, 2007)에서 확보했다. 스웨덴과 노르웨이의 비교할 만한 조사 데이터를 제공해준 토릴 알버그(Toril Aalberg)에게 감사하다. 그 이후 인터넷을 주요한 뉴스원으로 삼는 사람의 비율은 눈에 띄게 증가했지만 그들은 선진국에서도 여전히 소수였다. 157쪽을 보라.

57   T. Miller et al., *Global Hollywood 2* (London: British Film Institute, 2005).

58   J. Steemers, *Selling Television* (London: British Film Institute, 2004).

59   K. Hafez, *The Myth of Media Globalization* (Cambridge: Polity, 2007).

60   J. Tunstall, *The Media Were American: U. S. Mass Media in Decline* (New York: Oxford University Press, 2008).

61   T. Carlyle, *On Heroes, Hero-Worship and the Heroic in History* (London, 1841). Online. Available http://www.gutenberg.org/files/1091/1091-h/1091-h.htm(accessed July 19, 2010).

62   예를 들면 G. Overholser and K. H. Jamieson(eds), *The Press*; J. Lichtenberg(ed.), *Democracy and the Mass Media*.

63   L. Gross and J. Woods(eds), *The Columbia Reader on Lesbians and Gay Men in Media, Society and Politics* (New York: Columbia University Press, 1999).

64   S. Strohm, "The black press and the black community: the Los Angeles Sentinel's coverage of the Watts riots," in M. Mander(ed.), *Framing Friction* (Urbana: University of Illinois Press, 1999), pp.58~88.

65   J. Curran and J. Seaton, *Power without Responsibility*, ch. 2.

66   예를 들어 다음을 보라. E. Friedman, "Lesbians in (cyber)space: the politics of the Internet in Latin-American on-line and off-line communities," *Media, Culture and Society*, Vol.29, No.5(2007), pp.790~811; T. Kern and S.-H. Nan, "The making of a social movement: citizen journalism in Korea," *Current Sociology*, Vol.57, No.6 (2009), pp.637~666; Y. Song, "Internet news media and issue development: a case study in the roles of independent online news services as agenda-builders in South Korea," *New Media and Society, 2007*, Vol.9, No.1(2007), pp.71~92; M. Aouagh, "Everyday resistance on the Internet: the Palestinian context," *Journal of Arab and Muslim Media Research*, Vol.1, No.2(2008), pp.109~130, among many others.

67   P. Dahlgren, *Media and Political Engagement*; C. Hay, *Why We Hate Politics*; N. Couldry, S. Livingstone and T. Markham, *Media Consumption and Public Engagement*.

68   이들 문헌에 대해서는 많은 요약 안내본이 있다. 이들은 D. Held, *Models of Democracy*, 3rd edn(Cambridge: Polity, 2006); J. Fishkin, *When the People Speak* (Oxford: Oxford University Press, 2009); P. Starr, "Democratic theory and the history of commu-nications," in B. Zelizer(ed.), *Explorations in Communication and History* (London:

Routledge, 2008), pp.35~45; C. Edwin Baker, *Media, Markets and Democracy*; C. Christians et al., *Normative Theories of the Media*; P. Dahlgren, *Media and Political Engagement*; M. Ferree et al., *Shaping Abortion Discourse* (Cambridge: Cambridge University Press, 2002). 이런 요약들은 놀라울 정도의 편차를 나타내 어떤 합의도 없음을 보여준다. 이들 마지막 자료의 적절성을 알려준 카타리나 헤머(Katharina Hemmer)와 프랭크 에서(Frank Esser)에게 감사하다.

R. Dahl, *On Democracy* (New Haven: Yale University Press, 2007), for the classic version; and for a populist media statement, R. Murdoch, *Freedom in Broadcasting* (London: News International, 1989)를 보라.

이런 접근의 핵심 문헌은 A. Downs, *An Economic Theory of Democracy* (New York: Harper, 1957). 합리적 선택의 관점에서 미디어에 초점을 맞춘 영향력 있는 연구는 M. Schudson, *The Good Citizen* (New York: Simon & Schuster, 1998); J. Zaller, "A new standard of news quality: burglar alarms for the monitorial citizen," *Political Communication*, Vol.20(2003), pp.109~130를 보라.

핵심 문헌은 J. Habermas, *The Theory of Communicative Action* (Boston: Beacon Press, 2004). 미디어에 초점을 맞춘 연구는 S. Chambers and A. Costain(eds), *Deliberation, Democracy, and the Media* (Lanham, MD: Rowman & Littiefield, 2000).

매우 영향력 있는 일반적인 논의는 N. Fraser, *Unruly Practices* (Minneapolis: University of Minnesota Press, 1989). 미디어에 초점을 맞춘 연구는 J. Curran, "Rethinking the media as a public sphere," in P. Dahlgren and C. Sparks(eds), *Communication and Citizenship* (London: Routledge, 1991), pp.27~56; R. McChesney, *Communication Revolution* (New York: New Press, 2007)를 보라; 아울러 N. Fraser "Rethinking the public sphere: a contribution to the critique of actually existing democracy," in C. Calhoun(ed.), *Habermas and the Public Sphere* (Cambridge, MA: MIT Press, 1992)도 이를 다루고 있다.

C. Edwin Baker, *Media, Markets and Democracy*.

M. Delli Carpini and S. Keeter, *What Americans Know about Politics and Why It Matters* (New Haven:Yale University Press, 1996).

S. Kull et al., "Americans on Iraq: three years on," March 15, 2006, The WorldPublicOpinion.org/Knowledge Networks poll. Online. Available http://www.worldpublicopinion.org/pipa/pdf/mar06/USIraq_Mar06_rpt.pdf(accessed June 13, 2010).

M. Castells, *Communication Power* (Oxford: Oxford University Press, 2009), pp.166~167.

이는 3장의 핵심 결론이다. 이 경우 잘못된 이해는 미국인들의 낮은 공공 지식뿐 아니라 이라크 전쟁 전후의 오도된 정보 때문이기도 하다.

제5장

예를 들어 I. Volkmer, "The global network society and the global public sphere," *Development*, Vol.46, No.1(2003), pp.9~16; J. Bohman, "Expanding dialogue: the Internet, the public sphere and prospects for transnational democracy," *Sociological Review*, Vol.52, No.S1(2004), pp.131~55; C. Calhoun, "Information technology and the international public sphere," in D. Schuler and P. Day(eds), *Shaping the Network Society: The New Role cif Civil Society in Cyberspace* (Cambridge, MA: MIT Press, 2004), pp.229~251. 국제(international) 공론장과 비슷하게 쓰이는 말은 '초국적(transnational) 공론장', 그리고 '전 지구적 (global) 공론장'이 있다.

N. Fraser, "Transnationalizing the public sphere: on the legitimacy and efficacy of public opinion in a post-Westphalian world," pp.7~30.

다양한 사회주의적·급진 민주주의적·자유주의적 해석은 각각 다음을 참고하라. C. Ugarteche, "Transnationalizing the public sphere: a critique of Fraser," *Theory, Cultui and Society*, Vol.24, No.4(2007), pp.65~69; N. Fraser, "Transnationalizing the public sphere: on the legitimacy and efficacy of public opinion in a post-Westphalian world"; I. Volkmer, "The global network society and the global public sphere."

Office of Communications(Ofcom), *New News, Future News*, p.17.

제3장을 보라.

K. Hafez, *The Myth of Media Globalization*; C. Lee et al., "National prisms of a global 'media event'," in J. Curran and M Gurevitch(eds), *Mass Media and Society*, 4th edn(London: Hodder Arnold, 2005).

Office of Communications(Ofcom), *Annexes to New News, Future News: Research and Evidence Base*, p.90; K. A. Hill and J. E. Hughes, *Cyberpolitics: Citizen Activism in the Age of Internet* (Lanham, MD: Rowman & Littiefield, 1998).

Ofcom, *New News, Future News*; R. W McChesney, *The Political Economy of Media: Enduring Issues, Emerging Dilemmas* (New York: Monthly Review Press, 2008).

D. Miller and D. Slater, *The Internet: An Ethnographic Approach* (Oxford: Berg, 2000).

J. Van Dijk, *The Deepening Divide* (Thousand Oaks, CA: Sage, 2005).

J. Tunstall, *The Media Were American: U.S. Mass Media in Decline*.

Ibid.

J. Tomlinson, *Globalization and Culture* (Cambridge: Polity Press, 1999).

예를 들어 N. Couldry, S. M. Livingstone and T. Markham, *Media Consumption and Public Engagement*.

15 L. Panitch and C. Leys(eds), *Global Capitalism versus Democracy* (Socialist Register, 1999), (Rendlesham: Merlin, 1999).

16 L. Sklair, *Globalization*, 3rd edn(Oxford: Oxford University Press, 2002); J. Stiglitz, *Globalization and Its Discontents* (London: Penguin Books, 2002).

17 특히 잘 설명된 문헌으로는 D. Held et al., *Global Tranformations* (Cambridge: Polity, 1999), and D. Held, *The Global Covenant* (Cambridge: Polity, 2004)가 있다. 이는 민주적 책임성이 있고 다층화된 협치의 시스템은 국민의 권력을 확고히 하는 가장 좋은 방법이라고 주장한다.

18 두 저자의 개인적인 연관을 밝힌다. 제임스 커런은 현재 이 웹진의 전략 논의에 관여하는 데이비드 엘스테인(David Elstein), 토드 기틀린(Todd Gitlin), 그리고 타마라 비트스흐(Tamara Witschge)와 함께 초기에 외부에서 자원봉사하는 미디어 공동 편집자였다. 하지만 두 저자는 이 논문을 작성하면서 학문적 공정함을 유지하려 노력했다.

19 *openDemocracy* board meeting statistical report, July 2001.

20 N. Fountain, *Underground: The London Alternative Press 1966-1974* (London: Routledge, 1988); J. Downing, *Radical Media* (Thousand Oaks, CA: Sage, 2001); K. Coyer, T. Dowmunt and A. Fountain, *The Alternative Media Handbook* (London: Routledge, 2007).

21 T. Gitlin, "Is this our fate?," *openDemocracy* (USeptember, 2001). Online. Available http://www.opendemocracy.net/conflict-us911/article_213.jsp(accessed October 10, 2008).

22 *openDemocracy* board meeting statistical reports, August 2001; November 2001; December 2001.

23 *openDemocracy* board meeting statistical report, May 2002.

24 Google analytics.

25 P. Hirst and D. Held, "Globalisation: the argument of our time," *openDemocracy*, January 22, 2002. Online. Available http://www.opendemocracy.net/globalization-institutions_government/article_637.jsp(accessed October 10, 2010).

26 예를 들어, J. McGirk, "Thailand's king and that democracy jazz," *openDemocracy*, 11 June, 2006. Online. Available http://www.opendemocracy.net/democracy-protest/thailand_king_3633.jsp(accessed October 12, 2008); N.Alavi, "Iran's circle of power," openDemocracy, October 23, 2007. Online.Available http://www.open-democracy.net/article/democracy_power/irans_circle_of_power(accessed October 12, 2008).

27 S. Brownell, "The Olympics' 'civilising' legacy: St Louis to Beijing," *openDemocracy*, May 23, 2008. Online.Available http://www.opendemocracy. net/editorial_tags/tibet_2008(accessed October 13, 2008).

28 F. Khan, "Getting real about globalisation in Bangladesh," *openDemocracy*, April 14,

2004. Online. Available http://www.opendemocracy.net/globalization-trade_economy_justice/article_1851.jsp(accessed October 10, 2008).

29 C. Moorehead, "Burundi: a life in fear," *openDemocracy*, October 5, 2003. Online. Available http://www.opendemocracy.net/people-migrationeurope/article_1524.jsp(accessed October 12, 2008).

30 N. Baird, "On street safari," *openDemocracy*, November 29, 2001. Online. Available http://www.opendemocracy.net/ecology-climate_change_debate/article_461-jsp; M. Pospisil, "Holidays at home: The Czech enthusiasm for weekend cottages and allotments," *openDemocracy*, December 12, 2001. Online. Available http://www.opendemocracy.net/node/440(accessed October 14, 2008).

31 "About *openDemocracy*," *openDemocracy*, n.d. Online. Available http://www.opendemocracy.net/about(accessed October 9, 2008).

32 United Nations Development Programme, "Patterns of global inequality," in D. Held and A. McGrew(eds), *The Global Transformations Reader*, 2nd edn(Cambridge: Polity, 2003), p.425.

33 United Nations, *World Economic and Social Survey 2006: Diverging Growth and Development*, 2006. Online. Available http://www.un.org/esa/policy/wess/wess2006files/wess2006.pdf(accessed November 12, 2008).

34 M. Castells, *The Internet Galaxy* (Oxford: Oxford University Press, 2001), p.264.

35 예를 들어 S. Rushdie, "Defend the right to be offended," *openDemocracy*, February 7, 2005. Online. Available http:/Avww.opendemocracy.net/faith-europe_islam/article_2331.jsp(accessed October 16, 2008).

36 R. Rorty, "America's dreaming," *openDemocracy*, June 10, 2004. Online. Available http://www.opendemocracy.net/democracy-letterstoamericans/article_2067.jsp(accessed October 14, 2008).

37 예를 들어 P. Rogers, "The countdown to war," *openDemocracy*, April 5, 2006. Online. Available http://www.opendemocracy.net/conflict/countdown_3426.jsp(accessed October 14, 2008).

38 예를 들어 Moorehead, "Burundi."

39 인터뷰는 *openDemocracy*의 전·현직 편집국원 아홉 명을 대상으로 했다. 이는 젊은 직원뿐 아니라 편집자 세 명과 가장 오래 근무한 부편집자를 포함한다. 익명을 유지하기 위해 전·현직의 구분은 명시하지 않았다.

40 이 인용은 *openDemocracy*의 고참 직원과의 인터뷰에서 나온 것이다.

41 예를 들어 K. Strauss, *Gender Inequality, Risk and European Pensions* (University of Oxford, Department of Geography and the Environment, Working Papers in Employment,

Work and Finance, 06-13, 2006). Online. Available http://www.geog.ox.ac.uk/research/transformations/wpapers/wpg06-13.html(accessed November 12, 2008).

42 J. Curran and J. Seaton, *Power without Responsibility*, 7th edn.

43 Fawcett Society, "Record number of women MPs"(2005). Online. Available http://www.fawcettsociety.org.uk/documents/Women_MPs_May05.pdf (accessed January 8, 2008).

44 J. Redden and T. Witschge, "A new news order? Online news content examined," in N. Fenton(ed.), *New Media, Old News* (London: Sage, 2010).

45 예를 들어 J. Stratton, "Cyberspace and the globalisation of culture," in D. Porter(ed.), *Internet Culture* (New York: Routledge, 1997).

46 예를 들어 N. Robins, "The East offering its riches to Britannia," *openDemocracy*, January 22, 2003. Online. Available http://www.opendemocracy.net/node/916(accessed December 14, 2010)

47 예를 들어 S. Ossman, "Hair goes global: the view from the salons of Casablanca, Cairo and Paris," *openDemocracy*, December 19, 2002. Online. Available http://www.opendemocracy.net/arts-hair/article_857.jsp(accessed December 4, 2008); E. Dikotter, "Bring out the beast: body hair in China," *openDemocracy*, December 4, 2002. Online. Available http://www.opendemocracy.net/arts-china/article_811jsp(accessed December 4, 2008).

48 예를 들어 A. Kushova, "Besa," *openDemocracy*, July 21, 2004. Online. Available http://www.opendemocracy.net/arts/article_2114.jsp(accessed October 12, 2008); M. Kamouchi, "Sakura," *openDemocracy*, March 27, 2004. Online. Available http://www.opendemocracy.net/arts/article_2123.jsp(accessed October 12, 2008).

49 이 추정은 *openDemocracy* 편집자 두 명이 제공한 정보를 바탕으로 했다.

50 T. Berners-Lee, *Weaving the Web* (London: Orion, 2000).

51 S. Weber, *The Success of Open Source* (Cambridge, MA and London: Harvard University Press, 2004).

제6장

1 Commission on the Freedom of the Press(Hutchins Commission), *A Free and Responsible Press*, pp.34~35.

2 *US News and World Report*, September 29, 1975; *Washington Post,* June 5, 1978.

3 이런 견해는 1980년대 중반 많은 영국 고참 언론인들의 지지를 받았다(J. Curran and J. Seaton, *Power without Responsibility*, 6th edn, p.98).

4 *NewYork Times*, June 26, 1989.

5 산업 전문가 톰 래스터(Tom Laster)가 the *Boston Globe*, November 7, 1993에서 보도 했다.

6 캐나다인과 다른 잘못된 예언의 예로는 V. Mosco, *The Digital Sublime* (Cambridge, MA: MIT Press, 2005)를 보라.

7 H. Galperin, *New Television, Old Politics* (Cambridge: Cambridge University Press, 2004); J. Hart, *Technology, Television and Competition* (Cambridge: Cambridge University Press, 2007); V. Mosco, *Digital Sublime*; R. Horwitz, *The Irony of Regulatory Reform* (New York: Oxford University Press, 1989).

8 케네스 베이커(Kenneth Baker, 현재 베이커 경)는 환경부 장관(1985~1986)으로 입각했 으며 교육부 장관(1986~1989), 랭커스터 공작령 대법관(1989~1990), 내무부 장관(1990~ 1992) 등을 연이어 지냈다.

9 Kenneth Baker, "Parliamentary Debates," *Satellite and Cable Broadcasting*, 6th series, 22, (London: Hansard), p.230.

10 *Ibid.*

11 P. Goodwin, *Television under the Tories* (London: British Film Institute, 1998), p.68에 서 재인용.

12 D. Goldberg, T. Prosser and S. Verhurst, *Regulating the changing media*, p.10에서 재 인용. 1989년 당시 가정의 케이블 TV 보급 숫자는 너무 적어서 다시 확인했으나 정확한 것으로 드러났다[Cable Authority, *Annual Report and Accounts* (London: Cable Authority, 1990), p.283, 그리고 1989년 현재 Broadcasters' Audience Research Board (BARB3), "Television ownership in private domestic households 1956-2009"에 기록된 전체 TV 보유 가구]. Online. Available http:// www.barb.co.uk/tvfacts.cfmPfullstory= true&includepage=ownership&flag=tvfacts(accessed on November 10, 2008).

13 Office of Communications (Ofcom), *The Communications Market 2008* (London: Ofcom, 2008), p.211. Online. Available http://www.ofcom.org.uk/research/cm/cmr08/tv/tv.pdf (accessed November 21, 2008).

14 Information derived from *Daily Telegraph*, September 6, 1995; and NatWest Customer Services.

15 Ofcom, *The Communications Market 2004-Television Appendix: The Publics View Survey Results.(London: Ofcom, 2004), p.4. Online. Available http://www.ofcom.org. uk/research/cm/cmpdf/cmr04_print/tele_apndx.pdf(accessed November 21, 2008).

16 Ofcom, *The Communications Market 2007* (London: Ofcom, 2007), p.120. Online. Available http://www.ofcom.org.uk/research/cm/cmr07/tv/tv.pdf(accessed November 21, 2008). TV 쇼핑 매출액은 같은 책 120쪽 그림 2.16에 나온 대로 '쌍방향 서비스'의 쇼핑 매

출과 합산되었다.

17 이 정보는 2008년 Office of Communications의 간부 연구원과의 인터뷰에서 나온 것이다.

18 Nikki O'Shea, Factual Entertainment, Channel 4.

19 *New Media Age*, April 27, 2006.

20 *Precision Marketing*, March 9, 2007; cf. *New Media Age*, April 6, 2006.

21 Information Technology Advisory Panel(ITAP), *Cable Systems* (London: Cabinet Office, HMSO, 1982).

22 *The Guardian*, August 6, 1990.

23 *Times*, May 24, 1995.

24 Office of Communication(Ofcom), *Digital Local Options for the Future of Local Video Content and Interactive Services* (London: Ofcom, January 19, 2006). Online. Available http://www.ofconi.org.uk/tv/psb_review/digital_local.pdf(accessed August 12, 2008).

25 *Ibid.*, Annex A.

26 이 추정치는 2007년 Ofcom 조사에서 나왔으며, 이 기관의 조사팀에서 내부적으로 외삽해서 얻은 것이다. 지역 공동체 TV 수용자는 표준적인 전국 샘플에서는 너무 숫자가 적어 의미 있는 측정이 어렵다.

27 J. Cassidy, *Dot. Con* (London: Penguin Books, 2003).

28 Office of National Statistics(ONS), "Internet access: households and individuals"(London: ONS, 2 July, 2002), p.1에서 인용. 이 데이터는 가정의 인터넷 접속이 닷컴 붐의 끝 무렵부터 급증하기 시작했음을 보여준다. 2000년 1~3월까지 인터넷이 깔린 가구의 비중이 25퍼센트로 상승했고, 2002년 1~3월에는 40퍼센트로 증가했다. 1999년 4~6월의 낮은 숫자는 1999년 9월에 만들어진 것이다. 온라인 쇼핑은 인터넷 보급이 닷컴 버블의 수준을 훨씬 뛰어넘어 증가한 뒤에야 일부 시장 영역에서 위세를 발휘하기 시작했다.

29 S. Livingstone, "Critical debates in internet studies: Reflections on an emerging field," in J. Curran and M. Gurevitch(eds), *Mass Media and Society*, 4th edn; among others.

30 예를 들어 P. Schlesinger, "Rethinking the sociology of journalism: source strategies and the limits of media centrism," in M. Ferguson(ed.), *Public Communication* (London: Sage, 1990); P. Manning, *News and News Sources*, (London: Sage, 2001); J. Curran, I. Gaber and J. Pedey, *Culture Wars*; N. Davies, *Flat Earth News* (London: Chatto and Windus, 2008).

31 J. Howkins, *New Technologies, New Policies* (London: British Film Institute, 1982); W. Dutton and J. Blumler, "The faltering development of cable television in Britain," *International Political Science Review*, Vol.9, No.4(1988), pp.279~303; P. Goodwin, *Television under the Tories*.

32 ITAP, *Cable Systems*; ITAP, *Report of the Inquiry into Cable Expansion and Broadcasting Policy* (Hunt Report), (London: HMSO, 1982).

33 *A New Future for Communications* (London: Stationery Office, 2000), p.8.

34 2008년 6월 저자와의 대담에서 얻은 자료.

35 *Daily Mirror*, October 4, 1995.

36 *The Guardian*, July 3, 1998.

37 ITAP, *Cable Systems*.

38 *The Guardian*, May 7, 2001.

39 *Ibid.*, November 24, 2008.

40 *Sunday Times*, November 20, 1994.

41 ITAP, *Cable Systems*.

42 J. Martin, *The Wired Society* (Englewood Cliffs, NJ: Prentice-Hall, 1978); R. L. Smith, *The Wired Nation* (New York: Harner Coloohon Books 1972).

43 예를 들어 *Economist*, August 19, 2000.

44 N. Negroponte, *Being Digital* (London: Coronet, 1996).

45 예를 들어, *Times*, December 9, 1982.

46 G. Richieri, *L'universo telematico* (Bari: De Donato, 1982).

47 B. Maddox, *Beyond Babel* (London: Andre Deutsch, 1972).

48 *Times*, June 10, 1982

49 브렌다 매독스(Brenda Maddox)는 이후 전업 언론인 생활을 그만두고 과학자 로절린드 프랭클린(Rosalind Franklin)을 포함해 호평을 받은 몇 편의 전기를 썼다.

50 G. Richieri, "The history of interactive TV," in F. Colombo(ed.), *TV and Interactivity in Europe* (Milan: Vita e Pensiero, 2004).

51 *The Guardian*, January 18, 1996.

52 *Ibid.*, February 19, 1985.

53 K. Kumar, *Prophecy and Progress* (Harmondsworth: Penguin Books, 1978).

54 이런 근대주의적 견해의 최근 예로는 다음을 보라. P. Scannell, "The question of technology," in M. Bailey(ed.), *Narrating Media History* (London: Routledge, 2009).

55 E. Epstein, *The Big Picture* (New York: Random House, 2005).

56 J. Curran and J. Seaton, *Power without Responsibility*, 7th edn.

57 그들은 하나의 컴퓨터 서비스 학부와 별도로 패널의 전체 구성원을 이룬다.

58 2008년 6월 저자와의 대담에서 얻은 자료.

59 P. Iosifidis, *Public Television in the Digital Age*; M. Kelly, G. Mazzoleni and D. McQuail(eds), *The Media in Europe*, 3rd edn[London: Sage; Open Society Institute (OSI)], *Television across Europe*, 3 vols(Budapest: OSI, 2005).

제7장

1　영국 미디어 회사들은 공정거래위원회에 이런 주장을 제기했지만 기각되었을 뿐이다. Office of Fair Trading, *Review of the Local and Regional Media Merger Regime*, June 2009. Online. Available http://www.oft.gov.uk/news/press/2009/71-09(accessed December 23, 2009)를 보라.

2　특히 P. Preston, "Reasons to be cheerful, part 1: recession didn't stop the press," *Observer*, December 27, 2009를 보라.

3　"Financial woes now overshadow all other concerns for journalists," Pew Charitable Trust Report, March 17, 2008. Online. Available http://www.pewtrusts.org/our_work_report_detail.aspx?id=36600(accessed July 1, 2009).

4　Newspaper Society 제공 정보.

5　L. Downie and M. Schudson, "The reconstruction of American journalism," *Columbia Journalism Review*, 2010. Online. Available http://www.cjr.org/reconstruction/the_reconstruction_of_american.php(accessed January 10, 2010).

6　Pew Project for Excellence in Journalism, *State of the News Media 2009*, (Washington, DC: Pew Research Center Publications, March 16, 2009). Online. Available http://www.stateofthemedia.org/2009/narrative_overview_intro.php?cat=0&media=1 (accessed December 10, 2009).

7　C. Tryhorn, "Trinity Mirror sheds 1,200 jobs in 14 months," *The Guardian*, February 26, 2009.

8　C. McNally, "Northcliffe takes job cut target to 1,000 as revenue falls," *Press Gazette*, March 23, 2009.

9　J. Dear, "The media are failing democracy. Politicians are failing the media," 발표 논문 Media for All? The Challenge of Convergence, Campaign for Press and Broadcasting Freedom, October 31, 2009. Online. Available http://www.cpbf.org.uk/index_conf.html(accessed December 21, 2009).

10　마틴 로손(Martin Rowson)의 멋진 표지 시리즈 중 하나로 출판사 루틀리지(Routledge) 가 J. Curran and J. Seaton, *Power without Responsibility*, 7th edn를 위해 제공했다.

11　J. Nerone, "The death (and rebirth?) of working-class journalism," *Journalism*, Vol.10, No.3(2009), pp.353~355.

12　G. Monbiot, "I, too, mourn good local newspapers, but this lot just aren't worth saving," *The Guardian*, November 9, 2009. Online. Available http://www.guardian.co.uk/commentisfree/2009/nov/09/local-newspapers-democracy(accessed December 14, 2009).

13 J. Nerone, "Death (and rebirth?)".

14 S. B. Johnson, "Old growth media and the future of news," 2009. Online. Available http://www.stevenberlinjohnson.com/2009/03/the-following-is-a-speech-i-gave-yesterd ay-at-the-south-by-southwest-interactive-festival-in-austiniif-you-happened-to-being.ht ml(accessed February 4, 2009).

15 *The Future of Journalism special issue of Journalism*, Vol.10, No.3(2009)에 있는 상당 수의 논문이 이런 입장을 취한다. 나는 이에 따라 이를 '자유주의 교육자' 접근이라 이름 지었다.

16 C. Beckett, *Supermedia* (Oxford: Blackwell, 2008), p.170.

17 Cited R. McChesney and J. Nichols, *The Death and Life of American Journalism* (New York: Nation Books, 2010), p.77.

18 Beckett, *Supermedia*, p.108에서 재인용.

19 Interactive Advertising Bureau of Canada, "Canadian online advertising revenue survey 2009." Online. Available hhttp://www.iabcanada.com/newsletters/072709.shtm(accessed July 23, 2010).

20 Internet Advertising Bureau(IAB), *Fact Sheet: Online Adspend-HI 2009* (London: IAB, 2009).

21 Office of Fair Trading, *Review.*

22 J. Curran and J. Seaton, *Power without Responsibility*, p.242.

23 Internet World Stats. Online. Available http://www.internetworldstats.com/Europa2. htm(accessed December 1, 2009).

24 특히 Internet Advertising Bureau(US), Internet Advertising Bureau(UK), IR. EP (France) and Interactive Advertising Bureau of Canada를 보라.

25 Internet World Stats. Online. Available http://internet.world.stats.com(accessed July 23, 2010).

26 Pew Project for Excellence in Journalism, *State of the News Media.*

27 R. Benson, "Future of the news: international considerations and future reflections," in Natalie Fenton(ed.), *New Media, Old News.*

28 T. Aalberg, P. van Aelst and J. Curran, "Media systems and the political information environment: a cross-national comparison," *International Journal of Press/Politics*, Vol. 15, No.3(2010), pp.255~271.

29 157쪽을 보라.

30 Pew Research Center for the People and the Press, "Internet overtakes newspapers as news outlet"(Washington, DC: Pew Research Center, December 23, 2008). Online. Available http://people-press.org/report/479/internet-overtakes-newspapers-as-news-source

(accessed December 1, 2009).

31 Nielsen NetRatings Website Ranking, January 2009.

32 "Reach and percentage growth for UK news websites"(표는 Nielsen, 2008년 9월에서 확보). BBC News Online, "2008's highlights." 이 정보를 제공해준 데이비드 카울링 (David Cowling)에게 감사드린다.

33 Pew Project for Excellence in Journalism, *State of the News Media*.

34 B. Franklin and D. Murphy(eds), *Making the Local News* (London: Routledge, 1998).

35 Fenton(ed.), *New Media, Old News*.

36 제1장을 보라.

37 E. Scott, " 'Big media' meets the 'bloggers': coverage of Trent Lott's remarks at Strom Thurmonds birthday party," Kennedy School of Government Case Study C14-04-1731.0 (Cambridge, MA: John Kennedy School of Government, Harvard University, 2004).

38 D. Smillie, "San Diego news shoot-out," *Forbes.com*, June 8, 2009. Online. Available http://www.forbes.com/2009/06/05/internet-advertising-newspapers-busi-ness-media -san-diego.html(accessed December 21, 2009); Pew Project for Excellence in Journalism, Special Report, *Citizen-Based Media* (Washington, DC: Pew Research Center, 2009). Online. Available http://www.stateofthemedia.org/2009/narrative_special_citzenbasedmedia. php?media=12&cat=0(accessed December 28, 2009).

39 J. Cummings, "RNC shells out $150k for Palin fashion," *Politico*, October 21, 2008. Online. Available http://www.politico.com/news/stories/1008/14805.html (accessed December 19, 2009).

40 아울러 M. Garcelon, "The 'Indymedia' experiment," *Convergence*, Vol.12, No.1(2006), pp.55~82를 보라.

41 Paul Steiger, "US investigative reporting in the internet age," paper presenter to the Axess Future of Journalism conference, London, July 9, 2010.

42 Office of National Statistics(ONS), *Internet Access 2008: Households and Individuals* (London: ONS, 2008).

43 Pew Project for Excellence in Journalism, *Citizen-Based Media*.

44 *Ibid.*; Special Report, *New Ventures* (Washington, DC: Pew Research Center, 2009). Online. Available http://www.stateofthemedia.org/2009/narrative_special_newventures. php?media=12&cat=2(accessed December 21,2009).

45 Pew Project for Excellence in Journalism, *State of the New Media*.

46 J. Redden and T. Witschge, "A new news order? Online news content examined." 그들이 지적하듯이 유럽과 미국의 인터넷 사용자 대부분은 첫 페이지 이상 클릭하지 않는다.

47   *Ibid.*

48   N. Couldry, "New online sources and writer-gatherers," in Fenton(ed.), *New Media, Old News.*

49   Pew Project for Excellence in Journalism, *State of the News Media.*

50   L. Downie and M. Schudson, "The reconstruction of American journalism."

51   J. Curran, *Media and Power.*

52   Paul Steiger, "US investigative reporting in the internet age."

53   L. Downie and M. Schudson, "The reconstruction of American journalism."

54   R. McChesney and J. Nichols, *The Death and Life of American Journalism.*

55   Nielsen NetRatings Website Ranking, January 2009.

56   Ina Zwerger at österreichischer Rundfunk.

57   *The Guardian*, July 26,2010.

58   신문의 비판에 대응해 뉴스를 내보내기 위한 BBC의 노력에 대한 자세한 설명은 다음을 보라. A. Briggs, *The Golden Age of the Wireless* (London: Oxford University Press, 1965), pp.152~155.

59   공공자금을 받는 지역뉴스 허브에 대한 설명과 정당화는 N. Fenton et al., *Local News Hubs: Meeting the News Needs of Local Communities*, Goldsmiths, Leverhulme Media Research Centre/Media Trust Report(London: Media Trust, 2010).

제8장

1   J. Curran, *Media and Power.* 아울러 J. Curran, "Media and the making of British society, c. 1700-2000," pp.134~154를 참고.

2   M. Bailey(ed.), *Narrating Media History.*

3   특히, B. Harris, *Politics and the Rise of the Press: Britain and France 1620-1800* (London: Routledge, 1996); H. Barker, *Newspapers, Politics and English Society, 1695-1855* (Edinburgh: Longman, 2000)를 보라.

4   예를 들어 D. Read, *Press and People, 1190-1850* (London: Arnold, 1961); H. Perkin, *The Origins of Modern English Society, 1780-1880* (London: Routledge and Kegan Paul, 1969); J. Brewer, *Party Ideology and Popular Politics at the Accession of George III* (Cambridge: Cambridge University Press, 1976); 최근 나온 이런 종류의 논의는 P. Brett, "Early nineteenth-century reform newspapers in the provinces: the Newcastle Chronicle and Bristol Mercury," in M. Harris and T. O'Malley(eds), *Newspaper and Periodical Annual 1995* (Westport, CT: Greenwood, 1997).

5   특히 J. C. D. Clark, *English Society 1688-1832* (Cambridge: Cambridge University

Press, 1985); R. Price, *British Society, 1680-1880* (Cambridge: Cambridge University Press, 1999); D. Cannadine, *History in Our Time* (London: Penguin Books, 2000).

6 J. Black, *The English Press 1621-1861* (Stroud: Sutton, 2001).

7 Barker, *Newspapers, Politics and English Society*, p.4.

8 *Ibid*, p.222.

9 *Ibid*, p.5.

10 Black, *English Press*, p.107.

11 *Ibid*, p.192.

12 C. Seymour-Ure, "National daily papers and the party system," in *Studies on the Press*, Royal Commission on the Press Working Paper No.3(London: HMSO, 1977); G. Boyce, "The fourth estate: the reappraisal of a concept," in G. Boyce and P. Wingate(eds), *Newspaper History* (London: Constable, 1978).

13 S. Koss, *The Rise and Fall of the Political Press in Britain*, Vol.2(London: Hamish Hamilton,1984).

14 B. Harrison, "Press and pressure group in modern Britain," in J. Shattock and M. Wolff(eds), *The Victorian Periodical Press: Samplings and Soundings* (Leicester: Leicester University Press, 1982). P.282.

15 J. Black, "The press and politics in the eighteenth century," *Media History*, Vol.8, No.2(2002), pp.175~182; J. Brewer, *Party Ideology and Popular Politics at the Accession of George III*; B. Harris, *Politics and the Rise of the Press*.

16 정치이론가들은 그들의 인식 지도에서 어느 정당에 위치해 있느냐에 따라 의견이 다르다. 정당은 시민사회에 반은 발을 담그고, 반은 발을 뺀 것이란 설명이 보편적이다. 사실 이상적으로는 시민사회와 국가 사이의 통로라고 할 수 있다.

17 예를 들면 P. Hollis, *The Pauper Press* (Oxford: Oxford University Press, 1970).

18 J. Black, "The press and politics in the eighteenth century."

19 M. Hampton, *Visions of the Press in Britain, 1850-1950*.

20 M. Hampton, "Renewing the liberal tradition: the press and public discussion in twentieth-century Britain," in Bailey(ed.), *Narrating Media History*.

21 이에 대한 전통적인 견해는 P. Scannell, "Public service broadcasting and public life," in P. Scannell, P. Schlesinger and C. Sparks(eds), *Culture and power* (London: Sage, 1992).

22 H. Chignell, "Change and reaction in BBC current affairs radio, 1928-1970," in iiailey (ed.), *Narrating Media History*.

23 C. White, *Women's Magazines, 1693-1968* (London: Michael Joseph, 1970), p.42에서 재인용.

24 J. Thumim, *Celluloid Sisters*, p.210.

25 이는 M. DiCenzo, "Feminist media and history: a response to James Curran," *Media History*, Vol.10, No.1(2004), pp.43~49의 핵심 내용이다.

26 Cited in M. Tusan, *Women Making News*, p.99.

27 D. Deacon, "'Going to Spain with the boys': Women correspondents and the Spanish Civil War," in Bailey(ed.), *Narrating Media History*.

28 예를 들어 제11장을 보라. 이는 또한 언론 종사자 성비 구성의 변화가 어떤 차이를 만드는지 여부에 대해 의문을 제기한다.

29 A. Bingham, *Gender, Modernity and the Popular Press in Interwar Britain* (Oxford: Clarendon Press, 2004).

30 M. Bailey, "The angel in the ether: early radio and the constitution of the household," in Bailey(ed.), *Narrating Media History*.

31 D. Dugaw, *Warrior Women and Popular Balladry, 1650-1850* (Cambridge, Cambridge University Press, 1989).

32 M. Beetham, *A Magazine of Her Own?* (London: Routledge, 1996).

33 M. Landy, *British Genres: Cinema and Society, 1930-1960* (Princeton, Princeton University Press, 1991).

34 D. Philips and I. Haywood, *Brave New Causes* (London and Washington; Leicester University Press, 1998).

35 D. Philips, *Women's Fiction 1945-2005* (London: Continuum, 2006).

36 A. Lotz, *Redesigning Women*; L. Cooke, *British Television Drama: A History* (London: British Film Institute, 2003).

37 A. McRobbie, "*More!*: new sexualities in girls' and women's magazines," In J. Curran, D. Morley and V. Walkerdine(eds), *Cultural Studies and Communications* (London: Arnold, 1996)

38 M. Macdonald, *Representing Women* (London: Arnold, 1995).

39 K. Boyle, "Feminism without men: feminist media studies in a post-feminist age," in J. Curran and M. Gurevitch(eds), *Mass Media and Society*, 4th edn.

40 L. Blackman, "'Inventing the psychological': lifestyle magazines and the fiction of autonomous selfhood."

41 〈섹스 앤드 더 시티〉에 대한 좀 더 자세한 논의는 제4장을 참고하라.

42 선구적인 연구는 J. Tosh, *A Man's Place* (New Haven: Yale University Press, 1999).

43 이 장에서 제시된 논의에 대해 충분한 설명을 할 공간이 부족하지만, 이는 J. Curran, *Media and Power*에서 충분히 논의했다.

44 S. Hall, "Popular power and the state," in T. Bennett, C. Mercer and J. Woollacott

(eds), *Popular Culture and Social Relations* (Milton Keynes: Open University Press, 1986).

45 J. Petley, "What fourth estate?" in Bailey(ed.), *Narrating Media History*.

46 J. Allen and O. Rushton(eds), *Papers for the People* (London: Merlin, 2005).

47 J. Plunkett, *Queen Victoria: First Media Monarch* (Oxford: Oxford University Press, 2003).

48 M. Bailey, "Broadcasting and the problem of enforced leisure during the 1930s," *Leisure Studies*, Vol.26, No.4(2007), pp.463~477, p.464.

49 J. Habermas, *The Structural Transformation of the Public Sphere* [Cambridge: Polity, 1989(first Genrman edition 1962)].

50 J. Habermas, "Concluding remarks."

51 J. Flanders, *Consuming Passions* (London: Harper Press, 2006), p.xvii.

52 J. Nott, *Music for the People* (Oxford: Oxford University Press, 2002), p.227.

53 J. Milland, "The Pilkington Report: the triumph of paternalism?" in Bailey(ed.), *Narrating Media History*.

54 예를 들어 S. Wilson, "Real people with real problems? Public service broadcasting, commercialism and *Trisha*," and M. Hills, "Who wants to be a fan of *Who Wants to be a Millionaire?*" 둘 다 C. Johnson and R. Turrock(eds), *ITV Cultures* (Maidenhead: Open University Press, 2005)에서 인용.

55 L. Colley, *Britons: Forging the Nation, 1707-1837* (London: Pimlico, 1992).

56 J. Mackenzie, *Propaganda and Empire* (Manchester: Manchester University Press, 1984); J. Richards, *Films and British National Identity: From Dickens to Dad's Army* (Manchester: Manchester University Press, 1997).

57 J. Chapman, *Past and Present* (London: I. B. Tauris, 2005).

58 R. Weight, *Patriots* (London: Pan, 2003).

59 P. Ward, *Britishness since 1870* (London: Routledge, 2004).

60 R. Colls, *Identity of England* (Oxford: Oxford University Press, 2002), p.380.

61 K. Kumar, *The Making of English National Identity* (Cambridge: Cambridge University Press, 2003).

62 D. Barlow, P. Mitchell and T. O'Malley, *The Media in Wales* (Cardiff: University of Wales Press, 2005).

63 *Ibid.*, p.47.

64 *Ibid.*, p.144, 표 6.2.

65 예를 들어 J. Medhurst, "Television in Wales, c. 1950-70," and D. Day, " 'Nation shall speak peace unto nation': the BBC and the projection of a new Britain, 1967-82," both

in Bailey(ed.), *Narrating Media History* 를 보라.

66 S. Cohen, *Folk Devils and Moral Panics*, 2nd edn(Oxford: Martin Robertson, 1980); S. Hall et al., *Policing the Crisis: Mugging, the State, and Law and Order*(London: Macmillan, 1978); P. Golding and S. Middleton, *Images of Welfare*(Oxford: Martin Robertson, 1982).

67 J. Curran, I. Gaber and J. Petley, *Culture Wars*.

68 C. Critcher, *Moral Panics and the Media* (Buckingham: Open University Press, 2003).

69 S. Hall et al., *Policing the Crisis*.

70 G. Creeber, *Serial Television*; L. Cooke, *British Television Drama*.

71 H. Innis, *The Bias of Communication* (Toronto: Toronto University Press, 1951).

72 E. Eisenstein, *The Printing Press as an Agent of Change*, 2 vols(Cambridge: Cambridge University Press, 1979).

73 M. McLuhan, *Understanding Media* (London: Routledge and Kegan Paul, 1964).

74 J. Meyrowitz, *No Sense of Place* (New York: Oxford University Press, 1985).

75 P. Evans and T. Wurster, *Blown to Bits* (Boston, MA: Harvard Business School Press, 2000).

76 R. Tsagarousianou, D. Tambini and C. Bryan(eds), *Cyberdemocracy* (London: Routledge, 1998).

77 M. Poster, *The Second Media Age* (Cambridge: Polity, 1995).

78 J. Stratton, "Cyberspace and the globalisation of culture."

79 S. Turkle, *Life on the Screen* (New York: Simon & Schuster, 1997).

80 H. Rheingold, *The Virtual Community*, rev. edn(Cambridge, MA: MIT Press, 2000).

81 C. Anderson, *The Long Tail* (London: Random House Business Books, 2006).

82 N. Negroponte, *Being Digital*.

83 이 주제는 J. Curran, D. Freedman and N. Fenton(eds), *Misunderstanding the Internet* (2012)에서 다뤘다.

84 P. Scannell, "The question of technology."

85 G. Murdock and M. Pickering, "The birth of distance: communication and changing conceptions of elsewhere," in Bailey(ed.), *Narrating Media History*.

86 M. Blondheim, "Narrating the history of media technologies, pitfalls and prospects," in Bailey(ed.), *Narrating Media History*.

87 J. Curran, *Media and Power*.

88 T. Marshall, *Citizenship and Social Class and Other Essays* (Cambridge: Cambridge University Press, 1950).

89 G. Murdock, "Citizens, consumers and public culture," in M. Skovmand and K.

Schroder(eds), *Media Cultures* (London: Routledge, 1992); G. Murdock, "Rights and representations: public discourse and cultural citizenship," In J. Gripsrud(ed.), *Television and Common Knowledge* (London: Routledge, 1999).

90 R. McKibbin, *Classes and Cultures* (Oxford: Oxford University Press, 1998).

91 J. Curran and J. Seaton, *Power without Responsibility*, 7th edn.

92 K. Williams, *Get Me a Murder a Day!* (London: Arnold, 1998); J. Eldridge, J. Kitzinger and K. Williams, *The Mass Media and Power in Modern Britain* (Oxford: Oxford University Press, 1997).

93 P. Holland, *The Angry Buzz* (London: I. B. Tauris, 2006); J. Curran, "Television and the public sphere: television journalism," in P. Holland, *Television Handbook* (London: Routledge, 1997); M. Tracey, *In the Culture of the Eye* (London: Hutchinson, 1983).

94 S. Barnett, and A. Curry, *The Battle for the BBC* (London: Aurum, 1994).

95 J. Williams, *Entertaining the Nation* (Stroud: Sutton, 2004).

96 A. Briggs, *The History of British Broadcasting in the United Kingdom*, vols 1-4 (Oxford: Oxford University Press, 1961~1995).

97 P. Goodwin, *Television under the Tories*; D. Freedman, *Television Politics of the Labour Party 1951-2001* (London: Cass, 2003); T. O'Malley and C. Soley, *Regulating the Press* (London: Pluto, 2000); S. Tunney, *Labour and the Press* (Eastbourne: Sussex Academic Press, 2007).

98 S. Schwarzkopf, "'A moment of triumph in the history of the free mind?' British and American advertising agencies' responses to the introduction of commercial television in the Umted Kingdom," in Bailey(ed.), *Narrating Media History*.

99 P. Flichy, "New media history," in L. Lievrouw and S. Livingstone(eds), *The Handbook of New Media* (London: Sage, 2002); F. Turner, *From Counterculture to cyberculture* (Chicago: University of Chicago Press, 2006); J. Abbate, *Inventing the Internet* (Cambridge, Ma: MIT Press, 2000); C, Marvyn, *When Old Technologies were New* (New York: Oxford University Press, 1990); B. Winston, *Media Technology and Societ* (London: Routledge, 1998).

100 이 에세이는 주요한 미디어 역사가들 사이 원탁 토론의 초점이었다. *Media History*, Vol.16, No.2(2010), pp.233~252.

101 선구적인 미디어사 비교 연구는 다음을 참고. A. Briggs and P. Burke, *A Social History of the Media* (Cambridge: Polity, 2002); and J. Chapman, *Comparative Media History* (Cambridge: Polity, 2005). 비교 연구를 발전시켜 미디어사 연구가 다른 미디어 연구를 따라잡은 사례는 다음을 참고. J. Curran, "Communication and history," in B. Zelizer (ed.), *Explorations in Communication and History*.

제9장

1   이는 필자가 3분의 1 이상을 줄이면서 새로운 내용을 추가하고 개작한 논문이다(감사의
     글, p.xii를 참고).

2   예를 들어 다음과 대조해 보라. S. Koss, *The Rise and Fall of the Political Press in
     Britain*, Vols 1 and 2(London: Hamish Hamilton, 1981 and 1984), with H. Barker,
     Newspapers, Politics and English Society, 1695~1855.

3   A. Lee, *The Origins of the Popular Press 1855~1914* (London: Croom Helm, 1976); R.
     C. K. Ensor, *England 1817~1914* (Oxford: Clarendon Press, 1936).

4   M. Hampton, *Visions of the Press in Britain, 1850~1950*; C. J. Hambro, *Newspaper
     Lords in British Politics* (London: Macdonald, 1958).

5   P. Hollis, *The Pauper Press*; J. Wiener, *The War of the Unstamped* (Ithaca, NY:
     Cornell University Press, 1969); W. H. Wickwar, *The Struggle for the Freedom of the
     Press, 1819~1832* (London: Allen & Unwin, 1928); E. P. Thompson, *The Making of
     the English Working Class* (London: Gollancz, 1963).

6   F. S. Siebert, T. Peterson and W. Schramm, *Four Theories of the Press* (New York:
     Books of Libraries Press, 1973); F. Williams, *Dangerous Estate* (London: Grey Arrow,
     1959); R. Marx, "Abolition des 'impôts sur le savoir' et liberté de la presse," *Revue
     Française de Civilisation Britannique*, Vol.5, No.4(1990), pp.7~22; Anon., *The History
     of The Times*, vol.2(London: The Times Publishing Co., 1939), among many others.
     이런 일반적인 생각에서 벗어나는 것은, ≪더 타임스≫ 주제의 복수를 강조하는 J. Chalaby,
     The Invention of Journalism (Basingstoke: Macmillan, 1998)이 있고, 아울러 J. Steel,
     "The 'radical' narrative, political thought and praxis," *Media History*, Vol.15, No.2
     (2009), pp.221~238는 현대 공리주의 사조에 입각해서 이상주의를 강조했다.

7   Dr Phillimore, *Parliamentary Debates*, xci, 1819, col. 1363(London: Hansard, 1819).

8   Wilmot, *Parl. Deb.*, xci, 1819, col. 1357.

9   P. Hollis, *The Pauper Press*.

10   J. Epstein, *The Lion of Freedom* (Beckenham: Croom Helm, 1982).

11   *Northern Star*, January 16, 1841. 참고문헌은 특히 이 신문이었다.

12   이는 한 부당 독자 10명이라는 예상에 근거한 것인데, 이것은 P. Hollis, *The Pauper
     Press and Wiener, The War of the Unstamped*에서 제시된 증거에 입각해 보수적으로
     추정된 것이다.

13   예를 들어 Brougham, *Parl. Deb.*, xli, 1819, col. 1507.

14   호윅(Lord Howick) 경이 흄(Joseph Hume)의 동의안을 지지한 것은 필시 그레이(Grey)
     가문이 연립 내각을 반대한 때문이었을 것이다. 펠럼(Pelham)이 동의안을 찬성한 것도

이상한 일인데, 그는 인지세 법안에 대한 일관된 지지를 보인 사람이기 때문이다. 그가 적극적으로 개입한 사례는 *Parl. Deb.*, xi, 1832, cols 491~492 참조.

15   J. Scarlett, *Parl. Deb.*, 2nd series, xvii, 1827, col. 1067.

16   Cited J. Wiener, *The War of the Unstamped*, p.94에서 인용.

17   논의의 또 다른 핵심은 인지세의 감액이나 폐지가 정부 수입의 감소로 이어졌는지 여부와 그 규모이다.

18   이 논점은 1830년대 의회 대논쟁에서 대립하는 두 진영 사이에서 반복적으로 제기되었다. 예를 들어 다음을 보라. *Parl. Deb.*, xiii, 1832, cols 619~648; *Parl. Deb.*, xxiii, 1834, cols 1193~222; *Parl. Deb.*, xxx, 1835, cols 835~862; *Parl. Deb.*, xxiv, 1836, cols 627ff.; *Parl. Deb.*, xxxv, 1836, cols 566ff.; and *Parl. Deb.*, xxxvi, 1837, cols 1164~1184. 이 주제에 대한 최근의 전형적인 논증의 예는 J. Crawfurd, *Taxes on Knowledge: A Financial and Historical View of the Taxes which Impede the Education of the People* (London; Charles Ely, 1836)를 참고하고, 반대되는 의견은 C. M. Westmacott, *The Stamp Duties: Serious Considerations on the Proposed Alteration of the Stamp Duty on Newspapers* (London: The Age Office, Catherine Street, 1836)를 참고. 사실, 인지세를 내지 않은 급진 신문은 '마음껏 활약할 권리'가 주어지지 않았다. 이들은 계속 압박을 받았는데 이는 1830년대의 '존중받는' 무인지세 신문과는 달랐다.

19   이는 웨클리(Wakley)나 페로넷 톰슨(Perronet Thomson) 같은 일부 급진적 의원을 포함하지 않은 것이다.

20   E. Bulwer-Lytton, *Parl. Deb.*, xiii, 1832, col. 634.

21   Report of the Select Committee on Drunkenness, *Parliamentary Papers*, viii, 1834, quo. 2054.

22   E. Bulwer-Lytton, *Parl. Deb.*, xxiii, 1834, cols 1208-1209.

23   G. Grote, *Parl. Deb.*, xxiii, 1834, col. 1221.

24   S. Rice, *Parl. Deb.*, xxxiv, 1836, col. 634; S. Rice, *Parl. Deb.*, xxxvii, 1837, col. 1165.

25   C. D. Collet, *History of the Taxes on Knowledge* (London: T. Fisher Unwin, 1899), vol.1, p.84.

26   *Ibid.*, p.207.

27   A. Heywood, Report of the Select Committee on Newspaper Stamps, *Parliamentary Papers*, xvii, 1851, pp.658ff.

28   Disraeli, *Parl. Deb.*, cxxv, 1853, col. 1178; cf. E. Bulwer-Lytton, *Parl. Deb.*, cxxxvii, 1855, col.1128.

29   C. D. Collet, *History of the Taxes on Knowledge*, pp.193~215.

30   R. Cobden, *Parl. Deb.*, cxx, 1852, col. 1022.

31   Ewart, *Parl. Deb.*, cxxv, 1853, col. 1145.

32　Michael Whitty(Chief Constable of Liverpool), Report of the Select Committee on Newspaper Stamps, p.688.

33　다음을 보라. *Parl. Deb.*, cx, 1850, cols 378ff. and 1237ff.; *Parl. Deb.*, cxx, 1852, cols 992ff.; Parl Deb., cxxi, 1852, cols 594ff.; *Parl. Deb.*, cxxv, 1853, cols 1119ff; *Parl. Deb.*, cxxxviii, 1855, cols 448ff.; *Parl. Deb.*, cli, 1858, cols 98ff.; *Parl. Deb.*, clvii, 1860, cols 375ff.; *Parl. Deb.*, clviii, 1860, cols 1434ff.

34　H. Palmerston, *Parl. Deb.*, cxxvii, 1854, col. 459.

35　J. Maguire, *Parl. Deb.*, clvii, 1860, col. 383.

36　W. Gladstone, cited in J. Grant, *The Newspaper Press: Its Origins, Progress and Present Position*, vol.2(London: Tinsley Bros, 1871).

37　특히 다음의 예를 보라. Bright, Parl. Deb, cxxv, 1853, col. 1160; T. Milner-Gibson, Parl, Deb, cxxv, 1853, cols 1131~1132; E. Bulwer-Lytton, Parl Deb., cxxxvii, 1855, col.1120; Marquess of Clanricarde, *Parl. Deb.*, clviii, 1860, col. 1495.

38　A. Andrews, *The History of British Journalism to 1855*(London: Richard Bentley, 1859), vol.2, p.347.

39　W. Hickson, Report of the Select Committee on Newpaper Stamps, para. 3169.

40　W. Gladstone, *Parl. Deb.*, cxxxvii, 1855, col. 794. See also P. Magnus, *Gladstone* (London: John Murray, 1963), p.152.

41　J. F. Stephen, "Journalism," *Cornhill Magazine*, 6, 1862, pp.57~58.

42　T. Milner-Gibson, *Parl. Deb.*, cxxvii, 1854, col. 434.

43　코브던(Cobden), 에와트(Ewart)와 마찬가지로 밀너-깁슨(Milner-Gibson)도 대중 시장에서 신문 출판을 하는 것은 자본이 많이 들어갈 것이란 사실을 잘 알고 있었다. 무엇보다 그들은 출판 비용과 관련해 미국의 대중 시장 신문의 선구자인 호레이스 그릴리(Horace Greeley)를 다방면으로 점검했다. Report of the Select Committee on Newpaper Stamps, paras2647ff를 보라.

44　T. Milner-Gibson, *Parl. Deb.*, cx, 1850, col. 378; cf. Hume, *Parl. Deb.*, cxxvii, 1854, col.460.

45　Sir J. Lewis, *Parl. Deb.*, cxxxvii, 1855, col. 786.

46　M. Whitty, Report of the Select Committee on Newspaper Stamps, para.600.

47　E. Bulwer-Lytton, *Parl. Deb.*, cxxxvii, 1855, col. 1118; cf. J. Lewis, *Parl. Deb.*, cxxxvii, 1855, col. 782; Ingram, *Parl. Deb.*, cli, 1858, col. 112; Digby Seymour, *Parl. Deb.*, cxxv, 1853, col. 1166.

48　H. Palmerston, *Parl. Deb.*, cxxxvii, 1855, col. 1163; cf. Cockburn, *Parl. Deb.*, cxxxvii, 1855, col. 1132.

49　Bright, *Parl. Deb.*, cxxvii, 1853, col. 118; Roebuck, *Parl. Deb.*, cx, 1850, col. 407;

Spencer, Report of the Select Committee on Newspaper Stamps, para. 2369.

50 J. R. McCulloch, *Dictionary of Commerce and Commercial navigation* (London: Longman, Brown and Green, 1854), p.893.

51 *Ibid.*

52 비록 광고세에 대해서는 강하게 반대했지만 런던과 잉글랜드 지방 그리고 — 강도는 약하지만 — 스코틀랜드의 출판업자들은 인지세를 놓고 확연한 입장 차이를 보였다. 많은 신문 소유주들은 그들의 회사가 취약해질 것이라고 믿었다.

53 이는 C. D. Collet, *History of the Taxes on Knowledge*에 잘 설명되어 있다.

54 *Northern Star*, February 26, 1842, and *Northern Star*, June 11, 1842.

55 *Northern Star*, May 7, 1842.

56 *Leeds Mercury*, June 14, 1851.

57 *Lloyd's Weekly Newspaper*, June 20, 1897.

58 Lord Castlereagh, *Parl. Deb.*, xci, 1819, col. 1177.

59 1855년과 1912년 사이에 새롭게 창간하는 데 따른 출판 비용의 상승은 다음을 참고하라. J. Curran, "Capitalism and control of the press, 1800-1975," in J. Curran, M. Gurevitch and J. Woollacott(eds), *Mass Communication and Society*(London: Arnold, 1977), reprinted in J. Curran, *Media and Power*.

60 D. Read, *Press and People, 1790-1850*, p.101; J. Epstein, "Feargus O Connor and the Northern Star," *International Review of Social History*, Vol.21, No.1(1976), pp.51~97, pp.56~57.

61 A. J. P. Taylor, *Beaverbrook*(London: Hamish Hamilton, 1972), p.175. Circulation estimate derived from W. Belson, *The British Press*(London: London Press Exchange, 1959), part 3, p.14.

62 J. Curran, *Media and Power*.

63 대부분의 상업신문은 18세기 초기에 이르러서는 광고에 의존했다. 다음을 보라. G. Cranfield, *The Development of the Provincial Newspaper, 1700~1760*(Oxford: Clarendon Press, 1962).

64 1850년 전반에 이르면 ≪레이놀즈 위클리 뉴스페이퍼≫처럼 판매 부수가 많은 급진 신문마저 광고에 의존하게 된다. 다음을 참고하라. V. S. Berridge, "Popular Journalism and Working-Class Attitudes, 1854-1886: A Study of *Reynolds's Newspaper, Lloyd's Weekly Newspaper* and the *Weekly Times*," unpublished PhD thesis(University of London, 1976).

65 J. Curran, *Media and Power*.

66 A. Lee, "The radical press," in A. Morris(ed.), *Edwardian Radicalism, 1900~1914* (London: Routledge and Kegan Paul, 1974).

67   1918년 《데일리 헤럴드》는 주간지였는데, 문 닫지 않기 위해 일간지에서 주간지로 전
     환했다.

68   J. Thomas, *Popular Newspapers, the Labour Party and British Politics* (London: Routledge,
     2005).

69   D. Butler and G. Butler, *Twentieth-Century British Political Facts 1900~2000*, 8th
     edn(Basingstoke: Macmillan, 2000), pp.536~537. 이는 콜린 세이무어-우레(Colin Seymour-
     Ure)의 선구적 분석을 계승한 것이다.

70   *Royal Commission on the Press, Final Report* (Cmnd. 6810), (London: HMSO, 1977),
     p.98; D. Kavanagh and P. Cowley, *The British General Election of 2001* (Basingstoke:
     Palgrave Macmillan, 2010).

71   D. Kavanagh and P. Cowley, *The British General Election of 2001*.

72   과거의 이미지로 인해 그룹이 낙인찍히게 된 예는 다음을 보라. J. Curran, I. Gaber and
     J. Pedey, *Culture Wars*.

제10장

1   이는 이전 논문을 3분의 1 정도를 줄여 개정한 논문이다(감사의 글, p.xii를 보라). 교육
     펀드에서 약간의 연구비를 지원한 Advertising Association에 감사를 드린다. 아울러 소
     장 자료를 활용하게 해주고 그들과 관련된 회사에 접근할 수 있게 허가한 J. Walter
     Thompson, Leo Burnett and the International Publishing Corporation에 감사드린다.

2   *Mitchell's Press Directory*, 5th edn(London: Mitchell, 1856), p.7.

3   Anon., *Guide to Advertisers* (London, 1851).

4   *Mitchell's Press Directory*. 미첼은 정치적 편견에 빠지지 않도록 주의를 기울였다.

5   L. Brown, *Victorian News and Newspapers* (Oxford: Clarendon Press, 1985), p.23.

6   *Ibid.*

7   Cited *Ibid.*, p.57.

8   *How Much Shall We Spend in the Daily Mail?* (London: Associated Newspapers, n.d.,
     1928?), p.8.

9   J. Murray Allison, *First Essays on Advertising* (London: Cecil Palmer, 1926), pp.166ff.

10   E. Field, *Advertising: The Forgotten Years* (London: Bain, 1956), p.118.

11   T. Russell, *Commercial Advertising* (Putnam: London, 1919), p.1. 그의 견해는 LSE에서
     한 일련의 강연에서 처음 발표되었다.

12   *Ibid.*, p.195.

13   T. Russell, *Advertising and Advertisements* (London: Modern Business Institute, 1924);
     T. Russell, *A Working Textbook of Advertising* (London: Russell Hart, 1925); C. Higham,

Advertising (London: Williams and Norgate, 1925); T. B. Lawrence(ed.), *What I Know about Advertising* (London: Spottiswoode. Ballantyre and Co., 1921).

14 토머스 러셀(Thomas Russell)은 1919년에 영국에서 발간되는 간행물 가운데 발행 부수가 밝혀지는 것은 단 5퍼센트에 불과하다고 추정했다. T. Russell, *Commercial Advertising*, p.24를 보라.

15 N. Hunter, *Advertising through the Press* (London: Pitman, 1925), p.52.

16 C. Freer, *The Inner Side of Advertising* (London: Library Press, 1921), p.203.

17 London Press Exchange, "Report of an investigation made in relation to the consumtion of breakfast cereals in general and Grape Nuts in particular in the British Isles," LPE Ltd, company records(London, 1926).

18 *Press Circulations Analysed* (London: London Research Bureau, 1928).

19 A. G. Lyall, *Market Research: A Practical Handbook* (London: London Research Bureau, 1933).

20 G. Lansbury, *Miracle of Meet Street* (London: Victoria House, 1925), p.161

21 This is well documented in H. Richards. *The Bloody Circus* (London: Pluto, 1997)

22 D. Butler and G. Butler, *Twntieth-Century British Political Facts 1900~2000,* (Basing-stoke: Macmillan, 2000), p.234.

23 이 해에는 일부 신문의 발행 부수만 확보 가능했다. 이러한 아주 대략적인 추정치는 W. Belson, *The British Press*, part 3, pp.12~13, 표 1에서 나왔다.

24 *T B. Browne Advertisers' ABC* (London: Browne, 1921).

25 P. Redmayne and H. Weeks, *Market Research* (London: Butterworth, 1931); H. W. Eley, *Advertising Media* (London: Butterworth, 1932).

26 Anon., "Flash-backs-1935," *Statistical Review of Press Advertising*, Vol.4, No.1(1936).

27 영국 통계청의 첫 번째 설문 조사는 어소시에이티드(Associated) 신문이 *The Nation's Newspaper* (1924)에서 발간했다. 필자는 이것을 찾아내지 못했다. 이후 1928년의 합동 조사(Press Circulations Analysed)와 IIPA가 후원한 1930년의 조사가 뒤를 이었다.

28 이는 다음을 포함한다. IIPA나 Incorporated Society of British Advertisers(ISBA)가 자금 지원을 한 1931년, 1932년, 1934년, 1936년, 1939년 연구; London Press Exchange (1934, 1938, 1939), J. Walter Thompson(1936), Crawfords(1934), Repfords(1932 and 1937)가 수행한 전국 조사; 1930년대에 개별 출판업자가 수행한 독자 조사(*Bolton Evening News*, Associated Newspapers, *John Bull, Morning Post, Daily Sketch*).

29 H. W. Eley, *Advertising Media*, p.172.

30 London Press Exchange, "Farmer's Glory, memorandum on an advertising policy," LPE Ltd, company records(London, 1935).

31 Institute of Incorporated Practitioners in Advertising, *An Analysis of Press Circulations*

(London: IIPA, 1934), p.128.

32 N. Kaldor and R. Silverman, *A Statistical Analysis of Advertising Expenditure and of the Revenue of the Press* (Cambridge: Cambridge University Press, 1948).

33 이는 *Daily Sketch*(1933), *Daily Herald*(1933), *News Chronicle*(1934), *Daily Herald* (1936) and London Press Exchange (1938) 등을 위해 수행되었다..

34 C. H. Feinstein, *Statistical Tables of National Income, Expenditure and Output of the U.K 1855~1865* (Cambridge: Cambridge University Press, 1976), p.42.

35 R. Stone and D. A. Rowe, *The Measurement of Consumers' Expenditure and Behaviour in the United Kingdom 1920~1938* (Cambridge: Cambridge University Press, 1966), p.8, p.12, p.17, p.21, p.58.

36 G. Harrison and F. C. Mitchell, *The Home Market: A Handbook of Statistics* (London: Allen & Unwin, 1936); M. Abrams, *The Home Market* (London: Allen & Unwin, 1939).

37 "Sun-Maid plan 1929-1930," J. Walter Thompson archives, 1929, p.6.

38 G. Harrison and F. C. Mitchell, *Home Market*, p.6.

39 J. Bull, "Each week the shopping bills of 'John Bull' families exceed three million pounds"(advertisement), *Statistical Review of Press Advertising* (1935), p.2.

40 C. Chisholm, *Marketing and Merchandising* (London: Modern Business Institute, 1924).

41 P. Redmayne and H. Weeks, *Market Research*, p.163.

42 W. Belson, *British Press*.

43 R. J. Minney, *Viscount Southwood* (London: Odhams, 1954), p.243.

44 *Ibid.*, p.286, p.291.

45 London Press Exchange, "A statistical survey of press advertising during 1936," LPE Ltd, company records(London, 1937), p.19.

46 *Ibid.*, p.12. 런던 신문교환소(London Press Exchange: LPE)의 추산은 관찰 대상인 출판물에 나온 광고의 전체 규모에 대해 일반적인 점유 비율을 적용해서 나온 것이다. 이는 대행사 수수료를 고려하지 않았으며, '디스플레이' 광고 안에는 통상 '디스플레이' 광고로 분류되지 않는 금융 안내가 포함되어 있었다

47 *Ibid.*

48 중산층 독자가 읽는 신문임에도 1935년에 ≪데일리 미러≫는 [타블로이드인 ≪데일리 스케치(Daily Sketch)≫와 마찬가지로] ≪데일리 헤럴드≫보다 한 부당 광고 수입이 적었다. 다음을 보라. *Ibid.*, p.12.

49 B. Hagerty, *Read All about It!* (London: First Stone Publishing, 2003), p.36.

50 정부는 전시에 ≪데일리 미러≫에 재갈을 물리기 위해 주주 구성을 알아봤으나 매수할 만한 지배 주주나 소액주주 그룹이 없다는 것을 알게 되었다.

51 C. King, *Strictly Personal* (London: Times Newspapers, 1969), p.101.

52 W. Belson, *British Press*, p.12

53 *Statistical Review of Press Advertising* (1939), p.9(advertisement).

54 H. Cudlipp, *Publish and Be Damned* (London: Dakers, 1953)와 M. Edelman, *The Mirror: A Political History* (London: Hamish Hamilton, 1966)를 비교하라

55 *Statistical Review of Press Advertising* (1938), p.35(advertisement).

56 W. Belson, *British Press*, p.14.

57 변화는 점진적이었다. ≪데일리 미러≫는 1935년 11월 총선에서 보수당을 지지했다.

58 D. Butler and G. Butler, *Twentieth-Century British Political Facts*, p.235.

59 A. C. H. Smith (with E. Immrzi and T. Blackwell), *Paper Voices: The Popular Press and Social Change 1935-1965* (London: Chatto and Windus, 1975), p.241.

60 J. Gerald, *The British Press under Government Economic Controls* (Minneapolis, University of Minnesota Press, 1956); *Royal Commission on the Press 1947-1949 Report* (Cmnd. 7700), (London: HMSO, 1949).

61 Institute of Incorporated Practitioners in Advertising(IIPA), *Survey of Press Readership* (London: IIPA, 1939); P. Kimble, *Newspaper Reading in the Third Year of the War* (London: Allen & Unwin, 1942); *Hulton Readership Survey* (London: Hulton, 1947).

62 IIPA, *Survey of Press Readership; Hulton Readership Survey*.

63 W. Belson, *British Press*, p.12, p.114.

64 D. Butler and G. Butler, *Twentieth-Century British Political Facts*, p.537.

65 Hulton Readership Surveys는 1947년에서 1956년까지 수행되었다. 이는 또 1957년부터 1967년 사이에는 Institute of Practitioners in Advertising(IPA) National Readership Surveys로 대체되었고, 1968년부터 현재까지는 Joint Industry Committee for National Readership(JICNAR) Surveys 로 대체되었다.

66 Central News Ltd, evidence to the *Royal Commission on the Press 1961-1962, Documentary Evidence* (London: HMSO, 1962), vol.5, p.15.

67 Notley Advertising Ltd, *Ibid.*, p.100.

68 Service Advertising Ltd, *Ibid.*, p.113.

69 Benson Ltd, *Ibid.*, p.10.

70 Hobson Bates and Partners Ltd, *Ibid.*, p.45; cf. Hirst Ltd, *Ibid.*, p.41.

71 Cited in R. McKay and B. Barr, *The Story of the Scottish Daily News* (Edinburgh: Cannongate, 1976), p.108.

72 Samson Jackson and Co. Ltd, evidence to the *Royal Commission on the Press 1947-1949, Memoranda of Evidence*, vol.5(London: HMSO, 1949).

73 Pritchard Wood and Partners Ltd, *Ibid.*

74 Young and Rubicam Ltd, evidence to the *Royal Commission on the Press 1961-1962, Documentary Evidence*, vol.5, p.136.

75 J. Hobson, *The Selection of Advertising Media* (London: Business Publications, 1959), pp.20~31; cf. rev. edn(1968), pp.10~22.

76 J. Adams, *Media Planning* (London: Business Books, 1971), p.69.

77 H. Durant, "The Market Research Society's early days," *Journal of the Market Research Society*, Vol.14, No.2(1972).

78 R. Wadsworth and B. Copland, *Market Research* (London: Butterworth, 1951); A. Davies and O. Palmer, *Market Research and Scientific Distribution* (London, Blandford Press, 1957); R. Worcester, *Consumer Market Research Handbook* (Maidenhead: McGraw Hill), 1972.

79 R. Wadsworth and B. Copland, *Market Research*, p.2.

80 M. Abrams, *The Home Market*, rev. edn, (London: Allen & Unwin, 1950), p.7.

81 R. Elvin, "The Daily Mirror," *Advertising Review*, 1, 1954.

82 D. Wheeler, "A New Classification of Households," British Market Research Bureau, June 1955.

83 B. Allt, "Money or class: new light on household spending," *Advertising Quarterly*, 1975.

84 C. H. Feinstein, *Statistical Tables*, pp.42~43.

85 *Ibid.*, pp.151~159

86 *Royal Commission on the Distribution of Income and Wealth: Report No.4* (London: HMSO, 1976), pp.101~109.

87 고급지는 신문용지 배급기에도 신문용지 확보에서 협상력이 있었기에 광고가 늘어났다.

88 F. Hirsch and D. Gordon, *Newspaper Money* (London: Hutchinson, 1975).

89 여러 신문을 구독하는 가정이 줄어들면서 처음으로 신문 구독이 줄기 시작했다. 다음을 보라. J. Curran, "The impact of TV on the audience for national newspapers, 1945-1968," in J. Tunstall(ed.), *Media Sociology* (London: Constable, 1970).

90 *Royal Commission on the Press 1974-1, Final Report* (London: HMSO, 1979), p.37, 표 5.3.

91 *Ibid.*; *Survey of the National Newspaper Industry* (London: Economist Intelligence Unit, 1966).

92 가장 대표적인 것은 *Empire News* (1960) and *Daily Sketch* (1971).

93 *National Readership Survey*, Reports January-December, 1960; July 1963-June 1964; and January-December 1966(London: Institute of Practitioners in Advertising).

94 Odhams Research and Development Services Dept, company records(London, 1964).

95   "Report of an investigation into the transition from the *Daily Herald* to the *Sun*" (International Publishing Corporation, company records, 1968).

96   "Report of an investigation into the transition from the *Daily Herald* to the *Sun*" (Odhams Ltd, company records, London, 1958).

97   J. Curran, A. Douglas and G. Whannel, "The political economy of the human-interest story," in A. Smith(ed.), *Newspapers and Democracy* (Cambridge, MA: MIT Press, 1980), p.328, 표 13.10.

98   C. King, *The Future of the Press* (London: MacGibbon and Kee, 1967).

99   J. Curran, "Advertising and the press," in J. Curran(ed.), *The British Press* (Basingstoke: Macmillan, 1978), p.242, 표 11.3.

100   "A survey of the reader interest in the national morning and London evening press 1934"(London Press Exchange Ltd, 1935), ≪뉴스 크로니클(News Chronicle)≫을 위해 수행된 조사.

101   "Feature readership in national dailies," Odhams Research and Development Services Dept, D. H. 77(London, 1964).

102   Readership surveys, Sunday Times Research Dept, 1969~1971.

103   Readership surveys, IPC Marketing Research and Development Services Dept, 1969~1970.

104   Audit Bureau of Circulation, 1964.

105   F. Hirsch and D. Gordon, *Newspaper Money*.

106   *Royal Commission on the Press Interim Report: The National Newspaper Industry* (London: HMSO, 1976), Appendix E, p.92, 표 E.1.

107   *Ibid.*, p.98, 표 E.7.

108   이런 일반적인 논의는 다음을 보라. N. Angell, *The Press and the Organisation of Society* (London: Labour Publishing Company, 1922); G. Lansbury, *Miracle of Meet Street*; H. Wickham Steed, *The Press* (London: Penguin Books, 1938); G. Orwell, "London letter to Partisan Review," April 15, 1941, reprinted in S. Orwell and I. Angus(eds), *The Collected Essays, Journalism and Letters of George Orwell*, vol.2 (Harmondsworth: Penguin Books, 1970); Labour Research Department, *The Millionaire Press* (London: LRD, 1946); Daily Worker Co-operative Society, evidence to the *Royal Commission on the Press 1961-1962, Documentary Evidence*, vol.1; P. Hoch, *The Newspaper Game* (London: Calder and Boyars, 1974). 광고의 영향은 이런 관점을 부인하는 사람에 의해서도 직접적이고 의도적인 형태의 압력으로 계속 개념화되었다. 예를 들어 J. Bird, "Remember, advertisers guarantee press freedom," *Big Issue*, August 10~16, 2009.

109 J. Tunstall, *Journalists at Work* (London: Constable, 1971).

제11장

1 A. Curtis, *Lit Ed* (Manchester: Carcanet, 1998).

2 F. R. Leavis, *Nor Shall My Su'ord* (London: Chatto and Windus, 1972), p.221.

3 J. Sutherland, *Fiction and the Fiction Industry* (London: Athlone, 1978).

4 D. J. Taylor, *A Vain Conceit* (London: Bloomsbury, 1989).

5 소중한 논문을 제공한 키스 니거스(Keith Negus)와 허버트 핌롯(Herbert Pimlott)에게 감사하다. 아울러 600파운드의 연구 기금을 제공한 골드스미스 칼리지에도 감사하다. 키스 니거스는 1984년의 내용 분석을 수행했고 출판인들과 여러 건의 인터뷰를 담당했다. 허버트 핌롯은 1997년의 내용 분석을 수행했다. 이 둘은 책 출판과 판매에 대한 자료를 찾아내고 이 논문에 담긴 아이디어에 중요한 기여를 했다.

6 1996년에 인터뷰한 문학 담당 편집자 11명은 전국지(4명), 타블로이드(3명), 주간지(4명) 등으로 구성된다. 1999년에 인터뷰한 편집자들은 다시 다음 3개 분야로 나뉜다. 전국지(6명), 타블로이드(3명), 주간지(2명). 두 번째 인터뷰에서는 주간지 편집자의 수가 줄었는데 이는 그때 이미 주간지의 영향력 감소가 확연했기 때문이다. 모든 인터뷰는 녹음되었다. 인용된 코멘트의 대다수는 최근의 인터뷰에서 나온 것이다. 여기에 더해 1986년과 1999년, 배경 자료를 얻기 위한 출판사 임원, 출판인들과의 인터뷰가 있었다.

7 J. Sutherland, *Fiction and the Fiction Industry*.

8 내용 분석은 1984년과 1997년에 발행된[이는 콜린데일(Colindale) 신문 도서관에서 확보할 수 있는 최근 신문이었다] 신문 9종, 270부를 대상으로 했다. 가장 문제가 많은 범주인 대중 소설은 장르 소설의 견지에서 규정되었다. 기사 398편의 분류를 대상으로 한 코더 간 테스트(code-recode test)에서는 91퍼센트의 일치도를 보였다.

9 1984년의 머리기사로 올라온 서평이나 묶어서 머리로 올린 서평에 대한 연구는 비록 전기의 현저함을 한층 강조하는 경향이 있었지만 책 범주 사이의 전반적인 지면 배정과 유사한 결과를 낳았다.

10 D. H. Noble and E. M. Noble, *A Survey of Book Reviews,* October-December 1973 (London: Noble and Beck, 1974).

11 Euromonitor, *The Book Report* (London: Euromonitor Publications, 1993), 표 8.1.

12 UNESCO, *Statistical Yearbook 1996* (Paris: UNESCO, 1997).

13 *Ibid.*, 표 7.59.

14 *Ibid.*

15 내용 분석에서 요약된 반양장본 책들은 제시된 대로 명백하다. 비록 일부 반양장본은 이런 방식으로 검색되지 않았을 수 있지만 그 수는 많지 않다.

410

16 이는 대영도서관에 분류·소장된 정보 가운데 공개적으로 접근 가능한 최근의 것이다. 좀
   더 최근의 정보는 온라인으로 접속 가능하지만 너무 비쌌다.

17 Euromonitor, *Book Report*, 표 9.5.

18 *Ibid*, 표 9.6.

19 *Ibid*, 표 8.3.

20 P. Mann, *Books: Buyers and Borrowers* (London: André Deutsch, 1971); Publishers
   Association (PA), *The Book Trade Yearbook* (London: PA, 1985).

21 *Ibid*, 표 7.7.

22 S. Connor, *Theory and Cultural Value* (Oxford: Blackwell, 1992); J. Frow, *Cultural
   Studies and Cultural Value* (Oxford: Oxford University Press, 1995).

23 예를 들어 T. Modleski, *Loving with a Vengeance* (Hamden, CT: Archon Books, 1982);
   J. Radway, *Reading the Romance* (London: Verso, 1987); E. Geraghty, *Women and
   Soap Opera* (Cambridge: Polity, 1991); M. Landy, "Melodrama and femininity in World
   War Two British, cinema," in R. Murphy(ed.), *The British Cinema Book* (London:
   British Film Institute, 1997).

24 이 책들은 내용 측면에서 관련이 있고 이 인터뷰가 녹음되었기 때문에 명시했다.

25 D. McQuail, *Analysis of Newspaper Content* (London: HMSO, 1977);J. Curran, and J.
   Seaton, *Power without Responsibility*, 5th edn(London: Routledge, 1997).

26 J. Tunstall, *Newspaper Power* (Oxford: Oxford University Press, 1996).

27 P. Schlesinger, *Putting 'Reality' Together* (London: Constable, 1978).

28 J. Curran, A. Douglas and G. Whannel, "The political economy of the human-interest
   story."

29 D. H. Noble and E. M. Noble, *A Survey of Book Reviews*.

30 이것들은 정치인이자 전직 편집자인 마이클 풋(Michael Foot)이 쓴 나이 베번(Nye
   Bevan)의 전기, 언론인이자 전직 정치인인 나이절 니컬슨(Nigel Nicolson)이 쓴 저자의
   부모에 대한 연구인 *Harold Nicolson and Vita Sackville-West*, 그리고 소설가이자 언론
   인인 노먼 메일러(Norman Mailer)가 쓴 마릴린 먼로(Marilyn Monroe)의 전기 등이다.

31 D. White, "The 'gate keeper': a case study in the selection of news"(1952), in D.
   Berkowitz(ed.), *Social Meanings of News* (London: Sage, 1997).

32 P. M. Hirsch, "Processing fads and fashions: an organisational analysis of cultural
   industry systems," *American Journal of Sociology*, Vol.77, No.4(1972), pp.639~659.

33 *Evening Standard*, December 30, 1993.

34 이 업무 기록을 활용할 수 있게 해준 마리온 밀네(Marion Milne)와 맥밀란(Macmillan)에 감
   사드린다.

35 J. Gribbin, *In Search of Schrödinger's Cat* (London: Bantam, 1984).

36 J. Tuns tall, *Journal is ts at Work* (London: Constable, 1971).

37 A. Curtis, *Lit Ed*, p.21.

38 1870년 전국지에서 서평 대상이 된 책은 좀 더 절충적이었고, 대학 시스템에 의해 지식이 체계화되기 이전의 현실을 반영해 우화에서 위장 장애까지 여러 주제를 다루었다. 전통적인 학습은 지금보다 좀 더 관심을 끌었고 장르 소설은 관심을 덜 받았다. 서평이 문학적 양식으로 충분히 정형화되기 이전에는 연극의 대본이나 정기간행물도 때로 책처럼 서평 대상이 되었다.

39 M. Sanderson, *Education, Economic Change and Society in England 1780-1870* (London: Macmillan, 1983).

40 R. McKibbin, *Classes and Cultures*.

41 A. Reid, *Social Classes and Social Relations in Britain, 1850-1914* (London: Macmillan, 1992); P. Clarke, *Hope and Glory* (London: Penguin Books, 1997); D. Cannadine, *Class in Britain* (New Haven: Yale University Press, 1998).

42 D. L. LeMahieu, *A Culture for Democracy* (Oxford: Clarendon Press, 1988); R. Hewison, *Culture and Consensus* (London: Methuen, 1995); R. McKibbin, *Classes and Cultures*; K. Gelder and S.Thornton(eds), *The Subcultures Reader* (London: Routledge, 1997).

43 M. Wiener, *English Culture and the Decline of the Industrial Spirit 1850-1980* (Harmondsworth: Penguin Books, 1985).

44 H. Perkin, *The Rise of Professional Society* (London: Routledge, 1989).

45 N. McKendrick, "'Gentlemen and players' revisited: the gentlemanly ideal, the business ideal and the professional ideal in English literary culture," in N. McKendrick and R. Outhwaite(eds), *Business Life and Public Policy* (Cambridge: Cambridge University Press, 1986).

46 S. Collini, *Absent Minds* (Oxford: Oxford University Press, 2006), (which focuses on the period after 1918).

47 ≪선데이 미러≫는 1998년 서평을 폐지했지만 그해 ≪데일리 미러≫는 이를 부활했다.

48 L. Coser, C. Kadushin and U. W. Powe, *Books* (New York: Basic Books, 1982).

49 두 권의 책은 David Tinker, *Message from the Falklands* (Penguin Books)와 Robert Harris, *Gotcha!* (Faber)였다. 둘 다 전쟁을 극렬하게 반대하기보다는 공공 기관의 조작에 대해 비판적이었다는 것 때문에 아마도 받아들여지기 쉬웠을 것이다. 극렬한 반전 입장을 보인 앤서니 바넷의 『아이언 브리타니아(Iron Britannia)』가 독립성에 대해 좀 더 강력한 문제 제기를 했을지 모르나 출판사인 앨리슨 앤드 버즈비(Allison and Busby)는 리뷰 면에서 별로 성공적이지 못했다.

50 J. Tunstall, *Newspaper Power*, p.32.

51 M. Lane, *Books and Publishers* (Toronto: D. E. Heath, 1982), p.27.

52 비슷한 사안이 같은 시기에 텔레비전과 출판에서 발생했다. 이 과정은 연구해볼만하다.

53 이 성비의 전환은 전국지에서 일하는 문학 편집자의 전체 숫자와 일맥상통한다. 다음을 보라. Women in Publishing, *Reviewing the Reviews* (London: Journeyman Press, 1987); and Media Information, *Editors' Media Directories*, vol. 1(London: Media Information, 1998).

54 Women in Publishing, *Reviewing the Reviews*.

55 Mintel, *Leisure Industry Report* (8), (London: Mintel, 1984).

56 M. Ward, *Readers and Library Users* (London: Library Association, 1977).

57 Women in Publishing, *Reviewing the Reviews*.

58 P. Bourdieu, *The Field of Cultural Production* (Cambridge: Polity, 1993).

제12장

1 Anon., "Deng Xiaoping quotes and quotations," 2004. Online. Available http://www.brainyquote.com/quotes/authors/d/deng-xiaoping.html.

2 F. Fukuyama, *The End of History and the Last Man* (Harmondsworth: Penguin Books, 1993).

3 J. O. Mahony, "David Edgar," *The Guardian* (review section), March 20, 2004, p. 23.

4 S. Hall, *The Hard Road to Renewal* (London:Verso, 1988).

5 제9장을 보라.

6 J. Curran, *Media and Power*, ch. 6.

7 존 턴스톨(J. Tunstall), 맥퀘일(D. McQuail), 블럼러(J. Blumler), 히멜바이트(Himmelweit), 해룰런(Halloran) 같은 1960년대와 1970년대 초 영국의 여러 개척적 연구자들은 중도 좌익의 비전을 발전시킴으로써 미국 커뮤니케이션 연구의 전통과 타협했다. 그 뒤를 이 장의 출발점을 제공한 1970년대의 좀 더 근원적이고, 좀 더 인문학적 기반의 연구가 뒤따랐다. 이 두 번째 미디어 연구의 물결에 속한 그룹의 논의는 다음을 보라. J. Curran, "The rise of the Westminster school," In A. Calabrese and C. Sparks(eds), *Toward a Political Economy of Culture* (Lanham, MD: Rowman & Litdefield, 2004), and for the early development of *Britich cultural studies*, see G. Turner, *Brtitish Cultural Studies*, 3rd edn(London: Routledge, 2002).

8 S. Hall, "Culture, the media and the 'ideological effect'" in J. Curran, M. Gurevitch and J. Woollacott(eds), *Mass Communication and Society*.

9 S. Hall, "The rediscovery of 'ideology': the return of the repressed in media studies," in M. Gurevitch et al., *Culture, Society and the Media* (London: Methuen 1982); S. Hall, "Signification, representation, ideology: Althusser and the poststructuralist debates,"

Critical Studies in Mass Communication, Vol.2, No2(1985), pp.91~114.

10 이는, 미디어·문화 연구에서 그람시가 처음부터 정치학 연구 — 미완성 상태인 — 와는
    상당히 다른 방식으로 받아들여졌다는 얘기다(전형적으로 D, Forgacs, "Gramsci and
    Marxism in Britain," *New Left Review*, 176, 1989, pp.70~88).

11 N. Garnham, "The media and the public sphere," in P. Golding, G. Murdock and P.
    Schlesinger(eds), *Communicating Politics*(Leicester: Leicester University Press, 1986);
    revised in N. Garnham, *Capitalism and Communication*(London. Sage, 1990).

12 J. Habermas, *The Structural Transformation of the Public Sphere*.

13 예를 들어 P. Scannell, "Public service broadcasting and modern public life," *Media,
    Culture and Society*, Vol.11, No.2(1989), pp.135~166.

14 J. Habermas, *Structural Transformation*, p.171.

15 J. Habermas, *Between Facts and Norms*(Cambridge: Polity, 1996), (first German
    edition(1992).

16 S. Hall et al., *Policing the Crisis*.

17 J.-F. Lyotard, *The Postmodern Condition*(Manchester: Manchester University Press,
    1984).

18 J. Baudrillard, "The implosion of meaning in the media and the implosion of the
    social in the masses," in K. Woodward(ed.), *The Myths of Information*(London:
    Routledge and Kegan Paul, 1980), p.142.

19 M. Poster, "Introduction," in M. Poster(ed.), *Baudrillard: Selected Writings*(Stanford, CA:
    Stanford University Press, 1988), p.6.

20 I. Ang and J. Hermes, "Gender and/in media consumption,' in J. Curran and M.
    Gurevitch(eds), *Mass Media and Society*(London: Arnold, 1991), p.323.

21 M. Foucault, *Discipline and Punishment*(Harmondsworth: Penguin Books, 1979, p.27).

22 P. Willis, *Common Culture*(Milton Keynes: Open University Press, 1990).

23 P .Willis, *Learning to Labour*(London: Saxon House, 1977).

24 P. Willis, *Common Culture*, p.128.

25 *Ibid*, pp.129~130 and p.138.

26 *Ibid*, p.158.

27 *Ibid*, p.131.

28 *Ibid*, p.159.

29 *Ibid*, pp.158~160.

30 J. Fiske, *Television Culture*(London: Routledge, 1987), pp.261~262.

31 *Ibid*; J. Fiske, "Postmodernism and television," J. Curran and M. Gurevitch(eds), *Mass
    Media and Society*.

32 J. Tomlinson, *Globalization and Culture*.

33 J. Sinclair, E. Jacka and S. Cunningham(eds), *New Patterns in Global Television* (Oxford: Oxford University Press, 1996).

34 K. Roe and G. de Meyer, "Music Television: MTV-Europe," In J. Wieten, G. Murdock and P. Dahlgren(eds), *Television across Europe* (London: Sage, 2000).

35 Tomlinson, *Globalization and Culture*, p.94.

36 H. Schiller, *Communication and Cultural Domination* (White Plains, NY: Sharpe, 1976).

37 G. Tuchman, "Introduction: the symbolic annihilation of women by the mass media," in G. Tuchman, A. Kaplan and J. Benet(eds), *Hearth and Home* (New York: Oxford University Press, 1978).

38 T. Modleski, *Loving with a Vengeance*.

39 M. Landy, *British Genres*, p.17, p.485.

40 A. McRobbie, "*More!*: New sexualities in girls' and women's magazines."

41 A. Costain and H. Fraizer, "Media portrayal of 'second wave' feminist groups," in S. Chambers and A. Costain(eds), *Deliberation, Democracy and the Media* (Lanham, MD: Rowman & Litdefield, 2000), p.173.

42 M. Macdonald, *Representing Women*.

43 J. Shattuc, *The Talking Cure*, p.2.

44 B. Compaine and D. Gomery, *Who Owns the Media?*, 3rd edn(Mahwah, NJ: Lawrence Erlbaum. 2000).

45 N. Negroponte, *Being Digital*.

46 M. Poster, *What's the Matter with the Internet?* (Minneapolis: University of Minnesota Press, 2001).

47 W. Donk, et al., *Cyberprotest* (London: Routledge, 2004).

48 R. Tsagarousianou, D. Tambini, and C. Bryan(eds), *Cyberdemocracy*.

49 L. Gross, "The gay global village in cyberspace," in N. Couldry and J. Curran(eds), *Contesting Media Power* (Lanham, MD: Rowman & Littlefield, 2003).

50 M. Castells, *The Internet Galaxy*.

51 J. Curran, *Media and Power*.

52 미디어 정치경제학의 우수한 연구는 다음을 참고하라. N. Garnham, *Capitalism and Communication*; T. Gitlin, *Inside Prime Time*, rev. edn(London: Routledge, 1994); P. Golding and G. Murdock, *Political Economy of the Media*, vols 1 and 2(Cheltenham: Edward Elgar, 1997); P. Golding and G. Murdock, "Culture, communication and political economy," In J. Curran and M. Gurevitch(eds), *Mass Media and Society*, 4th

edn; R. McChesney, *Rich Media, Poor Democracy*; C. Leys, *Market-Driven Politics*; J. Hardy, "The contribution of critical political economy," in J. Curran(ed.), *Media and Society*, 5th edn. 미디어 경제학을 잘 소개한 입문서는 R. Picard, *The Economics and Financing of Media Companies* (New York: Fordham University Press, 2002); G. Doyle, *Understanding Media Economics* (London: Sage, 2002); A. Albarran, *Media Economics* (Ames, IA: Iowa University Press, 1996).

53 D. Hesmondhalgh. *The Cultural Industries* (London: Sage, 2002).

54 J. Curran, M. Gurevitch and J. Woollacott(eds), *Mass Communication and Society*.

55 이런 분야의 최근 연구 중 자세한 것은 다음을 참고하라. C. Edwin Baker, *Media, Markets and Democrat* (Cambridge: Cambridge University Press, 2002); J. T. Hamilton, *All the News that's Fit to Sell: How the Market Transforms Information into News*; W. L. Bennett, *News*, 5th edn; D. Shannor, *News from Abroad*; B. Kovach and T. Rosenstiel, *The Elements of Journalism* (London: Atlantic Books, 2003); P. Seib, *Going Live* (Lanham, MD: Rowman & Littlefield, 2002); D. Croteau and W. Hoynes, *The Business of Media* (Thousand Oaks, CA: Pine Forge, 2001); L. Sabato M. Stencel and S. Lichter, *Peep Show* (Lanham, MD: Rowman & Littlefield, 2000); T. Glasser(ed.), *The Idea of Public Journalism* (New York: Guilford, 1999); R. McChesney, *Rich Media, Poor Democracy*; B. Kovach and T. Rosenstiel, *Warp Speed* (New York: Century Foundation, 1999).

56 F. Gilliam et al., "Crime in black and white: the violent, scary world of local news."

57 T. Patterson, *The Vanishing Voter* (New York: Vintage, 2003), p.89.

58 P. Klite, R. Bardwell and J. Salzman, "Local TV news: getting away with murder," pp.102~112.

59 T. Patterson, "The search for a standard: markets and media," *Political Communication*, Vol.20, No.2(2003), pp.139~143; D. Lowry et al., "Setting the public fear agenda: a longitudinal analysis of network TV crime reporting, public perceptions of crime, and FBI crime statistics," *Journal of Communication*, Vol.53, No.1(2003), pp.61~73.

60 S. Iyengar, "Media effects: paradigms for the analysis of local television news," in Chambers and Costain(eds), *Deliberation, Democracy and the Media*.

61 United Nations Development Programme, "Patterns of global inequality"(Human Development Report, 1999), P.425.

62 타이완과 남한에 이어서 중국과 인도 등 동남아시아 지역 경제의 빠른 성장은 단순한 지구적 '양극화' 논리와는 다른 사례이다. 어떤 견해를 취하느냐는 어떤 범주가 사용되었는지에 일부 의존한다. 즉 시간의 범위를 어떻게 잡을 것이냐, 좀 더 근원적으로는 여러 영향 중에서 무엇을 세계화의 영향으로 볼 것인지에 달려 있다. 이에 대한 상세한 논의는

다음을 보라. R. Wade and M. Wolf, "Are global poverty and inequality getting worse?" in D. Held and A. McGrew(eds), *Global Transformations Reader*.

63   특히, J. Stiglitz, *Globalization and Its Discontents*; United Nations Development Programme, "Patterns of global inequality"; R. Wade and M. Wolf, "Are global poverty and inequality getting worse?" 세계적인 불평등은 단순히 지리적 문제가 아니라는 주장이 제기되었다. 가난한 지역뿐 아니라 부유한 지역의 사회집단도 세계화에 의해 만들어진 부의 흐름에서 소외되었다[M. Castells, *End of Millennium*, 2nd edn(Oxford: Blackwell, 2000)]. 하지만 부유한 나라와 가난한 나라의 가난한 사람들 사이의 절대 빈곤 수준에는 큰 차이가 있다.

64   J. Stiglitz, *Globalization and Its Discontents*; L. Sklair, *Globalization*, 3rd edn; W. Hutton, *The World We're In*, rev. edn(London: Abacus, 2003).

65   C. Leys, *Market-Driven Politics*; L. Panitch and C. Leys(eds), *Global Capitalism Versus Democracy*(Socialist Register, 1999); S. Strange, *The Retreat of the State*(Cambridge: Cambridge University Press, 1996).

66   J. Keane, *Global Civil Society?*(Cambridge: Cambridge University Press, 2003); L. Sklair, Globalization.

67   낙관적인 견해로는 일국 정부에 기반을 둔 시스템에서 다층적인 협치의 시스템으로 진화해가면서 여과된 정치적·민주적 적응이 일어나게 된다는 것이다. D. Held et al., *Global Transformations* 참고.

68   See, among others, D. Schiller, *Digital Capitalism*(Cambridge, MA: MIT Press, 2000); R. McChesney, *Rich Media, Poor Democracy*; L. Lessig, *Code and Other Laws of Cyberspace*(New York: Basic Books, 1999); L. Lessig, *The Future of Ideas*(New York: Random House, 2001); J. Curran and J. Seaton, *Power without Responsibility*, 6th edn.

69   F. Devine and M. Waters(eds), *Social Inequalities in Comparative Perspective*(Oxford: Blackwell, 2004); A. Heath and C. Payne, "Social mobility," in A. H. Halsey with J. Webb(eds), *Twentieth-Century British Social Trends*(Basingstoke, Macmillan, 2000); M. Savage and M. Egerton, "Social mobility, individual ability and the inheritance of class inequality," *Sociology*, Vol.31, No.4(1997), pp.645~672, among others.

70   K. Roberts, *Class in Modern Britain*(Basingstoke: Palgrave, 2001), p.194.

71   W. Hutton, *The World We're In*, p.187.

72   S. Aldridge, "Life chances and social mobility: an overview of the evidence"(London: Prime Minister's Strategy Unit), Cabinet Office, March 30, 2004, p.24. Online. Available http://www.strategy.gov.uk/files/pdf/lifechances-socialmobility.pdf2004(accessed November 6, 2004).

73   M. Castells, *End of Millennium*; J. Kelsey, *The New Zealand Experiment* (Auckland: Auckland University Press, 1995).

74   W. Hutton, *The World We're In*, p.188.

75   S. Aldridge, "Life chances and social mobility: an overview of the evidence," p.6.

76   G. Murdock, "Reconstructing the ruined tower: contemporary communications and questions of class," in J. Curran and M. Gurevitch(eds), *Mass Media and Society*, 3rd edn.

77   B. Skeggs, *Formation of Class and Gender* (London: Sage, 1997).

지은이 **제임스 커런**James Curran

유럽을 대표하는 커뮤니케이션 학자다. 영국 런던대학교 골드스미스 칼리지 커뮤니케이션 학부의 교수이자 이 대학교의 레버흄(Leverhulme) 미디어 연구센터장을 맡고 있다. *Power without Responsibility*(공저, 2010, 7판), *Media and Society*(2010, 5판), *Media and Power* 〔2002, 5판, 『미디어 파워』(2005)〕를 포함해 여러 권의 저작과 편저를 냈다.

옮긴이 **이봉현**

제대로 글을 쓰는 언론인을 평생의 꿈으로 살고 있다. 남의 말을 단순히 옮겨주는 기자는 되지 말아야겠다는 생각에 30대 중반부터 10년의 계획을 세워 경제학, 경영학, 언론학을 주경야독했다. ≪한겨레≫와 ≪로이터 통신사≫에서 주로 경제부 기자로 일했으며, 2012년 런던대학교 골드스미스 칼리지에서 저널리즘(경제)으로 박사학위를 받았다.

한울아카데미 1667
방송문화진흥 총서 139

제임스 커런의
미디어와 민주주의

ⓒ 이봉현, 2014

지은이 • 제임스 커런
옮긴이 • 이봉현
펴낸이 • 김종수
펴낸곳 • 도서출판 한울
편집책임 • 조인순

초판 1쇄 인쇄 • 2014년 3월 10일
초판 1쇄 발행 • 2014년 3월 15일

주소 • 413-756 경기도 파주시 광인사길 153 한울시소빌딩 3층
전화 • 031-955-0655
팩스 • 031-955-0656
홈페이지 • www.hanulbooks.co.kr
등록 • 제406-2003-000051호

Printed in Korea.
ISBN 978-89-460-5667-1 93070(양장)
    978-89-460-4829-4 93070(반양장)

* 책값은 겉표지에 표시되어 있습니다.
* 이 책은 강의를 위한 학생판 교재를 따로 준비했습니다.
  강의 교재로 사용하실 때에는 본사로 연락해주십시오.

이 책은 MBC재단 방송문화진흥회의 지원을 받아 출간되었습니다.